通으로 보는
중국현대 30년사

정재일 지음

가림출판사

중화인민공화국탄생 60주년기념

갈등과 투쟁의(씨줄과 날줄로 읽는) 중화인민공화국(전기) 30년사

올해는 중화인민공화국이 탄생한지 60주년이 되는 해이다. 동양문화에서 60년이란 중요한 의미가 있는 숫자로 2009년 10월 1일은 중화인민공화국의 환갑이었다. 국가 환갑이라는 의미는 실로 중요하여 큰잔치를 하고 함께 경축하며 기쁨을 함께 나누었다. 당일 톈안먼광장에서는 중국의 최고지도자 후진타오를 비롯한 당정군 고위지도자가 모두 참석한 가운데 성대한 기념식이 거행되었다. 지난 60년의 위대한 성과를 대형 스크린을 통하여 방영하고 60여 종의 신무기를 앞세운 군사 퍼레이드와 전국의 소수민족과 대학생이 각종 공연을 통하여 중국의 국력을 마음껏 뽐내었다.

우리나라와 중국은 여러 방면에 있어 밀접한 관계가 있다. 지정학적 위치와 역사적 관계, 상호보완적인 경제 관계, 지역안보에 대한 공통인식 등 모든 면에서 어떤 관계 설정을 하느냐가 우리의 국가 운명이 달려있다고 해도 과언이 아닐 것이다. 우리나라의 수입과 수출 1위국이 중국으로 미국 및 일본과의 교역액을 합친 것 보다 많은 액수이며, 중국의 경제정책과 증시 상황이 바로 우리의 경제 발전과 증시에 반영되기도 한다. 대한민국 경제가 이만큼 발전하는 데는 개방 이후 지속된 중국의 경제성장과 그에 따른 중국시장의 확장이 결정적 역할을 하였으며, 우리 경제에 미치는 중국의 영향력은 앞으로도 상당기간 계속 확대되어갈 것이다. 우리국민이 연간 가장 많이 방문하는 국가가 중국이며, 연간 양국 간 상호

방문객 수가 200여만 명에 이르고 있다. 우리의 대중문화가 중국에서 대유행 하여 한류라는 단어가 등장하기도 했고, 이를 질시해 혐한류(嫌韓流) 현상이 나타나기도 하였다. 중국의 동북공정은 우리의 고대사를 왜곡하여 자신의 역사로 편입하고, 우리의 고대유적을 중국의 주도로 유네스코 세계문화유산에 등재시키기도 하였다. 정치안보적으로는 중국이 6자회담의 의장국으로서 일정한 역할을 수행하고 있다. 중국은 지난해부터 시작된 글로벌 금융위기 외중에도 G2로 부상하면서 국제적 위상은 나날이 높아가고 있다. 이런 상황에서 우리와 중국은 전략적 동반자관계를 더욱 발전시켜 나가고, 동시에 우리는 중국을 정확하게 이해해야할 것이다. 중국을 잘 알기 위해서는 우선 현대역사를 알아야 한다.

구중국은 재난이 끊일 날 없는 나라였다. 중국인민은 잔혹한 봉건적 착취와 제국주의 열강의 침략, 군벌의 통치, 무능한 중화민국 국민당 정부 통치와 싸워 마침내 중국공산당은 중화인민공화국을 건국하였다. 그러나 경제는 파탄되었고, 국력은 쇠잔하였다. 중화인민공화국의 역사는 건국 이후 급진적 공산화 정책으로 수천만 명이 굶어 죽기도 하고, 문화대혁명의 분노와 권력투쟁으로 끝없는 갈등의 연속을 거쳐서, 개혁개방 이후 경천동지(驚天動地)한 위대한 업적을 쌓기도 한, 빛과 어둠이 함께 점철된 픽션보다도 더 드라마틱한 역사였다. 이 역사를 이끌어온 중국공산당은 1921년 몇 십 명뿐인 소수로부터 시작하여 2009년 현재 8,000여만 명의 당원을 거느리고, 14억 인구의 사회주의 대국을 이끄는 위대한 정당으로 발전되었다. 동서고금을 막론하고 근대적 의미의 정당이 국가를 건설하고, 또 그 나라를 지속적으로 60여년 이상 통치하고 있는 예가 없기에, 중국공산당의 많은 문제와 잘못에도 불구하고 위대하다는 표현을 필자는 하는 것이다. 지난 60연간 중화인민공화국의 국가총생산(GDP)은 약 100배로 증가하였고, 외환보유액이 2조 달러가 넘어섰으며, 교역 총액과 경공업 생산액에서 세계1위가 되었고, 글로벌 금융위기를 넘기면서 자연스레 G2의 지위로 부상하였다.

중화인민공화국 60년 역사는 전기 30년과 후기 30년이 극명하게 대비되는 역사이다. 중국은 중화인민공화국 건국 이후 소위 건국초기 3대 운동으로 불리는 토지개혁운동, 항미원조운동, 반혁명진입운동을 지나, 삼면홍기(사회주의 총노선, 대약진운동, 인민공사화 운동)운동을 거치면서 대중운동의 극심한 피로를 경험한다. 삼면홍기 운동의 실패와 반우파 투쟁, 3년간의 자연재해, 중소분쟁으로 인한 건설 중단 등으로 인하여 중국은 역사상 가장 참담한 기간을 맞게 되었다. 1961년까지 3~4년간 굶어 죽은 사람이 전국적으로 약 3~4천만여 명이 발생하였는데 이는 당시 전 인구의 약 8%에 달하였으며 중일전쟁, 국공내전, 한국전쟁참전 등의 전쟁으로 인한 사망자수의 7배에 달했다.

집체화의 정도 문제와 개인숭배 문제, 계급투쟁 문제로 대표되는 관점의 차이가 1958년부터 중국공산당 당내에서 내부의견이 다르게 표출되어 이른바 전(专)과 홍(红)의 대결이 시작되었다. 농촌 문제의 집체화를 완화하여 개인에게 토지를 다시 환원시키려는 세력(专)과 그 반대파(红)로 갈라졌다. 소련에서는 흐루시초프가 스탈린을 격하하면서 개인숭배를 반대한 반면, 중국에서는 캉성과 린뱌오가 앞장을 서서 마오쩌둥에 대한 개인숭배를 강화하기 시작했다. 계급투쟁 문제에 대해서는, 사회주의가 수립되고 반혁명분자가 기본적으로 제거되었으므로 계급투쟁은 더 이상 필요 없다고 보는 그룹이 있는 반면, 마오쩌둥은 계속적인 계급모순은 중국 사회의 주요 모순이므로 계급투쟁은 매일, 매월, 매년 계속되어야 한다고 주장하였다.

1964년에 이르러 이 두 진영(류사오치, 덩샤오핑 등과 마오쩌둥, 린뱌오, 캉성 등)은 매우 첨예하게 대립하여 문화대혁명이 발발하기에 이른다. 문화대혁명은 마오쩌둥의 혁명이론과 당내의 노선갈등, 후계문제 등과 결부되면서 중국의 소위 "잃어버린 10년"의 처절한 파괴와 투쟁의 내전이었다. 이 시기는 당과 국가기관 및 사회의 모든 기존의 질서가 무너지고 홍위병에 의하여 모든 것이 탈취 돼 버리는 제1단계, 군대가 나서서 홍위병을 하향시키고 임표가 제2인자로 군림하며 마오쩌둥을 제거하려다 실패한 제2단계의 임표사건 시기, 마침내 모든 권력을 장악한 장칭을 위시로 한 4인방이 활개 치다가 마오쩌둥 사망 후 1개월 만에 4인방이 체포되면서 끝난 4인방 집권시기로 나누어 볼 수 있다. 문화대혁명 기간은 인간사회에서 호도된 이념적 투쟁이 극에 달하면 어디까지 갈 수 있는지를 극명하게 보여주었고, 집단광기의 결과가 사회구성원에게 어떤 피해를 줄 수 있는지를 시험한 중국 역사상 가장 참혹한 시기였다.

그 후 중국은 문화대혁명을 통해 극단적 이념이 주는 폐해가 어디까지인가를 모든 인민들이 학습을 하였고, 덩샤오핑이라는 위대한 인물이 등장하면서 개혁개방을 통해 인민의 물질적 욕구를 분출시켜 경제성장의 원동력이 되었다. 또한 동유럽 사회주의국가의 몰락과 소련의 붕괴를 지켜보면서 중국이 붕괴되지 않으려고 지혜와 물리력을 행사하여, 경제영역의 과감한 변화와 정치영역의 불변을 유지하면서, 강약의 속도조절과 확대와 축소의 폭을 조정하면서 천천히 강대국의 대열로 굴기(屈起)하였다.

중화인민공화국이 건국 이후 문화대혁명이 끝나고 개혁개방 직전까지의 전기 30년의 역사를 갈등과 계급투쟁으로 얼룩진 인간성 상실기간의 과정이라고 한다면, 개혁개방 이후 현재까지의 30년 역사는 파괴와 혼란에 대한 반성 속에서 먹고사는 문제를 해결하고 안정과 발전으로 나아가는 희망과 성취의 과정이라고 할 수 있다. 물론 현재의 중국도 빈부격차와 지역 간 격차 심화, 사회 안전장치 미흡 등 수많은 문제를 가지고 있지만 전반기에 비하면 후반기의 성과는 실로 놀라운 것이다.

이 책에서는 제1부 사회주의 개조 완성기(1949년 10월~1956년 12월), 제2부 전면적 사회주의 건설시기(1957년 1월~1966년 4월), 제3부 문화대혁명 10년 내란 시기(1966년 5월~1976년 10월), 제4부 혼란 수습과 개혁 개방 준비 시기(1976년 10월~1978년 12월)로 나누어서 정리하였다. 개략적인 스토리를 소개한 후 이어서 날짜별로 중요사항을 열거하는 방법으로 역사를 서술하였다. 역사를 공부할 때 스토리를 따라가다 보면 연도별 전후관계를 파악하기 쉽지 않고, 연도별로 사건을 나열하여 정리해 보면 줄거리를 놓치게 되기 쉽다.

필자가 중국학을 전공하고, 대학에서 중국현대사와 사회론, 정치경제, 한중관계론 등을 20여년 이상 강의하면서 나름대로 파악한 것은, 중국역사를 공부할 때 이야기와 연도별 상호관계를 동시에 살펴보는 것이 가장 효과적이라는 것을 알게 되었다. 이 책은 이런 취지에서 중국현대사를 강의하면서 학생들이 흐름과 내용을 쉽게 파악할 수 있는 방법을 고민하다가 나온 결과물이다. 개혁개방 이후 현재까지의 후반기 30년사는 곧 이어서 나올 것이다.

이 책을 출판하는데 여러 어려움에도 불구하고 많은 조언과 세밀한 편집을 해서 세상에 나오게 수고해주신 가림출판사 강선희사장님과 편집진에게 심심한 감사의 말씀을 드린다. 내용이 복잡하고 다양한 사실들을 다 열거할 수 없었으며, 일일이 대조하기도 쉽지 않아 행여 잘못된 곳이 있을까 걱정된다. 독자 여러분이 아낌없는 지적을 해주신다면 언제라도 수정 가필할 것을 약속드린다. 많은 사랑을 기대하면서....

2009년 10월
치악산 자락에서 雲圃 鄭載一

차례

중국공산당 창당에서
중화인민공화국 건국까지 당의 역사

구 중국은 재난이 끊일 날 없는 나라였다. 잔혹한 봉건적 착취와 제국주의 열강의 침략, 군벌의 통치, 무능한 중화민국 국민당 정부 등이 커다란 산처럼 중국인을 내려누르고 있었다. 그러나 중국은 또한 유구한 역사와 찬란한 문화를 가진 나라이다. 전통적으로 중국인은 자존심과 혁명적 반항정신이 있으며, 역사상 많은 지사(志士)들이 국가와 인민을 구하기 위해서 뛰어다니며 외쳤고 희생하였다.

중국공산당 80여 년 역사는, 열정과 패기로 혁명 속에서 목숨을 내던지며 더운피를 뿌린 영웅1)들의 감동적인 이야기가 가득하고, 건국 이후 급진적 공산화로 수백만 명이 굶어 죽기도 했지만, 문화대혁명의 분노와 권력투쟁으로 끝없는 갈등의 연속을 거쳐서, 개혁개방 이후 경천동지(惊天动地)한 위대한 업적을 쌓기도 한, 빛과 어둠이 함께 점철된 픽션보다도 더 드라마틱한 끈질긴 역사였다. 중국공산당은 1921년 몇 십 명뿐인 소수로부터 시작하여 2009년 현재 8,000여만 명의 당원을 가진, 14억 인구의 사회주의 대국을 이끄는 위대한 정당으로 발전하였다. 동서고금을 막론하고 근대적 의미의 정당이 국가를 건설하고, 또 그 나라를 60여 년 이

---

1) 1994년 4월 중국공산당의 제7차 전국대표대회(全国代表大会) 때의 초보적 통계에 따르면 전장에서 희생된 자는 약 76만 명(그중 공산당원이 32만 명), 국민당 통치구에서 희생된 자는 약 10여만 명에 달하였다.

상 통치하고 있는 예가 없기에, 중국공산당의 많은 문제와 잘못에도 불구하고 위대하다는 표현을 필자는 하는 것이다. 1919년 5. 4운동 때부터 리다자오(李大釗, 이대소), 천두슈(陈独秀, 진독수) 등이 중국에 마르크스 레닌주의를 전파하였다.

1921년 7월 23일 상하이(上海, 상해)[2])에서 중국공산당 제1차 전국대표대회가 열려 중국공산당이 창립되었다. 중국공산당 창당에 참가한 대표는 마오쩌둥(毛泽东, 모택동), 허수형(何叔衡, 하숙형), 둥비우(董必武, 동필무), 천탄추(陈潭秋, 진담추), 덩언밍(邓恩铭, 등은명), 왕진메이(王尽美, 왕진미), 리다(李达, 이달), 리한쥔(李汉俊, 이한준), 류런징(刘仁静, 유인정), 천궁보(陈公博, 진공박), 저우푸하이(周佛海, 주불해), 장궈타오(张国焘, 장국도) 등이다. 이들은 코민테른[3])의 대표 보이틴스키(Voitinsky)의 지도로 중국공산당의 강령과 당명을 결정해 정식으로 당이 창당되었다.

1922년 7월에 열린 중국공산당 제2차 전국대표대회에서 반제 반봉건이라는 투쟁의 방향을 제시하였다. 1922년 1월에서 1923년 2월까지 중국공산당은 130여 차례의 파업 투쟁을 주도했다. 2. 7경한(京汉)철도 파업은 당시 파업 투쟁의 정점을 이루었다. 그것은 중국 노동자 계급과 중국공산당의 활동 가능성을 보여준 것이었다.

1923년 6월 중국 공산당은 제3차 전국대표대회를 열어 혁명민주세력인 쑨중산(孙中山, 손중산)[4])선생이 이끄는 국민당과 연합할 것을 결정하고, 제1차 국공합작(国共合作)을 실행하였다. 1924년 1월, 국공합작의 중국국민당 제1차 전국대표대회가 열렸다. 얼마 후 국공합작의 국민혁명군은 동남 정벌 전쟁을 승리로 이끌고 광동 혁명근거지를 통일하였다. 1926~1927년에는 장제스(蒋介石, 장개석)의 주도하에 대규모의 북벌 전쟁을

---

2) 주소는 望志路 106号이다.
3) 코민테른(Communist International, 줄여서 Comintern), 제3국제당 혹은 제3인터 내셔널이라고도 하며, 레닌의 발기에 의해 1919년 3월 창설되어 1943년 5월 15일에 해체된 마르크스 레닌주의 정당의 국제적 조직체이다.
4) 손문(孙文, 1866. 11. 12~1925. 3. 12) 중산은 일본 망명시기에 사용하던 호이며, 중국혁명의 아버지 국부(国父)로 추앙받고 있다.

거행하여 잇따라 봉건 군벌 우페이푸(吳佩浮, 오패부), 쑨촨팡(孙传芳, 손전방) 등의 주력을 섬멸시켜 북벌을 완성하였다.

1925년 공산당의 차이허썬(蔡和森, 채화삼), 리리싼(李立三, 이립산), 취추바이(瞿秋白, 구추백), 류사오치(刘少奇, 유소기) 등이 상하이의 반제국주의 애국운동인 5.30운동을 주도했고, 덩중샤(邓中夏, 등중하) 등도 같은 해 6월에 시작된 홍콩 파업을 주도하였다. 이때를 전후하여 광동성 농민 운동이 일어났고, 마오쩌둥 등이 호남, 호북, 강서의 농민 운동을 이끌어, 동남 각 성(省)의 농촌 혁명을 고조시켰다. 1927년 2월과 3월 사이에 저우언라이(周恩来, 주은래) 등이 상해 노동자의 제2차, 3차의 무장 봉기를 주도하여 상하이를 점령해 세계를 놀라게 하기도 했다. 이처럼 양쯔강 유역에서의 북벌 운동과 노동자 농민운동의 승리의 확산은 중국에서의 제국주의 봉건 군벌 세력과 자산 계급 지배체계를 흔들었다.

1927년 4월과 7월 제국주의의 지원 하에서 장제스 파와 왕징웨이(汪精卫, 왕정위)파가 잇따라 국공합작을 파기하고 쿠데타를 일으켰다. 동시에 중국공산당 지도자인 천두슈의 오류5) 때문에 이때의 공산당 혁명은 참담한 실패를 맞게 되었다.

국민당의 학살에 대항하고 혁명을 달성하기 위해 1927년 8월 1일, 저우언라이(周恩来, 주은래), 주더(朱德, 주덕), 허룽(贺龙, 하용), 예팅(叶挺, 엽정), 류보청(刘伯承, 유백승) 등은 3만 혁명군을 이끌어 유명한 난창(南昌, 남창)봉기6)를 일으켰다. 이는 노동자 농민 혁명군대 건설의 시작이었다. 8월 7일 당 중앙은 취추바이(瞿秋白, 구추백) 등의 주재로 한커우(汉口, 한구)에서 정치국 확대회의를 긴급 소집하였다. 이 8. 7회의에서는 노선을 수정하여 천두슈와 결별하였으며, 추수폭동을 일으킬 것과 국민당의 학살정책에 무장 항거하고, 토지혁명을 실행할 것 등을 확정하였다. 마오쩌둥은 회의에서 중요한 발언을 통해 당은 군사를 중요시해야 한다며 "정권은

---

5) 중국공산당은 이를 우경투항주의(右傾投降主义)라 표현하는데, 천두슈는 장제스와 적당히 타협하는 노선을 견지했다.
6) 이 날을 기념하여 현재에도 인민해방군의 날이 8월 1일이다.

총구에서 나온다."는 주장을 하였다. 8.7회의는 이론과 실제의 갈림길에서, 실제에 좀 더 다가서는 역사적 전환의 의미를 가지는 회의였다.

마오쩌둥은 9월 9일 호남과 강서 일대의 추수폭동을 주도하였고 얼마 후에 징강산(井冈山, 정강산) 혁명 근거지를 창립하였다. 이후 각지에서 유사한 추수폭동을 일으켜 농촌 혁명근거지 건립의 기점이 되었다.

1928년 7월 모스크바에서 열린 중공 제6차 전국대표대회에서 계속적으로 혁명을 진행하고 토지 혁명을 실행한다는 강령을 확정지었으며 취추바이, 저우언라이, 리리싼 등이 이 회의를 주재하였다. 그러나 6차 전국대표대회는 농촌 혁명근거지를 건립하는 것에 대해 충분한 이해를 하지 못하고, 모스크바 유학생 출신의 국제파가 당 중앙을 장악함으로써 다시 실제에서 벗어나 이론에 치우치는 오류를 가져왔다. 이에 반해 마오쩌둥이 시작한 징강산 투쟁노선은 바로 당이 홍군(红军)을 영도하고 토지혁명을 실행하여, 농촌 혁명근거지를 마련함으로써 농촌으로 도시를 포위하여 최후에는 도시를 탈취하는 노선이었다. 그것은 실천 과정을 통해 '제6차 대회'가 해결하지 못했던 문제를 해결함으로써 마오쩌둥의 노선이 정확했음을 검증하였다.7) 이는 마르크스 레닌주의가 중국 혁명의 실천과 서로 결합된 것이었고, 공산주의운동에서 농민이 주체로 등장하는 최초의 시작이었다. 징강산 근거지는 후에 강서 중앙소비에트로 발전되었다.

1931년 9. 18사변으로 일본은 중국의 동북 만주지역을 침략하여 점령하였다. 국민당군의 공격을 받고 있던 중국공산당은 항일구국운동을 외치면서, 1935년에는 북경과 전국의 학생 항일구국운동인 12. 9운동을 주도했다.

1930년 말부터 1933년 3월까지 장제스는 대대적으로 군대를 동원하여 강서 중앙소비에트 공산당 근거지에 대해 네 차례의 포위 공격을 했다. 마오쩌둥, 주더, 저우언라이 등의 정확한 군사노선의 지도아래 근거지의 군민들을 이용한 유격전과 운동전을 활용하여 反 '포위공격'에서 승리

---

7) 이 문제에 대해서는 정재일. '모택동과 국제파 투쟁 연구'(国立政治大学, 석사논문, 1981년) 참조.

를 거두었다.

1934년 국제파의 거두 왕밍(王明, 왕명)의 오류로 말미암아 중앙 근거지의 홍군은 국민당의 제5차 포위공격을 물리치지 못했다. 10월 홍1방면군은 포위를 뚫고 장정(長征)의 길에 오르기 시작했다. 장정 중에 1935년 1월 구이저우(貴州, 귀주)성 쭌이(遵议, 준의)에서 공산당 정치국확대회의가 열려, 군사상 좌편향의 오류를 수정하고, 홍군과 당의 지위 체계에 있어서 마오쩌둥을 대표로 하는 새로운 노선을 확립하였다.

장정 중의 홍군은 쓰촨성(四川省, 사천성) 서부에서 눈 덮인 산을 넘고 수렁이 늘려있는 늪지대를 지나며 온갖 고초를 겪었다. 1935년 10월 홍1방면군은 산베이(陝北, 섬북)에 도착해 2만 5천리 장정을 완성하고 홍25군 등과 합류하였다. 곧이어 1936년 10월에는 홍2방면군 홍4방면군과 합류하였다. 이와 동시에 국민당 통치구에서도 중국공산당 지하조직이 인민을 영도하여 정치·경제·문화 영역에서 투쟁하면서, 수많은 공산당원들이 혁명을 위해 죽어갔다.

1936년 12월 12일 국민당 항일군 장군 장쉐량(张学良, 장학량),[8] 양후청(杨虎城, 양호성)은 일본군에 대한 전쟁보다는 공산당 타도에 열을 올리는 장제스가 일본과의 전쟁으로 방향을 돌리게 하기 위해 서안사변(西安事变)을 일으켰다. 중국공산당은 저우언라이, 예젠잉(叶剑英, 엽검영)을 시안(西安, 서안)으로 파견하여 서안사변의 평화로운 해결을 도모하였다. 서안사변은 2차 국공합작과 항일운동을 하는데 있어서 역사적으로 중요한

---

8) 1898. 6. 4~2001. 10. 14 만주 군벌 장쭤린(张作霖, 장작림)의 6남으로, 장작림이 28년 일본군에 의해 폭사당한 후 장제스에 협력하여 국민군 부총사령관이 되었다. 1936년 장쉐량은 때마침 독전(督战)차 시안에 온 장제스에게 공산당과의 전쟁을 중지하고 항일할 것을 요청하였지만 거절당하자, 양후청과 함께 화청지(华清池)에 머물고 있는 장제스를 체포·감금하였다. 공산당의 저우언라이는 국민당의 쑹쯔원(宋子文) 등과 협의하여 내전정지(内战停止)·일치항일(一致抗日)을 약속받아, 항일민족통일전선(1937년, 제2차 국공합작)하는 계기가 되었다. 이 사건으로 장쉐량은 지휘권이 박탈되고 연금되었다(양후청은 얼마 후 의문의 교통사고로 사망함). 장쉐량은 1949년 국민정부와 함께 타이완으로 와 연금생활을 하였으나 장제스 사후 1990년 6월 연금이 해제되고, 1993년 12월 미국으로 가 하와이에서 살다가 2001년 10월 사망했다.

역할을 하였다.

1937년 7월 7일 항일 전쟁이 전면적으로 발발하였다. 전 인민의 항일 물결 속에서 국민당군 역시 저항의 기운이 일어났으나, 국민당 지도부의 소극적인 저항과 계속적인 반공의 태도는 일본군에게 늘 패퇴하게 만들었다. 이와 반대로 중국공산당은 홍군을 팔로군(八路軍)·신사군·화남항일군으로 개편하여 화북·화중·화남 지역 적·후방에서 광범위하게 유격전을 펼쳐 열아홉 군데의 항일근거지를 세웠다. 8년의 항전기간 동안 당이 영도한 인민들은 화남을 침략한 일본군의 60% 이상을 무장 공격하였고 괴뢰군9) 95% 이상을 공격하였다. 이 기간 팔로군 신사군은 처음 4만 5,000명에서 127만 명으로 늘었고, 인구 1억 명 이상을 해방시켰다. 또한 이 시기에 마오쩌둥, 저우언라이, 류사오치(刘少奇, 유소기), 주더 등의 영도 하에서 국민당의 세 차례에 걸친 공산군에 대한 위장공격을 물리쳤다.

1941년 1월 국민당은 환남사변을 일으켜 공산당 계열인 신사군(新四軍)의 예팅(叶挺, 엽정) 등 1만여 명을 몰살시켰다.

1942년 공산당은 마르크스 레닌주의 교육운동인 정풍운동을 일으켜 실사구시 정신을 제창하고 좌경교조주의를 비판했다.

1945년 4월 옌안(延安, 연안)에서 열린 공산당 제7차 전국대표대회에서 마오쩌둥을 중앙위원회 주석으로 선출하고, 혁명 승리의 새로운 국면을 맞이할 준비를 갖추었다.

1945년 8월 일본의 항복으로 제2차 세계대전이 끝난 후 마오쩌둥은 신 중국을 건설하기 위해 장제스와 회담을 하러 충칭(重庆, 중경)으로 갔다.

1946년 1월 중경에서 정치협상회의가 열렸으나 장제스는 미국의 지원 하에서 정치협상회의 결의사항을 파기하고, 1946년 7월 전면적인 내전을 일으켰다. 그리하여 당시의 합법적 정부인 국민정부군과 중국공산당 군대의 내전이 일어난 것이다. 당시 국민당정부의 국민군대는 430만의 병력과 최신무기를 보유하고 미국의 원조를 받는 강대한 힘을 가진 반면,

---

9) 일본이 설립한 만주국(满洲国)의 명의로 중국인으로 편성된 일본군대를 말한다.

공산당 군대인 인민해방군은 130만 병력에 무기도 부족한 상황이었다.

당시 장제스 총통이 이끄는 국민정부는 화폐남발과 강력한 조세징발로 중국대륙 경제는 붕괴되어 가고, 이반되는 민심을 다잡기 위해 강권통치를 더욱 강화해 갔다. 반면 공산당은 토지개혁을 통하여 지지자 수를 확대해 갔고, 새로운 토지를 분배 받은 자들은 그것을 지키기 위하여 목숨을 걸고 국민정부군과의 전투에 임하여, 민심은 공산당으로 급격히 쏠리게 되었다. 이때 중공군의 명칭도 인민해방군으로 변경되어 지금에까지 이르고 있다. 3년여의 내전을 거쳐 1949년 4월 남경의 국민당 정권이 무너지고, 인민해방군은 신속하게 대륙 전체를 점령하였다. 3년여의 내전기간 중 국민군 800여만 명이 죽고, 공산군은 전쟁 초기의 130만 명에서 400만 명으로 늘어났다.

1948년에 이르러 전세는 공산당에 유리하게 전개되었다. 국민군대는 방어의 입장이, 인민해방군은 적극적 공격의 입장이 된 것이다. 1948년 9월 지난(济南, 제남)전투10)와 랴오선(辽沈, 요심)전투11), 11월 화이하이(淮海, 회해)전투12), 12월부터 1949년 2월 평진(平津, 평진)전투13)에서 인민해방군이 대승을 거둠으로써 국민정부는 양쯔강 이남으로 물러났다.

전세가 불리해지자 국민당은 양쯔강을 경계로 분리통치(划江而治)14)를 주장하면서 1949년 초에 평화회담을 제안하였다. 국민정부는 1월 8일 미국, 영국, 프랑스, 소련 정부에 중재를 요청했으나 실패하자 1월 21일 장제스 총통은 하야를 선언하고 부총통 리쭝런(李宗仁, 이종인)이 총통직무

---

10) 산둥성(山东省)지역에서의 국공내전을 말하며, 이 전투가 분수령이 되어 연이어 공산당이 승리를 이어갔다.
11) 48년 9월 ~ 11월 기간에 치러진 만주지역 전투로, 이 전투로 동북지역을 공산당이 차지하게 되었다.
12) 48년 11월 ~ 49년 1월 기간에 치러진 화동 중원지역 전투로, 이 전투에서 국민군 55만 명을 물리치고 양쯔강 이북 중국 중심부를 공산당이 차지하게 되었다.
13) 48년 11월 ~ 49년 1월 말까지 치러진 베이징과 톈진, 하북(河北)성 지역 전투로, 이 전투에서 국민군 52만 명을 물리치고 화북 전 지역을 공산당이 차지하게 되었다.
14) 양쯔강을 경계로 이북은 공산당이, 이남은 국민정부가 통치하자는 안이다.

를 맡게 되었다[5].

1949년 1월 31일 베이핑(北平, 북평)[16]은 평화적으로 인민해방군에 넘어갔다. 4월 1일부터 15일까지 국·공 양 당은 베이핑에서 회담을 하여 '국내평화협정'에 합의하였다. 그러나 국민정부가 합의서의 서명을 거절하자 4월 21일, 인민해방군 주더 총사령관은 양쯔강을 건너 4월 23일 국민당정부 수도인 난징(南京, 남경)을 점령하고 국민당정권의 종식을 선언하였다. 이후 인민해방군은 계속해서 남하하여 대륙의 대부분을 차지하게 되었다.

1949년 3월에 열린 중국공산당 제7기 2중전회에서는 신 중국의 기본 정책을 제정하였다. 한편 중일전쟁과 내전기간에 중국공산당은 국민당 통치지역 인민들을 영도하여 국민당 통치에 반대하는 제2전선을 구축했다. 이러한 공산당의 장기간의 광범위한 통일전선 전략을 통해 전국 각 민주계층과 각 민주당파들을 자기편으로 끌어들였다. 이러한 기초 위에 1949년 6월 15일부터 19일까지 중국공산당 주도하에 신 정치협상회의 극비회의가 북경에서 개최되어 정치협상회의 개최를 준비하기 시작하였다. 7월 1일에는 인민일보에 마오쩌둥이 '인민민주독재를 논함'이라는 글을 발표하였다. 그는 중화인민공화국은 노동계급영도와 공농연맹을 기초로 도시소자산계급 및 민족자산계급의 정권이라 규정하였다.[17] 그는 이글을 발표하면서 새로운 국가 정부 구성에 대한 원칙을 천명하였다.

1949년 9월 21일부터 30일까지 공산당과 각 민주당과 인민단체, 지구대표, 소수민족, 인민해방군, 화교 등의 대표 662명이 북경에서 모여 중국인민정치협상회의 제1기 전체회의를 개최하여 '중국인민정치협상회의

---

15) 이후 장제스는 1950년 3월 1일 대만에서 총통에 복직하고, 리쭝런은 1949년 12월 8일 미국으로 갔다.

16) 1925년 국민당이 수도를 남경에 세우면서 북경의 명칭을 '북평(北平)'으로 바꿨다. 후에 공산당이 집권하면서 1949년 9월 정치협상회의에서 다시 북경이라는 명칭으로 환원되었다.

17) 현 중국 국기의 다섯 별의 의미는 큰 별은 중국공산당을, 나머지 4개의 별은 4대 계급(노동자, 농민, 도시소자산계급, 민족자산계급)을 나타낸다.

공동강령'18), '중화인민공화국 중앙인민정부 조직법', '중국인민정치협상회의 조직법' 등이 통과되었고 정부 주석을 비롯한 정부 구성원이 선출되었다. 또 북평을 북경으로 고쳐 수도로 정하고, 중일전쟁 당시의 의용군 행진곡을 국가(国歌)로, 오성홍기를 국기(国旗)로 정하고, 서기(西纪)를 기년으로 삼기로 결정하였다. 이로써 새로운 국가 건설의 법적 토대가 마련되었다. 공동강령에서는 중화인민공화국의 성격과 내외 정책을 규정했다. 또한 회의에서는 마오쩌둥, 류사오치, 저우언라이, 리지선(李济深, 이제심), 장란(张澜, 장란), 천수퉁(陈叔通, 진숙통), 선쥔루(沈钧儒, 심균유), 황옌페이(黄炎培, 황염배), 귀모뤄(郭沫若, 곽말약), 송칭링(宋庆龄, 송경령) 등 180여 명을 중앙인민정치협상회의 제1기 전국위원회위원으로 선출했다.

10월 1일 중앙인민정부 성립식이 거행되어 공식적으로 중화인민공화국의 성립을 국내외에 선포하였다. 중앙인민정부는 중국공산당 통일 전선에 따른 각종 민주당파와 연합정부의 형태를 띠었다. 즉 정부주석 7명 중 3명, 위원 56명 중 25명, 군사위 부주석 6명 중 1명, 정무원 부총리 4명 중 2명, 정무원위원 21명 중 11명이 비공산당파 출신이다. 이때 참여한 당파는 중국국민당혁명위원회, 중국민주동맹, 중국민주건국회, 무당파민주인사, 중국민주촉진회, 중국공동민주당, 중국치공당, 구삼학사, 대만민주자치동맹 등이 있으며 이때부터 현재까지 정치협상회의에 이들 정당19)만이 참여하고 있다.

한편 건국 초기 여전히 중국 화남 · 서남 · 서북지역에서는 국민정부 잔여 세력의 저항이 계속되었으며, 미국은 중국에 대하여 봉쇄와 금수조치를 취하였고, 신해방구에서는 토지개혁이 미진하였으며, 통화팽창에 따른 물가폭등으로 경제는 완전히 마비되었다.

10월 20일 펑더화이가 지휘하는 제1야전군이 신장지역을 점령하고,

---

18) 1954년 9월 최초로 열린 전국인민대표대회 1차 회의에서 헌법이 통과될 때까지 임시헌법의 역할을 하였다.
19) 중국에서는 건국 이후 현재까지도 공산당과 이들 정당 이외에 새로운 정당을 창당할 수가 없다. 향후 경제성장에 걸맞은 중국정치 발전과 자유로운 정당 창당문제는 중국공산당이 풀어야할 최대의 숙제이다.

류보청, 덩샤오핑(邓小平, 등소평)이 이끄는 제2야전군이 11월 중순 구이양(貴阳, 귀양)을 함락하고 11월 30일 중경을 함락하고, 12월 6일에 국민정부의 마지막 주력부대인 바이충시(白崇禧, 백숭희)부대를 광서 지역에서 무너트렸다. 다급해진 장제스는 12월 9일 군사지휘권을 호종남에게 위임하고 대만으로 건너갔다.

중국공산당은 각 지방마다 국민당 통치기구를 철저히 폐지하고 각급 지방인민정부를 수립하였으며, 소수민족 지역에는 민족자치를 실시하면서 민족대단결을 호소하였다. 동시에 빠르게 관료자본주의 기업을 몰수하면서 사회주의 국영경제체제로 전환해, 전국 재정경제를 통일시키고, 투기자본을 금지하였으며 통화억제를 통하여 물가안정에 주력하였다.

구체적으로 보면 인민해방군의 점령지역이 확대됨에 따라 인민정부는 관료자본주의 기업 2,858개를 몰수하고, 수공업을 제외한 전체 공업자본 91만 억 원 중 전체의 78.3%에 해당하는 국영공업자본이 확보되었다.

이 해에 철도 통차거리는 87,989km, 차가 다닐 수 있는 도로 80,768km를 확보하였다. 인민정부가 경제의 중요부분을 장악하고, 농촌에서는 1억 2,000만 명에게 토지개혁을 통하여 토지를 나누어 주었다. 이리하여 사회주의 경제로의 전환의 기초를 갖추게 되었다.

사회주의 개조 완성기

1949. 10~1956. 12

사회주의 개조 완성기
(1949. 10~1956. 12)

1949년 10월 1일 중화인민공화국이 건립된 이래 1956년 12월까지 사회주의로의 개조가 기본적으로 완성되었다. 이 시기는 신민주주의에서 사회주의로의 전환을 단계적으로 실현시킨 시기이다. 건국 후 3년 동안 사회개혁과 항미원조정책(抗美援朝政策 : 미국에 대항하고 조선을 지원하는 정책, 한국전쟁참전을 지칭함)을 수행하고, 심각하게 파괴되었던 국민경제를 신속하게 회복시켰다.

1953년에서 1956년에 이르는 4년 동안, 생산수단의 사유제에 대한 사회주의 개조가 기본적으로 완성되었으며 계획적인 경제건설을 전개하였다. 사회혁명과 사회주의 개조를 경제회복 및 건설에 결합시켜 사회생산력을 발전시키고 인민생활을 개선하였다. 이는 건국 초 7년 동안 이룩한 성공이었다.

신 중국 성립을 전후하여 인민정부는 정권의 힘을 통하여, 도시에서 관료자본기업을 빠르게 몰수하였다. 1949년 말까지, 국가가 몰수한 관료자본의 공광업기업은 2,858개에 이르렀다. 1950년 초 인민정부는 또한 일반기업에 숨겨져 있는 관료자본 주식과 재산을 깨끗이 정리함으로써 관료자산계급의 자본을 철저히 박탈하였다. 동시에 인민정부는 제국주의의 모든 특권을 배제하였고, 오랫동안 제국주의에 의해 점거되어 오던 세관을 회수하였으며, 대외무역을 통제하고 외화관리를 실시하였다.

새로 태어난 인민정부는 관료자본의 몰수와 재중 외국기업의 회수를 통하여, 국가의 경제권을 장악하고, 사회주의 국영경제를 건립하였다. 1949년 말에 이르러 전국 공업총생산액에 있어서, 국영공업은 이미 34.7% 차지하게 되었다. 국영경제는 전국 전력생산량의 58%, 석탄 생산량의 68%, 철강생산량의 92%, 강철 생산량의 97%, 면사 생산량의 53%를 차지하는 동시에, 거의 모든 철도와 현대화 교통운수사업의 대부분을 장악하였고, 대부분의 은행업과 대외무역을 통제하였다.

인민정부는 우선 무산계급이 영도하는 정부기관과 국영경제의 역량을 이용하여, 금융관리를 강화하고, 주요 상품물자를 축적하였다가 적당한 시기에 상품을 방출함으로써 물가를 안정시키고 시장관리를 강화하는 등의 방법으로, 불법적 자본가의 시장교란, 금융파괴, 투기매점, 물가인상 등의 불법적 투기활동에 대하여 끊임없는 타격을 주었다. 이는 시장의 주도권을 쟁탈하려는 무산계급과 자산계급 사이의 투쟁이었다. 1949년 5월, 상해등 대도시가 속속 해방이 된 이후, 인민정부는 당시 가장 창궐하던 금·은 외화의 투기활동에 타격을 주기 위해, 법령으로 시장에서의 금·은 외화의 자유유통을 금지하였고, 금·은투기의 근거지인 상해 증권거래소를 차압하고 시장을 조작하던 금융투기꾼 200여 명을 체포·처벌함으로써 투기활동을 근절시켰다. 뒤이어, 인민정부는 또한 여러 차례 물가억제조치를 취하여, 식량, 면사와 면포 등의 중요물자를 매점한 투기자본가에게 타격을 가하였다. 1949년 10월에 있었던 물가폭등 당시 중앙인민정부는 식량과 면포 등의 물자를 대량으로 신속하게 수집하여, 중앙인민정부가 일괄적으로 시장에 투입함으로써 50일간 지속하던 물가오름세는 안정되기 시작하였고 이로 인해 자산가 투기세력은 치명적인 타격을 받게 되었다.

🗒 1949년 10월

10월 1일은 중국역사의 새로운 시대를 연 날이다. 마오쩌둥은 오후 2시 중난하이(中南海, 중남해)[1] 친정뎬(勤政殿, 근정전)에서 중앙인민정부 제1차 회의를 개최하고, '중국인민정치협상회의 공동강령'을 정부 시정방침으로 정하고, 중화인민공화국 중앙인민정부의 성립을 정식으로 선포했다. 오후 3시 중화인민공화국 중앙인민정부 성립식이 톈안먼(天安門, 천안문)광장에서 거행됐다. 중앙인민정부 비서장 린바이취(林伯渠, 림백거)가 개회를 선포하고, 이어서 중앙인민정부 주석 마오쩌둥이 마이크 앞으로 나아가 우렁찬 목소리로 "중화인민공화국 중앙인민정부가 오늘 성립되었다"라고 엄숙히 선언하였다. 이어 열광과 갈채 속에서 그가 직접 전기 버튼을 누르자 국가인 '의용군 행진곡'이 울려 퍼지고, 직접 오성홍기를 게양했다. 이어서 마오쩌둥이 '중화인민공화국 중앙인민정부 공고'를 낭독했다. 공고는 인민해방전쟁은 이미 승리했고, 전국 대다수의 인민은 이미 해방됐다고 선언하고, 이러한 상황 하에 중앙인민정치협상회의 제1차 전체회의에서 중앙인민 조직법을 제정하고 정부 영도자를 선출했다고 밝혔다. 마오쩌둥이 다음과 같은 영도자들의 이름을 낭독하였다.

주석 : 마오쩌둥, 부주석 : 주더, 류사오치, 쑹칭링, 리지선, 장란, 가오강(高崗, 고강), 56인 중앙인민정부위원 : 천이(陳毅, 진의), 허룽, 리리싼, 린바이취, 예젠잉, 허샹닝(何香凝, 하향응), 린뱌오(林彪, 임표), 펑더화이(彭德懷, 팽덕회), 류보청, 우위장(吳玉章, 오옥장), 쉬샹첸(徐向前, 서향전), 펑전(彭眞, 팽진), 보이보(薄一波, 박일파), 네룽전(聶榮臻, 섭영진), 저우언라이, 둥비우, 싸이푸딩(賽福鼎, 새복정), 라오수스(饒漱石, 요수석), 천자겅(陳嘉庚, 진가경), 뤄룽환(罗荣桓, 라영환), 덩쯔후이(邓子恢, 등자회), 우란푸(乌兰夫, 오란부), 쉬터리(徐特立, 서특립), 차이창(蔡畅, 채창), 류거핑(刘格平, 류격평), 마인추(马寅初, 마인초), 천윈(陈云, 진운), 캉성(康生, 강생), 린펑(林枫, 임풍), 마쉬룬(马叙伦, 마서륜), 궈모뤄(郭沫若, 곽말약), 장윈이(张云逸, 장운일), 덩샤오핑(邓小平, 등소평), 가오충민(高崇民, 고숭민), 선쥔루, 선옌빙(沈雁冰, 심안빙), 천수퉁(陈叔通, 진숙

통), 쓰투메이탕(司徒美堂, 사도미당), 리시주(李锡九, 이석구), 황옌페이, 차이팅카이(蔡廷锴, 채정개), 시중쉰(习仲勋, 습중훈), 펑쩌민(彭泽民, 팽택민), 장즈중(张治忠, 장치충), 푸쭤이(傅作义, 부작의), 리주천(李烛尘, 이촉진), 리장다(李章达, 이장달), 장보쥔(章伯钧, 장백균), 청첸(程潜, 정잠), 장시뤄(张溪若, 장계악), 천밍수(陈铭枢, 진명추), 탄핑산(谭平山, 담평산), 장난셴(张难先, 장난선), 류야쯔(柳亚子, 유아자), 장둥쑨(张东荪, 장동손), 룽윈(龙云, 용운).

저우언라이를 중앙인민정부 총리 겸 외교부장, 마오쩌둥을 중앙인민정부 인민혁명군사위원회 주석, 주더를 인민해방군 총사령, 선쥔루를 중앙인민정부 최고인민법원장, 뤄룽환을 중앙인민정부 최고인민검찰장으로 임명했다. 동시에 세계각국정부에 중앙인민정부가 전국 인민을 대표하는 유일한 합법정부임을 선포하기로 결의했다. 이후 개최된 창안제(长安街, 장안가)를 가로지른 군대 열병식에서 주더는 인민해방군[2] 총사령의 지위로 아직 해방되지 않은 전 국토를 해방하라고 명령했다.

당일, 저우언라이 외교부장은 전 세계 각국 정부에 중앙인민정부의 '공고'를 통지했다.

10월 2일~3일 중국세계평화보위(保卫)대회가 베이징에서 개최됐다. 각계 대표 천여 명이 참가하여 스탈린(Stalin), 마오쩌둥을 명예주석으로 궈모뤄를 주석으로 선출했다. 이어 전국위원회를 구성하고, '중국세계평화보위대회 선언'이 통과됐다.

10월 2일 소련이 중국을 승인하고 수교하자는 전보를 보내, 3일 저우언라이가 답전을 보냄으로써 수교되었다. 2일 이 전보를 비서가 마오쩌둥에게 전달하자 비서의 손을 잡고 기뻐하였다. 소련의 승인 문제는 1949년 6월부터 8월까지 류사오치가 소련을 비밀리 방문하여 스탈린의 확답을 듣고 돌아왔던 것이다.[3]

2) 1927년 8월 1일 추수폭동으로 시작된 공산당군대는 工农革命军, 红军, 八路军, 新四军 등의 이름으로 변경되다가 1945년부터 현재까지 인민해방군으로 불림, 추수폭동으로 건군기념일이 8월 1일임. 건국 당시 군대의 총수는 400만 명을 조금 넘었음.

3) 중국에게 최초로 승인 전보를 보낸 곳은 이스라엘이나(독일의 유태인 학살 시 중국 상하이 지역에 유태인 10만 명이 피신하여 생활하여 이후 그들의 많은 기술자

10월 4일 불가리아와 수교

10월 5일 루마니아와 수교

중소 우호협회총회가 베이징에서 설립됐다. 총회는 류사오치를 회장으로 쑹칭링 등 7인을 부회장으로 선출하고, '중소우호협회 규정'을 통과시켰다.

중국공산당(이하 약칭 중공) 중앙은 제2야전군 전선위원회 및 각 분위원회에 전보를 보내 제국주의에 이용될 수 있으므로 소수민족의 자결권을 지나치게 강조하지 말 것을 통지하였다.

10월 6일 조선민주주의인민공화국(북한), 체코슬로바키아, 헝가리와 수교.

10월 7일 폴란드와 수교

10월 8일 중국인민해방군이 후난성(湖南省, 호남성) 헝양(衡阳, 형양)을 해방시켰다.

10월 9일 중국인민정치협상회의(이하 政协으로 약칭) 제1기 전국위원회 제1차 전체회의가 베이징에서 개최됐다. 이 회의에서 마오쩌둥이 정협 제1기 전국위원회 주석으로 류사오치, 저우언라이, 리지선, 천수퉁, 선쥔루, 궈모뤄가 부주석으로, 리웨이한(李维汉, 이유한)이 비서장으로 선출되었다. 이 회의에서 10월 1일을 중화인민공화국 건국기념일로 삼기로 결의했다.

10월 10일 당 중앙(中国共产党中央委员会의 약칭, 이하 동일) 화베이쥐(华北局, 화북국)에서는 신 해방구4) 토지개혁에 관한 결정을 반포했다.

중국 문자개혁협회가 베이징에 설립되고, 우위장(吴玉章, 오옥장) 등 78인을 이사로 선임했다.

장제스 국민정부 프랑스 주재 대사관 직원들이 국민정부를 탈퇴한다고 저우언라이 외교부장에게 전신을 보냈다.

10월 11일 헝양, 바오칭(宝庆, 보경) 전투 승리, 국민당 바이충시 4개 부대가 전멸하여 국민당 주력군이 와해되었다.

가 중국에 와서 기술 전수를 함) 아랍권과의 관계를 고려 중국당국이 발표 않았음
4) 과거 국민정부 지배 지역에서 새로이 인민해방군이 점령한 지역을 말함

10월 12일 인민해방군이 신장(新疆, 신강)지역으로 진군했다.

리쭝런 총통대행은 국민정부의 소재지를 광저우(广州, 광쭈)에서 충칭(重庆, 중경)으로 이전한다고 선포했다.

10월 13일 중국신민주주의 청년단 중앙은 중국 소년아동대의 건립을 결정하고, 중국 소년아동대 규정 초안을 통과시켰다.

국민정부 우루무치시 시장 취우(屈武, 굴무)는 신장 평화대표단을 서북 전선에 파견하여 인민해방군의 신장 진군을 환영하므로써 사실상 신장이 평화적으로 해방되었다.

10월 14일 중국 인민해방군이 광저우를 해방시켰다.

10월 15일 철도부는 전국 공작회의를 개최하고 철로 수리를 결정했다.

10월 15일~11월 1일 제1차 전국 궁안(公安, 공안) 회의가 베이징에서 소집됐다. 마오쩌둥이 회의에 참가하여 중요한 지시를 했다.

10월 16일 몽골 인민공화국과 수교

10월 17일 인민해방군이 푸젠성(福建省, 복건성), 샤먼(厦门, 사문)을 해방시켰다.

10월 19일 중앙인민정부 위원회 제3차 회의는 지옌밍(齐燕铭, 제연명)을 중앙인민정부위원회 판공청주임5)으로, 둥비우, 천윈, 궈모뤄, 황옌페이를 정무원 부총리로, 탄핑산, 세줴짜이(谢觉哉, 사각재), 뤄루이칭(罗瑞卿, 나서경), 보이보, 쩡산(曾山, 증산), 텅다이윈(滕代运, 등대운), 장보쥔, 리리싼, 마쉬룬, 천사오셴(陈邵先, 진소선), 왕쿤룬(王昆仑, 왕곤륜), 뤄룽지(罗隆基, 나륭기), 장나이치(张乃器, 장내기), 사오리쯔(邵力子, 소력자), 황사오훙(黄绍竑, 황소횡)을 정무위원으로, 리웨이한을 정무원 비서장으로, 둥비우를 정무원 정치법률위원회 주임으로, 천윈을 정무원 재정경제위원회 주임으로, 궈모뤄를 문화교육위원회 주임으로, 탄핑산을 인민감찰위원회 주임으로 선출했다. 또한 세줴짜이를 내무부, 뤄루이칭을 공안부, 보이보를 재정부, 예지좡(叶季壮, 엽

---

5) 사무처 최고책임자를 뜻함(총무처장관에 해당).

계장)을 무역부, 천윈을 중공업부, 쩡산을 방직공업부, 천위(陈郁, 진욱)를 연료공업부, 황옌페이를 경공업부, 텅다이위안을 철도부, 주쉐판(朱学范, 주학범)을 우전부(우편전신 업무), 장바이쥔을 교통부, 리수청(李书城, 이서성)을 농업부, 량시(梁希, 양희)를 임업개간부, 푸쭤이(傅作义, 부작의)6)를 수리부, 리리싼을 노동부, 선옌빙을 문화부, 마쉬룬을 교육부, 리더췐(李德全, 이덕전)을 위생부, 스량을 사법부의 각각 부장으로 선출했다. 게다가 천사오위(陈绍禹, 진소우)를 법제위원회 주임, 리웨이한을 민족사무위원회 주임, 허샹닝을 화교사무위원회 주임, 귀모뤄를 중국과학원원장, 쩌우다펑(邹大鹏, 추대붕)을 정보총서 서장, 쿵위안(孔原, 공원)을 해관총서(관세청에 해당)서장, 후차오무(胡乔木, 후챠오무)를 신문총서서장, 후위즈(胡愈之, 호유지)를 출판총서서장, 난한천(南汉宸, 난한천)을 중국인민은행장에 각각 임명했다.

회의에서는 또 인민혁명군사위원회 조직을 구성했다. 주석에는 마오쩌둥; 부주석에는 주더, 류사오치, 저우언라이, 펑더화이, 청첸을; 위원으로 허룽, 류보청, 천이, 린뱌오, 쉬샹첸, 예젠잉, 녜룽전, 까오강, 덩샤오핑, 리셴녠 등이 임명되고, 쉬샹첸이 인민혁명군사위원회 총참모장, 녜룽전이 부총참모장으로 임명됐다. 또한 회의는 예젠잉을 광둥(广东)인민정부주석 겸 광저우시 인민정부 시장으로 임명했다.

10월 19일 중앙인민정부 위원회 명령에 근거하여 중국인민혁명군사위원회가 설립됐다.

10월 20일 중앙인민정부 인민혁명군사위원회 제1차 회의가 베이징에서 개최됐다. 마오쩌둥이 회의를 주재하였으며, 해방군의 진군과 건군에 관한 문제를 토론했다. 회의는 국방연구소조를 설립하고 장즈중(张治中, 장치중)을 조장으로 임명했다.

인민해방군이 신장성 우루무치시7)를 해방시켰다.

---

6) 국민정부 북경지역 총사령이였으나 1949년 1월 항복함으로써 시가전 없이 평화적으로 북경이 해방되었다. 그의 결단으로 많은 문화유적이 보존될 수 있었다.

중국인민보험공사가 성립됐다.

10월 21일 중앙인민정부 정무원이 성립됐다. 저우언라이는 각 부의 조직 문제를 보고했다. 동시에 정무원 재정경제위원회, 정치법률위원회, 문화교육위원회, 인민감찰위원회가 성립됐다.

10월 22일 정무원 법제위원회, 화교사무위원회, 민족사무위원회, 최고인민 법원, 최고 인민경찰서 등의 성립대회가 개최됐다(11월 1일부터 정무원 각 부, 각 위원회, 각 원, 각 총서 등이 정식으로 사무를 보기 시작했다).

10월 24일~26일 중앙인민해방군이 진먼다오(金门岛, 금문도)8)상륙에 실패 했다.

10월 25일 정무원은 제2차 정무회의를 개최하고 전 국민정부소속 중앙기 관 인원에 관한 자료를 접수하기로 결정했다. 또한 화북인민정부 소 속의 각 성·시 소재 기관, 대학, 은행 등을 접수했다.

10월 26일 전국체육총회 준비위원회가 베이징에서 성립대회를 개최했다.

10월 27일 정무원은 긴급방역회의를 개최, 중앙방역위원회를 설립했다. 동 시에 차하얼성(察哈尔省, 찰합이성)북부 페스트의 확산 방지를 위한 교통통제와 관련 조치를 지시했다.

10월 28일 정무원은 제3차 정무회의를 개최하여 '정무원소속 각 기관 조 직 통칙'과 '정무원인수위원회 공작 조례'를 통과시켰다.

10월 31일 화북인민정부는 업무중단을 결정하고 모든 권한을 중앙인민정 부에 귀속시킨다고 선포했다.

11월 1일 정무원 각 부서들이 정식업무를 시작했다.

중국 과학원이 성립됐다.

중앙 재정위원회는 물가상승 문제를 토론하고, 물가상승 문제가 새 로운 인민정부의 긴급현안임을 천명했다.

11월 4일 당 중앙 조직부는 '간부 평가공작에 관한 규정'을 발표했다. 그 내용은 간부평가제도 건립, 당 간부의 훈련과 선발 등에 관한 것이다.

---

7) 당시 지명은 디화(迪化)시였다.
8) 현재까지 대만 영토, 고량주로 유명함.

11월 5일~8일 중국노동협회 대표회의가 베이징에서 거행됐다. 이 회의에
　　서는 1935년 설립된 노동협회가 이미 그 역사적 사명을 다했다고
　　판단하고, 신 정부의 출발과 맞추어 중화전국총공회(中华全国总工会)
　　로 명칭을 변경했다.

11월 8일 인민공안부대 중앙지휘대가 베이징에서 설립됐다.

11월 9일 당 중앙은 중앙과 지방에 각급 기율검사위원회의 건립을 결정
　　했다. 주더를 위원회 서기로, 왕충우(王丛푬, 왕종오), 안쯔원(安子文,
　　안자문)을 부서기로 선출했다.

11월 10일~12월 2일 전국 은행 회계회의가 베이징에서 개최됐다.

11월 11일 인민해방군 공군부대가 정식으로 성립됐다. 류야러우(刘亚楼,
　　류아루)를 사령관으로 샤오화(肖华, 초화)를 정치위원9)으로 임명했다.

11월 12일~16일 중국국민당 제2기 민주파 대표회의가 베이징에서 개최
　　됐다. 회의는 16일을 기해 중국국민당 혁명위원회, 삼민주의 동지회,
　　중국국민당 민주촉진회, 국민당 기타 애국분자들을 통일하여 하나의
　　중국국민당 혁명위원회(약칭 民革)로 개편하기로 결정했다. 회의에서
　　는 중앙위원회를 구성했고, 리지선을 주석으로 허샹닝, 탄핑산을 중
　　앙상무위원으로 선출했다.

11월 15일 국가출판총서는 종합 시사 월간지 ‘신화월보’ 창간호를 출판했
　　다. 마오쩌둥이 발간사를 썼다. 1950년 12월부터 인민출판사가 출
　　판을 담당했다.

　　중국 인민해방군이 귀주성 구이양(贵阳, 귀양)을 해방시켰다.

　　저우언라이 외교부장은 유엔에 전신을 보내 중화인민공화국이 중국
　　인민을 대표하는 유일한 합법정부이므로 국민당 장제스 정부의 유
　　엔 안전보장이사회 상임이사국 지위를 취소할 것을 요구했다.

　　베이징시의 기원(기생집) 폐쇄를 시작으로 전국 각지의 사창가를 단
　　속하기 시작했다.

---

9) 중국의 군은 당의 지휘를 받으므로, 군대의 주요 사항은 정치위원이 결정하고 부대
　장은 그 결정을 지휘만 할 수 있다. 현재도 동일.

11월 16일~21일 아시아 오세아니아주 노동자 대표대회가 베이징에서 개최됐다. 세계 노동연합 부주석 겸 아시아 오세아니아주 노동연합 주석단 주석인 류사오치가 개막사를 했다. 중화전국총공회 부주석인 리리싼이 '중국노동자운동에 관한 보고'를 하였다.

11월 17일~30일 전국석탄회의는 1950년 석탄생산량을 3천만 톤 이상으로 결정했다.

11월 20일 중앙선전부는 '신문 공작 중 무정부, 무규율을 극복하고, 지시 보고제도의 견지에 관한 지시'를 발표하여 언론에 대한 통제를 강화하기 시작했다.

중앙재정위원회는 '11월 25일 이후 물가억제에 관한 구체적 조치'를 발표하여 인플레이션 문제를 해결하기 시작했다.

11월 21일 인민해방군이 귀주성 준이를 해방시켰다.

11월 22일 인민해방군이 광서성 구이린(桂林, 계림)을 해방시켰다.

중화전국총공회는 '노동자 자본가 관계의 처리방법, 사영공상업(私營工商業) 노동자 자본가 쌍방 단체계약 체결 방법, 노동자 자본가 쟁의 해결과정에 관한 시행규정'을 발표했다.

제2차 전국 각계인민대표대회는 녜룽전을 베이징시 시장으로 선출했다.

11월 23일 알바니아와 수교

11월 24일~12월 10일 전국 세무회의는 전국의 세법과 세율, 징수방법을 통일하고, 1950년 세수계획을 수립, 전매사업 범위와 방침을 확정하고, 각급 세수조직과 각급 지방정부10) 간의 관계를 확정했다.

11월 25일 마오쩌둥은 당 중앙 정치국회의를 주재하고 12월 초 소련을 방문하기로 결정하였다. 방문기간 당 중앙위원회주석과 중앙인민정부 주석의 직무를 류사오치가, 인민혁명군사위원회 주석은 주더가, 인민정협전국위원회 주석은 저우언라이가 대행하기로 각각 결정하였다.

---

10) 중국에서는 지방행정기관도 정부라 함. 현재도 동일.

11월 28일 정무원은 제8차 정무회의를 개최하고 '인사규칙에 관한 잠정 시행규정'을 통과시켰다.

11월 30일 인민해방군이 쓰촨(四川, 사천)성 충칭을 해방시켰다.

12월 2일 중앙인민정부 위원회는 제4차 회의를 개최했다. 회의는 물가 억제의 구체적 방법, 재정 수지의 확립, 인민공채 발행 등을 결정하고, '중화인민공화국 국경일에 대한 결의'를 통과시켰다. 또한 성, 시, 현 각계 인민대표회의의 조직총칙을 통과시키고, 정무원의 각 소속기관 조직총칙을 통과시켰다. 회의에서는 정무원의 제청에 따라 동북(东北)인민정부위원회 소속 화동, 중남, 서북, 서남 등 5개 군정위원회의 주석 · 부주석을 임명하고, 몇 개 성의 인민정부 주석 · 부주석을 임명했다. 명단은 다음과 같다.

동북 인민정치위원회 주석 가오강, 부주석 리푸춘(李富春, 이부춘), 린펑, 가오충민

화동 군정위원회 주석 라오수스, 부주석 쩡산, 쑤위(粟裕, 속유), 마인추, 옌후이칭(颜惠庆, 안혜경).

중남 군정위원회 주석 린뱌오, 부주석 덩쯔후이, 예젠잉, 청쳰, 장난센

서북 군정위원회 주석 펑더화이, 부주석 시중쉰, 장즈중.

서남 군정위원회 주석 류보청, 부주석 덩샤오핑, 허룽, 슝커우(熊克武, 웅극무), 룽윈, 류원후이(刘文辉, 류문휘), 왕웨이저우(王维舟, 왕유주).

수이위안성 인민정부 주석 푸쭤이, 산시(陕西, 섬서)성 인민정부 주석 마밍팡(马明芳, 마명방), 간쑤(甘肃, 감숙)성 인민정부 주석 덩바오산(邓宝珊, 등보산), 칭하이(青海, 청해)성 인민정부 주석 자오서우산(赵寿山, 조수산), 닝샤(宁夏, 영하)성 인민정부 주석 판쯔리(潘自立, 반자립), 구이저우성 인민정부 주석 양융(杨勇, 양용), 광시(广西, 광서)성 인민정부 주석 장원이, 광둥성 인민정부 주석 예젠잉, 신장성 인민정부 주석 바오얼한(鲍尔汉, 포이한), 베이징시 인민정부 시장 녜룽전, 광저우시 인민정부 시장 예젠잉; 상하이시 인민정부 시장 천이, 시안(西安, 서안)시 인민정부 시장 자퉈푸(贾拓夫, 가척부), 충칭시 인민정부 시장 천시롄

(陈锡联, 진석련), 네이멍(内蒙古)구 자치구 인민정부 주석 우란푸

12월 4일 인민해방군이 광시성 난닝(南宁, 남녕)을 해방시켰다.

12월 5일 중앙인민정부와 인민혁명군사위원회가 공동으로 '1950년 군대
의 생산건설공작 참가에 관한 지시'를 발표했다.[11]

인민해방군이 산시(夹西, 협서)성 한중(汉中, 한중)을 해방시켰다. (서북
5개성 모두 해방)

베이징 신화방송국을 중앙인민방송국(현재의 CCTV)으로 개칭했다.

12월 6일 마오쩌둥이 전용 열차에 올라 최초의 외국행인 소련으로 출발
하였다. 철도 연변은 2미터 간격으로 무장 군인이 철로를 등지고
계속하여 철로를 지켰다. 수행원은 천보다(陈伯达, 진백달), 스저(师哲,
사철/통역담당), 예쯔룽(叶子笼, 엽자롱), 왕둥싱(汪东兴, 왕동흥) 등과 주
중 소련대사 뢰신, 주중 경제 고문 아와로푸 등이 동행하였다. 이번
방문의 표면적 이유는 스탈린의 70세 생일 축하이지만 주된 목적은
얄타협정으로 맺어진 1945년 장제스 국민정부와 소련과의 '중소우
호 동맹조약'을 파기하고 새로운 중국이 소련과 우호조약을 체결하
고 경제적·외교적·기술적 모든 지원을 받는[12] 것이다.

12월 7일 국민당 정부가 타이완(台湾, 대만) 타이베이(台北, 대북)로 이전했
다. 장제스는 시창(西昌, 서창)에 대본영을 설치하고 구주퉁(顾祝同,
고축동)을 서남 군정장관으로 임명했다.

12월 8일 농업부가 베이징에서 전국 농업생산회의를 개최했다. 농업부 부
장 이수청은 1950년 농업생산 제고방침과 계획을 발표했다.

전 국민당 윈난(云南, 운남)성 주석 루한(卢汉, 로한)이 쿤밍(昆明, 곤
명)에서 봉기를 일으켜 공산당 지지를 선언했다. 같은 날 전 국민당
시캉성 주석 류원후이(刘文辉, 유문휘), 서남 군정장관 덩시허우(邓锡

---

11) 이후부터 현재까지 열악한 지역의 건설에 군대가 동원된다. 2006년 7월 1일에
개통된 티베트 라사까지 칭장철도 건설의 상당부분 군대가 역할을 하였고 그 철
도의 경비 업무를 담당하고 있다.

12) 이후 중국 외교는 소련에 대한 일변도(一边倒) 외교가 1962년 중소 이념분쟁 때
까지 계속된다.

侯, 등석후) 등이 봉기를 일으키고 공산당 지지를 선언했다.

정무원은 제10차 회의를 개최하고 '각 대행정구 공작 조직통칙 초안'을 토론하고 '중앙인민정부 및 각 소속기관들이 주요 뉴스를 통일 발표하게 하는데 관한 시행규칙'을 통과시켰다.

12월 10일 저장(浙江, 절강)성에서 장시(江西, 강서)성에 이르는 절감(浙贛) 철도가 전부 개통됐다.

12월 10일~16일 아시아 부녀대표회의가 베이징에서 거행됐다. 국제 민주부녀연합회 부주석 차이양이 개막사를 하고, 중화 전국부녀연합회 부주석인 덩잉차오(邓颖超, 등영초)13)가 보고를 했다.

12월 10일~28일 제1차 전국 우정(邮政, 우편 통신업무)회의가 베이징에서 거행됐다. 회의는 전국 우전국 조직, 업무, 행정, 재무 등에 관한 통일관리방법을 결정했다.

12월 11일 창장(长江, 양쯔강) 전 구간 배의 통항이 가능해졌다.

12월 15일 중국인민외교학회가 설립됐다.

12월 16일~1950년 2월 17일 마오쩌둥 주석이 탄 열차는 중국 출발 10일 만인 16일 정오에 모스크바 역에 도착하였다. 날씨가 몹시 추워 간단한 환영식을 하고 그날 밤 크레믈린궁에서 스탈린과 최초의 조우를 하였다. 21일 마오쩌둥은 모스크바에서 거행된 스탈린의 70세 생일 경축대회에서 축사를 했다. 나중에 저우언라이가 합류하여 1950년 1월 20일 모스크바에서 중소회담을 개최했다. 마오쩌둥, 저우언라이, 스탈린은 중소 양국의 정치 · 경제 문제에 대해 토론하고, '중소 우호동맹 상호조약, 중국 창춘(长春, 장춘)철도, 뤼순(旅顺, 여순), 다롄(大连, 대련)항에 관한 협정, 중화인민공화국에 차관을 제공하는데 관한 협정'을 체결했다.14)

12월 16일 정무원은 제11차 정무회의를 개최하고 '대행정구(大行政区) 인민정부위원회 조직통칙, 生産救災에 관한 지시'를 통과시켰다. 또

---

13) 저우언라이의 부인

14) 상세한 내용은 毛泽东传 1949~1976, 중앙문물출판사, 北京 2006, P. 30-58 참조

한 중국인민대학의 설립을 결정하고 우위장을 교장에 임명했다.

신장성 인민정부를 설립하고 바오얼한을 주석으로 임명했다.

12월 16일~25일 중공업부는 전국 철강회의를 개최했다.

12월 17일 신장(新疆) 군구(军区)를 설립, 펑더화이를 총사령원 및 정치위원으로 임명했다.

12월 20일 저우언라이 외교부장은 프랑스 비행기가 중국 영공을 침범한 것에 대해 항의 성명을 발표했다.

12월 21일~27일 재정부 주관으로 제1차 전국식량회의가 개최됐다.

12월 23일 정무원은 제12차 회의를 개최하고 법정 공휴일 제정에 관한 방법15)을 통과시켰다.

닝샤성 인민정부가 성립됐다.

12월 23일~31일 전국 교육 공작회의에서 교육부장 마쉬룬이 신민주주의 교육 총방침을 발표했다. 회의는 '중국인민대학, 공농(노동자, 농민)속성중학, 일과 후 학교' 등의 설립을 결정했다.

12월 27일 인민해방군이 쓰촨성 청두(成都, 성도)를 해방시켰다.

12월 30일 정무원 제13차 회의는 '해관(세관)본부 시행조직 조례'를 통과시켰다.

버마(미얀마), 인도, 영국이 신 중국 승인

12월 31일 수이위안성 인민정부가 성립됐다.

마오쩌둥 주석은 '중앙인민정부 최고인민 검사서(檢查署) 시행조례'를 비준했다. 조례는 전국 각급 검사서가 지방기관의 간섭을 받지 않고 독립권을 행사할 수 있으며, 단지 최고인민검찰원의 지휘를 받는다고 규정했다.

---

15) 1년에 7일을 공휴일로 정함.

📘 1950년

1950년은 2월 14일 중·소 양국 간의 '중·소 우호동맹 호조조약' 등 여러 조약 체결로 정치·경제 등 모든 영역에서 소련의 적극적 지지를 확보하게 되었다. 3월에는 그간 계속된 인플레이션 억제, 재정수지 통일, 현금관리, 물자관리 등의 작업에 착수하였다. 6월에는 중공7기 3중전회에서 앞으로 3년간에 걸쳐서 국가 재정 상황을 호전시켜 계획경제 기초를 만들기로 결정하였다. 동시에 이 모든 것을 점진적 방향으로 진행하기로 하였다. 6월에 중화인민공화국토지개혁법을 통과시켜 지주 봉건 토지소유제를 폐지하고 농민토지소유제를 시행하기로 하였다. 이번에는 과거보다 좀 더 관용하여 부농, 중농, 소규모 토지 임대자, 민족자산계급 등의 경제적 지위를 보호하기로 하였다. 이 무렵 3억 정도의 인구지역에서 이 법에 따른 토지개혁을 실시하였다.

1950년 인민해방군이 티베트로 진격하면서 5월 23일 티베트지방정부와 중앙인민정부 간 협정의 형식으로 협정서에 서명함으로써 평화적으로 티베트를 해방시켰다. 이로써 대만과 그 부속 도서 홍콩 마카오를 제외한 전 중국을 통일하게 되었다.

신 정부 최대의 숙제는 경제건설이었다. 6월 6~9일에 북경에서 중국공산당 제7기 9중전회를 개최하여 국민경제회복을 위한 방안을 마련하였다. 마오쩌둥은 '국가재정경제 상황의 기본적인 보전을 쟁취하기 위해 투쟁하자'는 보고를 통하여 토지개혁 완성, 상공업의 합리적 조정, 국가기관 경비의 대량절감을 3대 조건으로 제시하고, 토지개혁 추진, 재정의 통일관리, 행정체제의 정리와 개편, 군대의 수를 줄이기 위한 제대조치, 애국적지식인 양성, 실업대책, 각종 인민대표대회 개최, 반혁명분자의 소탕, 당 조직의 강화 등 8개 항의 사업을 실시하도록 요구하였다. 이 회의는 건국초기 중국경제회복과 이후 추진되는 사회주의개조운동에 중요한 작용을 하였다.

6월 14～23일 전국정협 제1기 2차 회의가 개최되어 중화인민공화국 토지법을 통과시켰다. 건국당시 1～2억 명 인구의 화북, 동북의 해방구는 토지개혁을 완료하였으나 약 3억 인구의 신 해방구는 토지개혁이 절실하였다. 토지개혁의 방침은 빈농과 고농에 의지하고 중농을 단결시키며 부농을 중립시키고 지주의 토지는 몰수한다는 비교적 온건한 방법을 채택하였다. 이 일은 류사오치를 주임으로 하는 '중앙토지개혁위원회'가 전국을 지도하게 하였다. 1953년 초까지 티베트와 신장 등 일부를 제외하고 전국적 토지개혁이 완료되었다.

1950년 6월 25일 한국전쟁이 발발하자 미국에 대항하고 조선을 돕는다는 항미원조(抗美援朝)운동에 들어가 10월 펑더화이 중국인민지원군 총사령관이 지휘하는 대규모의 군대가 압록강 임시가교16)를 건너 참전17)하였다.

1950년 공업 총생산치는 575만 억 원으로 전년 대비 23.4% 성장하였다. 1950년은 소련의 적극적 지지와 도움으로 신생국가의 발전에 기틀을 마련하였고, 토지개혁법을 확대하고 반혁명진압이라는 이름으로 1950년 하반기부터 1952년 말까지 반혁명분자에 대한 대규모의 진압 숙청 운동에 들어갔다.

1950년부터 공상세(工商稅)와 농업세에 대한 징수를 강화하고, 인민승리절실공채(人民胜利切实公债)라는 국채를 발행함으로써 국가수입을 증대시켰고, 화폐유통량을 감소시켰다. 정부는 도시에서는 국영공업을 회복시키고 국영상업을 건립하고 발전시켰다. 농촌에서는 공급판매합작사를 설립하여 농공업생산품의 수매조달을 강화하였고, 동시에 주요한 농업생산품을 장악하여 시장의 물자공급을 원활하게 하였다.

이렇게 하여, 1950년 4～5월 사이에, 전국의 재정경제 업무는 통일 관리하여, 국가 재정수지는 매우 빠른 속도로 균형을 찾아갔고 금융과 물가는 안정되어 갔고, 오랜 인플레이션과 물가오름세로 인한 혼란은 끝나

---

16) 현재도 그 흔적이 단동(丹东)에 있으며, 유적으로 지정되어 있다.
17) 한국전쟁기간 중 총 투입 군대는 약 130만여 명이고 36만여 명이 전사하였다.

게 되었다. 이는 중국의 재정경제 상황이 이미 호전되었으며, 시장에서 사회주의 국영경제의 주도적 지위가 이미 확립되었음을 뜻하는 것이다.

토지개혁 완료의 기초 위에 농업생산을 발전시키기 위하여 당과 인민정부는 광범위한 농민을 이끌어 호조합작운동(互助合作运动)을 시행하였다. 1950년에는 전국 농가 총수의 10.7%에 달하는 1,130만여 호(户)가 호조합작 조직에 참가했다. 1951년 9월 9일 중국 공산당 중앙은 제1차 호조합작 회의를 열고 '중국공산당 중앙의 농업 생산호조 합작에 관한 결의'를 통과시켰다. 이후로 농업생산호조합작운동은 신속하게 발전되어 1952년까지 호조합작 조직에 참가한 농가수가 총 농가 수의 40%에 달하게 되었다.

1월 1일 광둥성18)과 칭하이성19) 인민정부가 각각 성립됐다.

1월 2일 경한(京汉)철도와 오한(奥汉)철도가 중단 12년 만에 재개통되었다.

1월 3일 정무원은 노동영웅, 생산모범, 기술노동자 등을 중국인민대학에 입학시키기로 하였다.

1월 5일 재정 적자를 해소하기 위하여 공채를 발행하기 시작하였다.

1월 6일 정무원은 '성 인민정부 조직 통칙, 시 인민정부 조직 통칙, 현 인민정부 조직 통칙'을 통과시켰다. 이로써 지방 행정조직의 구성에 대한 법적 조치가 이루어졌다.

1월 8일 저우언라이 외교부장은 유엔 사무총장에게 전문을 보내 유엔에서 타이완 국민당 대표를 배제할 것을 요구했다.

간쑤성 인민정부를 성립하고 덩바오산을 주석으로 임명하였다.

1월 10일 산시성 인민정부를 성립하고 마밍팡을 주석으로 임명하였다.

1월 13일 정무원 제15차 정무회의는 '노(老)해방구20) 농업토지 문제 처리에 관한 지시'를 통과시켜, 봄 이전에 지주 토지를 몰수하여 토지

---

18) 叶剑英이 주석
19) 赵寿山이 주석
20) 1949년 중앙인민정부 수립 전의 공산당 지배 지역

개혁을 완수하도록 하였다.

1월 18일 베트남과 수교

1월 19일 서북 군정위원회가 시안(西安, 서안)에서 성립되어 산시성, 간 쑤성, 닝하이성, 칭하이성, 신장성을 관할하게 하였다. 펑더화이를 주석으로 시중쉰, 장즈중을 부주석으로 임명하였다.

1월 20일 정무원은 '전국 소금 업무공작에 관한 결정'을 발표했다. 저우언라이와 리푸춘이 모스크바로 가서 마오쩌둥 일행과 합류하여, 중소회담을 하였다.

1월 23일 인민해방군 제2야전군이 윈난성에서 국민군 27,000여 명을 섬멸하였다.

1월 26일~2월 7일 중공업부는 전국 화학공업회의를 개최하고 1950년 화학공업의 생산건설 업무를 제정했다.

1월 27일 화동군정위원회가 상해에서 성립되어 상하이시, 강소성, 안휘성, 산동성, 복건성 등을 관할하도록 하고, 라오수스를 주석으로 쩡산, 마인추를 부주석으로 임명하였다.

1월 29일 결핵 예방을 위해 위생부는 각 지역에 접종 확대를 결정했다.[21]

1월 31일 정무원은 '전국 세수정책 실시 규칙, 공업세수 잠정시행 조례, 화물세 잠정시행조례'를 반포했다.

2월 1일 천윈, 보이보 등이 당면한 재정문제 해결방법을 보고하였다.

2월 5일 중남 군정위원회[22]가 한커우에서 성립되어, 상하이시, 허난성, 후베이성, 후난성, 장시성, 광둥성, 광시성 등을 관할하도록 하고, 린뱌오를 주석으로 덩쯔후이 등을 부주석으로 임명하였다.

2월 6일~13일 국민당 전투기가 상하이를 연속 13차례 폭격하였다.

2월 8일 광시성 인민정부 성립, 장윈이를 주석으로 임명

---

21) 비용은 전부 각 인민정부 부담.
22) 1952년 11월 15일 군정위원회와 대행정구를 행정위원회로 통일시켰다기, 1954년에 모두 취소시켰다.

서남군정위원회가 충칭에서 성립되어 충칭시, 쓰촨성, 구이저우성, 윈난성, 시캉성, 시장(西藏, 서장)북부 등을 관할하도록 하고, 류보청을 주석으로 덩샤오핑 등을 부주석으로 임명하였다.

2월 13일~25일 중앙재정위원회23) 제1차 전국 회의가 베이징에서 거행되었다. 회의는 통일재정, 긴축편제, 현금관리와 물자평형 등의 4대 경제문제에 대해 토론하였다.

2월 14일 '중소우호동맹호조조약(상호 방위 지원), 중국 장춘철로 여순항 및 대련에 관한 협정(3년 이내에 중국에게 모든 권한 반환), 소련의 중국 차관 협정'(약 3억 달러, 연 1%의 이율)이 모스크바에서 스탈린과 마오쩌둥이 지켜보는 가운데, 저우언라이와 웨이신스키 간에 체결되었다

2월 15일 인민우정사업이 전면 회복되어 전국의 서신교환이 가능해졌다.

2월 19일~3월 2일 연료공업부는 제1차 전국 전기업종회의에서 안정적 전력공급에 대한 제의를 했다.

2월 22일 서남군구가 성립되었다. 허룽을 사령관으로, 덩샤오싱을 징지위원으로 임명하였다.

2월 27일 중앙구재(救灾)위원회가 성립됨.

2월 28일 정무원은 '신 해방구토지개혁과 공량징수에 대한 지시'를 발표하였다.
중앙재정위는 '국영·공영 공장 내 공장관리위원회 설립에 대한 지시'를 발표하였다.

2월 28일~3월 9일 전국 최초 임업부 업무회의가 베이징에서 거행되었다.

3월 **3일** 정무원 제22차 정무회의는 '통일국가재정경제공작에 관한 결정, 공영기업 공상세납세에 대한 잠정시행 방편, 중앙 금고조례'를 통과시켰다.
당 중앙은 각 급 당위원회에 '국가재정경제공작 통일에 관한 통지'를 하달하였다.

---

23) 위원장 陈云

3월 4일 2월 17일 모스크바를 출발한 마오쩌둥 일행이 하얼빈, 장춘, 선양을 거쳐서 북경에 도착하였다. 주더, 류사오치가 북경역에서 그들을 맞이하였다.

3월 8일 산둥성 인민정부가 성립되고, 캉성을 주석으로 임명하였다.

3월 10일 정무원 제23차 정무회의는 '춘경(春耕)생산에 관한 지시, 전국 창고물자정리정돈에 관한 결정, 전국 국영무역 통일실시방안에 대한 결정'을 통과시켰다.

3월 12일 정무원은 '1950년 항공 업무에 관한 결정, 1950년 공공도로 공작에 관한 결정'을 발표했다.
마오쩌둥은 당 각 지국에 토지개혁 중 당분간 부농(富農)의 토지는 보호할 것을 통지하였다.

3월 15일 재정부는 '물자투매, 공채회수, 화폐회수, 물가안정에 관한 지시'를 발표하였다.
재정부는 '노점영업허가세 징수방안'을 공표했다.

3월 17일 전국 총공회, 부녀회, 청년단, 문협, 학련 등 13개 단체가 '쌀 한톨 아껴, 빈곤지구 동포돕기 운동'24)을 시작하였다.

3월 18일 당 중앙은 '반 혁명분자진압에 관한 지시'를 발표했다.

3월 20일 저우언라이 외교부장이 외교의 두 핵심은 일본과 결탁하는 미국을 반대하고, 세계평화를 쟁취하는 것이라고 강조하였다.

3월 25일 당 중앙은 '스탈린, 마오쩌둥이 논한 공산당원과 비당원대중과의 합작'에 관한 학습을 지시했다.
출판 총부는 '전국신화서점 통일에 관한 결정'을 발표했다.

3월 27일 중소(中苏)양국이 모스크바에서 '신장중소석유공사, 신장중소유색희소금속공사, 중소민용항공공사'를 공동 설립하기로 협정을 체결하였다.
인민해방군이 시창을 해방시켰다.

---

24) 매끼 미다 쌀 한 숟갈 모두기 운동

3월 27일~4월 6일 당 중앙정치국 확대회의가 개최되었다. 상하이 시장 천이의 보고를 받고, 대도시 경제혼란을 바로잡기 위해 급격한 좌경적 조치를 반대한다고 결의하였다.

3월 29일~4월 16일 전국신문공작회의가 베이징에서 개최됐다. 신문총부는 '신문공작개선에 대한 결정'과 '방송망 건립에 대한 결정'을 제시하고, 신화사(新华社)를 국가 통신사로 결정했다.

3월 29일 '중국민간문예연구회'가 성립되어, 귀모뤄를 이사장으로, 라오서(老舍, 노사), 중징원(钟敬文, 종경문)을 부이사장으로 선출하고, '민간문예집간'이란 잡지를 출판하기 시작하였다.

3월 30일 교육부는 4월 4일 아동절을 폐지하고 6월 1일로 변경하였다.

3월 31일 정무원은 제26차 회의에서 '계약세 잠정조례'를 발표하여, 토지주택의 매매, 전당, 증여, 교환 시 3~5%의 세금을 납부하도록 했다.

3월 인민해방군이 하이난(海南, 해남)도와 시장지역에 진군했다. 제4야전군이 5월 1일 하이난 전체 해방, 제2야전군이 1951년 12월 라싸(拉萨, 납살)를 점령하였다.

3월 인민해방군 포병사령부가 성립되었다. 천시롄(陈锡联, 진석련)을 사령관으로 임명하였다.

4월 1일 인도와 수교하였다.
중앙미술대학이 베이징에 설립되고, 쉬베이훙(徐悲鸿, 서비홍) 학장 부임.

4월 2일 후난성 인민정부 성립, 왕서우다오(王首道, 왕수도)를 성 인민정부 주석 임명.
중앙연극대학(연안노신예술대학이 전신)이 베이징에 설립됐다.

4월 3일 당 중앙은 각 소수민족지역에 민족민주연합정부 설립 지시를 내렸다.

4월 7일 정무원은 제27차 회의에서 '국가기관 현금관리 실행에 관한 결정'을 발표하여, 중국인민은행을 현금관리 집행기관으로 삼았다.[25)]

4월 10일 중국신민주주의 청년단 중앙은 5월 4일을 중국 청년절과 청년단 성립 기념일로 결정했다.

4월 12일 중앙재정경제위원회는 5,000만 원의 화폐를 농촌에 공급하여, 농촌에서의 화폐 유통이 가능하도록 하였다.

4월 13일 중앙인민정부위원회는 제7차 회의를 개최하고 '재정과 식량 상황에 대한 보고'를 비준하고, '중화인민공화국 혼인법'을 통과시켰다.

4월 19일 당 중앙은 '신문·잡지에 비평과 자아비판 전개에 관한 결정'을 발표했다.

4월 20일 미국 '캘리포니아 골드베어호'와 중국 신안(新安)호가 발해만에서 충돌, 70여 명이 사망했다.

4월 22일 중앙재정위는 기관과 부대의 상업 경영 금지를 지시했다.
후베이성, 후난성, 장시성 3성에 수해로 대규모의 기아현상이 발생하여 수만 명이 죽고, 유랑 인구가 크게 증가하였다는 사실을 덩쯔후이 부주석이 중앙에 보고하였다.

4월 24~29일 위생부는 전국 위생과학 연구공작회의를 개최하고, 위생과학 연구공작의 총방침을 확인했다.

4월 24일~29일 중국인민구제대표회의가 베이징에서 개최됐다. 회의는 중국인민구제총회를 정식으로 성립시키고, 쑹칭링을 주석으로 임명했다.

4월 26일 당 중앙은 소수민족정부에는 민족명과 '자치'라는 글자를 병행하도록 지시하였다.

4월 29일 정무원은 '중화인민공화국 노동조합(工会)법 초안'을 발표했다.
노동부는 '사영기업 중 노동협상회의 설립에 관한 지시'를 발표했다.

4월 30일 공산주의청년단중앙은 단기, 단가, 대원표지, 예절, 구호 등을 공표했다.

4월 중앙인민정부는 공상업에 대한 조정을 진행하여, 이 무렵에는 재정 수지가 균형되고, 물가도 안정되어가며 국민경제가 회복되기 시작하

---

25) 그 후 줄곧 90년대 중순까지 모든 금융기관에서 아침에 인민은행에서 현금을 받아서 사용하고, 오후 4시에 다시 현금을 넣는 일을 계속하였다.

였다.

인민혁명군사위원회 총정치부가 성립되어 전 군의 정치공작을 담당하였고, 뤄룽환이 주임에 임명되었다.

인민해방군해군사령부가 성립되고, 사령관 및 정치위원은 샤오징광(肖勁光, 초경광)이 임명되었다.

5월 1일 당 중앙은 전당 전군 내 당풍운동 전개에 관한 지시를 발표했다. 6월부터 전면적인 정풍운동이 시작되었다.

5월 2~13일 저우언라이 총리는 3차례에 걸쳐 기독교 대표단과 회담을 갖고, 전도 제한과 기독교가 제국주의 세력에 이용됨을 설명함.26)

5월 3일 신화사 보도 : 유학생들이 대거 귀국하여 국가 건설에 참여하고 있다.

5월 4일 9만여 명의 청년 인파가 제1회 5.4청년절을 경축했다.

5월 5일 정무원은 '각 대행정구의 고등학교(대학을 뜻함) 관리방법'을 발표하여, 각 행정구 교육부가 중앙의 비준을 받아 교육을 담당하도록 하였다.

5월 8일~26일 중앙재정위는 7대 도시 공상국장 회의를 개최하고, 공상업의 공사(公私)관계 조정과 재정곤란 해결을 위한 구체적 방안을 연구했다.

5월 9일 스웨덴과 수교

5월 10일 영국정부의 명을 받고 홍콩이 홍콩 공항에 있는 중국 비행기 70여 대를 압류하였다.

5월 11일 덴마크와 수교

5월 15일 저우언라이 외교부장은 주일 미군사령관 맥아더에게 일본전범 석방을 중국은 승인할 수 없다는 성명을 발표했다.

만국우정연맹 연락위원회 회의가 스위스에서 개최됐다. 회의는 중화인민공화국이 중국의 유일한 합법 대표임을 결정했다.

---

26) 상세 내용은 共和国史记 1권, 길림 인민출판사, 1996, 235-239쪽 참조 중국 정부는 현재까지도 기독교, 천주교 등에 대하여 매우 경계하고 있음.

5월 16일 정무원은 '전국임업공작에 관한 지시'를 발표했다.

5월 16일~30일 전군참모회의가 베이징에서 개최됐다. 당 중앙정치국의 4월 인민해방군 개편에 관한 결정에 따라 군 개편이 관철되었다.

5월 18일 인민해방군이 저우산(舟山, 주산) 군도를 해방시켰다.

5월 19일 중국과학원 근대물리연구소가 성립되고, 우유쉰(吳有训, 오유훈)이 소장에 임명되었다.

5월 21일 당 중앙은 '당 조직공고와 발전을 위한 지시'를 발표했다.

5월 24일 정무원은 '고문화유적 및 고분조사 발굴 방법'을 반포하였다.

5월 30일 신화사 보도 : 3월 전국 통일재정공작 이후 전국재정수지 평형에 근접.
정무원 제34차 회의는 '1950년 신 해방구 여름 공량 수거에 관한 결정'을 통과시켰다.

5월 31일 북경에 5,000여 명의 아동이 모여 국제 아동절을 경축하였다.
무역부는 공상업 공사관계 조정을 위한 6개 전문회의 개최에 관한 결정을 발표했다.

6월 1일 정무원은 '직공 업여(근무시간 이후) 교육을 위한 지시'를 발표했다.
무역부는 '소매가격 조정에 관한 통령'을 반포했다.
대만 밀사 리츠바이(李次白, 이차백)가 대륙으로 파견되어, 국공회담 문제를 조율했다.

6월 1일~9일 교육부는 베이징에서 제1차 전국 고등 교육회의를 개최하고, 고등교육의 방침, 임무, 학제, 교과과정 등을 확정했다.

6월 6일~9일 중국공산당 7기 3중전회가 베이징에서 거행됐다. 중앙위원 35인 후보중앙위원 27인이 출석하고, 중앙 각 부 영도인이 옵서버로 참석하였다. 마오쩌둥은 '국가재정경제상황 호전을 위한 투쟁' 보고와 '사면으로 출격하지마라(不要四面出击)'라는 담화를 발표했다. 류사오치, 저우언라이, 천윈, 네룽전이 각각 토지개혁, 외교와 통일전선, 재정, 군사 등 문제에 관한 보고를 했다. 회의는 토지개혁, 물가안정, 공싱업 조징, 반혁명분자 소탕 등 8개항을 확정하고 3년 내 국가재정경제상황 호전을 이루기로 결정했다. 또한 회의는 대규모 정풍운동 전개를 결정했다.

6월 8일 버마(미얀마)와 수교.

6월 9일 인도네시아와 수교.

6월 12일~21일 무역부는 전국 공사(公私), 염업(盐业) 운송판매회의를 개최하고, 공사 관계와 생산판매 관계를 조정했다.

6월 13일 당 중앙은 '소수민족종교 문제의 신중한 처리를 위한 지시'를 발표했다.

6월 14일~23일 전국정치협상회의 1기 2차 회의가 베이징에서 개최됐다. 위원 149인 출석. 옵서버 200여 명이 참가. 류사오치, 천원, 보이보는 각각 '토지개혁문제, 경제 상황, 공상업과 세수 조정에 관한 제문제'에 관한 보고를 했다. 회의는 '토지개혁법초안'과 '국장도안', '전국정협의 지방위원회에 관한 결정'을 통과시켰다. 마오쩌둥은 폐막사에서 비평과 자아비평을 통한 교육과 자아개조를 건의했다.

6월 17일~1952년 7월 1일 인민해방군이 청더우에서 충칭까지 530km 거리의 철도를 건설하였다.

6월 17일 정무원은 '실업노동자 구제에 관한 지시, 실업노동자 구제 잠정시행방법'을 발표했다.
중앙음악대학이 톈진(天津, 천진)에 설립됐다. 마쓰충(马思聪, 마사총) 원장 임명.

6월 19일~7월 16일 전국해관업무회의가 베이징에서 거행되었고, '중화인민공화국 해관법 초안'이 제정되었다.

6월 22일 우전부 우정총국에서 전국 통용의 우표를 발행하기 시작하고, 기존 각 지구별 발행 우표는 9월 1일부터 사용이 중지된다고 발표하였다.

6월 25일 한국전쟁이 발발했다.

6월 27일 유엔안보리에서 유엔회원들의 한국원조 결의가 통과됐다. 미국 트루먼 대통령은 한국전쟁에 무장 개입을 선언하고 동시에 제7함대를 타이완 해협에 파견하였다. 6월 28일 저우언라이 외교부장은 미국해군의 침략행위에 대해 강력한 항의성명을 발표했다.

6월 28일 중화인민정부위원회 제8차 회의가 거행됐다. 회의는 '중화인민공화국 국장(国章)도안, 국토개혁법, 공회법(노조법)' 등을 통과시켰다. 마오쩌둥은 '미국의 어떠한 도전도 타파할 수 있는 준비를 하자'는 구호를 발표했다.

6월 28~29일 톈진 주식시장의 주가가 30% 하락함.

6월 29일 중앙재정위 '금융물가안정을 위한 지시' 발표

6월 30일 신화사 보도 : 중공당원 500만 명 초과. 그 중 지방당원 365만 명, 부대당원 120만 명, 건국 후 입당한 신 당원 200만 명. 전국적 대규모 정풍운동27) 진행.

7월 1일 신화사보도 : 전국 하기(夏期)곡식수거 종결, 소맥 400억 근 산출(전년 대비 60억 근 증가).

7월 5일~27일 중화전국합작사노동자 제1차 회의가 베이징에서 개최되고, 중화전국합작연합총사 성립을 결정했다.

7월 6일 정무원은 '고적 문화재 보호법, 고문화유적과 발굴에 관한 잠정 시행법안, 문화유산해외반입 금지에 관한 잠정 시행방법' 등을 발표했다.

저우라이 외교부장은 유엔 사무총창 트리그베 리에(Trygve Lie)에게 지난 6월 27일 미국 주도하의 한반도관련 결의는 유엔헌장을 무시하는 행위이며, 미 대통령의 성명과 미 해군의 행위 또한 엄연한 중국 침략행위임을 밝히는 전문을 발송했다.

7월 6일~8월 12일 전국 최초의 치안 행정공작회의가 베이징에서 개최, 회의는 '도시치안조례초안'과 '농촌치안조례초안'을 통과시켰다..

7월 7일 중앙군사위는 동북지역방어와 미군침략 대비를 위한 동북변방

---

27) 1937년 항일전쟁 시작 무렵의 당원은 4만 명, 1945년 당원은 121만 명으로 건국 후 1년 만에 4배로 늘어났으나, 당원의 수준이 낮아 정풍이 불가피한 상황이었나.

군 조직을 결정했다.

7월 10일 미국의 타이완 침략을 반대하는 조선운동위원회가 성립됐다.

7월 12일 정무원은 '혁명문화재 수거방법'을 발표했다.

7월 14일 정무원 제41차 정무회의는 '인민법정조직규칙'과 '농민협회조직통칙'을 통과시켰다.

7월 23일 정무원과 최고인민법원은 '반 혁명활동진압에 관한 지시'를 공동 발표하고, 각급 인민정부에게 신생정권의 안정과 국민경제 회복을 위해 모든 반혁명활동을 진압하라고 했다.

7월 26일 제1기 전국사법회의가 베이징에서 개최됐다. 주더, 둥비우 등이 회의에 참여했다.

7월 28일 정무원 제43차 정무회의는 '상표등록잠정시행조례'를 통과시키고, '고등학교 영도관계에 관한 결정, 고등학교 교과과정 개혁에 관한 결정, 전문학교시행규정과 사립고등학교 관리 시행 방법' 등을 비준했다.

8월 1일 베이징에서 8. 1 건군기념일을 경축했다. 전국 도시에서 미군 침략 반대 시위가 일어났다.
민간항공이 정식 개항됐다.

8월 4일 정무원 제44차 정무회의는 '농촌계급성분 획정에 관한 결정'을 통과시켰다. 8월 21일 공표 실시.

8월 7일 ~ 19일 전국위생회의가 베이징에서 개최됐다. 회의는 '노동자, 농민, 군인을 대상으로 예방위주, 중·서양의학의 병합'의 위생공작 3대 원칙을 결정했다.

8월 15일 쑹칭링은 중국복지기금회를 중국복지회로 개명한다고 선포했다.

8월 24일 저우언라이 외교부장은 유엔에게 안보리가 미국의 타이완 침략을 제재해달라고 요구했다.

8월 25일~9월 12일 저우언라이 총리의 지휘 아래 수리부(水利部)가 화이허강 지역 수리 공작회의를 개최하였다.[28]

9월 1일 중앙재정위는 '상표등록 잠정시행조례 실시세칙, 前 국민당정부

상표국 등록상표 처리 방법, 각지방인민정부 상표등록증 교환방법'
을 발표했다.

9월 4일 중앙군사위는 인민해방군 총간부 관리부(후에 총간부부로 개정) 성
　　　립을 비준하고, 뤄룽환을 부장으로 임명했다.

9월 5일 중앙인민정부위원회 제9차 회의가 거행됐다. 회의는 '중앙인민
　　　정부인사부와 중앙인민정부 화북사무부 증설에 관한 결의'를 통과시
　　　켰다.

9월 8일 정무원은 '신 해방구 농업세 징수에 관한 지시'를 발표했다.

9월 9일 중난(中南, 중남), 화둥(华东, 화동), 시난(西南, 서남), 시베이(西北,
　　　서북)지역 농민협회 회원 4,000만 명에 육박했다고 신화사가 보도하
　　　였다.

9월 10일 저우언라이 외교부장이 유엔 안보리에 미국전투기 영공 침범
　　　안 토론에 중국대표 출석을 요구했다.

9월 14일 스위스와 수교

9월 15일~25일 전국 최초 출판회의에서 출판사업 기본방침 등 5개항을
　　　결의.

9월 16일 재정부는 '농업세 표준 제정에 관한 결정'을 발표했다.

9월 17일 저우언라이 외교부장은 유엔에 타이완 대표 대신 중화인민공
　　　화국 대표 참석을 재요구했다.

9월 20일 중화인민공화국 국장도안과 도안설명, 사용방법, 제작설명 등
　　　이 공표됐다.

9월 20일~29일 교육부와 전국총공회는 베이징에서 제1차 전국공농(工农)
　　　교육회의를 개최했다. 회의는 '공농속성학교와 공농문화보습학교 설립
　　　에 관한 지시, 공농속성학교 시행방법' 등 6개 초안을 통과시켰다.

---

28) 그해 10월 14일에 정무원은 '화이허(淮河)지역 수리에 관한 결정'을 반포했다.
　　1951년 10월부터 80만 노동자가 참가하여 80여일 만에 168㎞에 이르는 관개수
　　로를 건설하였다. 1957년 겨울까지 175개 유역 하천을 정비하고, 9개 저수지를
　　만들어 316억 톤의 저수능력을 갖추고, 4,600㎞의 제방을 축조하였다.

9월 23일 외교부는 '중국 내 거류 중인 조선인은 조국수호를 위해 귀국할 권리가 있다'는 성명을 발표했다.[29]

10월 1일 베이징에 40만 군중이 모인 가운데 건국 1주년 기념대회가 거행됐다. 군사 열병식이 거행된 후 주더는 인민해방군총부의 전국무장부대에 대한 명령을 하달했다.

'기관, 국영기업, 합작사 계약체결에 관한 잠정시행방법'이 반포됐다.

10월 3일 중국인민대학(中國人民大學)이 베이징에서 개교식을 거행했다.

10월 6일~20일 전국인민무장공작회의는 '민병조직조례'를 제정했다.

10월 8일 당 중앙은 '항미원조(抗美援朝)[30], 조국수호'의 전략을 결정하고, 마오쩌둥의 '중국인민지원군 조선전쟁 개입명령'을 발표하고, 펑더화이를 중국인민지원군 사령관 겸 정무위원으로 임명했다.

10월 9일 중앙 재정위는 '발명과 특허권 보장에 관한 시행조례 실시 세칙, 발명 심사위원회규정'을 반포했다.

10월 10일 당 중앙은 '반 혁명활동진압에 관한 지시'를 발표하고, 각급 당위원회에게 엄격한 반 혁명분자 진압을 요구했다.

10월 12일 교육부는 사립 푸런(辅仁, 보인)대학을 인수했다.

10월 13일 정무원과 최고인민법원은 '인민사법기관 적체 안건에 대한 신속 정리 지시'를 발표했다.

10월 15일 당 중앙은 '당과 국가기밀 보호강화에 관한 결정'을 반포했다. 위생부는 '종두잠정시행방법'을 발표하고, 전국 인민에 대한 종두(천연두) 접종을 선언했다.

10월 18일~25일 중화전국 기독교협회 제14기 연회가 상하이에서 거행됐다. 회의는 '중국기독교의 신 중국 건설의 노력과 과정'을 통과시키고 교회혁신을 선언했다.

10월 19일 정무원은 '사회단체 등기 잠정시행 방법'을 반포했다.

---

29) 이때부터 중국에 있던 한국교포(조선인)들이 대규모로 북한으로 들어가 한국전쟁에 참전을 준비하게 되었다.
30) 미국에 대항하고 조선(북한)을 돕자는 뜻으로 중공군의 한국전쟁 참전을 말한다.

중국인민지원군이 압록강을 도하해서 한반도 전선에 개입했다. 10월 25일~11월 5일 1만여 명의 유엔 연합군이 격퇴되면서, 한국전쟁의 정세가 급변했다.

10월 27일 당 중앙위원, 중앙정치국위원, 중앙서기처 서기 런비스(任弼时, 임필시)별세. 1904년 후난성 태생, 28일 시신이 노동인민문화궁으로 후송됐고, 30일 바바오산(八宝山, 팔보산) 혁명열사 묘역에서 장례식이 거행됐다.

10월 28일 핀란드와 수교.

정무원은 '전국출판사업의 발전에 관한 지시'를 발표했다.

10월 29일 정무원은 '중화인민공화국 노동보험조례초안'을 발표했다.

11월 3일 당 중앙은 '국민당육법전서 폐지와 인민사법공작 원칙지시'를 발표했다.

정무원 제57차 정무회의에서 '대도시지역 인민대표회의조직통칙, 대도시지역 인민정부조직통칙'이 통과됐다.

중앙재정위는 '현금동결, 물가안정 조치에 관한 지시'를 발표했다.

11월 4일 각 민주당파는 항미원조와 국가수호에 관한 연합선언을 발표했다.

11월 7일 당 중앙은 '전국임금통일 조정에 관한 원칙'을 제출했다.

11월 10일 제58차 정무원회의는 '도시근교 토지개혁조례'를 통과시켰다.

서남군정위원회와 서남군구사령부는 시짱(티베트)에 대한 평화적 해방정책을 선포했다.

11월 14일 무역부는 '투기상업단속에 관한 지시'를 발표했다.

11월 15일 내무부는 '부동산 소유증 교부에 관한 지시'를 발표했다.

11월 16일 중국정부는 인도정부에게 각서를 보내 티베트지역이 중국영토임을 확인하고 중국의 티베트정책에 대한 타국의 간섭을 배제한다고 밝혔다.

11월 16일~22일 제2기 세계평화보위대회가 폴란드 바르샤바에서 거행됐다. 궈모뤄가 중국대표단을 인솔하여 참가했다.

11월 17일~24일 티베트 캉장(康藏, 강장)구 각계 인민대표회의가 개최되고, 장족자치구역 인민정부가 성립됐다.

11월 23일 저우 외교부장은 맥아더의 일본 1급 전범 시게미츠 석방에 관한 비난 성명을 발표했다.

11월 24일~28일 중국특별대표 우슈촨(伍修权, 오수권)과 고문 차오관화(乔冠华, 교관화) 등은 유엔 안보리에 출석해서 미국의 타이완 침략 규탄에 관한 토론을 했다.

11월 25일~12월 24일 북중(북한과 중국)연합군 제2차 작전이 실행되어 한국군과 유엔군 36,000여 명 전사, 유엔연합군 3.8선으로 퇴각.

11월 29일 지원군 소대장 양건쓰(杨根思, 양근사)가 북한 장진군 하우리 전투 중 사망했다. 1952년 5월 특급 영웅 칭호 수여.

12월 1일 정무원과 인민혁명군사위는 '군사간부학교의 청년학생노동자 모집에 관한 공동결정'을 발표했다

정무원 제61차 정무회의에서 '결산제도, 예산심사, 투자계획, 화폐관리에 관한 결정'이 통과됐다.

인민출판사가 베이징에 설립되었다.

12월 4일 저우 외교부장은 대 일본 평화조약에 관한 성명을 발표하고, 중화인민공화국은 중국의 유일한 합법적 대표이며, 대일 평화조약 준비와 조약과정에 필히 참여해야 한다고 밝혔다.

12월 5일 중국우정총국은 만국우정연맹에게 중국의 만국우정 공약 승인을 통지했다.

12월 8일 정무원 제62차 정무회의에서 '각계 인민대표회의 조직통칙, 구(区)인민정부와 연락소 조직통칙, 향 인민정부 조직통칙, 향 인민대표회의 조직통칙'이 통과됐다.

12월 11일 내무부는 '혁명열사, 군인가족에 대한 우대 잠정시행조례, 혁명장애군인우대정책에 관한 잠정시행조례, 사망 혹은 부상당한 혁명군인에 대한 보상정책잠정시행조례, 민병민공사상에 대한 보상정책 잠정시행조례'를 공표했다.

12월 12일 베이징과 모스크바 간 유선전화가 개통됐다.

12월 14일 상무인서관(商务印书馆), 중화서국(中华书局), 개명(开明), 삼련(三联), 연영(联营)서점 등 5개 사영 혹은 공사합영서점을 중국도서발생 공사로 합병하였다.

12월 17일~1951년 1월 1일 전군(全军) 선전, 교육, 문화공작회의가 베이징에서 거행됐다.

12월 19일 정무원은 '공상업세시행조례, 화물세시행조례, 인화세시행조례, 도살세시행조례, 정보소득세시행조례, 공상업세민주평가위원회 조직통칙, 세무재평가위원회조직통칙'을 반포했다.

12월 19일 베이징시 인민정부는 종교결사, 종교비밀단체 단속에 관한 규정을 발표했다.

12월 20일 당 중앙은 '토지개혁 중 좌성향으로 치우치지 말라는 지시'를 발표했다.

12월 22일 중앙재정위는 '사영기업의 자산 재평가와 조정 방법'을 발표했다.

12월 28일 정무원은 '미국의 중국 내 재산과 예금 관리와 동결에 관한 명령, 화폐관리 실시 방법, 화폐수지 계획편제방법'을 반포했다.

12월 29일 정무원 제65차 정무회의는 '사영기업시행조례, 미국지원의 문화교육, 구제기관, 종교단체 처리 방침에 대한 결정, 외국지원이나 외자경영의 문화교육구제기관과 종교단체 등기조례'를 통과시켰다.

12월 31일~1951년 1월 8일 북중연합군은 제3차 작전으로 서울과 3.8선 이북 지역을 점령하였다(한국의 1.4 후퇴).

📘 1951년

1951년 중순부터 3반 운동이 전개되었다. 10월 중공중앙정치국확대회의에서 전국적 범위의 증산절약운동과 더불어 반부패, 반낭비, 반관료주의 투쟁운동을 실시하기로 결정하고 바로 전국적 운동으로 전개되었다. 3반운동 진행과정에 당, 정, 군 내부에 부정부패가 만연하다고 판단하고 뇌물공여, 탈세, 국가재산횡령, 적당주의, 국가경제정보 절도 등을 반대한다는 5반운동이 점차적으로 확대시행 되었다. 1952년 10월 25일 3반, 5반운동31)의 종료가 선언될 때까지 이 운동은 계속되었다.

1월 1일 당 중앙은 '당이 인민군중에 대한 선전망 건립에 관한 결정'을 발표했다.

1월 4일 중앙군사위 병공(兵工)위원회 설립을 결정하고, 저우언라이 주임, 네룽전, 리푸춘 부주임을 임명했다.

1월 5일 정무원은 '기업 공동 주식과 재산에 관한 정리 방법'을 통과시켰다.

1월 6일 중앙재정위는 '토지개혁 진행을 위한 전답, 재산권 평가 조사에 관한 결정'을 발표했다.

1월 8일 루쉰(鲁迅, 노신) 기념관이 상하이에 건립되었다.
중앙문학연구소는 개학식을 거행(后에 문학강습소로 개명). 딩링(丁玲, 정령), 장톈이(张天翼, 장천익)를 책임자로 임명하였다.

1월 11일 교육부는 '미국의 보조를 받는 교회나 학교의 접수에 관한 지시'를 발표하였다. 미국 국적의 이사나 교직자의 사퇴를 결정하였다.

---

31) 건국 이후부터 문화대혁명까지의 군중운동을 통한 문제 해결방법은 공산당이 군중을 단결·격동시켜 소기의 목적을 달성하는 유용한 수단으로 사용되었으나, 일반 인민들의 내적 갈등은 이루 말할 수 없는 것이었다. 현재까지도 중국인들이 자신의 속내를 절대로 드러내지 않고 입만 열면 하오(好) 또는 부춰(不错), 메이원티(没问题)라는 긍정적 멘트를 날리는 것은 건국 이후 30여 년간 계속된 각종 군중운동에서 살아남기 위한 습관들이 남아있기 때문이라고 필자는 보고 있다.

1월 14일 중앙재정위는 '미국기업과 개인예금 신청에 관한 규정'을 발표했다.

1월 15일 인민해방군 군사대학이 난징에 설립됐다. 류보청을 원장 겸 정무위원으로 임명하였다.

중국인민은행 제2차 전국금융회의는 1951년 공작방침을 금융안정의 공고화, 국가은행공작의 전면실시를 확정했다.

1월 16일 당 중앙통일전선부 제2차 전국회의에서 저우언라이는 항미원조와 토지개혁, 반혁명운동 진압을 강조했다.

1월 16일~22일 교육부부장 마쉬룬(马徐伦, 마서륜)는 외국지원 학교 처리회의를 개최하여, 19개 학교의 미국과 관계 단절을 결정하고, 공립으로 전환했다.

1월 20일 위생부는 사립 베이징 셰허(协和, 협화)의 대학을 정식으로 인수했다.

1월 21일 무역부와 전국합작총사는 '합작사 대상 배급제도 실행에 관한 연합결정'을 발표했다.

1월 25일 만국우정연맹 집행위원회 회의가 카이로에서 거행. 중국대표단은 회의에 참가하고, 국민당대표단은 회의 참석이 거부됐다.

1월 25일~4월 21일 북중연합군부대가 제4차 작전으로, 한국군과 유엔군 78,000여 명을 섬멸하고, 유엔군을 3. 8선 부근에서 저지했다.

1월 29일 재정부는 '제1기 공채환산 원금회수 성공방법'을 발표했다.

2월 1일 인민해방군 총참모부는 인민해방군의 '내무수칙, 대열수칙, 기율수칙'을 반포했다.

중국영화경리공사 성립으로 전국 영화제작을 총괄하게 되었다.

2월 3일 정무원은 '국가기관 국영기업, 합작사 재산에 대한 의무 보험과 여행객 의무 보험 실행에 관한 결정'을 발표했다.

2월 4일 정무원은 '전범, 관료자본가와 반혁명분자 등의 재산 몰수에 관한 지시'를 발표했다.

2월 5일 정무원은 '민족 사무에 관한 결정'을 발표하여, 민족자치와 민족교육을 강화하도록 하였다.

2월 12일 교육부가 옌징(燕京, 연경)대학을 인수하였다.

2월 14일 화둥(华东)교육부는 사립 후장(沪江, 호강) 대학을 인수하였다. 사립 광저우대학, 국민대학, 문화대학과 광저우 법학대학이 사립 화남(华南, 화남)연합대학으로 통합됐다.

2월 18일 당 중앙은 '당 중앙정치국 확대회의 결의 요점'을 발표하고, '3년 준비, 10년 계획경제건설' 사상과 항미원조선전 교육운동, 토지개혁, 반혁명진압, 도시공작, 당 건설, 통일전선, 정풍 등 8개 문제에 대해 제안했다.

2월 19일 소련이 중국의 항공산업기지건설을 약속하였다.

2월 20일 중앙인민정부위원회 제11차 회의는 '중화인민공화국 반혁명처벌조례'를 통과시키고, 반혁명 분자를 처벌하도록 하였다. 이 회의에서 라이뤄위(赖若愚, 뢰약우), 산시성 인민정부주석 탄전린(谭震林, 담진림), 저장성 인민정부주석 덩바오산, 간쑤성 인민정부주석 자오서우산(赵寿山, 조수산), 칭하이성 인민정부 주석 임명안을 비준했다.

2월 27일 당 중앙은 대도시에서 대규모로 반혁명진압운동을 전개하라는 지시를 하였다.

2월 28일 펑전을 베이징시 시장에 임명하였다. 타이완민주자치동맹은 2. 28사건 4주년 기념대회를 베이징에서 거행했다.

3월 **1일** 마오쩌둥은 스탈린에게 전보를 보내어, 한국전쟁이 장기전으로 될 것으로 진단하고, 병력의 증파를 약속하였다.

3월 5일 당 중앙은 '종교혁신운동에 관한 지시'를 발표하여, 기독교와 천주교의 혁신은 제국주의 문화 침투 방지에 있다고 규정하였다.

3월 6일 정무원은 '중화인민공화국 국가화폐의 국경출입금지 방법'을 공표했다.

3월 7일 중앙재정위는 '임금총액 조성에 관한 규정, 노동보험집행에 관한 조례, 노동보험금 납세 통지, 식량과 면화 가격차 보장에 관한 지시'를 발표했다.

3월 8일 인민해방군 고급공병학교가 창사(長沙, 장사)에 설립되었다.

3월 9일 정무원은 '미국 보조를 받는 의료기관 처리 방법'을 발표하여,
국유화하였다.

3월 13일 정무원은 '토지 부동산 소유증 비용에 관한 결정'을 발표했다.
화교연합회는 필리핀정부의 화교탄압에 대한 반대성명 발표.

3월 20일 정무원은 '동북은행과 네이멍구(內蒙古, 내몽고)인민은행이 발행
한 지방 유통 화폐 회수에 관한 명령'을 반포했다.

3월 24일 노동부는 '중화인민공화국 노동보험조례 실시세칙초안'실행에
관한 결정을 발표했다.

3월 28일~4월 9일 당 중앙 제1차 전국조직공작회의에서 류사오치는 정
당의 필요성과 당원 조건과 기준 제고의 중요성을 역설했다. 회의에
서 '당 기층조직 정리정돈에 관한 결의, 신 당원 발전에 관한 결의'
가 통과됐다.

3월 29일 정무원은 '1951년도 재정수지 관리체계 결정'을 공표하고, 당
년 재정수지 관리를 중앙, 대행정구, 성(시) 3급으로 구분했다.

3월 30일 중앙재정위는 '사영기업 잠정시행조례 실시방법, 공영기업과
공사합영기업 등기에 관한 지시'를 공표했다.
당 중앙은 반혁명 진압운동을 더 계획적이고 상부에서 조정·가능
할 수 있게 진행할 것을 지시하였다.

3월 31일 정무원은 '도시지방재정 정리에 관한 결정'을 공표했다.

3월 말경부터 5월 중순 중국인민위문단 575명이 조선(북한) 전선을 위문
하고, 4월 21일에 김일성을 면담하였다.

4월 3일 중국 희곡 연구원 베이징에 설립, 메이란팡(梅兰芳, 매란방) 원
장 임명.

4월 4일 위생부는 '전국위생기층조직 발전에 관한 결정, 의약위생사업
내 공사(公私) 관계에 관한 결정, 의약계의 단결과 상호학습에 관한
결정'을 발표했다.

4월 6일 정무원 제79차 정무회의는 '1951년 국영공업생산건설에 관한
    결정'을 통과시켰다.
    스탈린 국제상(賞) 위원회는 쑹칭링32)에게 '국제평화의 강화'의 공로
    로 장려금 수여를 결정하였다. 9월 18일 수여식이 북경에서 거행,
    10만루불의 상금 전부를 아동부녀 복지기금으로 전달하였다.

4월 12일 푸젠(福建, 복건)성 문교위원회는 미국지원의 세허대학과 화난
    여자문리대학을 인수, 푸저우(福州, 복주)대학으로 합병했다.

4월 16일 전총은 '신 노동보험조례 실시, 공장, 기업 내 기존 노동보험
    사업 처리 방법에 관한 규정'을 발표했다.

4월 19일 정무원은 '국가화폐범죄 처리에 관한 잠정시행 조례'를 공표
    했다.

4월 21일~5월 8일 정무원 개최 전국 비서회의와 정협전국위원회 개최
    가 성, 시 정협위원회 비서장 회의는 국가기밀보호와 정부기관 내부
    통일전선 공작 강화, 군중의견과 건의, 청취, 건의안 처리문제를 통
    과시켰다.

4월 22일 아페이 아왕진메이를 수석대표로 한 티베트 지방정부협상대표
    단이 베이징에 도착했다.

4월 22일~6월 10일 북중연합군 제5차 작전 개시. 유엔군 만여 명 사
    살, 쌍방 전략 대치상황.

4월 24일 정무원은 '인민민주정권 건설공작에 관한 지시'와 '10만 인구
    이상의 도시 각계인민대표회의 개최에 관한 지시'를 발표했다.

4월 27일 '중국청년보(中國靑年報)' 신문이 베이징에서 창간되었다.

4월 29일 미국 스파이 우스만과 마오쩌민(毛澤民, 모택민) 살해범 리잉치
    (李英奇, 이영기)에 대한 사형집행이 신장에서 있었다.

4월 30일 정무원은 영국이 설립한 아세아 석유공사 징발에 대한 명령을
    발표했다.

---

32) 중국 혁명의 아버지 손문의 부인

5월 **1일** 수도 80여만 명의 인파, 국제노동절 경축

교육부장 마쉬룬과 전국교육노동자회 주석 우위장은 서면 발표를 통해 6.6교사절을 폐지하고 5.1노동절을 교사절로 대체한다고 밝혔다.

전국 170만여 명의 직공이 5월 1일부터 노동보험 혜택.

5월 **10일~16일** 당 중앙 전국 제3차 공안회의는 반혁명분자 색출작업의 축소와 체포된 반혁명분자 처리에 대한 결의를 통과시켰다.

5월 **10일~28일** 전국농촌금융회의 베이징에서 거행.

5월 **11일** 당 중앙은 '신구(新区, 신구)에서 합작사 건립문제에 관한 지시'를 발표했다.

정무원은 정법위원회가 제출한 '정법 공작상황과 현 임무에 관한 보고'를 비준했다.

5월 **15일** 당 중앙은 '중국 내 미국재산 처리에 관한 지시'를 발표했다.

1951년 전국 홍수 방지대책회의 개최. 중앙 홍수방지대책 총지휘부 베이징 설립. 둥비우 주석 임명.

5월 **16일** 당 중앙과 중앙군사위는 '민병건설강화에 관한 지시'를 발표했다.

정무원은 '소수민족을 멸시 혹은 우롱하는 명칭, 지명 등 수정에 관한 지시'를 발표했다.

'인민일보' 영화 '우쉰촨(武训传)'에 관한 비판 개시. 5월 20일 인민일보는 마오쩌둥이 쓴 사설 '영화 우쉰촨에 대한 토론을 중시해야 한다'를 발표, 이후 전국적으로 이 영화에 대한 비판이 시작됨.

5월 **21일** 파키스탄과 수교.

5월 **22일** 외교부 대변인은 유엔총회가 5월 18일 중국과 북한에 대한 금수 조치안을 통과시킨 데 대해 엄중 항의.

5월 **23일** 중앙인민정부와 티베트 지방정부 전권대표는 베이징에서 티베트지역 평화적 해방 방법에 대한 결의를 체결하고 티베트의 평화적 해방을 선언했다.

5월 **24일** 정무원은 '여객기내 승무원, 여행객, 화물에 대한 검사 잠정시

행 통칙, 열차 내 승무원, 여행객, 화물에 대한 검사 임치 통칙, 중앙과 지방의 재정경제공작의 관리권 구분에 대한 결정'을 공표했다.

5월 25일 정무원은 '1951년 민공 공공도로 수리에 대한 잠정시행규정'을 공표했다.

5월 27일 신화(新华), 중국실업, 쓰밍(四明), 중국통상, 건설 5개 공사(公私) 합영은행은 연합총관리처를 설립했다.

5월 31일 정무원, 최고인민법원, 최고인민검찰서는 '성 이상 정부 정법위원회 건립에 관한 지시'를 발표했다.

6월 **1일** 정무원은 '면화 구매와 저장 공작에 관한 지시'를 발표했다.
중국인민 항미원조총회는 애국공약, 비행기 대포 지원과 군속에 대한 우대 조치 실행을 호소

6월 3일 중앙재정위는 '국영기업 자산과 자금 정리에 관한 결정'을 발표했다.

6월 6일~26일 전국 합작사 제1차 수공업 생산 공작회의는 '수공업생산 합작사 방법과 준칙 초안'을 입안했다.

6월 7일 정무원은 '인민 청원 처리와 대민공작에 대한 결정, 정부기관내부통일전선 공작 강화에 관한 몇 가지 규정'을 공표했다.

6월 8일 정무원은 '국가기밀 보호 잠정시행 조례'를 공표하고 '방수, 방재공작강화에 관한 지시'를 발표했다.

6월 11일 중앙민족대학 개학식 거행함.

6월 13일 정무원은 '소수민족 간부 배양 실행방안'을 공표했다.

6월 17일~27일 중앙인민정부 교민사무위원회 제1차 교민사무 확대회의는 '화교 토지개혁, 귀국화교 구제, 화교 학생 보충교육, 화교기구 강화 등에 관한 결정'을 통과시켰다.

6월 22일 정무원은 '반혁명 범죄자 재산 몰수에 관한 규정'을 공표했다.

6월 27일 정무원은 '전국 각급 인민정부, 당, 단체와 소속 사업단위내 국가공작인원에 대한 국가 의료지원 지시'를 공표했다.
공안부는 '총기관리 잠정시행 방법'을 공표.

6월 29일 정무원은 '1951년 하계 전국 고등교육학교(대학) 졸업생 통일 분배(취업) 공작에 관한 지시'를 발표했다.

문화부 전국 문공단(文工團)공작회의는 문공단의 임무로 신가극, 신화극, 신음악과 무도의 발전을 확정했다.

6월 30일 중국공산당 성립 30주년 경축 대회 베이징 개최, 마오쩌둥 등 국가 영도자 참석, 류사오치 보고[33]

7월 1일 조선인민해방군 총사령관 김일성과 중국인민지원군 총사령 펑더화이는 유엔연합군 총사령관과 한반도 정전협상진행에 동의했다.

7월 5일 재정부는 '농업세와 전담조사정리 공작실시 요강'을 공표했다.

7월 10일 한반도 정전 협정 1차 회의 개성에서 거행.

회하 상류 제1 저수지 완공.

7월 14일 김일성, 펑더화이는 유엔사령관에게 개성을 정전협상기간 동안 중립지역으로 정하는 데 동의한다고 통지했다.

7월 16일 공안부는 '도시호구관리 잠정시행조례'를 공표했다.

7월 18일 당 중앙은 '공산당원의 민주당파 가입과 민주당파의 공산당 가입에 관한 결정'을 결정했다.

7월 20일 ~ 26일 전국 학생 제15기 대표대회는 중국 학생운동의 주요 임무를 제시하고, '중화전국학생연합회 장정' 수정, '전국학연(약칭) 집행위 선거법'을 통과시켰다.

7월 24일 정무원은 '미국지원 기독교단체 처리 방안'을 공표했다.

7월 26일 정무원은 '각급 정부기관 비서장과 비서장 미개설의 판공청 주임과 비서공작기구에 관한 결정'을 공표했다.

중앙재정위는 '향후 물가조정 방법에 관한 지시'를 발표했다.

7월 29일 중앙문사(文史)연구관 베이징 설립.

7월 31일 중앙재정위는 '국영기업 자산 정리와 평가 잠정시행방법'과 '국영기업 자금정리 잠정시행방법'을 발표했다.

---

33) 보고에 따르면 당시 당원은 580만 명, 300만 이상은 농촌지역 당원, 여성 당원 60만 명 이상, 25세 이하 당원은 120만 명 이상, 전국 당 지부는 약 25만 개였다.

8월　1일 공안부는 '홍콩, 마카오 여행객 관리에 관한 규정'과 '화교 출입국관리 잠정시행방법'을 발표했다.

8월　3일 정법위는 중앙정법간부학교 설립을 결정, 펑전 교장 선임.

8월　4일 공안부는 '무선전자재 관리 잠정시행조례, 도시 여관업 잠정시행관리 규칙, 공공오락장소 잠정시행관리 규칙, 인쇄업 잠정시행 관리규칙'을 공표했다.

8월　5일～19일 중국청년대표단은 베를린에서 개최된 제3기 세계청년연맹에 참가했다.

8월　6일 교육부는 톈진 사립 진구(津沽)대학을 인수.

8월　8일 중앙인민정부 주 티베트대표 장징우(张经武, 장경무)가 라싸에 도착했다.
정무원은 '도시 부동산세 잠정시행조례'를 선포했다.

8월　9일～22일 제1기 전국 경공업회의는 경공업의 임무와 생산방침을 확정했다.

8월　10일 정무원 제97차 정무회의 거행. '학제개혁에 관한 결정' 통과.[34)]

8월　13일 정무원은 9월 3일을 중일전쟁 승리 기념일로 발표했다.

8월　15일 외교부장 저우언라이는 미·영의 대일 평화조약 초안과 샌프란시스코 회의에 대한 성명에서 미·영정부가 제출한 대일 평화조약 초안은 국제협정을 위반했기 때문에 전적으로 인정할 수 없다고 밝혔다.

8월　17일 베이징시 군사관제위원회는 7명의 미국 스파이에 대한 판결, 이탈리아와 일본인 2명에게 1950년 10월 1일 톈안먼 관망대 폭파 기도 혐의로 사형 선고

8월　17일～30일 중앙재정위는 제1차 전국 국영기업 자산자금 정리회의를 개최했다.

---

34) 소학교 입학 연령은 만 7세, 학제는 5년, 중등학교는 6년 중고 각 3년, 대학은 3-5년, 전문학교는 2-3년, 대학연구원(대학원)은 2년 이상으로 규정.

8월 17일~31일 제1차 전국 민족무역회의 베이징에서 거행.

8월 18일 정무원은 '지방각급협상위원회의 관계에 관한 결정, 현 각계 인민대표회의 상무위원회직권보충에 관한 규정과 성, 시, 각급인민 대표회의 협상위원회조직 세칙'을 공표했다.

9월 1일 재정부는 '임시상업세 징수방법'을 공표했다.

9월 2일 베이징 각계에서는 항일전쟁 승리 6주년 경축대회가 열렸다. 각 민주당파와 각 인민단체가 항일전쟁 승리 6주년 연합선언을 발표했다.

9월 4일 '중화인민공화국 인민법원 잠정시행 조례, 중앙인민정부 최고인 민검찰서 잠정시행조직 조례, 각급 지방인민검찰서 조직통칙' 공표 실행.

난징시 군사관제위원회는 전(前)로마교황청 주 국민당정부 공사 리페리에 대하여 추방 명령을 함.

9월 9일 ~ 30일 당 중앙은 제1차 농업호조(互助)합작회의를 개최하고, '농업생산호조합작에 관한 결의(초안)' 통과, 초안은 개체경제의 적극성을 손상시키지 않고 기존 농민의 소유권을 보호하는 상황 하에서 조직화를 제시했다.

9월 18일 저우언라이는 중국을 배제한 샌프란시스코 평화조약체결에 대해 중국정부는 이 조약이 불법이고 무효이기 때문에 절대 인정할 수 없다는 성명을 발표했다.

'국제평화강화' 스탈린 국제상 시상식 베이징 거행. 쑹칭링은 상금 10만 루블 전액을 중국아동부녀 복지사업기금으로 헌납.

9월 20일 천진자동차공장은 2대의 지프차 중국 최초 생산.

9월 26일 정무원은 '혼인법 집행상황 감찰에 관한 지시'를 발표했다. 출판총서에서 '문장부호용법' 발표

9월 29일 저우언라이 총리는 북경 학교교사들에게 '지식인 개조문제에 관하여'를 보고 하고, 혁명의 입장·방법·관점 등을 제시했다.

10월 1일 수도 45만 명 국경절 환영 인파. 마오쩌둥 주석 열병식 사열,

주더 총사령 '인민해방군총부(忠部)명령' 낭독.

신장 위구르어가 기입된 인민폐 발행, 전국유통 시작.

10월 11일 최고인민법원, 사법부는 '사법간부 사상운동과 자유혼인 방해 행위에 대한 군중 사법투쟁에 관한 지시'를 발표했다.

10월 12일 '마오쩌둥 선집' 제1권 인민출판사 출판. 각지 신화서점 발행. 정무원은 문교위원회 소수민족 위구르어 문자연구 지도위원회를 설립.

10월 23일 전국 정치협상회의 제1기 제3차 회의가 베이징에서 개최됐다. 마오쩌둥 개폐막사. 저우언라이 정치보고. 회의 향후 주요 3개 공작으로 항미원조운동 강화, 애국증산절약운동 제창, 사상개조운동의 확대와 체계적이고 조직적인 마르크스 레닌주의 학습운동이 결정됐다.

10월 29일 당 중앙은 '학교 내 사상개조와 조직정리 공작에 관한 지시'를 발표했다.

재정부는 '합작사 공상업세 납부 잠정시행 방법'을 공표했다.

11월 1일 ~ 7일 궈모뤄가 인솔한 중국대표단이 비엔나 세계평화이사회 제2기 회의에 출석했다. 궈단장 회의상 발언. 회의는 '유엔과 세계 인민에게 고하는 글'을 통과시켰다.

11월 3일 ~ 9일 교육부는 베이징 전국 공업대학원장회의를 개최하고, 화북, 화동, 중남 3개지역 중심의 공업대학 조정 방안을 입안했다.

11월 5일 중앙인민정부 위원회 제13차 회의는 '중앙인민정부 국가기관인원 임면 잠정시행 조례'를 공표하고, 임업개간부를 임업부로 개칭, 린뱌오, 가오강을 인민혁명군사위원회 부주석으로 보충했다.

당 중앙은 '기업 내 반혁명분자 정리와 기업 내 민주개혁 진행에 관한 지시'를 발표했다.

'중국소년보' 베이징에서 창간.

11월 13일 최고인민법원, 최고인민검찰서, 사법부는 '토지개혁지역 인민사법기관의 인민법정 공작의 적극참여에 관한 지시'를 공동 발표했다.

11월 26일 중국인민아동보호 전국위원회 베이징에서 성립, 송칭링 주석 선임.

농업부는 '1951년 농업 풍년 장려식 거행방법'을 발표

11월 27일 한반도 정전 협상, 군사분계선 문제 협의 달성.

11월 28일 정무원은 '외국 화교 출입과 거류 잠정시행규칙'을 공표했다.

11월 30일 당 중앙은 '학내 사상개조와 조직정리에 관한 지시'를 발표했다.

12월 1일 당 중앙은 '군과 정부인원 감축, 증산절약, 부패와 낭비 억제, 관료주의 반대에 관한 결정'을 작성했다.

12월 8일 당 중앙은 '반부패 투쟁에 관한 지시'를 발표했다. 이후 반부패, 반낭비, 반관료주의의 삼반 운동이 전국 당·정·군·민 내부에 본격적으로 전개됐다.

12월 14일~31일 중앙민족사무위원회 제2차 회의는 '민족지역 자치실시 요강 초안'을 통과시켰다.

12월 15일 당 중앙은 '농업생산호조합작 결의초안 발행 통지'를 발표했다.

12월 21일 윈난성 서부 리장(丽江, 여강) 지역 지진 발생. 390명 사망. 1,500여 명 부상. 이재민 12만 명. 구제비용 30억 위안(구폐기준) 지급. 베이징시 인민정부 위원회와 베이징시 각계 인민대표회의 협상위원회는 화극 '룽쉬거우(龙须沟)'의 작가 라오서에게 인민예술가상을 수여했다.

12월 24일~31일 전국 재정 공작회의는 1952년 재정 공작방침을 '삼반 (三反)'의 강화·증산절약·건설로 제시했다.

12월 25일 당 중앙은 '당 중앙 판공청 비서실 마오쩌둥 주석에 대한 공작 보고' 중 '일부 당정기관의 군중동원을 통한 중앙에 대한 축전이나 서신, 선물 발송 행위 수정에 관한 지시'를 발표했다.

12월 26일 국가문교위원회는 중국문자개혁위원회를 설립, 마쉬룬 주임위원 선임.

중국인민 항미원조 총회는 비행기, 대포 원조 운동을 진행 결과, 원조금 47,280억 위안(구폐) 달성, 전투기 3,152기에 상당하는 금액이

며, 목표의 19%를 초과달성했다고 발표

12월 28일 정무원 제117차 정무회의는 화북행정위원회 설립을 결정하고, 중앙인민정부 화북사무소 철거토록 했다.

중앙재정위는 '국영기업 증산절약운동 중 자금공작에 관한 지시'를 발표했다.

12월 29일 위생부는 '중의학 학회조직에 관한 지시'와 '중의(中医)학교조직에 관한 규정'을 발표했다.

📖 1952년

1952년은 중국의 각종 경제지표들이 좋은 성과를 거두기 시작한 해가 된다. 1949년과 비교하여 농업 생산지 48.5%, 식량 42.8%, 면화 193.4%, 공업 총 생산치 144% 성장을 달성하였다. 국가 전체의 경제구조에도 많은 변화가 생겨 사회주의적 경제요소가 60%를 넘어서게 되었다. 국가 재정수지 방면에서도 52년 재정수지 균형을 달성하였다. 국민경제의 회복과 발전에 따라 인민들의 수입도 늘어나 전국 노동자 임금이 49년에 비해 70%, 농가소득이 38% 증가하였다. 이로써 신민주주의 사회는 완성되었다고 보고 사회주의 사회로 넘어가야 한다는 방향으로 공산당의 방침이 정해져 1953년부터는 사회주의 개조가 시작되었다.

1월 1일 중앙인민정부는 신년식을 거행했다. 마오쩌둥 축사. 삼반운동 대대적 전개를 호소

1월 4일 당 중앙은 '삼반운동 조속 전개에 관한 지시'를 발표했다. 삼반운동이 전국화되기 시작함.

1월 5일 당 중앙은 '삼반투쟁 중 범법 사영 공상업자 처리와 자산계급 격퇴에 관한 지시'를 발표했다.

제1기 전국 정협상무위원회 제34차 회의가 베이징에서 거행됐다. 저우언라이는 '삼반운동과 민족자산계급'에 관한 연설에서 전국 공상업자의 삼반운동에 대한 적극 참여를 호소, 회의는 '중화전국공상업자연합회 준비대표회의 조직조례' 등의 의안을 비준했다.

1월 9일 저우언라이는 당 중앙, 화북, 베이징, 톈진시의 고급간부들과 각계 인사 총 2,300여 명을 소집해 삼반운동 보고대회를 개최했다. 당 중앙은 '기율검사공작 강화에 관한 지시'를 발표했다.

1월 11일 정무원은 정무확대회의를 거행했다. 회의에서 저우언라이는 삼반운동의 방향·정책·단계와 운동진행 중의 주요문제에 관한 연설을 했다.

1월 12일 칭하이 위수(玉树, 옥수), 창쭈(藏族, 장족) 자치구 인민정부 설립.

1월 15일 중앙재정위는 '국영기업의 기업장려기금 유용에 관한 잠정시행방법'을 선포했다.

1월 18일 중공 우한(武汉, 무한)시 위원회는 우한시 부시장 이지광(易吉光, 역길광)의 당적 박탈을 결정.

1월 21일 중앙인민정부 절약검사위원회는 제2차 회의를 거행하고, 탐관오리에 대한 전면전쟁을 호소했다.

1월 23일 외교부부부장 장한푸(章汉夫, 장한부)는 일본정부가 1951년 12월 24일 미국정부에게 일본과 타이완 국민당의 화친조약 체결을 보장해 달라고 한 것에 대한 비난성명을 발표했다.

1월 25일 농업부, 중국 인민은행은 '1952년 농업대출공작에 관한 지시'를 발표했다.
외교부는 홍콩, 영국 당국의 중국 인민 체포사건에 대한 항의 성명을 발표했다.

1월 26일 당 중앙은 '도시 내 대규모 오반(五反) 투쟁의 전개에 관한 지시'를 발표하고 전국 대도시에 위법자산계급에 대한 철저하고 대규모적인 뇌물·탈세·국유자산 유용·자재남용과 태업·경제정보 도용에 대한 반대 투쟁을 전개할 것을 요구했다.

1월 31일 재정부는 '제1기 인민 공채의 상환 및 이자 지불방법의 수정에 관한 통고'를 선포했다.

2월 1일 베이징시는 공개 반부패범 재판대회를 거행하고, 최고인민법원 잠정시행 법정은 전 중국축산공사 업무부부주장 쉐쿤산(薛昆山, 설곤산)과 쑹더구이(宋德贵, 송덕귀) 전 공안부행정처 처장에게 부패혐의로 사형을 선고했다.

인민일보 보도 : 장시성 인민정부 일부 간부의 관료주의 심각. 장시성 정부 주석 사오우핑(邵武平, 소무평), 부주석 판스런(范式人, 범식인), 팡즈춘(方志纯, 방지순)은 인민일보에 자아비판문을 게재함.

2월 3일 당 중앙은 '삼반운동과 당 정풍운동의 동시진행에 관한 지시'를 발표했다.

2월 4일 당 중앙 '공업 · 광업기업 내 삼반운동 진행에 관한 지시'를 발표했다.

상하이 자본가 왕캉녠(王康年, 왕강년)에게 인민법원은 사형을 선고했다.

2월 10일 허베이성 인민법원 공개법정은 전 톈진시 지방위원회 서기 류칭산(刘青山, 류청산)과 현 톈진 지방위원회 서기 장쯔산(张子善, 장자선)에게 부패혐의로 사형을 선고했다.

2월 11일 당 중앙은 '중앙인민정부정무원 가뭄 시 집행에 관한 지시'를 선포했다.

2월 19일 정협 전국위원회 학습위원회가 성립됐다. 린보취 주임 임명.

2월 22일 정무원 제125차 정무회의는 '민족지역 자치실시 요강, 각급인민정부 민족사무위원회 실행조직 통칙, 지방민족 민주연합실시방법에 관한 결정, 분산 거주하는 소수민족의 민족 평등권리보장에 관한 결정'을 통과시키고 각각 8, 9, 13일 공표 실행했다.

2월 24일 외교부장 저우언라이는 '미국의 세균전 행위에 대한 북한 박헌초 외상의 항의에 대한 지지성명'을 발표했다.

3월 4일 당 중앙은 '삼림화재방지에 관한 각급당위원회에 대한 지시'를 선포하고, 같은 날 정무원은 '삼림화재 방지에 관한 지시'를 선포했다.

3월 5일 마오쩌둥은 당 중앙을 대표해 '오반운동 중 공상업자 처리에 관한 기준과 방법에 대한 지시'를 작성했다. 처리의 기본원칙은 "과거에는 관대하고 현재에는 엄하며, 다수에게는 관대하지만 소수에게 엄하고, 자백에는 관대하지만 변명에는 엄하며, 공업은 관대하지만 상업은 엄하게, 보통상업은 관대해도 되지만 투기상업은 엄하게 대해라."이다.

3월 8일 저우 외교부장은 미국군용기의 중국영공 침략(2월 29일~3월 5일)과 세균무기사용에 관한 항의성명을 발표했다.

정무원 제127차 회의는 '중앙절약검사위원회의 부패 · 낭비 · 관료주의 착오처리에 관한 몇 가지 규정, 베이징시 인민정부 오반운동 중 공상업자 분류의 기준과 방법'을 비준했다.

3월 14일 당 중앙 정무원 주도의 전국 애국위생 운동 영도기구 애국위생 운동위원회가 베이징에 설립됐다. 저우언라이를 주임위원으로 임명.

3월 18일 교육부는 '유아원 잠정시행 규정, 소학교 잠정시행 규정, 중등학교 잠정시행 규정'을 하달했다.

3월 20일 중국인민정치협상회의 전국위원회는 '항미원조 기념훈장 수여방법'을 선포했다.

3월 21일 쑹칭링 등 11인의 평화인사는 아시아 · 태평양 각국 평화애호 저명인사를 초청하여 아시아 · 태평양 지역평화회의 개최를 제의했다.

3월 24일 정무원은 '오반운동 중 인민법원 설립에 관한 규정'을 공표하고 30일에는 정무원 '삼반운동 중 인민법원 설립에 관한 규정'을 공표했다.

3월 31일 정무원은 '부패인사의 부당축재물 추징에 대한 규정'을 공표했다.

4월 5일 징장(荊江, 형강) 홍수방지 공정 개시. 6월 20일 완공.

4월 6일 당 중앙은 '티베트 공작방침에 관한 지시'를 발표했다.

4월 9일 궈모뤄는 스탈린 국제평화상을 수상했다.

4월   10일 '마오쩌둥 선집' 제2권 출판 발행.

4월   12일 중소는 1952년 무역의정서를 모스크바에서 체결하고, 동시에 소련의 중국에 대한 장비 원조에 대한 의정서를 체결했다.

4월   16일 정무원은 '민족교육행정기구 건립에 관한 결정'을 발표했다.

4월   19일 중앙인민정부위원회는 제15차 회의에서 천원의 '재정경제문제 보고'를 비준하고 쑤위(粟裕, 속유)를 인민해방군 부총참모장으로 페이리성(裴丽生, 배려생), 싱자오탕(邢肇堂, 형조당), 양징톈(杨荆田, 양형전), 청첸을 각각 산시, 닝샤, 치하얼, 후난성 인민정부주석으로 임명했다.

4월   21일 정무원은 '중화인민공화국 부패척결 조례'를 공표했다.

4월   23일 '속성문자인식법' 발명인 치젠화(祁建华, 기건화)에게 정무원 문교위상을 수여했다.

4월   한 달간 중앙인민정부는 전국 고등교육학교에 대한 전면조정을 진행했다.

5월 **1일** 철도부 · 철도부정치부 · 중국철도공회전국위원회 · 청년단철도공 위원회는 공동으로 '견인량 만재(满载)와 초과 500km 운행 운동 전개에 관한 결정'을 선포했다.

5월   5일 저우 외교부장은 미국의 대일 화친조약에 대한 성명에서 중국은 미국 단독의 불법적인 대일조약을 인정할 수 없다고 밝혔다.

5월   6일 당 중앙은 '전국 강철공업발전의 방침, 속도, 지역분배문제에 대한 보고'를 중앙재정위에게 전송하고 '안산철강공사의 개조와 회복에 관한 보고'를 비준했다.

5월   16일 인민해방군의 후방대학 설립, 리쥐쿠이(李聚奎, 이취규) 학장 임명.

5월   21일 ~ 6월 5일 중앙재정위는 베이징에서 열린 전국 재정회의에서 재정지출 방침을 작성하고 1952년 예산을 건설 · 군사 · 행정 순으로 우선 배치하기로 결정했다.

5월   23일 정무원 제137차 정무회의는 '농업부의 1951년 농업생산공작 결산과 1952년 공작계획'의 보고를 토론하고 비준했다.

5월　30일 당 중앙은 '삼반운동 중 정당건당(整党建党)공작에 대한 지시'
　　　를 발표했다.
　　　정무원은 둥비우를 중앙 홍수방지지휘부 총책임자로 임명했다.
5월　31일 신화사 보도: 베이징시 오반운동 종결, 사영공상업 정상회복.
6월　**1일** 중일(中日)간 최초의 민간무역 협정이 베이징에서 체결됐다.
6월　3일~6일 아시아·태평양지역 평화회의 준비회의 베이징에서 거행.
　　　회의에서는 '회의 준비선언'과 '준비공작에 대한 몇 가지 제의'가
　　　통과됐다.
6월　6일~24일 당 중앙 통일전선부 베이징에서 제3차 전국통일 공작회
　　　의 개최. 회의는 민족자산계급과 민주당파에 대한 공작문제를 토론
　　　했다.
6월　9일 당 중앙은 '부농출신 당원의 당적 처리 문제에 관한 지시'를
　　　발표했다.
6월　11일 베이징시는 인민예술극원을 설립했다.
6월　13일 정무원은 '오반운동 종결과정의 몇 가지 문제에 대한 지시'를
　　　선포했다.
6월　16일 정무원은 '1952년 농업세수공작에 관한 지시'를 선포했다.
6월　18일 교육부는 상용글자 총 1,500자를 발표했다.
6월　20일~24일 중화전국체육총회 베이징에서 설립. 주더 명예주석, 마
　　　쉬룬 주석 선임.
6월　20일~30일 중화전국공상업연합회 준비 대표회의가 베이징에서 거
　　　행됐다. 천윈은 회의에서 중국공산당의 삼반, 오반운동의 기초 하에
　　　공사(公私)관계와 노자(劳资)관계 조정의 구체적 방법을 설명했다.
6월　23일 당 중앙은 '중앙기율검사위원회의 전당기율검사공작에 관한
　　　결과보고'를 하달했다.
6월　27일 정무원은 '전국 각급인민정부, 당파, 단체와 사업단위 인원에
　　　대한 무상의료 실행에 관한 지시'를 선포했다.
7월　**1일** 정무원 제142차 정무회의는 인사부의 '각급인민정부 공급제 인

원의 보조금 기준과 임금제 인원의 임금기준 조정에 관한 보고', 교육부의 '각급학교교원 임금과 학생장학금 기준에 대한 보고', 위생부의 '전국 공작인원에 대한 무상의료 지원에 대한 설명', 재정부의 '상기 조치 실행 후 국가 재정지출 상황에 대한 보고'를 청취하고 비준했다.

7월 2일~7일 중국민주건국회 제2차 총회 확대회의가 베이징에서 거행됐다. 회의는 민주건국회의 주요 임무를 민족자산계급과의 긴밀한 관계유지를 삼고 '중국민주건국회회칙'을 통과시켰다.

7월 5일 교육부는 '전국 고급중학·기술학교·사범학교의 통일 학생모집에 관한 지시'를 선포했다.

7월 8일 정무원은 '전국 대학과 중고교 학생 장학금 조정에 관한 통지'를 발표했다.

교육부는 '1952년 국가건설간부 배양계획에 관한 지시'를 발표했다.

7월 17일 공안부는 '반혁명인사에 대한 관리 잠정시행 방법'을 공표했다.

7월 19일 신화사 보도 : 중국인민항공공사 최근 설립.

중앙인민정부는 1952년 하계 전국대학 졸업생 일괄 배치방안을 하달했다.

7월 24일 정무원은 '혁명 상이군인학교의 정규교육강화에 관한 규정'을 공표했다.

7월 25일 제15회 헬싱키 하계 올림픽(7월 19일~8월 3일)에 참가하는 중국 체육 대표단 헬싱키 도착. 대표단은 31일 성명을 통해 불합리한 방해와 초청지연으로 인해 정시 참가가 불가능했다고 밝히고 수영경기에만 정식 참가했다.

정무원 제146차 정무회의는 '노동취업문제 회의상황에 대한 보고'를 비준하고 '노동취업문제에 관한 결정'을 통과시켰다.

7월 27일~31일 중국 이슬람교협회 준비회의가 베이징에서 거행됐다.

8월 1일 순국인민영웅기념비35)가 정식 준공됐다.

정무원 제147차 정무회의에서 '공상업연합회조직통칙' 통과 중국 제1호 증기기관차 8.1호 제조.

8.1 영화제작소 설립.

8월 1일~11일 인민해방군 건군 25주년 체육대회가 베이징에서 거행됐다

8월 2일~12일 교육부는 베이징에서 중소학 교육행정회의를 개최했다. 회의에서는 '1952년 하계방학 이후 중고교 교사문제 해결에 관한 결정, 소학교 5년제 실행에 관한 지시, 민영소학의 정돈과 발전에 관한 지시, 지식교사배양과 훈련계획' 등의 초안이 통과됐다.

8월 6일 중앙인민정부위원회 제16차 회의는 '1951년 국가 예산집행상황 과 1952년 국가예산(초안) 보고'를 비준하고 1952년 국가재정수지예 산을 통과시켰다. 1952년 국가예산의 기본방침은 국방강화 · 물가안정 · 정국회복과 건설. 1952년 예산지출은 작년대비 55.5% 증가했다.

8월 7일 중앙인민정부위원회 제17차 회의가 거행됐다.

'중앙인민정부기구조정에 관한 결정'과 '지방인민정부 기구조정에 관한 결의' 통과.

정부총서 · 신문총서 · 무역부를 철폐하고 대외무역부 · 상업부 · 제1 기계 공업부 · 제2기계 공업부 · 건축공정부 · 지질부 · 식량부 설립 을 결정.

각 지역별 인민행정관공서를 철폐하고 안후이(安徽, 안휘)성, 쓰촨성 인민정부 설립 결정.

임명 : 덩샤오핑 정무원 부총리 · 예지쫭 대외무역부부장 · 쩡산 상 업부부장 · 왕허서우(王鶴寿, 왕학수) 중공업부부장 · 황징(黄敬, 황경) 제1기계공업부부장 · 자오얼루(赵尓陆, 조이륙) 제2기계공업부부장 · 장광나이(蒋光鼐, 장광내) 방직공업부부장 · 리쓰광(李四光, 이사광) 지 질부부장 · 장나이치 식량부부장 · 페이리성 산시성 인민정부주석 · 우란푸 수이위안성 인민정부주석 · 리타오웨이(李涛为, 리도위) 랴오 닝성 인민정부주석 · 쑤유원(粟又文, 속우문) 지린성 인민정부주석 ·

---

35) 현재에도 천안문 광장 남쪽에 있으며, 국가 주요행사 때마다 지도자들이 헌화의식 을 행한다.

창샤오추(强晓初, 강효초) 쑹쟝(松江, 송강)성 인민정부주석.

8월 8일 중앙인민정부위원회 제18차 회의는 '중화인민공화국 민족지역 자치 실시 요강'를 비준하고 중남, 호남, 서남, 화북지역의 공작상황 보고를 청취했다.

8월 11일 공안부는 '치안보위위원회 잠정시행조례'를 공표했다.

8월 13일 정무원은 '분산 소수민족의 민족평등권리 보장에 관한 결정, 지방민족민주연합정부 실시방안에 관한 규정, 각급인민정부 민족사무위원회 실행조직통칙'을 선포했다.

8월 17일~9월 22일 저우언라이 총리와 중국대표단은 소련을 방문하고 '중·소간 중국 창춘철도의 이전에 관한 공고'를 공표했다. 또한 양국외교부장은 중국 뤼순 해군기지 공동사용 연장에 관한 문서를 교환했다.

8월 21일 중국민항(民航)공사는 상하이·한커우·충칭의 신 노선을 개항했다.

8월 25일 안후이성 인민정부 설립. 청시셩(曾希圣, 증희성) 주석 임명.

8월 25일~9월 4일 중국신민주주의 청년단36) 제1기 3중전회가 베이징에서 거행됐다. 회의는 '현 공작문제에 관한 결의'를 통과시키고 후야오방(胡耀邦, 호요방) 등 9인을 청년단 중앙서기처 서기로 선출했다.

8월 29일 정무원 노동취업위원회는 '실업자 통일 등록 방법'을 공표했다.

9월 **1일** 쓰촨성 인민정부 설립, 리징취안(李井泉, 이정천) 주석 임명.

9월 3일 중앙인민정부 대외무역부, 상업부가 설립됐다. 원 무역부는 철폐. 지린성 옌볜(吉林省 延边, 길림성 연변) 조선족 자치구가 정식 설립됐다.

9월 6일 전총은 '노동자군중의 속성글자 인식법과 문맹퇴치운동에 관한 지시'를 발표했다.

9월 10일 베이징과 상하이간 무선 전신이 정식 개통됐다.

---

36) 1957년 5월 18일부터 공산주의 청년단으로 명칭이 변경, 약칭으로 공청단이라 한다. 후진타오도 공청단 주석 출신이며, 공청단은 현 중국 지도층 중 상하이방과 쌍벽을 이룬다.

교육부는 1952년 하반기부터 1954년까지 전국 사립 소중학교를 공립으로 전환한다고 밝혔다.

9월 10일~20일 구삼학사(九三學社) 제2기 전국 공작회의 확대회의가 베이징에서 거행됐다. 회의는 구삼학사의 성격, 임무와 조직노선 등을 확정하고 쉬더항(許德珩, 허덕행)을 중앙위원회 주석으로 선출했다.

9월 14일 중국신문사가 베이징에 설립됐다.
중국은 인도 뭄바이에 총영사관을 설립하고 인도는 라싸에 총영사관을 설립했다.

9월 21일 중화인민공화국, 소비에트사회주의공화국연맹, 핀란드공화국 3국무역 협정이 모스크바에서 체결됐다.

9월 23일 저우 외교부장은 국제전신연맹에게 중국정부가 이미 연맹회의 출석대표를 임명했다고 통지하고 타이완대표를 연맹회의 내 기구와 회의에서 축출하도록 요구했다.

9월 23일~27일 교육부, 전국총공회는 전국 문맹퇴치 공작회의를 개최하고 향후 5~10년 내 전국의 문맹 문제가 기본적으로 해결될 것으로 전망했다.

10월 2일~13일 아시아 · 태평양지역 평화회의가 베이징에서 거행됐다. 회의는 '세계 인민에 고함'과 아시아 · 태평양지역 평화연락위원회 설립 등 12개 결의를 통과시켰다.

10월 2일~1953년 1월 11일 류사오치가 인솔한 중국대표단이 모스크바에서 개최된 소련 공산당 19차 당대표대회에 참가했다.

10월 6일~21일 전국 농업공작회의가 베이징에서 거행됐다. 회의는 1953년 호조합작조직의 발전과 애국확대 생산운동의 방침과 계획을 확정했다.

10월 7일 교육부는 '전국 고등교육학교의 마르크스 레닌주의와 마오쩌둥 사상 과목에 관한 지시'를 발표했다.

10월 10일 중앙재정위 '1953년 35종 전국 중요물자에 대한 전국 통일분배방법'을 발표했다.

10월 17일 탕구(塘沽, 당고)신항 개항식 거행

10월 20일 타이완 국민당 제7차대회가 타이베이에서 거행됐다. 장제스가 총재를 연임했다.

10월 25일 저우언라이는 자본자 대표들과의 좌담회에서 사회주의 사회 건설은 시간이 걸리더라도 평화적으로 진행되어야 한다고 밝혔다.

10월 26일 중국민용항공공사는 광저우-난닝-쿤밍, 광저우-잔장 간의 신항로를 개항했다.

10월 27일 저우 외교부장은 유엔 사무총장 피어슨에게 제7기 총회에 중국대표가 출석해 미국의 세균전 범죄에 대한 보고를 할 수 있도록 요구했다.

10월 30일~31일 마오쩌둥 주석은 황허(黃河, 황하) 지역을 시찰했다.

11월 4일 베이징에서 중국불교협회 성립 준비회의 개최.

11월 8일 ~ 17일 중국치공당 제5기 전국 대표대회가 광저우에서 거행됐다. 회의는 치공당 중앙위원회를 베이징으로 이전하기로 결정하고 천치여우(陳其尤, 진기우)를 중앙위원회 주석으로 선출했다.

11월 12일 당 중앙은 '상업조정에 관한 지시'를 발표했다.

11월 15일 중앙인민정부위원회는 제19차 회의를 거행하고 '대행정구 인민정부기구와 임무의 변경에 관한 결정, 중앙인민정부 기구증설에 관한 결정'을 통과시키고 국가계획위원회 · 체육운동위원회 · 고등교육부와 문맹퇴치 공작위원회의 설립을 결정했다.

12월 1일 상업부는 국영무역기업의 1953년 경제채산제의 전면실행을 결정했다.

12월 1일 ~ 11일 제1차 전국 방송공작회의가 베이징에서 거행되었다. 회의는 향후 방송 상업의 발전방침과 1953년 방송공작의 중요임무를 확정했다.

12월 2일 화동행정위원회가 설립, 라오수스가 주석에 임명.

12월 6일 교육부, 청년단중앙은 '중국소년아동대공작에 관한 연합결정'을 선포했다.

12월 7일 화교사무위원회 주임 허샹닝은 태국정부의 화교신문 '공민보, 남천보'의 폐간조치에 대해 항의했다.

12월 8일~13일 제2기 전국 위생회의가 베이징에서 거행됐다. 회의는 공농병을 대상으로 예방위주, 중서방의학의 조화와 위생공작과 군중운동 간의 결합을 4항원칙으로 정했다.

12월 11일 중앙군위, 정무원은 '중화인민공화국 민병조직 잠정시행조례'를 선포했다.

12월 12일 당 중앙은 '민병제도 실행과 의무병역제도 선전교육공작의 실행 준비에 관한 공작지시'를 하달했다.

12월 12일~19일 중국인민구제총회 주석 쑹칭링이 인솔한 중국대표단은 비엔나에서 거행된 세계 인민평화대회에 참석했다.

12월 15일~21일 중국적십자회 전국공작회의가 거행됐다.

12월 16일~28일 제2차 전국 식량공작회의가 베이징에서 거행됐다. 회의는 '1953년 국가식량 유통계획초안, 1953년 국가식량기업상품 유통비 계획초안'을 제정했다.

12월 20일 당 중앙은 '신문, 잡지 출판 발행 공작 강화에 관한 규정'을 제정했다.

12월 22일 당 중앙은 '1953년 계획과 5년 건설계획 요강의 편제에 관한 지시'를 발표했다.

12월 26일 문화부는 '전국 극단(劇團)공작의 정돈과 강화에 대한 지시'를 발표했다.

12월 28일 우전부, 출판총서는 '출판물 발행 공작 개선에 관한 연합 결정'을 선포했다.

12월 31일 중 · 소는 소련정부의 창춘철도 중국이전에 대한 최후 의정서 교환을 하얼빈에서 거행하기로 하고 '소련정부의 창춘철도 중국이전에 관한 공고'를 발표했다.

12월 사영은행, 전당포(개인이 운영하던 금융기관)에 대해 전면적인 공사 합영정책을 실시하고 공사 합영은행을 설립했다.

🗂 1953년

　　1953년 6월에는 저우언라이, 천원 등이 주도하여 국가건설 제1차 5
개년계획이 수립[37])되기 시작하였다. 1953년 2월 9일 인민정치협상회의 4
차 회의에서 마오쩌둥은 소련의 경험을 통하여 경제건설로 나아가자고 강
조하였다. 핵심은 10~15년 내에 기본적으로 가공업·농업·수공업·상
공업의 사회주의 개조가 일어난다고 하였다.

　　농업부분은 1951년 12월 '농업생산호조합작에 관한결의' 이후 호조
합작운동이 전개되어 1952년 말경에는 전국 40%정도 농호가 호조 단계
로 발전하였고, 1953년 3월 당 중앙의 공식적 독려로 53년 11월경에는
14,000여 개의 합작사가 탄생하고, 참가한 농가는 4,800만 호조(전체농촌의
43%)가 가입하였다. 53년 10월 26일 당 중앙의 '농업합작사 발전에 관한
결의'로 호조단계에서 사회주의성질의 고급합작사로 확대하기로 방침이
정해졌다.

1월　1일 인민일보는 '1953년 위대한 임무를 맞이하며'라는 사설에서 국
　　　　민경제 제1차 5년계획의 실행을 제시했다.

　　　　장쑤(江苏, 강소)성 인민정부가 설립, 탄전린을 주석으로 임명.

1월　5일 당 중앙은 '관료주의 명령주의 위법행위 반대에 관한 지시'[38])
　　　　를 발표했다.

1월　9일 정무원은 166차 정무회의를 거행하고 '중화인민공화국 8.1 상
　　　　규정', '중화인민공화국 명예상 규정'을 통과시키고, '해방 전 금융업
　　　　계 미해결 예금지불 방법'과 '해방 전 금융 예금등록 방법'을 비준하
　　　　고, '세관과 대외무역관리기관의 합병에 관한 결정'을 통과시켰다.

---

37) 1953년부터 5년 단위의 국가계획은 현재까지도 진행되어 2009년 현재는 11차 5
　　개년 계획기간 중이다.
38) 이 지시에 근거하여 전국적으로 신 삼반운동이 전개됐다.

1월 9일~19일 민혁(중국국민당 혁명위원회) 제2기 3중전회는 민혁의 성격과 임무를 재 확정했다.

1월 10일 인민해방군 고급 보병학교가 난징에 설립되고, 쑹스룬(宋时轮, 송시륜)이 교장 겸 정치위원에 임명됐다.

1월 13일 중앙인민정부위원회 제20차 회의를 거행했다. 회의는 '전국인민대표대회와 지방각급인민대표대회 개최에 관한 결정'을 통과시키고 마오쩌둥이 주석인 중화인민공화국 헌법기초위원회 설립과 저우언라이를 주석으로 하는 중화인민공화국 선거법기초위원회 설립을 결정했다.

1월 13일~24일 정무원 문화교육위원회는 대행정구 교육위원회 주임회의를 개최했다. 회의는 1953년 문교 방침을 정돈공고, 중점발전, 질량보증, 안정전진으로 제정했다.

1월 14일 중앙인민정부위원회 제21차 회의는 류란타오(刘澜涛, 유한도), 가오강, 펑더화이, 라오수스, 린뱌오, 류보청을 각각 화북, 동북, 서북, 화중, 중남, 서남행정위원회 주석으로 임명했다. 1월 21일 중남행정위원회 성립. 1월 23일 동북행정위원회 성립. 1월 27일 서북행정위원회 성립. 2월 9일 화북행정위원회 성립. 2월 28일 서남 행정위원회 성립.

1월 16일 정무원 제167차 정무회의는 전국 위생방역기지 건립안을 비준했다.

1월 29일 당 중앙은 마르크스 엥겔스, 레닌, 스탈린의 저작 편집국 설립을 결정했다.

1월 인민해방군 포병은 진먼다오도 포격 개시.

2월 4일~7일 전국 정협 제1기 4차 회의가 베이징에서 거행되었다. 저우언라이는 정치보고를 하고 안쯔원은 '우리는 반드시 전국적인 관료주의 · 명령주의 · 위법행위에 대한 반대투쟁을 전개해야 한다.'는 제목의 문건을 발표했다.

2월 8일 조선최고인민회의는 중국인민지원군사령관 펑더화이 등에게 조선 최고훈장을 수여했다.

2월 11일 중앙인민정부위원회 제22차 회의는 '중화인민공화국 전국인민대표대회와 지방각급인민대표회의 선거법'을 통과시키고 류사오치를 주석으로 하는 중앙선거위원회를 설립했다.

2월 15일 당 중앙은 '농업생산호조합작에 관한 결의'를 통과시켰다.

2월 23일 제1차 전국 문맹퇴치 공작회의가 베이징에서 개최.

2월 26일 당 중앙 화북국은 '농촌 정풍운동 중 당원고용, 대출 상업경영, 토지대여 등의 문제에 관한 지시'와 '농촌 정풍운동 중 당원과 간부의 부패, 낭비, 명령남용의 문제에 대한 규정'을 제정했다.

3월 1일 중앙인민정부는 '중화인민공화국 전국인민대표대회와 각급인민대표대회 선거법'을 공표했다.

3월 6일 당 중앙과 전국정협은 스탈린[39] 사망에 대한 애도 전문을 보냈다. 중앙인민정부는 전국에 스탈린에 대한 애도를 명령하였고 저우언라이를 대표로 하는 조문단이 모스크바를 방문했다.

3월 8일 당 중앙은 '농업증산과 호조합작발전 5년 계획 목표 수치 절감 지시'를 발표했다.

3월 10일 당 중앙은 '중앙인민정부 각 부문의 중앙보고체계 강화와 중앙 정부공작 영도 강화에 대한결정(초안)'을 제정했다.

3월 12일 정무원은 '대 행정구와 공공서 관할 시(市)의 개편에 대한 결정'을 공표했다.

3월 16일 당 중앙은 한족(汉族) 중심주의를 비판하라는 문건을 공표했다.

3월 26일 당 중앙은 '농업생산호조합작에 관한 결의'를 공표했다.

3월 30일 저우 외교부장은 '한반도정전 담판문제에 관한 성명'을 발표했다.

4월 2일 정무원회의 '전국인구조사와 등기에 관한 지시'를 공표. 중앙선거위원회는 기층선거 공작에 관한 지시를 발표했다.

---

39) 1879. 12. 21 ~ 1953. 3. 5

4월 3일~23일 당 중앙 농촌공작부는 제1차 전국농촌공작회의를 개최했
다. 회의는 마오쩌둥의 농촌공작에 관한 기본임무에 관한 지시를 하
달하였는데 그 내용은 10년, 15년 혹은 더 장기간 동안 전국의 농
업사회주의 개조를 완성한다는 것이었다. 회의는 3년간의 농촌호조
합작운동의 성과를 긍정적으로 평가하고 농민조직을 영도한 것이
신민주주의에서 사회주의로 전환된 것이라고 밝혔다.

4월 11일~25일 제2기 전국 사법회의가 베이징에서 거행되었다. 회의는
'제2기 전국 사법회의 결의'를 통과시켰다.

4월 15일~23일 제2차 전국 부녀대표회의가 베이징에서 거행되었다. 회
의는 '4년간 중국부녀운동의 결과와 이후 임무에 대한 결의'와 '중
화 전국 민주부녀연합회규정'을 통과시키고, 전국 부련 제2기 집행
위원을 선출했다.

4월 17일 정무원은 '농민의 도시유입 억제에 관한 지시'40)를 발표했다.

4월 20일 당 중앙조직부는 '정부 간부 임명과 면직 수속에 관한 통지'
를 발표

4월 23일 당 중앙은 '1953-54년 간부 이론교육에 관한 지시'를 발표했다.

4월 25일 당 중앙은 '1953년 국민경제계획 요강'을 하달했다.
전국 부련 제2기 집행위원회 제1차 회의는 쑹칭링과 허샹닝을 명예
주석으로, 차이창을 주석으로, 덩잉차오를 부주석으로 선출했다.

5월 5일 중국민항은 베이징-시안-충칭 노선을 개설하였다.

5월 9일~11일 중국 이슬람교협회 설립대회가 베이징에서 거행되었다.

5월 12일 중국공회 제7기 집행위원회 제1차 회의는 류사오치를 전국총
회 명예주석으로, 라이뤄위(賴若愚, 뢰약우)를 주석으로, 류닝이(刘宁
一, 유영일) 등을 부주석으로 선출했다.

5월 15일 중국과 소련 양국정부는 모스크바에서 '소련정부의 중국 국민
경제발전 지원에 관한 협약41)을 체결했다.

---

40) 이후부터 농촌호적과 도시호적이 구분되어 현재까지도 몸은 도시에 와서 일하고
있으나 호적은 옮겨올 수 없는 심각한 사회 문제로 남아있다.

5월 16일 정무원은 '식량증산과 재난구제 공작에 관한 지시'를 발표했다.

5월 27일~6월 8일 중국민주동맹중앙위원회 제7차 전체회의가 베이징에서 거행되었다. 회의는 '중국민주동맹규정'을 수정·통과시키고 장보쥔, 뤄룽지, 마쉬룬, 스량(史良, 사량), 가오충민을 부주석으로 선출했다.

5월 30일~6월 3일 중국불교협회 설립대회가 베이징에서 거행되었다. 위안잉(圓瑛, 원영)이 회장이 됨.

6월 4일 문화부 영화국은 '영화기업의 경제채산제 실행에 관한 지시'를 발표했다.

6월 8일 한반도 휴전 회담에서 쌍방대표가 '전쟁포로 교환에 대한 협의'를 체결했다.

6월 9일 당 중앙은 '국가계획위원회의 1953년도 계획공작편제에 관한 총결산보고'를 비준했다.

6월 10일~15일 중화 전국 청년 제2차 대표대회가 베이징에서 개최되었다.

6월 14일~8월 12일 당 중앙은 전국 재정공작회의를 개최하고 과도기 총노선의 문제를 토론했다. 천윈은 '재정공작에 관한 의견'을 발표했다.

6월 15일 당 중앙주석 마오쩌둥은 당 중앙정치국회의에서 처음으로 과도기 총노선의 임무와 내용에 대한 구체적 발언을 했다.

6월 16일 중화 전국 청년전국위원회 제2기 1차 회의는 랴오청즈(廖承志, 료승지)를 전국 청년주석으로 류다오성(刘导生, 류도생), 첸싼창(钱三强, 전삼강), 우한(吳晗, 오함), 취탕량(区堂亮, 구당량)을 부주석으로 선출했다.

6월 16일~26일 중국민주촉진회 제3기 4중전회는 '중앙당무 이사회보고에 대한 결의, 제2차 전국 대표대회 개최에 대한 결의, 회의규정 수정에 대한 결의'를 통과시켰다.

---

41) 협약기간은 1959년까지이고 소련은 중국의 141개항의 프로젝트에 대해 지원하기로 약속했다.

6월 23일 ~ 7월 2일 중국신민주주의 청년단 제2차 전국 대표대회가 베이징에서 거행되었다. 회의는 후야오방의 전국 청년단결과 신 중국 건설에 대한 공작보고와 결의, 리창(李昌, 이창)의 청년단 규정 수정에 관한 보고와 중국신민주주의 청년단 규정 수정안을 통과시키고 제2기 중앙위원회위원과 후보위원을 선출했다.

6월 30일 최초 전국 인구조사에 따르면 전국 총 인구수가 601,938,035명으로 집계되었다.

7월 **4일 ~ 6일** 중국신민주주의 청년단 제2기 1중전회는 당 위원 21명을 선출하고 후야오방, 랴오청즈 등 9인을 청년단 중앙서기처 서기로 선출했다.

7월 13일-27일 중국인민지원군 마지막 전투인 금화전투를 끝으로 한국전쟁의 휴전이 성립되었다.

7월 16일 타이완 국민당이 푸젠성 연해 지역 침공.

7월 27일 한반도 휴전 협정 체결. 한반도 전쟁 종결 선언.

8월 **1일** 정무원은 '1953년 하계 전국 학교 졸업생 분배 지시'를 발표했다.

8월 5일 당 중앙은 국가계획위의 '경제 계획편제에 관한 잠정시행 실행방법'을 비준했다.

8월 14일 중국인민지원군 사령부와 조선인민군 최고 사령부는 한국전쟁 기간 동안 적군의 살상과 포로수가 1,093,839명이며 그 중 미군은 39,753명이고, 격추시킨 적기는 12,213기, 함정은 257기, 탱크는 2,650대라고 밝혔다.

8월 21일 청년단 중앙은 중국소년아동대의 명칭을 중국소년선봉대로 개정했다.

8월 28일 당 중앙은 '생산, 수입 증가와 절약, 긴축 예산 등에 관한 긴급 통지'를 발표하고 전국적인 증산절약운동을 요구했다.

8월 31일 정무원은 '농업대출에 관한 지시'를 발표했다.

9월 **1일** 인민해방군 군사공정대학이 하얼빈에 설립되었다.

9월 7일 마오쩌둥은 민주당파와 공상(工商)계와의 대화 자리에서 자본주의 공상업 개조문제에 대해 자신의 의견을 밝혔다. 그는 "380만 노동자의 사영공상업은 국가의 중요한 재원이다. 그들을 국가자본주의의 궤도로 유도하는데 최소 3-5년의 시간이 필요하며, 국가자본주의는 자본가들의 자원(自願)과 합작에서 비롯됨으로 강요하지 말아야 한다."고 말했다.

9월 9일 철도부소속의 철도병단(铁道兵团)을 인민해방군 철도병으로 개칭함.

9월 10일~23일 제1차 전국 종합대학 회의는 종합대학의 방침과 임무, 목표를 결정했다.

9월 12일 중앙인민정부위원회는 회의를 개최하고 펑더화이의 지원군 항미원조 보고를 청취했다. 마오쩌둥은 회의에서 '항미원조의 위대한 승리와 이후 임무'에 대한 연설을 하였다.

9월 15일 중앙인민정부위원회 회의는 리푸춘의 '소련정부와의 중국건설 지원문제 상담에 관한 보고'를 비준했다.

9월 16일 중앙인민정부위원회 회의는 펑전의 '정치법률공작에 관한 보고'와 궈모뤄의 '문화교육공작에 관한 보고'를 비준했다.

9월 17일~18일 중앙인민정부위원회는 제28차 회의를 거행했다. 회의는 '전국 인민대표대회와 지방 각급인민대표대회 개최 연기에 대한 결의'를 통과시켰다. 회의는 덩샤오핑을 재정부 부장으로 임명하고, 리웨이한(李维汉, 이유한) 정무원 비서장의 직위를 면직시켰다.

9월 23일~10월 6일 중국문학예술인 제2차 대표대회가 베이징에서 개최되었다. 대회는 '중국문학예술계 연합회규정'을 수정하고 중국문학예술계 연합회 2기 전국위원회 위원을 선출했다.

9월 25일 전국 정협은 '중화인민공화국성립 4주년 경축 구호'를 반포하고 과도기 총노선과 제1차 5개년 계획의 기본임무를 공포했다.

9월 29일 장한푸 외교부 부부장은 영국대표에 대한 서신을 통해 영국함정과 전투기의 주강(珠江) 중국함정에 대한 포격을 항의했다.

10월 2일 정무원은 내몽고와 수이위안 지역의 행정업무를 합치도록 명령했다.

10월 4일 당 중앙은 화북국이 제출한 '농업생산 호조합작운동 중 급진적 상황의 조정과 현 임무에 대한 보고'를 비준했다.

중국문학자대표회의에서 '중국작가협회' 정관을 확정하고, 마오둔(茅盾, 모순)을 주석으로 선출하였다.

중국희극가협회는 톈한(田汉, 전한)42)을 주석으로 선출하였다.

10월 8일 천원은 전국 식량공작회의에서 현 식량문제해결을 위해서는 식량에 대하여 농촌의 계획수매와 도시의 계획공급(统购统销)이 이루어져야 한다고 밝혔다. 10월 16일 당 중앙은 '식량의 계획수매와 계획공급의 실행에 대한 결의'를 제시했다.

10월 11일 정무원은 당해 전국 고등교육학교 학부 조정방안을 반포했다.

정무원은 '고등교육학교 영도관계의 수정에 관한 결정'을 공표하고 동시에 1950년 반포된 결정을 폐기했다.

10월 12일 정무원은 '건설공사 중 역사혁명 유물보호에 관한 지시'를 발표했다.

10월 19일 저우 외교부장은 스위스 정부를 통해 미국정부에게 유엔의 한반도 정치회의 회담 문제에 동의한다고 통지했다.

10월 22일 ~ 11월 13일 제2차 전국 민정회의가 베이징에서 거행되었고, 회의는 민정공작의 지위와 작용과 범위를 확정했다.

10월 23일 ~ 11월 12일 전국 공상업 연합회 회원대표대회가 베이징에서 거행되었다. 리웨이한은 과도기 총노선, 증산절약운동과 사영공상업자의 사상개조 등에 대한 문제에 대한 보고를 했다. 대회는 '중화전국공상업연합회규정'을 통과시키고 전국 공상업연합회의 성립을 선포하는 동시에 천수퉁을 주임위원으로 선출했다.

10월 26일 ~ 11월 5일 당 중앙은 제3차 농업호조합작회의를 개최하고

---

42) 현 중국 国歌 작곡자

'농업생산합작사 발전에 관한 결의'를 토론했다.

10월 30일 중국적십자회총회 회장 리더촨은 1953년 3월에서 10월까지 총 86,026명의 일본화교가 귀국했다고 밝혔다.

인민일보는 '중국인민지원군 영웅 모범군인과 특등 공헌자 명단'을 발표했다.

11월 1일 중앙체육대학43) 설립.

11월 1일~5일 중앙재정위는 전국 면화 수매가를 3.5% 상향조정하기로 결정했다.

11월 2일 상하이시 인민정부는 상하이 전차 전기 회사를 국영으로 전환한다는 명령을 발표했다.

11월 5일 정무원은 제192차 정무회의를 거행하고 '중앙인민정부 정무원의 국가건설용 토지징용에 대한 방법'을 통과시켰다.

11월 8일 당 중앙은 '국가계획위가 제시한 계획도시에 공업건설위위회 건립에 대한 건의'를 동의했다.

11월 9일 당 중앙은' 행정부 개편과 구조조정에 대한 통지'를 발표했다.

11월 9일~21일 중국민주건국회 전국위원회 전체회의가 베이징에서 개최되었다. 회의는 전체회원의 과도기 총노선 학습을 결정하고 '전국대표대회 개최에 대한 결의'를 통과시켰다.

11월 11일 중국적십자사와 중국인민구제총회는 구인민폐 15억 위안 상당의 금액을 인도 수재민들의 구제금으로 기탁했다.

11월 11일~24일 전국 도시구제공작회의가 베이징에서 개최되었고, 회의는 이후 도시구제공작의 주요 임무를 제시했다.

11월 12일~26일 북한 김일성44)이 중국을 방문했다.45)

11월 15일 당 중앙은 '전국의 연료수매 계획에 관한 결정'을 발표했다.

---

43) 이후 베이징체육대학으로 개명
44) 1912. 4. 15 ~ 1994. 7. 8
45) 중국정부는 이후 조선(북한)에게 무상 원조하기로 약속하고, 인민폐 8억 위안 상당을 무상 지원했다.

11월 20일~12월 17일 중화 전국 합작사 연합총사는 베이징에서 제3차 전국 수공업 생산합작사 회의를 개최하고 수공업의 점진적인 사회주의 개조계획에 대하여 토론했다.

11월 24일 정무원 문맹퇴치공작위원회는 '문맹퇴치 표준과 시험방법 등에 관한 통지'를 발표했다.

11월 26일 정무원은 제195차 정무회의를 거행하고 중앙인민정부정무원의 소학교육의 정리정돈에 관한 지시'와 '중앙인민정부정무원의 고등사범교육의 개선과 발전에 관한 지시'를 통과시켰다.

11월 27일 고등교육부는 '고등교육학교의 연구생(대학원생) 배양 잠정시행 방안'을 발표했다.

12월 1일 당 중앙은 중앙재정위의 '부식품(副食品)의 생산소비상황과 이후 조치에 대한 보고'를 비준했다.

12월 2일 정무원 재정경제위원회는 상업부와 전국합작공사의 '국영상업과 합작사간의 공업품, 수공업품의 경영범위의 구분에 관한 공동결정'에 동의했다.

12월 7일~1954년 1월 26일 전국 군사계통의 당 고급간부회의가 베이징에서 거행되었다. 회의는 건국 4년 내의 군 공작에 대한 평가를 하고 이후 군 건설 방침과 임무 그리고 군 건설 공작에 관한 중대 문제에 대한 결의를 했다.

12월 9일 중앙인민정부는 '1954년 국가경제건설 공채조례'를 공표하고 발행 공채의 총액을 6억 위안으로 결정했다.

12월 10일 정무원은 제197차 정무회의를 거행하고 '제2차 전국민정공작 회의 결의'를 비준했다.

12월 11일 정무원은 '고등사범교육의 발전에 관한 지시', '소학교육의 정리와 발전에 관한 지시'를 공표했다.

12월 15일 안산(鞍山)제철의 대형 압연공장이 완공되었다.

12월 16일 당 중앙은 '농업생산합작사의 발전에 관한 결의'를 통과시켰다.

12월 24일 당 중앙은 '간부문화교육 강화에 대한 지시'를 작성했다.

당 중앙은 정치국회의를 개최하고 가오강과 라오수스의 문제를 폭로했다. 마오쩌둥의 건의에 따라 정치국은 '당의 단결 강화에 관한 결의'를 기안했다.

12월 25일 정무원은 '동계 농업생산에 관한 지시'와 '연료작물 증산에 관한 지시'를 반포했다.

📖 1954년

1954년은 사회주의로의 개조를 본격 추진하는 한 해가 되었다. 1954년 2월 중국공산당 7기 4중전회에서 과도기 총노선을 승인하였다. 1954년 9월 전국 인민대표대회에서는 당의 이 총노선을 받아들여, 그것을 과도기 국가의 총임부로 삼고, 중화인민공화국 헌법에 명시하였다. 그 내용은 사회주의 공업화를 점진적으로 달성해 중국의 농업 및 자본주의 상공업에 대한 사회주의 개조를 점차적으로 진행한다는 것이었다.

과도기 총노선의 기본 내용은 첫째, 국가의 사회주의 공업화 실현이다. 자본주의 공업을 개조하여 사회주의 공업이 전체 국민 경제를 주도할수 있게 하고, 공농업 총생산에서 절대적으로 우세하도록 하여야 한다는 것이다. 이는 또한 농업과 교통 운수업 및 국방의 현대화를 위한 필요조건으로, 그렇게 함으로서 중국을 낙후된 농업국에서 선진적 사회주의 공업국으로 전환시킬 수 있다고 보았다. 둘째, 농업 수공업에 대한 점진적인 사회주의 개조이다. 즉, 농민과 수공업자의 개체소유제를 점차 사회주의 노동대중 집체소유제로 개조시키는 것이다. 토지개혁 완성이후 소농경제가 전체 농업에서 절대적으로 우세했기 때문에 합작화를 통해 소농경제에 대해 사회주의 개조를 진행해야 했다. 수공업은 당시 중국 국민경제에서 큰 비중을 차지하고 있다. 1952년 공농업 생산 총액중 수공업 생산액이 31%정도를 점하고 있었으므로 사회주의 제도로 빠르게 개조하려고 하였다. 셋째, 자본주의 상공업에 대한 사회주의 개조를 시행한다. 이는 자본주의 사유제를 사회주의 전민(全民) 소유제로 개조시킴을 뜻한다. 자본주의 상공업의 사회주의로의 개조는 자본가의 생산 수단을 '사들이는' 방법으로 국가 자본주의의 길을 통해 사회주의의 전민 소유제로 바꾸는 것이다. 요약하면, 과도기 총노선은 기본적으로 사회주의 공업화를 실현하는 동시에 농업 수공업과 자본주의 상공업에 대해 사회주의 개조를 실시하는 것이었다.

1월 1일 인민일보 '국가의 총노선 실현을 위하여'라는 사설 발표

소련, 북한, 몽고, 동독, 폴란드, 체코슬로바키아, 루마니아, 불가리아, 헝가리, 알바니아와 중국은 국제철도 화물 및 승객 연계운송을 시행했다.

중공업부는 '왕충밍(王崇铭, 왕숭명)[46]정신 학습에 관한 통보'를 발표하고 모든 노동자가 그를 학습하자는 운동을 전개했다.

1월 4일 당 중앙은 중앙재정위의 '1954년 공사합영(公私合营)공업계획 확대를 위한 보고'와 '단계적 공사합영기업 개조에 관한 의견'을 비준했다.

1월 8일 당 중앙은 '인민체육 강화에 관한 지시'를 발표했다.

1월 21일 정무원은 제 203차 정무회의를 개최하고 '우한의 창장(长江) 대교 수리에 관한 결정'을 통과시켰다.

1월 23일 정무원은 '중화인민공화국의 항만관리 잠정시행조례'를 공표했다.

1월 27일 전총은 '국영 공장과 광산 기업 내 노동경쟁 개선에 관한 지시'를 발표했다.

1월 28일 정무원은 제204차 정무회의를 열어 천재지변에 관한 예보, 경보예방에 관한 지시'를 통과시켰다.

---

46) 왕충밍은 안산강철 청년노동자로 만능공구대를 발명했다.

1월 29일 저우 외교부장은 미국의 조중(조선과 중국) 전쟁포로 강제구류
　　　에 강력 항의하는 성명을 발표했다.

1월 31일 베이징-모스크바 직통 열차가 정식 개통되었다.

2월 1일 당 중앙은 '각급계획기구의 건립과 강화에 관한 지시'를 발표했다..
　　　신장성 인민정부는 디화시를 우루무치 시로 개명했다.

2월 6일～10일 중공 7기 4중전회가 베이징에서 거행되었다. 류사오치는
　　　당 중앙정치국을 대표해 보고를 했으며, 회의는 가오강과 라오수스
　　　의 반당활동을 폭로했다. 회의에서는 당의 과도기 총노선을 비준하
　　　고, 제1차 5년 계획의 요강과 기타 문제를 토론했으며 '당의 단결
　　　에 관한 결의'를 통과시켰다.

2월 12일 당 중앙은 '제7기 4중전회 문건에 관한 학습 통지'를 발표했다.

2월 16일～3월 5일 국가통계국은 제3기 전국 통계공작회의를 개최했다.

2월 21일 정무원은 제205차 정무회의를 거행했다. 회의에서는 저우어라
　　　이 총리가 '조국을 위한 신체단련'이라는 제목의 보고를 했다.

2월 25일 당 중앙은 중앙재정위의 '1954년 면화, 식량비교가격 의견에
　　　관한 보고'를 비준했다.
　　　정무원은 제206차 정무회의를 거행하고 '인민조정위원회 조직통칙'
　　　을 통과시켰다.

2월 28일 정무원은 '식량에 대한 계획수매 공급 실행에 관한 명령'과
　　　'식량시장관리 잠정시행방법'을 공표했다.

3월 3일 당 중앙은 '중앙통일전선부의 현, 시 이상 지방 각급 인민대표
　　　대회 실행 시 민주인사 배치와 혹은 인민대표대회 실행 이후 인민
　　　민주통일전선 조직문제에 관한 보충의견'을 비준했다.

3월 6일 쑤이위안성이 철폐되고 구역은 네이멍구자치구로 편입.

3월 15일～21일 전국 석유탐사 회의가 시안에서 거행되었다. 회의는 이
　　　후 석유탐사임무를 확정하고 탐사기술 제고를 결정했다.

3월 20일 중앙재정위는 지방 국영기업의 초과이윤을 지방공업에 투자하
　　　기로 결정했다.

제5차 전국 통일전선공작 회의가 베이징에서 거행됐다. 회의는 인민대표대회제도의 실행 이후에 당 인사 배치문제를 연구했다.

3월 22일 헌법 기초위원위원회는 제1차 회의를 개회했다. 마오쩌둥은 당 중앙을 대표해 '중화인민공화국헌법초안'을 제출했다.

3월 23일 중앙재정위는 '1954년 농산품 예약구매에 관한 지시'를 발표했다.

당 중앙은 중앙재정위와 국가계획위의 '석유·석탄 합리적 운송제도 실시에 대한 보고'를 비준 회람시켰다.

3월 25일 정무원은 제210차 정무회의를 개최하고 수리부의 '4년 수리공작 결론과 이후 공작임무에 관한 보고'를 청취하고 비준했다.

3월 27일 중앙음악대학 민족음악연구소 설립.

4월 1일 란신(兰新)철도의 황하대교 공정 개시.

4월 15일 당 중앙 인민혁명군사위원회는 '인민해방군정치공작조례'를 반포했다.

중앙선거위원회 제4차 회의, 정무원 제213차 회의가 동시 거행되었다. 회의는 '성·시·현 인민대표대회의 개최 문제에 관한 결정'을 제출했다.

4월 22일 청년단중앙은 '초중학생들의 노동생산 참여 금지에 관한 지시'를 발표했다.

4월 24일~7월 21일 저우언라이 총리 겸 외교부장은 제네바 회의에 참석해 한반도 문제와 인도-중국 평화 문제에 관한 토론을 했다.

4월 25일 네이멍구자치구 인민정부 소재지를 후허하오터(呼和浩特, 호화호특)시로 개칭했다.

4월 27일 당 중앙정치국확대회의는 대행정구 일급 당정기구를 철폐하기로 결정했다. 또한 회의는 덩샤오핑을 당 중앙 비서장으로 임명했다.

4월 28일 교육부는 1954년 가을부터 초중학에 외국어 교과과정을 일괄 폐지하도록 통지했다.

4월 29일 중국·인도 양국정부는 중국 티베트지구와 인도 간 통상과 교통에 관한 협정을 베이징에서 교환했다. 협정에서는 평화공존의 5개 원칙47)을 제시했다.

5월 3일 중국 인민 대외문화협회가 베이징에서 설립됐다.

5월 6일 정무원 제215차 정무회의는 '국영기업 내 노동규칙요강, 생산 관련 발명, 기술개선에 관한 건의 장려 조례, 중국국제무역촉진위원회 내 대외무역중재위원회 설립에 관한 결정'을 통과시켰다.

5월 13일 중국 최초의 대형 협곡 저수지인 베이징 융딩하(永定河) 관팅(官庭)저수지 준공(현재 유명한 관광지인 용경협이다).

5월 14일 그리스에서 개최된 국제올림픽위원회 49차 회의에서 중화 전국체육총회가 중국 국가올림픽위원회의 합법적 지위를 획득했다.

5월 18일 고등교육부와 교육부는 '전국 대학교 1954년 하계 신입생 모집에 관한 규정'을 공동 발표했다. 총 90,505명 정원.

5월 20일 정무원 제217차 정무회의는 '민족사무위원회공작보고'와 '문자가 없는 민족의 문자제정 지원에 관한 보고'를 통과시켰다.

5월 22일 중앙선전부는 '초 · 중 · 고 졸업생의 노동생산 참여에 관한 선전 요강'을 선포했다.

5월 24일 동베를린에서 거행된 세계평화이사회 특별회의에 중국대표단이 참여했다. 궈모뤄 대표단장은 '아시아 평화강화와 국제형세의 긴장완화를 위한 노력'이라는 보고를 발표했다.

6월 1일 청년단 중앙은 '중국소년선봉대 규정'을 공표했다.

6월 3일 당 중앙은 중앙농촌공작부의 '제2차 전국농촌공작회의에 관한 보고'를 열람했다. 제2차 전국 농촌공작회의는 4월 2일 베이징에서 거행되었고 농업생산을 어떻게 공업발전으로 연계시킬지에 대한 문제를 토론했었다.

베이징과 평양 간 직통열차 개통.

6월 4일 중국 자체 개발의 최초 현대식 안후이 제지공장(安徽制纸) 조업

---

47) 상호간의 주권과 영토를 존중, 상호 불가침, 상호 내정 불간섭, 상호 평등 호혜, 평화공존. 이후 이것은 중국외교의 핵심 방침 내용이 된다.

가동.

6월 10일~28일 전국 제1차 도시건설 회의가 베이징에서 거행됐다. 회의는 도시건설이 과도기 총노선, 총임무를 관철해야 하며 사회주의 공업화, 생산과 노동인민을 위해 공업건설이 이루어져야 한다는 방침을 확정했다.

6월 11일 중화인민공화국헌법 기초위원회는 제7차 회의를 거행하고 '중화인민공화국헌법 초안'을 통과시켰다.

6월 14일 중앙인민정부위원회는 제30차 회의를 거행하고 '중화인민공화국헌법초안 공표에 관한 결의'를 통과시켰다.

6월 17일 중앙인민정부위원회는 제31차 회의를 거행하고 1954년 국가 재정예산을 통과시켰다.

중국과 영국은 대리공사급 외교관계를 수립했다.

6월 19일 중앙인민정부위원회는 제32차 회의를 거행하고 '대행정구 일급 행정기구 철폐와 일부 성·시의 병합에 관한 결정'을 통과시켰다. 회의는 랴오둥(辽东), 랴오시(辽西) 2개 행정편제를 랴오닝성(辽宁省, 요녕성)으로 통합하고, 송장성(松江, 송강)과 헤이룽장성(黑龙江省, 흑룡강성)을 헤이룽장성으로, 닝샤(宁夏, 영하)성과 간쑤(甘肃, 감숙)성을 간쑤성으로, 선양(沈阳, 심양), 뤼다(旅大, 여대), 안산(鞍山, 안산), 푸순(抚顺, 무순), 번시(本溪, 본계), 하얼빈, 창춘, 우한, 광저우, 시안, 충칭 등의 11개 중앙 직할시를 성 직할시로 변경했다.

중앙선거위원회위원 겸 비서장 덩샤오핑은 중앙인민정부위원회에 전국 기층선거의 성공적 완성을 보고했다.

6월 22일 당 중앙은 '제3차 전국 수공업생산합작회의에 관한 보고'에 대한 지시를 발표했다.

6월 25일~7월 5일 저우언라이 총리 겸 외교부장은 인도, 미얀마, 베트남 3국을 방문했다.

7월 3일~5일 저우언라이는 베트남 국가주석 후즈밍(胡志明, 호지명)과 인도·중국 평화회복을 위한 회담을 거행했다.

7월 9일 대홍수로 장강하류(长江下流) 범람위기에 이르다.

7월 13일 당 중앙은 '시장관리강화와 사영(私营)상업개조에 관한 지시'를 발표했다.

7월 20일 중국과 폴란드는 기술과학합작 협정을 체결했다.

7월 20일 ~ 25일 중화전국합작사 제1차 대표대회가 베이징에서 거행됐다. 회의는 중화전국합작사연합총사를 중화전국공급소비합작총사로 개칭하고 결의와 규정을 통과시켰다.

7월 21일 정무원은 '석탄채굴지역 생산판매의 합리적 운송제도 실행에 관한 결정'을 선포했다.

7월 22일-8월 6일 중국기독교전국회의가 베이징에서 거행됐다.

7월 23일 인민일보는 사설 '타이완을 해방시키자'를 발표했다.

7월 23일 ~ 8월 1일 저우 총리 겸 외교부장은 동독, 폴란드, 소련과 몽고를 방문했다.

7월 26일 중국이 최초로 비행기 제조에 성공했다.

7월 27일 장한푸 외교부부장은 미국 공군의 중국 영공침공과 중국기 2대 격추 사건에 대해 엄중 항의했다.

8월 1일 중국 최초의 현대식 방직기계 제조공장을 산시성에서 정식 가동.

8월 2일 인민일보는 '모두 일어나, 홍수를 극복하자'는 사설을 발표했다.48)

8얼 5일 ~ 16일 교육부 문맹퇴치공작위원회는 제1차 전국 농민 여가문화교육회의를 개최하고 '농민여가문화교육의 방침과 임무문제'를 토론했다.

8월 6일 총참모부는 제22병단과 신장군구 생산관리부를 합병하고 신장지역 생산건설 병단(兵团)기구를 설립했다.

8월 10일 공안부는 '외국교민 거류 등기와 거류증 발급 시행방법, 외국

---

48) 이때에 양쯔강 유역에 대홍수가 발생하여 우한창강(武汉长江)의 수위가 29.73미터로 역대 최고 수위를 기록했고, 우한시를 비롯한 수많은 도시와 농촌이 침수되고 천만 명 이상의 이재민이 발생하였다.

교민 여행방법과 외국 교민 출입국 시행 방법'을 공표했다.

8월 11일 중앙인민정부위원회 제33차 회의는 9월 15일 제1기 전국 인민대표대회 제1차 회의를 개최토록 결정했다.

회의는 또한 두저헝(杜者蘅, 두자형)을 랴오닝성 인민정부 주석으로, 한광웨이(韓光为, 한광위)를 헤이룽장성 인민정부 주석, 류쯔허우(刘子厚, 류자후)를 후베이성 인민정부 주석으로 임명했다.

8월 13일 동북행정위원회 철폐.

베이징-몽고 울란바트 간 장거리 전화 개통.

8월 15일 중앙재정위는 '수재 지구 가축 구제에 관한 지시'를 발표했다.

8월 17일~28일 전국기계공업회의는 전국기계공업의 점진적 국가계획진입을 결정했다.

8월 18일 전국문학 번역공작회의가 베이징에서 거행됐다.

8월 19일 중앙인민혁명군사위원회는 죄를 인정한 417명의 일본전범에 대해 사면 명령을 내렸다.

8월 20일~22일 전국정협 제1기 상무위 제58차 회의는 '중화인민공화국 각 민주당파 각 민주단체의 타이완 해방을 위한 연합 선언'을 통과시켰다.

8월 26일 정무원 제222차 정무회의는 '중화인민공화국 노동개조 조례', '노동개조 형기만료자 석방과 취업배치 처리 방법'을 통과시켰다.

8월 27일 정무원은 '생산 관련 발명, 기술개발, 건의 등에 대한 장려정책 조례'를 공표했다.

8월 29일 화동행정위원회 업무 정지.

8월 30일 신 중국 최초의 대외무역 전문 인력 양성 학교인 대외무역대학이 베이징에 설립되었다.

8월 31일 노르웨이, 스웨덴, 덴마크, 아이슬란드 4국은 중국이 유엔 가입 대표여야 한다는 성명 발표.

9월 1일 중국 최초의 무용학교인 베이징 무도학교가 개교했다.

9월 2일 정무원 제223차 정무회의는 '공사합영(公私合营)공업기업 시행

조례'를 통과시켰다.

9월 3일 중앙선거위원회 제5차 회의는 제1기 전인대 선거공작 완결에 대한 보고를 통과시키고 제1기 전인대 대표 명단을 공표했다. 인민해방군 진먼도의 국민당군에 대한 포격.

9월 5일 중국인민지원군 총부 대변인은 덩화(邓华, 등화)가 중국인민지원군 사령관직을 수행한다고 선포하고 9~10월 2개월간 조선에서 7개 사단이 철수한다고 밝혔다.

9월 6일 중국 자체 제조한 최초의 여객선 민군(民群)호가 출항했다.

9월 7일 인민해방군 푸젠 전선 포격부대는 23기의 국민당 전투기를 격침시켰다.

9월 9일 중앙인민정부위원회 제34차 회의는 '중화인민공화국 헌법초안'을 통과시켰다. 정무원은 '면직물의 계획수매공급 실행에 관한 명령', '면화 계획수매 실행에 관한 명령'과 '중국인민건설은행 건립에 관한 결정'을 공표했다.

9월 11일 중국과 핀란드 양국정부는 양국의 공사관을 대사관으로 승격하는 협의를 체결했다.

9월 15일~28일 중화인민공화국 제1기 전인대 제1차 회의가 베이징에서 거행됐다. 마오쩌둥이 개막사를 류사오치가 '중화인민공화국헌법초안에 대한 보고', 저우언라이가 '정부공작보고'를 진행했다. 회의는 '중화인민공화국헌법49), 중화인민공화국 전인대조직법, 중화인민공화국 국무원조직법, 중화인민공화국 인민법원조직법, 중화인민공화국 인민검찰원 조직법, 중화인민공화국 지방각급인민대표대회와 지방각급인민위원회조직법, 중화인민공화국 현행 법률과 법령 지속성에 대한 결의' 등을 통과시켰다. 이로써 중국은 명실상부한 헌법과 법률 체계를 갖추게 되었다.

---

49) 그동안은 정치협상회의 공동강령이 헌법 역할을 하였다.

대회는 마오쩌둥을 중국 국가주석으로, 주더를 부주석, 류사오치를 제1기 전인대 상무위원회 위원장50)으로 선출하고, 쑹칭링, 린바이취, 리지선, 장란, 뤄룽환, 선쥔루, 궈모뤄, 황옌페이, 펑전, 리웨이한, 천수퉁, 달라이라마, 사이푸딩 아이저순을 부위원장, 둥비우는 최고인민법원장51), 장딩청(張鼎丞, 장정승)은 최고인민검찰원장52)에 각각 선출했다. 대회는 마오쩌둥 주석의 요청에 근거하여 저우언라이를 국무원53)총리에 임명했다. 또한 저우 총리가 지명한 천윈, 린뱌오, 펑더화이, 덩샤오핑, 덩쯔후이, 허룽, 천이, 우란푸, 리푸춘, 리셴녠(李先念, 이선념)의 부총리 임명이 결정됐다.

회의는 인민해방군 총사령직을 철폐하고 국방위원회 설립과 국가주석이 국방위원회 주석을 겸임하기로 결정했다.

9월 16일 당 중앙 농촌공작부는 농업부의 중국농업과학원 건설을 비준했다.

9월 20일~10월 5일 전국 제1차 성(시)계획회의는 1955년 계획통제 수치와 지방공업 발전 방침과 유관계획 문제를 토론했다.

9월 28일 당 중앙 정치국은 '당 군사위원회의 설립에 관한 결의'를 제안했다. 당 중앙 군사위원회는 마오쩌둥, 주더, 펑더화이, 린뱌오, 류보청, 허룽, 천이, 덩샤오핑, 뤄룽환, 쉬향쳰, 녜룽전, 예젠잉으로 구성되고 마오쩌둥이 주석에, 펑더화이가 일상 업무를 지휘토록 했다.

9월 29일 중화인민공화국 국무원 인사 임명 : 천윈, 린뱌오, 펑더화이, 덩샤오핑, 덩쯔후이, 허룽, 천이, 우란푸, 리푸춘, 리셴녠을 국무원 부총리로 임명, 셰줴짜이 내무부 부장, 저우언라이 외교부 부장, 펑더화이 국방부 부장, 뤄루이칭 공안부 부장, 스량 사법부 부장, 쳰잉 감찰부 부장, 리푸춘 국가계획위원회 주임, 보이보 국가건설 위

---

50) 입법부의 수장으로 우리의 국회의장에 해당된다.
51) 사법부의 수장으로 우리의 대법원장에 해당된다.
52) 검찰의 수장으로 우리의 검찰총장에 해당된다. 중국에서는 이것이 사법부에 속한다.
53) 새로이 제정된 헌법 규정에 따라 원 정무원이 국무원으로 개칭, 행정부를 대표한다.

원회 주임, 리셴녠 재정부 부장, 장나이치 식량부 부장, 청산 상업부 부장, 예지좡 대외무역부 부장, 왕허서우 중공업부 부장, 황징 제1 기계공업부 부장, 자오얼루 제2 기계공업부 부장, 천위 연료공업부 부장, 리쓰광 지질부 부장, 류슈펑(刘秀峰, 류수봉) 건축공정부 부장, 장광나이 방직공업부 부장, 자퉈푸 경공업부 부장, 사첸리(沙千里, 사천리)지방공업부 부장, 텅다이위안(滕代远, 등대원) 철도부 부장, 장보쥔 교통부 부장, 주쉐판 우전부 부장, 랴오루옌(廖鲁言, 요노언) 농업부 부장, 량시 임업부 부장, 푸쭤이 수리부 부장, 마원루이(马文瑞, 마문서) 노동부 부장, 선옌빙 문화부 부장, 양슈펑(杨秀峰, 양수봉) 고등교육부 부장, 장시뤄(张奚若, 장해약) 교육부 부장, 리더취안 위생부 부장, 허룽 체육운동위원회 주임, 우란푸 민족사무위원회 주임, 허샹닝 화교사무위원회 주임, 궈모뤄 중국과학원 원장, 시중쉰54) 국무원 비서장.

9월 29일~10월 12일 소련공산당 중앙위원회 제1서기 흐루시초프가 인솔한 소련정부대표단이 중국 국경절기간 국빈방문을 했다. 12일 양국정부는 '중소관계와 국제형세에 관한 연합 선언, 대일본관계 문제에 관한 연합 선언, 뤼순 해군기지 문제에 관한 연합 성명, 현 중소 합작주식회사 문제에 관한 공동성명, 과학기술협정에 관한 공동성명, 란저우-우루무치-아라무투 철도 수리에 관한 공동성명'을 공표했다.

10월 1일 베이징에서 건국 5주년 기념 열병식 거행.

중국인민건설은행 본부와 각 지점이 정식 설립됐다.

10월 3일 우한 군민(軍民)은 100일간의 양쯔강지역 홍수와의 전쟁에서 승리했다.

10월 5일 고등교육부 '중점대학과 전문가 공작범위에 관한 결의'를 발표했다. 결의는 런민대, 베이징대, 칭화대, 하얼빈공대, 베이징농대, 베이징의대 등 6개교를 전국 중점학교로 선정했다.

---

54) 차기 최고지도자로 예상되는 현 국가 부주석인 시진핑(习近平, 습근평)의 부친.

노르웨이와 수교.

10월 7일 신화사 보도 : 해방이전 금융업계 미해결 예금상환에 대한 각 은행별 지불이 완결됐다.

10월 10일~31일 당 중앙농촌공작부는 제4차 호조합작회의에서 농업합작 사의 단계 계급정책과 방침들을 토론했다. 또한 1957년까지 초급합 작사를 기본적으로 건설하고 제2차 5년 계획기간에 고급합작사로 전환하며 제3차 5개년 계획이나 제4차 5개년 계획기간에는 대규모 농업 기계화를 실현할 수 있다고 밝혔다.

10월 13일~19일 제1차 전국 고분자 화학회의가 베이징에서 거행됐다.

10월 15일 국무원 제1차 전체회의는 국무원 조직 문제 등을 토론했다.

10월 16일 중화인민공화국 제1기 전인대 상무위원회 제1차 회의가 거행 됐다. 회의는 '외국과 조약체결에 관한 비준 수속 결정'과 '국무원 이 제출한 주 외국대사 임명안'을 통과시켰다.
마오쩌둥은 중국정치국과 기타 관련 인사들에게 홍루몽(红楼梦) 연 구의 문제에 관한 편지를 보냈다. 이후 전국적으로 위핑보(俞平伯, 유평백)의 '홍루몽 연구'와 후스(胡适, 호적)파의 관점에 대한 비판이 시작됐다.

10월 19일~30일 인도총리 네루가 중국을 방문했다.

10월 23일 국무원은 '퇴역군인 배치 시행 방법'의 공표와 실행을 비준했다.

10월 30일 허난성 성회55)를 카이펑(开封, 개봉)에서 정저우(郑州, 정주)로 이전했다.

10월 31일 국무원 제2차 전체회의는 '전인대 상무위원회에게 국무원 직 속기구 설립 비준 요청, 중화인민공화국 도시 거민위원회 조직조례, 중화인민공화국 시·진 공안파출소 조직조례'를 통과시켰다. 회의는 또한 국무원 각 판공실(사무실) 주임과 부주임 임명안을 통과시켰다.
전국문학예술연합회와 작가협회는 8차례의 확대회의를 열어 위핑보

---

55) 省의 수도

의 '홍루몽'연구의 관점과 '문예보'의 실수에 대해 비판하고 '문예보' 편집부를 개편함과 동시에 후스파의 유심주의적 관점을 비판했다.[56]

중국인민지원군 총사령관에 양더즈(楊得志, 양득지)가 임명됐다.

11월 1일 국가통계국은 제1차 전국 인구조사 결과를 공표했다. 1953년 6월 30일 24시 현재 전국인구의 총수는 6억 1백 9십 3만 8천 35명. 직접 등기한 인구수 5억 7천 4백 2십만 5천 9백 40명(그 중 남자가 51.82%이고 18세 이상 인구가 58.92%, 한족이 93.94% 농촌인구가 86.74%)이다.

서남 행정위원회 철폐

11월 5일 화이허(河) 지역 치수의 핵심인 포쯔링(佛子岭, 불자령) 저수지가 완성됐다.

11월 7일 중남행정위원회 철폐.

11월 8일 제1기 전인대 상무위원회 제2차 회의는 국무원 총리 저우언라이의 요청에 따라 국무원 20개 직속기구 설립과 각각의 임무를 비준했다. 회의는 쑤위를 인민해방군 총참모장에, 류보청을 인민해방군 군사훈련 총감부부장으로, 뤄룽환을 인민해방군 정치부주임 겸 총간부부장으로, 예젠잉을 인민해방군 무장감찰부부장, 황커청(黃克誠, 황극성)을 인민해방군 총후근부부장, 양리싼을 인민해방군 총재무부부장으로 임명했다.

서북행정위원회 철폐.

11월 10일 국무원은 '중앙과 지방 국가행정기관의 유관사항 설립과 조정에 관한 통지'를 발표했다. 국무원은 8개 판공실을 설립하고 뤄루이칭, 린펑, 보이보, 자퉈푸(賈拓夫, 가탁부), 리셴녠, 왕서우다오, 덩쯔후이, 리웨이한을 각 판공실 주임으로 결정했다.

11월 12일 베이징-선양 간 복선철도 개통.

---

56) 이어서 대규모의 홍루몽과 호적 비판운동이 일어났다.

11월 14일 인민해방군 저장(浙江)전선 해군은 국민당 '태평호'를 격침시켰다.

11월 15일 최고인민검찰원은 전국 검찰업무회의를 열고 인민검찰원 조직법의 집행방법과 검찰제도 건립에 대해 노력했다.

11월 19일 네덜란드와 대리공사급 외교관계를 수립했다.

11월 20일 중국은행 제1차 주주회의는 중국은행 규정 초안과 개인 주주이사와 감찰인을 개선하는 방법을 연구했다.

국무원은 우위장을 중국문자개혁위원회 주임으로 임명했다.

11월 23일 당 중앙은 국무원 문화교육위원회 당조(党组)의 '중의학 개선에 관한 보고'를 비준 회람시켰다.

11월 30일~12월 16일 미얀마 총리 우루 방중.

12월 1일 ~ 8일 중국공산당 제1차 전국 당안 공작회의에서 '중국공산당 중앙과 성급기관 문서처리와 당안 시행 조례'가 통과되었다.

12월 2일 중국과학원 상무회의와 중국작가협회주석단은 연합회의를 거행하고 후스사상 비판 토론회 연합개최를 결정했다.

12월 7일 국무원은 '국영우의(国营友谊)농장 건설에 관한 결정'을 통과시켰다.

12월 8일 저우 외교부장은 '미국 · 타이완의 공동방위조약에 관한 성명'에서 이 조약이 불법이고 무효라고 밝혔다.

12월 12일 중앙군사위 확대회의는 의무병역제 · 군관 봉급제 · 전국 군구의 재편 · 군사훈련과 간부배양 등의 문제를 토론했다. 또한 회의는 전국 군구 재편 방안을 통과시켰다.

12월 15일 국무원 상무회의는 '각성 인민위원회와 사무기구 설치에 관한 결정'을 통과시켰다.

재정부는 '해방 전 보험업 미해결 보험계약 처리 방법'을 발표했다.

12월 16일 국무원 전체회의는 제3차 회의를 거행하고 '중화인민공화국 병역법, 인민해방군 군관 복역 조례, 중국인민혁명전쟁시기 공로자들에 대한 훈장과 포상 수여 조례, 조국 수호와 국방현대화 건설

중 공로자에 대한 훈장과 포상 규정, 1955년 국가경제건설 공채 조례'를 통과시켰다.

12월 17일 감찰부는 '지방 각급 감찰기구와 유관사항에 관한 지시'를 발표했다.

12월 20일 제1기 전인대상무위원회 제3차 회의는 '중화인민공화국 체포 구류 조례'와 국무원이 제출한 '1955년 국가경제건설 공채 조례'를 통과시켰다.

12월 21일 국무원은 '1955년 국가경제건설 공채 발행에 관한 지시'를 발표했다.

12월 21일~25일 전국 정협 제2기 제1차 회의가 베이징에서 개최됐다. 저우언라이는 정치보고에서 정협이 전인대 공작을 더 이상 대행하지 않지만 통일전선은 여전히 유효하다고 밝혔다. 회의는 정협의 규정과 선언을 통과시키고 마오쩌둥을 전국 정협의 명예주석으로 선출했다. 또한 저우언라이를 전국 정협 주석으로 쑹칭링, 둥비우, 리지선, 장란, 궈모뤄, 펑전 등 16인을 정협 부주석으로 선출했다.

12월 23일 중국문자개혁위원회가 정식 설립됐고 '한자 간자체 방안(초안)' 등을 통과시켰다.

12월 27일 류사오치는 산아제한에 관한 담화를 발표했다.

12월 28일~29일 중소우호 제2차 전국 대표회의가 베이징에서 거행됐다 쑹칭링, 린바이취가 정·부회장에 각각 당선됐다.

12월 31일 제1기 전인대상무위원회 제4차 회의는 '도시거민(居民)위원회 조직 조례, 도시가도(街道)조직 조례, 공안파출소 조직 조례'를 통과시켰다.

📓 1955년

1955년에는 농촌에서 초급합작사가 67만개까지 설립되어 4월말에는 속도조절을 위한 조정이 되는 듯 했으나, 1955년 6월 17일 회의에서 합작사 운동의 조정을 주장한 덩쯔후이가 우경 기회주의라고 비판 받으면서 가속도가 붙게 되어, 1956년 1월에는 전체 농호의 80%가 호조합작사에 가입하게 되었다. 1956년에는 호조합작사를 고급합작사로 합병 발전시키는 운동이 일어나 1956년 말에는 전 농호의 96.3%인 1억 1,783만호가 합작사에 가입되고 전국적으로 농촌에서의 사회주의는 완성되었다. 즉 토지개혁으로 농민에게 나누어 주었던 토지가 사회주의 농업합작사의 이름이 모두 집체화가 되었다. 이것은 토지개혁으로 농민의 자발적 증산운동이 건국 이후 빠르게 경제가 회복되었던 상황에서, 이후 인민공사운동과 결부되면서 의욕상실에 따른 급격한 농업 생산 감소로 나타난다.

1955년의 공업 및 수공업의 사회주의개조도 농업합작화와 유사한 방법으로 진행되었다. 수공업 생산합작노조 또는 합작사 등도 진행돼 56년에는 공업의 99%, 상업의 85%가 공사합영의 형식으로 달성됨으로써 사회주의 개조 사업을 완료하였다. 공사합영의 내용은 이윤의 분배에서 소득에 34.5%, 복리후생에 15%, 공적적립금 30%, 자본가이익 20.5%하여 3~5년 기간 안에 모든 상공업을 국가자본주의에 끌어들이는 것이다.

1월   2일 유고슬라비아와 수교

1월   3일 베이징-뉴델리 간 직통 무선 전보 개통

1월   5일~11일 유엔 사무총장 다그 함마르셸드(Dag Hammarskjold)가 중국을 방문했다.

1월   6일~2월 8일 제 2차 전국 성(市)계획회의는 1955년 계획방침을 전국균형 · 통일안배 · 증산절약 · 중점건설로 확정했다.

1월   7일 신화사 보도: 전국 70% 향(乡)에 중국공산당 당 지부 건설 완료.

1월   10일 인민해방군 해공군은 저장성 전선에서 국민당 군함 '동정호'

등을 격침시켰다.

저우언라이 총리와 유엔 사무총장은 베이징에서 회담을 갖고 성명을 발표했다.

중국 경극(京劇)대학이 베이징에 설립됐다.

1월 11일~21일 전국공급소비합작총사는 제1차 농촌사영업 개조 공작회의를 베이징에서 개최했다.

1월 13일 당 중앙은 '농업생산합작사 정돈과 공고에 관한 통지'를 발표했다. 통지는 전국 농업생산합작사가 이미 48만개 수준으로 발전했으며 그 중 10만개는 작년 상반기에 건립된 것이라고 밝혔다.

마오쩌둥 주석은 류샤오웨이(刘晓为, 유소위)를 주 소련 전권대사로 임명했다.

1월 18일 저장성 장산다오(江山岛, 강산도)의 국민당 군대를 몰아내고 점령함.

1월 20일 당 중앙선전부는 '후스사상 비판에 관한 보고'를 당 중앙에 제출했다. 당 중앙은 보고를 비준하고 각급 당위에 사상투쟁의 중요성을 강조했다. 보고는 후스의 문예사상을 자본계급적이며 반당 반인민적인 문예사상으로 평가했다.

1월 22일 인민해방군 전국간부들을 대상으로 봉급제가 실행됐다. 사병에게는 여전히 공급제가 적용되며 일부 보너스제도가 적용됐다.

1월 24일 저우 총리 겸 외교부장은 '미국정부의 중국의 타이완 해방 간섭에 대한 성명'을 발표했다.

아프가니스탄과 대사급 외교관계 수립.

1월 25일-30일 아시아 법률인 회의에 중국대표단이 참가했다.

1월 26일 당 중앙은 '간부와 지식인들의 유물주의 선전과 유심주의 사상 비판 활동에 관한 통지'를 발표했다.

1월 31일 국무원 전체회의는 제4차 회의를 거행하고 '중국의 원자력 이용 연구에 관한 소련의 협조에 대한 결의'를 토론 통과시켰다.

위생부는 '산아제한 정책에 관한 보고'를 당 중앙에 보고했다.

2월 2일 중국문자개혁위원회는 '간자체 방안 초안'을 발표했다.

2월 5일~7일 중국작가협회 주석단은 확대회의를 개최하고 후스 자본계급유심주의 문예 사상에 대한 비판을 전개하기로 결정했다.

2월 8일 제1기 전인대 상무위원회는 제6차 회의를 개최하고 '인민해방군 군관 복무조례'를 통과시켰다.

2월 9일 전인대 상무위원회 부위원장, 전국정협부주석, 중국민맹주석 장란 별세. 1872년생으로 쓰촨성 태생이다.

2월 10일 당 중앙은 동북, 화북, 서북, 화동, 중남, 서남의 6개 대군구를 12개 대군구로 개편했다. 선양, 베이징, 지난, 난징, 광저우, 우한, 청두, 쿤밍, 란저우, 신장, 네이멍구, 시장(티베트)군구.

2월 12일 제1기 전인대 상무위원회는 제7차 회의를 개최하고 인민해방군의 중국인민혁명 전쟁, 조국보호와 현대화 건설, 중국인민지원군의 항미원조 시기 공로에 대한 포상에 관한 규정을 통과시켰다.
전국 정협, 전인대, 중국인민 세계평화 보위 상무위원회는 연합확대회의를 열고 '원자력무기사용 반대에 관한 서명운동 결의'를 통과시켰다.

2월 13일 저장성 지역 다천다오(大陈岛, 대진도), 위산(渔山, 어산), 례다오(列岛, 열도), 피산다오(披山岛, 피산도) 등을 점령했다.

2월 17일 국무원 전체회의는 제5차 회의를 거행하고 '신인민폐 발행과 구폐 회수에 관한 명령57), 화교 예금보호에 관한 명령'을 통과시켰다.

2월 23일 국무원은 '화교 예금보호정책 관철에 관한 명령' 선포했다.

2월 25일 당 중앙은 '소수민족지역 농업사회주의 개조문제에 관한 지시'를 발표했다.

2월 26일 인민해방군은 난지산(南麂山, 남궤산)열도를 점령하였다. 이로서 저장성 연해 국민당 점령 도서(岛屿)가 모두 해방됐다.

---

57) 구폐 1만 위안은 신폐 1위안으로 교환.

3월 1일 당 중앙은 '유물주의 사상 선전과 자본계급 유심주의 사상 비판에 관한 지시'를 발표했다. 지시는 유물주의 선전을 하여 8년 안에 500만 당외(党外) 지식인들 모두 마르크스주의의 기본 지식을 이해토록 요구했다.

중국인민은행은 신 화폐를 발행했다. 1, 2, 3, 5, 10위안의 5종과 1, 2, 5마오(角, 1위안의 1/10)와 1, 2, 5편(分, 1위안의 1/100) 6종으로 구성됐다.

3월 1일~17일 중국인민은행은 전국 농촌 금융회의를 개최하고 1955년 국가은행의 농촌공작 중의 임무와 국가 농업대출의 합리적 운용을 확정했다.

3월 3일 당 중앙과 국무원은 '식량구매판매공작의 신속한 안정과 농민생산안정에 관한 긴급 지시'를 발표했다.

3월 7일 전국과학보편화협회, 청년단 중앙, 전총은 '과학기술 보급공작 강화에 관한 통지'를 발표했다.

3월 8일 당 중앙은 제1차 전국농촌기층 조직공작회의를 개최했다.

3월 9일 국무원 제7차 전체회의는 '티베트자치구 준비위원회 설립에 관한 결정'을 통과시켰다.

3월 10일 전국 중국문학예술계 연합회(이하 文联) 주석단은 확대회의를 거행하고 문예계의 자본계급 반대 투쟁을 결정했다.

3월 11일 전국정협은 쑨원(孙文, 손문) 서거 30주년 기념 대회를 거행했다. 국무원은 각 성, 자치구, 직할시 설립 편제 위원회에 각급행정, 사업과 기업기관의 편제공작의 통일 관리를 통지했다.

3월 14일 저우언라이 총리는 각 군구 지휘관을 임명했다. 선양군구사령관 덩화, 정치위원 저우우헝(周恒, 주항), 베이징군구사령관 양청우(杨成武, 양성무), 정치위원 주량차이(朱良才, 주량재), 지난군구 사령관 양더즈, 난징군구사령관 쉬스여우(许世友, 허세우), 정치위원 캉량(康亮, 강량), 광저우군구 사령관 황융성(黄永胜, 황영승), 정치위원 타오주(陶铸, 도주), 우한군구사령관 천짜이다오(陈再道, 진재도), 정치위원 왕런중(王任重, 왕임중), 청두군구 사령관 허빙옌(贺炳炎, 하병염), 정치위원 리징취안, 쿤밍군구 사령관 겸 정치위원 셰푸즈(谢富治, 사부치), 란저우군구사령관 장다즈(张达志, 장달지), 정치위원 셴헝한(冼恒汉, 승항한), 신장군구사령관 겸 정치위원 왕언마오(王恩茂, 왕은무), 네이멍구군구 사령관 겸 정치위원 우란푸, 시티베트군구 사령관 장궈화(张国华, 장국화), 정치위원 탄관싼(谭冠三, 담관삼).

총참모부는 1955년 전투 훈련 조직의 지시를 하달했다.

3월 21일~31일 중국공산당 전국대표회의는 천원의 '국민경제 제1차 5년 계획초안에 관한 결의', 덩샤오핑의 '가오강, 라오수스 반당연맹에 관한 결의'와 '당의 중앙과 지방 감찰위원회 설립에 관한 결의'를 통과시켰다. 또한 둥비우를 중앙감찰위원회 서기로 선출했다.

3월 22일 당 중앙 농촌공작부는 '합작사의 공고화를 위한 통지'를 발표했다.

3월 25일 중국인민지원군 총부 대변인은 북한에 파견된 중국인민지원군 6개 사단을 1955년 3, 4월 안에 철수시키고 양융(杨勇, 양용)을 사령관으로 임명한다고 밝혔다.

중국농업은행 설립.

3월 28일 청년단중앙은 '소년선봉대 조직 발전에 관한 지시'를 발표했다.

3월 28일~4월 7일 노동부는 제1차 전국기술공업학교장 회의를 개최했다.

3월 29일 국무원은 '멀리 있는 성(省)과 소수민족지역에 라디오 수신소 설치에 관한 통지'를 발표했다.

3월 30일 교육부와 청년단중앙은 '전국 소중학생의 식목활동 전개에 관한 통지'를 발표했다.

4월 1일~12일 중국민주건국회 제1차 전국대표대회가 베이징에서 거행됐다.

4월 4일 당 중앙 7기 5중전회는 당 전국대표회의의 결의와 중앙감찰위원회 인선 린뱌오, 덩샤오핑의 중앙정치국 위원 선출 등을 비준했다.

4월 6일 국무원전체회의 제8차 회의는 '농민여가 문화학습 강화에 관한 지시'를 통과시켰다.

4월 7일 제1기 전인대 상무위원회는 제9차 회의를 거행하고 '중화인민 공화국과 독일간의 전쟁상태 종결에 관한 결의'를 통과시켰다.
인민일보는 '제1차5년 계획의 기본임무'라는 사설을 발표했다.

4월 8일 당 중앙은 국무원 부총리 천이의 '공사합영공업계획회의와 사영 공상업 좌담회에 관한 보고'를 비준 회람시켰다.

4월 9일 제1기 전인대 상무위원회 제11차 회의는 제3기계공업부와 도시 건설총국의 설립을 결정했다.

4월 10일 당 중앙판공청은 '당의 역사 당안(当案) 수집에 관한 통지'를 발표했다.

4월 18일 ~ 24일 인도네시아 반둥에서 거행된 아시아아프리카회의(AA회 의)에 중국대표단이 참석했다. 회의에서 저우언라이는 미국정부를 비 판하고 아시아 아프리카국들이 '구동존이(求同存異)'58)의 방침을 채 택하도록 호소하고, 중국 외교의 평화공존 5원칙이 선언되었다. 즉 ① 영토주권의 상호존중 ② 상호불가침 ③ 내정불간섭 ④ 평등 · 호혜 ⑤ 평화공존이라는 5 원칙을 통합한 세계평화 및 협력에 관한 '10개항목 선언문'을 채택하였다
중앙군사위원회는 화학병부를 개설하기로 결정했다.

4월 21일 국무원 제9차 전체회의는 '반혁명분자와 범죄에 대한 투쟁 강 화에 관한 결의'를 통과시켰다.

4월 22일 아시아 아프리카 회의가 참석중인 중국대표단은 인도 정부와 '이중국적 문제에 관한 조약'을 체결했다.

4월 23일 최고인민검찰원은 전인대 상무위원회에 '검찰공작의 주요상황 과 현 임무에 관한 보고'를 보고했다.

4월 25일 제1기 전인대 상무위원회는 제13차 회의를 거행하고 '식량문 제와 사영상업개조문제에 관한 보고'를 비준했다.

---

58) 서로 의견이 같은 것은 찾아서 발전시키고, 다른 것은 미뤄두고 가자는 중국 실 용외교의 중요한 전략이며, 현재까지 이 원칙이 계속 유지되고 있다.

4월 28일 당 중앙과 국무원은 '식량통일구매소비공작의 정돈에 관한 지시'를 공동으로 선포했다.

4월 30일 국무원은 '사영상업대출에 관한 지시'를 발표했다.
중국과 소련은 '중국의 평화적 원자력 연구에 대한 소련의 협조 결정'을 체결했다.
사법부는 제1차 전국 공중 공작회의를 개최했다.

5월 6일 베이징에서 냉장고 제조에 성공했다.

5월 8일 중국인민은행은 '훼손화폐의 교환 방법'를 선포했다.

5월 13일 인민일보는 후펑(胡风, 호풍)59) 반혁명집단에 관한 제1차 자료를 발표했다.

5월 12일 당 중앙은 국가계획위의 '중공업상품 이윤확대문제에 관한 보고'를 비준 회람시켰다.

5월 17일 당 중앙은 15개 성 시 자치구 당위원회 서기회의를 소집했다. 마오쩌둥은 회의에서 합작사 발전 방침을 강조하고 이전 정돈 공작이 미진했다고 비판했다.

5월 18일 재정부는 '국가공채채권 손해에 대한 처리방법'를 선포했다.

5월 19일 농업부, 식량부, 상업부와 전국공급판매 합작총사는 '식량, 면화, 연료작물에 대한 우수품종 확대에 관한 지시'를 공동 발표했다.

5월 21일 국무원은 국가통계국의 '임금총액 조성에 관한 시행규정'을 비준 회람시켰다.

5월 26일 뤼순지구에 주둔하던 소련군이 철수했다.

5월 26일~6월 7일 인도네시아 총리가 중국을 예방했다.

5월 30일~6월 10일 수리부는 전국 수리설계 회의를 개최했다.

6월 1일 내무부는 '혼인등기법'을 공표했다.

6월 1일~10일 중국과학원 물리학, 수학화학부, 생물학지학부, 기술과학부, 철학사회과학부가 베이징에서 설립대회를 거행했다.

---

59) 후스(胡适, 호적) 풍에 대한 반대운동을 뜻한다.

6월 3일 국무원은 중국과학원위원 명단 233인을 공표했다.

6월 9일 국무원은 제11차 전체회의를 거행하고 '국무원 상시 호적 등기 제도 건립에 관한 지시'를 통과시켰다.

6월 10일 당 중앙은 '성·시 당위 서기처의 건립에 관한 결의'를 발표했다. 교육부는 '중학과 사범학교 학생모집에 관한 규정'를 발표했다.

6월 11일 신인민폐 발행 교환 업무 종결, 이후 구폐의 환전 업무가 중지됐다.

6월 14일 당 중앙정치국은 중앙농촌공작부가 제출한 하반기 농업합작사 발전계획을 비준했다.

6월 18일 취추바이가 베이징 바바오산(八宝山) 혁명열사 묘지에 안장됐다.

6월 22일 당 중앙정치국은 인민해방군 무장역량 총감부(摠監部)를 설립하고 부장에 예젠잉을 임명했다.

6월 24일 국무원은 '중앙급 국가기관·당·단체의 행정경비 절약에 관한 규정, 1955년 하반기 절약방침에 관한 지시'를 선포했다.

6월 25일~7월 7일 베트남 국가주석 호지명이 방중했다. 중국은 베트남에 8억 위안을 무상원조토록 결정했다.

7월 1일 당 중앙은 '반혁명분자 철저 색출과 투쟁에 관한 지시'를 발표했다.
교육부는 '중 소학 학생의 학습부담 경감에 관한 지시'를 발표했다.

7월 4일 당 중앙은 '절약 실행에 관한 결정'을 선포했다.
당 중앙은 천원, 녜룽전, 보이보로 구성된 3인 소조에게 핵공업 창건의 임무를 지령했다.

7월 5일~30일 제1기 전인대 2차 회의가 베이징에서 거행됐다. 회의는 국민경제1차5년 계획의 발전안과 '중화인민공화국 병역법'과 일부 성(省)과 부서의 철폐안을 통과시키고 황하 수리 종합 규획을 비준했다. 회의는 또한 천위(陈郁, 진욱)를 석탄공업부부장에, 류란보(刘澜波, 유란파)를 전력공업부부장에, 양이천(杨一辰, 양일진)농산품 구매부 부장으로 임명했다.

7월 9일 중국 최초의 곡물 수확기 제조에 성공했다.

7월 12일 교육부, 고등교육부는 '공농(工農)속성 중학 학생 모집 금지에 관한 통지'를 발표했다.

7월 16일 국무원은 상업부, 공급판매합작총사, 중앙공상행정관리국의 '초급시장관리에 관한 보고'를 비준 회람시켰다.

7월 18일 국무원 제15차 전체회의는 황하수리종합계획에 관한 보고를 통과시켰다. 회의는 러허성(熱河省)을 철폐하고 부속기관을 허베이 성, 랴오닝성과 네이멍구 자치구에 편입시켰다; 또한 시캉성을 철폐하고 부속기관을 쓰촨성에 편입시켰다. 또한 회의는 '화교의 국유 황무지 사용신청에 관한 조례'를 통과시키고 전인대 상무위원회에 심의통과를 제정했다.

7월 22일 국무원은 '반동·음란 도서 처리에 관한 지시'를 발표했다.

7월 25일 신화사보도 : 중미(中美)양국은 제네바에서 대사급 회담을 거행하기로 합의했다.

7월 30일 '중화인민공화국병역법'은 중국군사제도를 지원병제에서 의무병제로 전환한다고 공표했다.
국무원은 '구·현의 공안부대를 인민무장경찰로의 개편에 관한 명령'를 선포했다.

7월 31일 당 중앙은 성·시·자치구 당위서기회의를 개최했다. 마오쩌둥은 '농업합작사문제에 관한 보고'를 통해 합작사 운동이 좀 더 급속하게 진행되어야 한다고 주장하고 일부에서 제기된 합작사 문제에 대한 지적을 우경적 착오라고 비판했다.

7월 당 중앙은 '당의 고급간부의 마르크스레닌주의 학습 방법에 관한 규정'을 발표했다.

8월 1일 네팔과 수교.

8월 2일 중국과 베트남과 철도운송이 시작됐다.

8월 5일 국무원 제17차 전체회의는 '농촌식량통일구매통일판매 잠정시행방법'을 통과시켰다.

베이징에서 핵전쟁과 핵무기 사용 반대 집회가 열렸다.

8월 18일 국무원은 '국영기업 1954년 이윤 초과분 분배와 사용방법'을 선포했다.

8월 19일 공안부는 '도시교통규칙'을 공표했다.

8월 22일 중국과 이집트 간 무역협정이 베이징에서 체결됐다.

8월 25일 당 중앙은 '철저한 반혁명분자 색출과 처리에 관한 지시'를 발표했다.

국무원 '시(市)·진(鎭) 식량규정량 공급 방법'을 공표하고 양표(粮票)를 통한 식량구매를 전국적으로 실행한다60)고 밝혔다. 또한 '농촌식량통일구매통일판매 잠정시행방법'을 공표했다.

8월 31일 국무원은 '국가기관공작인원에 대한 임금제 실시와 화폐임금제 전환에 관한 명령'을 선포했다.

9월 7일 마오쩌둥은 당 중앙을 대표해 '당내지시'를 기안했다. '지시'는 농촌은 우선적으로 당원에 의지해야 하며, 둘째는 비당원 중에 적극적인 자에게 의지해야 하며, 셋째는 빈농 등의 대중에게 의지해야 한다고 밝혔다.

9월 10일 중미양국 대사급 회담에서 일반인의 귀국문제에 대해 합의하였다.

9월 12일 국무원은 '지방인민방송관리 방법에 관한 규정'을 발표했다.

9월 13일 제1기 전인대상무위원회는 제21차 회의를 거행하고 신장위구르자치구 설립안을 통과시켰다.

9월 18일 중국신민주주의 청년단 2기 3중전회는 '청년단 제3차 전국대표대회 개최와 중국신민주주주의청년단의 명칭을 중국공산주의청년단으로 개칭에 관한 결의'를 통과시켰다.

9월 20일~28일 전국청년 사회주의 건설 노동자 대회가 베이징에서 거행됐다.

---

60) 이때부터 1979년경 까지 인민에게 양표 지급이 시행되었다. 양표란 곡식을 배급 받을 수 있는 표를 말한다.

9월 21일 국가통계국은 '1954년 국민경제발전과 국가계획집행결과에 관한 성명'를 공표했다.

9월 23일 제1기 전인대 상무위원회 제22차 회의는 주더, 펑더화이, 린바오, 류보청, 허룽, 천이, 뤄룽헝, 쉬창첸, 네룽전, 예젠잉 10인에게 중화인민공화국 원수 계급을 수여하도록 결정하고 중국인민혁명전쟁 기간 동안의 공로자에 대한 훈장 수여 결의를 통과시켰다.

9월 30일 신장위구르자치구 설립이 정식으로 선포됐다. 싸이푸딩이 자치구주석으로 임명됨.

10월 1일 건국 6주년 기념 열병식과 경축대회가 거행됐다.

　중국인민은행은 국무원 비준에 의거하여 당일부터 예금이율을 인하했다.

10월 2일~9일 전국 제1기 노동자 체육대회가 베이징에서 거행됐다.

10월 4일~11일 중국공산당 7기 6중전회는 '농업합작사문제에 관한 결의' 등을 통과시켰다. 회의 마지막 날 마오쩌둥은 '농업합작사에 대한 변론과 작금의 계급투쟁'에 대한 보고[61]를 했다. 회의 이후 전국적인 반우경운동이 전개되었고 농업합작사운동이 전성기를 맞이했다.

10월 12일 재정부는 '사회주의 개조 중 사영상업의 공상업세 납세에 관한 통지'를 발표했다.

　신화사보도 : 1955년 11월 1일부터 전국적으로 식량표와 지방식량표가 통용된다고 보도함.

10월 15일 ~ 23일 전국문자개혁회의는 '한자 간체자 방안의 수정초안'과 베이징어를 표준음으로 하는 표준어 보급 확대에 대한 결의를 통과시켰다.

10월 17일~11월 3일 중국상품 전람회가 일본 도쿄에서 거행됐다.

---

61) 이 회의에서 마오쩌둥은 농업합작사와 수공업 및 상업 전 영역에 걸친 사회주의 개조를 통한 공유의 속도를 강조하고, 이에 반대하는 것은 우경이라고 호통을 쳤다. 이후 3대 개조 운동에 가속도가 붙게 되면서, 몇 년 후 심각한 후유증으로 나타났다.

10월 24일 국방부는 인민해방군 화동군구 해군을 해군동남함대로, 중남군
구해군을 해군동남함대로 개칭했다.

10월 28일 중국인민지원군 총부는 10월 10일에서 26일에 걸쳐 추가로
중국인민지원군 6개 사단이 조선(북한)에서 철수했다고 선포했다.

10월 29일 마오쩌둥은 중화공상연합집행위 위원들과의 좌담회에서 사영
공상업의 사회주의 개조 문제를 토론했다. 마오쩌둥은 좌담회에서
공상업의 사회주의 개조는 이미 새로운 발전단계에 접어들었으며
공상업자들은 반드시 사회발전의 규칙을 인식하고 개조에 적극 임
해야 한다고 밝혔다.

11월 1일 ~ 21일 전국공상련 1기 집행위원회 2차 회의는 '전국공상계에
고하는 서'를 발표하고 공상업자들의 적극적인 사회주의 개조작업에
참여하도록 호소했다.

11월 5일 중국적십자회는 일본 적십자사 등 3개 단체 연락사무국에 전보
를 보내 일본정부가 화교들을 타이완으로 강제 송환한 행위에 대해
엄중 항의했다.

11월 8일 제1기 전인대 상무위원회 23차 회의는 '불법 도서잡지 처리에
대한 결정', '지방 각급 인민위원회 조직인원은 동급 인민대표대회
대표로 제한하는 문제에 관한 결정, 지방각급인민대표대회 폐회기간
중 성장·자치구주석·시장·현장·향장 등과 지방 각급인민법원
장의 결원에 대한 보충문제에 대한 결정'을 통과시켰다.

11월 8일~19일 중국 이슬람교 협회 1기 2차 전체위원 확대회의는 북아
프리카와 아랍 각국의 독립투쟁에 대한 지지와 지원을 결정했다.

11월 9일 제1기 전인대 상무위원회 24차 회의는 '농업생산합작사 시범규
정초안'을 통과62)시켰다.

11월 10일 '1956년 국가경제건설 공채 조례'가 공표됐다. 공채발행 총액

---

62) 규정초안에 따르면 농업생산합작사는 노동농민의 집체경제조직이며, 가입과 탈퇴
가 자유롭고; 합작사원의 토지와 생산 자료를 합작사가 통일사용, 경영한다. 소량
의 자가경작지는 인정하며; 사원에게는 노동에 따른 임금제를 적용한다.

수는 6억 위안이고 년 이율이 4리, 10년 상환이다.

11월 15일 인민일보는 '작가와 예술가들이여 농촌으로'라는 사설을 발표했다.

11월 16일~24일 당 중앙정치국은 각 성, 자치구, 직할시 당위대표가 참가하는 자본주의 공상업 개조회의를 개최하고, '자본주의 공상업 개조 문제에 관한 결의'를 통과시켰다.

11월 19일 신화사는 전국 50% 이상의 사영공상업이 이미 국가자본주의의 길로 들어섰다고 보도했다.

11월 21일 교육부는 '각 학교에 대한 간체자 보급 확대에 관한 통지'를 발표했다.

11월 21일~28일 전국 공급판매 합작 총사는 제3차 농촌 사영상업 개조 공작회의를 개최했다.

11월 27일 중국 자체 설계 제조한 화물선 '민주 10호'가 상하이에서 출항했다.

12월 1일 청년단 중앙은 '향후 7년내 전국농촌청년 문맹 퇴치에 관한 결정'를 선포했다.

12월 2일 민맹총부, 농공민주당 중앙 집행국은 각각 지식인 단결개조에 문제에 관한 좌담회를 베이징에서 개최했다.

12월 6일 교육부는 문맹퇴치 협회의 설립준비에 관한 통지를 발표했다.

12월 7일 국무원은 '돼지 증산에 관한 지시'를 발표했다.

12월 8일~18일, 22일~26일 동독총리 오토가 중국을 방문했고 양국의 우호조약이 체결됐다.

12월 9일 민혁은 지식인 단결과 개조에 관한 좌담회를 개최했다.

12월 10일 장족의 문자 창제 방안이 공표됐다.

12월 12일 칭하이성 쯔다무(紫达木, 자달목) 분지에서 원유가 분출됐다.

12월 12일~23일 전국농업공작회의는 1957년 농업생산 목표를 한해 앞당겨 1956년에 완성하는 안을 제출했다. 회의는 또한 과거 5년간 농업공작 중의 우경 보수화에 대해 비판했다.

12월 13일~30일 인민해방군은 18일간 국민당군기 18대를 격추시켰다.

12월 14일 당 중앙은 '고등교육 학교(대학)에 정치공작 간부 배치에 관한 지시'63)를 발표했다.

12월 19일 중국 중의(中医) 연구원이 베이징에 설립됐다.

12월 21일 국무원 제21차 전체회의는 '국무원의 민족자치구에 대한 지시', '국무원의 민족향 건립문제에 관한 지시', '국무원의 지방민족 민주연합정부의 변화에 관한 지시', '국가기관 조정에 관한 지시', '중앙 일급 기관 조정 중 공작인원 처리에 관한 지시', '국가기관 공작인원의 퇴직, 병가기간 동안의 대우 방법과 근무 연수 계산 방법과 규정에 대한 명령'을 통과시켰다. 회의는 또한 '지방각급 국가 행정기관 병역위원회의 조직과 임무에 관한 규정', '측량표준 보호에 관한 명령'등을 통과시키고, 전인대 상무위에게 국가측량국 설립의 비준을 요청했다. 회의는 또한 '공안부의 1956년 중국인민경찰 신제복과 장비 등에 대한 보고'를 비준했다.

당 중앙은 마오쩌둥이 기안한 '농업 17조'를 발표하고 각계의 의견을 요청했다.

12월 21일~28일 전국 제5차 수공업 생산합작회의는 수공업사회주의 개조 계획을 제정했다.

12월 27일 '레닌전집' 중문판 제1권이 출판됐다.

12월 28일 당 중앙은 '자산계급 출신 간부 관리공작 강화에 관한 결정'를 발표했다.

12월 29일 국무원은 '국가기관원의 은퇴 · 퇴직 처리 방법, 국가기관원의 병가기간의 대우 방법, 국무원의 국가기관원의 은퇴 · 퇴직 · 근무 연수 계산방법에 관한 규정'을 반포했다.

12월 30일 국무원은 '경작용 소의 도살금지와 보호에 관한 지시'를 발표

---

63) 각 대학을 포함한 고등교육기관에 사상 정치업무를 담당하는 간부를 배치하는 것으로 현재에도 각 교육기관에 당서기가 상주하여 학교장의 임명 등 중요한 의사 결정을 하고 있다.

했다.

문화부는 '한자 서적에 대한 가로쓰기 원칙 규정'[64]을 선포했다.

 1956년

1월 1일 인민일보는 '5년 계획의 목표 조기 초과달성 투쟁'이라는 제목
    의 사설을 발표했다.

인민일보와 지방신문들은 이날부터 모두 일률적으로 가로쓰기를 시
작했다.

'해방군보' 신문이 공개적으로 출판됐다.

1월 2일 중국정부는 수단의 독립을 인정한다고 선포했다.

중국 · 몽고 · 소련 삼국정부는 울란바토르-지닝(集宁)간 철도 개통
을 선포했다.

1월 5일 중국 최초의 유선 방송 설비 제조에 성공했다.

1월 9일 중국정부는 미국 전투기의 본토 동북 영공 침공을 엄중 항의했다.

1월 10일 당 중앙은 민족사무위원회 당조의 '소수민족어문공작 문제에
    관한 보고'를 전달했다.

베이징시 자본주의 공상업이 전국 최초로 공사합영을 실시했다.

1월 10일~27일 전국계획회의는 제2차 5년 계획을 연구하고 1956년 국
    민경제 계획초안을 제정했다.

1월 12일 베이징시 수공업의 합작화가 실현됐고 베이징 근교는 사회주
    의 농업합작화가 실현됐다.

인민일보는 '4대 해충[65]제거'의 사설을 발표했다.

1월 14일~20일 당 중앙은 지식인 문제에 관한 회의를 개최했다. 마오

---

64) 이때부터 수천 년 내려온 세로쓰기는 사라지게 되었다.
65) 4대 해충은 쥐 · 참새 · 모기 · 파리

쩌둥은 당과 당외 지식인의 단결을 호소했고 저우언라이는 지식인 문제에 관한 보고에서 사회주의건설에 있어 노동자, 농민, 지식인의 연맹이 필요하다고 강조하고 중국지식인의 대다수가 이미 노동자 계급의 일부분이라고 밝혔다.

1월 18일 당 중앙은 군의 과학화 구호를 발표했다.

인민일보는 임업부가 12년 녹화계획을 제시했다고 보도했다.

인민해방군이 장산다오를 해방시켰다.

1월 19일 인민해방군 푸젠전선에서 국민당군과 포격전이 있었다.

1월 23일 ~ 2월 4일 전국위생공작회의는 전국 위생 사업 12년 계획을 제정했다.

1월 24일 전인대상무위는 국무원 직속의 국가 측량총국의 설립을 비준했다.

1월 25일 마오쩌둥 주석은 최고국무회의를 개최하고 당 중앙이 제출한 '1956, 7년의 전국농업발전 요강(농업40조)'를 토론 통과시켰다. 요강은 농업합작의 기초 하에 농업, 임업, 목축, 어업 등을 발전시키고 1967년까지 식량 1만 억 근 면화 1억 석(石)66)을 목표로 설정했다.

1월 27일 국무원은 '1956년 차, 면사, 마, 담배, 양모 등의 예약구매에 관한 지시'를 발표했다.

1월 28일 국무원 23차 전체회의는 '간체자 방안에 관한 결의', '표준어 보급에 관한 지시'를 통과시켰다.

1월 말 전국 대도시와 50개 중형도시에서 자본주의 공상업의 공사합영(公私合营)이 이루어졌다.

2월 7일 중국 아시아 단결위원회가 설립됐다. 궈모뤄를 주임에 임명.

2월 8일 국무원 제 24차 전체회의는 '공사합영 기업의 고정이자(개인출자 분이자) 지출 방법에 대한 규정, 공사합영화 이후 사영기업의 재산

---

66) 1석은 100근

정리 평가에 관한 규정, 현 사영공상업과 수공업의 사회주의 개조 중의 몇몇 사항에 관한 결정'을 통과시켰다.

2월 9일 중국문자개혁위원회는 '한어병음방안'을 발표했다.

2월 11일 외교부는 '중국정부가 중일양국 관계 정상화에 관해 건의한 것에 대한 성명'를 발표했다.

2월 14일~25일 주더와 덩샤오핑의 중국대표단이 소련 공산당 20차 대회에 참석했다.

2월 15일 중국과 덴마크 정부는 공사관을 대사관으로 승격하기로 협의했다.

2월 16일~3월 3일 통일전선부 제6차 전국통전공작회의는 교육이 통전공작의 주요임무라고 밝히고 자산계급 민주인사 지식인에 대한 정치학습과 사상개조의 중요성을 지적했다.

2월 22일 중국 농아인복지회가 베이징에 설립됐다.

2월 28일 전총은 '전국직공의 사회주의 경쟁을 통한 제1차 5년 계획 조기 완성에 관한 결의'를 선포했다.

중화전국공급판매합작총사는 '현 농촌사영상업의 사회주의 개조 중의 주의사항에 관한 지시'를 발표했다.

3월 5일 당 중앙은 '농업생산합작사 확대과정에서 생산 자료에 관한 문제 처리 방법에 관한 규정'을 발표했다.

3월 10일 중화전국 공급판매 합작총사는 '농촌 사영(私营)방식의 변화를 경시하지 말 것에 대한 통지'를 발표했다.

3월 14일 국무원은 과학계획위원회를 설립하고 1956-1967년 전국자연과학과 사회과학 12년 장기계획을 제정했다. 천이가 주임에 임명됐다.

3월 15일 전국 문맹퇴치 협회가 베이징에 설립됐고 천이가 회장에 임명됐다.

3월 16일 인민해방군 정치대학이 베이징에 설립됐고, 뤄룽헝이 학장에 임명됐다.

3월 17일 마오쩌둥 주석은 '농업생산합작사 시범규정'의 공표를 명령했다.

3월 26일 소련, 중국, 알바니아, 불가리아, 헝가리, 동독, 북한, 루마니아, 폴란드 등의 대표는 핵연구소의 연합 설립에 관한 협정을 체결했다.

3월 29일 당 중앙과 국무원은 '문맹퇴치에 관한 결정'을 작성하고 단기적으로 2~5년 안에 기관과 공장 내 문맹을 퇴치하고 장기적으로 5~7년 안에 농촌과 도시 주민의 문맹을 퇴치할 것이라고 밝혔다.
외교부 대변인은 난사(南沙) 췬다오(群島) 주권문제에 관한 성명을 발표했다.

4월 5일 인민일보는 '무산계급독재에 관한 역사경험'이라는 글을 발표했다. 이글은 당 중앙정치국 확대회의의 토론에 근거해서 쓰였으며 소련공산당 20차 당 대회 이후 출현한 반사회주의 반스탈린의 흐름에 대해, 무산계급 독재 하에 일어난 과오를 역사적으로 엄격히 분석해야 한다고 밝히고 스탈린은 위대한 마르크스주의자이기는 하나 약간의 엄중한 과오를 범했다고 지적했다.

4월 5일~14일 중국 치공당(致公党) 제6기 전국대표대회가 베이징에서 거행됐다.

4월 11일 쿤밍과 버마(현 미얀마) 랭구운 간 민간항공선로가 개항됐다.
국무원은 항공공업위원회의 설립을 결정하고 녜룽전을 주임에 임명했다.

4월 14일 당 중앙은 '민족정책 집행상황 검사에 관한 지시'를 발표했다.

4월 16일 국무원은 '고급지식인 공작조건 개선에 관한 통지'를 발표했다.

4월 22일~5월 1일 티베트 자치구 준비위원회 성립대회가 개최됐다. 중국대표단 단장 천이가 국무원 명령을 낭독했고, 티베트 자치구 준비위원회 인감을 달라이라마에게 수여했다.

4월 25일 마오쩌둥 주석은 당 중앙정치국확대회의에서 '10대 관계를 논함'을 발표했다. 이 발표는 소련의 경험에 비추어 중국의 경험을 총체적으로 평가하고 적극적 요소를 발굴해 사회주의 사업의 기본 방침으로 정하자고 했다. 발표는 공산당과 민주당파의 장기공존과 상호 감독을 제시했다.

5월 **8일** 전인대 상무위는 자치주 인민대표대회와 인민위원회 임기에 관한 결정, 비공개 심리 안건에 관한 결정, 정치권리 박탈인에 대한 변호인 충당에 관한 결정을 했다.

5월 21일~26일 전국 박물관 회의가 베이징에서 거행됐다.

5월 25일 국무원은 '공장안전 위생 규정', '노동자 직공 사고보고 규정' 등의 안건을 비준했다.
상하이의 푸단(复旦,복단)대학은 중국 최초의 전자계산기(컴퓨터) 제조에 성공했다.

5월 29일 외교부 대변인은 필리핀 외교부가 난사군도에 대한 영유권을 주장한 것에 대해 성명을 발표하고 난사군도는 중국영토의 일부임을 밝혔다.

5월 30일 이집트와 수교.

5월 31일 고등교육부는 금년 가을부터 푸단, 베이징, 런민대학 등 종합대학에 통신교육을 실시한다는 통지를 발표했다.
국무원은 전국 체제(体制)회의를 개최했다. 회의는 현재 과도한 중앙집권화 현상에 대해 평가하고 '국가 행정체제 개혁에 관한 초안'을 제출했다.

6월 **1일** 중국아동극원이 베이징에 설립됐다.
베이징 영화(电影)대학이 설립됐다.

6월 6일~20일 최고인민법원 특별군사법정은 선양, 타이위안 지역의 일본 전범에 대한 판결을 내렸다.

6월 13일 인민일보는 '백화제방(百花齐放), 백가쟁명(百家争鸣)'의 중요 담화를 발표했다.

6월 15일~30일 제1기 전인대 제3차 회의가 베이징에서 개최됐다. 회의는 1955년 국가결산과 1956년 국가 예산을 통과시키고, '고급농업 생산합작사 시범 규정', '전인대 상무위의 공작보고' 등의 문건을 통과시켰다. 저우언라이는 발언 중 가능한 평화적으로 타이완 해방을 원하며, 타이완 당국과의 해방에 대한 평화적 협상의 여지가 있다고 밝혔다.

6월 20일 인민일보는 정치국 의견에 근거하여 '보수주의 반대, 조급함에 대한 반대'라는 사설을 발표했다.

6월 21일 전인대 상무위는 '일본의 중국 침략 중 전쟁 범죄자에 대한 처리 결정'을 통과시켰다. 동일 최고인민검찰원은 335명의 전범을 석방했다.

6월 30일 마오쩌둥은 우한시 양쯔강에서 수영을 하며 노익장을 과시하였다.

7월 1일 국무원은 '돼지생산 증강에 관한 지시'를 발표했다.
신 공사합영기업에서는 임금개혁 이후 노동시간에 따른 임금 계산법이 실시됐다.

7월 8일 교육부는 전국 교사들의 임금을 32.88% 인상함.

7월 15일 최고인민검찰원은 328명의 일본전범을 석방했다.

7월 18일 신화사는 전국종합대학과 고등 전문대학에 1,000여명의 박사생을 모집했다고 보도했다.

8월 1일 시리아와 수교

8월 15일 중국정부는 수에즈 운하 문제에 관해 이집트 입장을 지지하는 성명을 발표했다.

8월 18일 중국과 소련은 헤이룽강 유역 자연자원의 이용과 공동조사에 관한 협정을 체결했다.

8월 20일~26일 라오스 수상 푸마친왕이 중국을 방문했다.

8월 21일 최고인민검찰원은 354명의 일본전범을 석방했다. 당해 3번째 대규모 석방이다.

8월 22일~9월 13일 중공 7기 7중전회가 베이징에서 개최됐다. 다음 8기 회의에 대한 준비 공작에 대한 토론이 이루어졌다.

8월 30일 당 중앙은 '도시실업문제에 관한 의견 성명'의 발송을 비준했다.

8월 30일~9월 12일 중공 제8차 전국대표대회 예비 회의가 베이징에서 거행됐다. 회의에서 마오쩌둥은 '당의 단결증강, 당전통의 계승'이라는 담화를 발표했다.

9월 8일 중국이 자체 제트비행기 제조에 성공했다.

9월 12일 당 중앙과 국무원은 '농업생산합작사의 생산영도와 조직건설 강화에 관한 지시'를 선포했다.

9월 15일~ 27일 중국공산당 제8차 전국대표대회가 베이징에서 거행됐다. 대회는 '중공공산당 당장', '정치보고에 관한 결의', '국민경제 2차5년 계획에 관한 건의'를 통과시키고 사회주의제도가 기본적으로 정착했으며, 국내 주요 모순이 노동자-자본가계급의 모순에서 인민의 경제문화 발전에 대한 요구와 현 상황이 인민의 요구를 만족시키지 못하는 모순으로 전환됐기 때문에, 전인민의 주요 임무가 생산력 발전에 있다고 제시했다. 대회는 반보수주의 반급진 그리고 종합적 균형과 안정적 전진의 방침을 견지했으며 민주집중제와 집단영도제도, 당내 민주와 인민민주의 발전, 개인숭배의 반대와 당과 군중 관계의 강화를 강조했다.

9월 24일 예멘 공화국과 수교

9월 28일 중공 8기 1중전회는 새 영도집단을 선출했다. 중앙위원 주석에 마오쩌둥, 부주석에 류사오치, 저우언라이, 주더, 천윈, 총서기에 덩샤오핑, 정치국상무위에는 마오쩌둥, 류사오치, 저우언라이, 주더, 천윈, 덩샤오핑, 정치국위원으로 마오쩌둥, 류사오치, 저우언라이, 주더, 천윈, 덩샤오핑, 린뱌오, 린바이취, 둥비우, 펑전, 뤄룽환, 천이, 리푸춘, 펑더화이, 류보청, 허룽, 리셴녠, 정치국후보위원으로 우란푸, 장원톈(张闻天, 장문천), 루딩이(陆定一, 육전일), 천보다, 캉성, 보이보, 중앙서기처 서기에는 덩샤오핑, 펑전, 왕자샹(王稼祥, 왕가상), 탄전린, 탄정(谭政, 담정), 황커청, 리쉐펑(李雪峰, 이설봉), 중앙서기처 후보서기에 류란타오(刘澜涛, 유란도), 양상쿤(杨尚昆, 양상곤), 후차오무, 중앙감찰위원회 서기에 둥비우, 부서기에 류란타오, 샤오화(肖华,

초화), 왕충우(王丛吾, 왕총오), 쳰잉, 류시우(刘锡五, 류석오).

9월 30일~10월 14일 인도네시아 총통 수카르노가 중국을 방문하고 공동성명을 발표했다.

10월 5일~12일 중화전국 귀국화교 제1차 대표대회가 베이징에서 거행됐다. 대회는 '중화전국귀국화교 연합회 규정'과 '중화전국귀국화교 연합회 공작방침과 기본임무에 관한 결의'를 통과시켰다.

10월 6일 국무원은 '농업생산합작사 식량 통일구매 통일 판매에 관한 규정'을 선포했다.

10월 14일 루쉰(鲁迅, 노신)전집 제1권이 출판됐다. 19일은 루쉰 서거 20주년 기념대회가 베이징에서 열렸고 저우언라이가 대회에 참석했다.

10월 18일~29일 파키스탄 총리 수라와디가 중국을 방문했다. 공동협정 체결.

10월 24일~11월 17일 버마 반파시즘 인민자유동맹 주석 우루가 중국을 방문했다. 공동성명 발표

11월 1일 중국정부는 '영국 프랑스의 이집트 침략에 관한 성명'을 발표하고 침략행위에 대해 강력 항의했다.

11월 5일 제1기 전인대 상무위 50차 회의는 1949년 8월 12일의 '전쟁 중 부상자와 전쟁포로 대우와 일반인 보호에 관한 제네바 조약'을 비준했다.

11월 10일 저우언라이 총리는 이집트의 반침략 투쟁을 지지하는 전신을 보내고 2,000만 스위스 프랑을 무상 지원했다.

11월 10일~15일 중공 8기 2중전회는 폴란드·헝가리 사태와 1차 5년 계획 평가에 대한 토론을 했다. 마오쩌둥은 담화에서 경제문제, 국제형세, 중소관계, 대민주와 소민주, 공작인원의 주관주의, 종파주의, 관료주의 경향에 대한 비판과 투쟁, 대한(汉)족 주의와 대국주의의 반대에 관해 연설했다. 회의는 마오쩌둥의 건의에 따라 1957년 하반기부터 당내 정풍운동을 전개하기로 결정했다.

11월 11일 쑨원(孙文, 손문) 탄생 90주년 대회가 베이징에서 거행됐다.

11월 16일 제1기 전인대 상무위 51차 회의는 원자력 사업을 담당할 제3
기계공업부(후에 제2기계공업부로 개칭)의 설립을 결정하고, '도시 내 반
혁명분자에 대한 관대한 처리에 관한 결정', '반혁명분자에 대한 인
민법원의 판결을 통한 일괄 처리 결정'를 통과시켰다.

국무원 제40차 전체회의는 국가기관의 기구증설과 확대 편제를 금
지하도록 결정했다.

11월 18일~1957년 1월 3일 저우언라이 총리, 허룽 부총리는 베트남, 캄
보디아, 버마, 인도네시아, 파키스탄, 네팔, 아프간 등을 방문했다.

11월 24일 당 중앙과 국무원은 '농업생산합작사 추수 분배 문제에 관한
구체적 지시'를 발표했다.

11월 30일 중국 강철공업은 1차5년 계획 목표를 조기 완성했다. 총생산
량이 415만 톤.

12월 2일 베이징 - 모스크바 - 프라하간의 직항노선이 개항했다.

12월 4일 신화사는 중국 자체 설계의 현대식 잔강(湛江)항구 1기 공정이
완공됐다고 보도했다.

12월 22일 당 중앙은 국무원 과학계획위원회 당조의 '1956-57년 과학기
술 발전계획 요강에 관한 보고'에 동의했다.

12월 30일 신화사 보도 : 민항국은 1957년부터 베이징, 상하이 등 전국
각 주요 도시에 8개 신 노선을 개항하기로 결정했다.

전면적 사회주의 건설시기

1957. 1~1966. 4

제2부
전면적 사회주의 건설시기
(1957. 1~1966. 4)

사회주의 개조가 기본적으로 완성된 후, 1957년에서 1966년 4
월까지, 중국공산당은 전인민을 동원한 삼면홍기(사회주의총노선, 대약진, 인민
공사)운동 등을 전개하여 전면적이고 대규모적으로 사회주의 사회를 선설
하였다. 1957년 1월에서 1966년 4월까지의 10년 동안 상당한 성과를 올
렸다. 그러나 모택동과 적지않은 당원들이 승리에 도취되어 자만해졌기
때문에, 당내에 개인적 독단과 주관주의가 만연되어 객관적 법칙을 소홀
히 한데서 비롯된, 1958년에서 1960년까지의 심각한 좌경적 오류를 가져
왔다.

1956년 인민일보 신년호에는 많고 · 빠르게 · 좋게 · 절약하게(又多又
快又好又省)의 대약진의 구호가 등장하면서 모든 방면에서 대약진운동이
전개되기 시작하였다. 농업분야는 56년 말 합작사가 완료되는 대약진을
거두었다.

1957년 4월 27일, 중공중앙은 '정풍운동에 관한 지시'를 발표하여,
또 한 차례의 철저한 정풍운동을 진행시켜야 한다고 인식했다. 5월 2일,
인민일보는 또한 '왜 정풍운동을 해야 하나?'라는 사설을 발표하여, 정풍
운동은 점차 전체 당으로 전개되어갔다. 이 정풍운동은 곧바로 전국규모
로 확대되었다. 중앙 · 성(시) · 지 · 구 4급기관에서의 정풍운동은 '백화제

방, 백가쟁명'의 단계(동시에 수정을 진행함)에 이어서 반우파운동을 일으켰고, 개정을 중시하는 단계(동시에 백화제방, 백가쟁명을 계속함)에서 사람마다 문건을 연구하고, 비판·반성함으로써 사상을 높이는 단계 등 몇 단계를 거쳤다. 정풍운동은 1958년 초 이후에는 反낭비·反보수를 주요내용으로 하는 것으로 변했다. 중국공산당은 정풍운동을 전개하여, 당내와 군중들로 하여금 중국공산당에게 비판하고 건의를 제출하도록 하였는데, 각종 회의를 열어 군중의 비판과 의견을 들었다. 당시 매우 소수가 이 기회를 틈타 소위 '백가쟁명, 백화제방'이라는 것을 이용하여, 중국공산당과 사회주의 제도를 근본적으로 공격하였다. 일부 지방에서는 소수사람들의 사위사건이 발생했다. 5월 25일, 마오쩌둥은 "사회주의에 어긋나는 일체의 언론과 행동은 잘못된 것이다"라고 지적했다. 이때, 마오쩌둥 주석은 국내 계급투쟁의 형세나 우파분자의 형세에 대해 주관적이고 지나치게 엄중한 평가를 내렸다. 58년 6월 8일, 중국공산당 중앙위원회는 '우파분자의 공격에 반격할 혁명 역량 준비에 관한 지시'를 발표하여, 전국에서 대규모적인 반우파운동을 전개했다.

1957년 11월 모스크바에서 열린 세계공산당대회에 마오쩌둥이 중국 대표단을 이끌고 참가하였는데, 흐루시초프가 소련은 15년 이내에 미국을 따라잡을 수 있다고 장담하자, 마오쩌둥은 중국도 철강 등 공업 분야에서 15년 안에 영국을 따라잡겠다고 선언하였다. 이후 급격한 공업에서의 대약진 운동이 전개되었다. 58년 1월 난닝회의, 3월의 청두회의에서는 공업 생산 33%, 철강 35%, 석탄 30% 초과 달성을 목표로 세우고 전국적인 대약진 운동의 목표로 삼게 하였다. 얼마 후 이 목표는 다시 부풀어져서 7년 안에 영국을 8~10년 안에 미국을 따라잡는 목표아래 공업 50%, 철 생산목표는 1,200만 톤에서 3,000만 톤으로 양식은 5,000억 근에서 7,000억 근으로 늘였다. 특히 철 생산량의 무리한 목표는 마을과 학교, 심지어 가정집에도 소규모 용광로를 만들어 쇠붙이는 무엇이든지 심지어 일상적으로 쓰는 도구까지 녹여버리고, 땔감의 확보를 위해 무덤을 파헤쳐 목관을 때기도 하는 등 무리한 군중 광기로 나타났다. 1958년 말에는 목표치 1,070만 톤을 초과한 1,073만 톤을 생산했다고 하였으나, 그 반 정도는 아무것에도 쓸 수 없는 무쇠덩어리가 되었다.

이와 동시에 인민공사화 운동을 농촌에서 일으켜 기존의 농촌합작사를 큰 규모로 다시 합병하였다.[1] 한 인민공사에 참여호수가 많게는 1만호 이상, 참여하는 구성원이 2~3만 명의 대단위 공농상학병(工農商学兵)이 하나로 묶여 생산과 분배생활이 이루어지는 하나의 행정단위 역할을 하였다.

1958년 8월 28일 '농촌인민공사 건립 문제에 관한 결의'가 나오면서 열기를 띠게 되었다. 58년 말에는 전농민의 99%이상 1억 2,325만호가 인민공사 26,500여 개에 각기 참가하였다. 그 당시 일대이공(一大二公)이라 하여 규모가 클수록 공유의 정도가 높을수록 훌륭한 인민공사로 강조하였다. 인민공사의 조직과 생활 양식은 '조직의 군사화 · 행동의 전투화 · 생활의 집체화'로 요약될 수 있다. 1959년 말 경에는 전국 인민공사에 340만 개의 공용식당, 340만 개의 탁아소 15만 개의 양로원이 있었다고 한다.

이들 사회주의 총노선 대약진 인민공사 운동은 지나친 목표 제시와 무리한 동원 · 그에 상응한 과장 허위 보고 · 공산풍으로 급진적 좌경으로 휩쓸려 이후 심각한 문제를 야기하였다. 즉 가정단위가 파괴되고 집단화되어 여러 문제가 야기되며, 공산주의는 평등하다는 공산풍으로 노력과 관계없이 같은 처우를 받게 되어, 생산 의욕은 상실되고 효율이 극도로 하락하여 대약진은 커녕 대퇴보를 가져왔다.

🕮 1957년

1월 1일 신화사 보도: 농촌에서의 고급 농업합작사의 전국적 실현.

---

1) 과거 대합작사는 한 향에 몇 개의 대합작사가 있었으나 그것을 더 합병하여 한 향 또는 몇 개의 향을 합쳐 하나의 인민공사로 만듦.

1월 7일~17일 저우언라이 총리가 소련, 폴란드, 헝가리를 방문했다. 10
일 중국, 헝가리, 소련 삼국 정부대표단은 모스크바에서 거행된 회
담에 참여하고 공동성명을 발표했다.

1월 7일~27일 중앙군사위 확대회의는 국민경제건설과 국방건설 동시
강화에 대한 문제를 토론하고 '군대 긴축과 수준 강화에 관한 결정'
을 통과시키고, 전군의 재편문제를 결정했다.

1월 8일 국무원은 석유 수매가 인상을 결정했다.

1월 10일 당 중앙은 '중앙경제공작 오인(五人)소조(小組)'의 설립을 결정
하고 중앙정치국의 국가경제공작에 대한 통일 관리를 결정했다. 5명
은 천윈, 리푸춘, 보이보, 리셴녠, 황커청이다.

1월 18일~27일 당 중앙은 성 · 시 · 자치구 당위서기회의를 개최하고
사상동향과 농촌문제를 주로 토론했다. 마오쩌둥은 회의 상에서
1956년을 다사다난한 한해로 평가했다. 그는 지방학생들과 일부 학
자들 당내 소수파의 동란이 있었지만 대다수 간부들의 판단은 옳았
고 당의 농촌과 도시에 대한 정책이 틀리지 않았기 때문에 동란이
확대되지 않았다고 말했다. 그는 또한 사회주의 개조 이후에는 계급
투쟁은 일부이고 인민내부모순이 중요하게 되기 때문에 적과 나의
모순 그리고 인민내부의 모순을 어떻게 처리할 것인가가 주요 연구
과제라고 밝혔고, 농업은 반드시 중시 돼야 한다고 했다.

1월 28일 원난방송국에서는 국민당 잔여부대에 대한 방송2)을 실시했다.

2월 7일 국무원 제42차 전체회의는 8차 당 대회(8大)가 제출한 국민경
제 제2차 5개년계획(1958~1962)의 건의에 동의하고 농민에 대한
1957년 국가 경제 건설 공채 판매에 관한 지시를 통과시켰다.
스리랑카와 수교.

2월 12일 국무원은 중국농업은행을 중국인민은행으로 합병하도록 결정
했다.

---

2) 1983년 1월 3일 대외화교 방송으로 개칭되었다.

2월 18일~26일 전국 농업모범자3) 대표회의가 베이징에서 거행됐다.

2월 20일~7월 31일 제1차 대규모 농업전람회가 베이징에서 개최됐다.

2월 26일 베이징에서 무궤도 전차의 통행이 시작됐다.

2월 27일~3월 1일 마오쩌둥 주석은 최고국무확대회의에서 '인민 내부 모순의 정확한 처리에 관한 문제'에 대한 중요 담화를 발표했다. 그는 사회주의 사회에서 기본적 모순은 여전히 생산관계와 생산력간의 모순이고 상부구조와 경제기초의 모순이다. 그러나 이러한 모순은 구사회의 모순과는 분명 성질이 다르기 때문에, 현재 우리에겐 성질이 서로 다른 사회모순이 존재하는데 즉 적과 나의 모순 그리고 인민 내부의 모순이다. 적과 나의 모순을 해결하는 방법은 독재이고 인민 내부 모순을 해결하기 위해서는 민주의 방법이 필요하다고 그는 밝혔다.

3월 1일 중국 농업 과학원이 베이징에 설립됐다.

3월 2일 위생부는 가족계획을 위한 피임 선전활동을 시작했다.
재정부는 도살세 절감과 가축영업세 면세에 관한 통지를 발표했다.

3월 6일 베트남군이 중국 간촨(甘泉, 감천), 산후(珊瑚, 산호), 진인다오(金銀島, 금은도)를 침략, 중국 어민을 살상했다.

3월 6일~13일 당 중앙은 당외 인사가 참가하는 전국선전공작회의를 개최했다. 마오쩌둥 주석은 회의 상에서 지식인문제·정풍문제·당의 사상공작 강화에 대한 담화를 발표하고 '백화제방·백가쟁명'의 방침의 지속적인 관철을 강조했다.

3월 15일 당 중앙은 '민주적 인민공사(人民公社) 설립에 관한 통지'를 발표했다.

3월 19일 국무원은 '1957년 주요 농산품 우선구매에 관한 지시, 중약(中藥)재 경영관리에 관한 위생부의 통일영도에 관한 통지'를 발표했다.

3월 27일 신화사보도 : 윈난성 각 소수민족들이 각각의 문자를 가지게

---

3) 모범 칭호를 받은 자를 말함.

됐다.

3월 28일 신화사보도 : 상업부·위생부 등의 부문은 피임약품의 확대공급과 가격인하를 지시했다.

4월 8일 우한 철강 연합기업이 정식으로 설립.

4월 11일~16일 중국영화인대표대회가 거행됐다.

4월 15일~5월 26일 소련 최고 소비에트 주석단 주석 흐루시초프가 중국을 방문했다. 23일 방문성명을 발표

4월 20일 국무원은 '흡혈충병4) 박멸에 관한 지시'를 발표했다.

4월 27일 당 중앙은 '정풍운동에 관한 지시'를 발표했다. 이번 정풍운동의 주요 주제는 인민 내부모순의 정확한 처리이며, 주요 내용은 관료주의·종파주의·주관주의의 반대이다.

4월 29일~5월 14일 루마니아 국민의회 주석이 중국을 방문했다.

5월 9일~6월 1일 알바니아 인민의회 주석 마얼커가 중국을 방문했다.

5월 11일 중국외교부는 미국의 타이완 주재 미사일 부대 설치에 강력 항의하는 성명을 발표했다.

5월 15일~25일 중국신민주주의 청년단 제3차 전국대표대회가 베이징에서 거행됐다. 대회는 청년단의 명칭을 중국공산주의청년단(共青団)으로 개칭하고, 마오쩌둥은 회의에서 중국공산당이 영도의 핵심이기 때문에 공산당이 없으면 사회주의 사업도 성공할 수 없다고 밝혔다. 26일 공청단 중앙은 제1차 전회를 거행하고 후야오방을 공청당 중앙 제1서기로 선출했다.

5월 19일 인민일보는 '백가쟁명의 지속과 정풍의 결합'이라는 사설을 실었다.

5월 19일~6월 19일 국무원은 당외 인사를 초청한 정풍 좌담회를 거행했다.

5월 20일 국가화교위원회는 베트남 정부의 화교의 국적 변경 강요 행위

---

4) 양쯔강(長江) 유역에 있는 기생충으로 다슬기 등을 매개로하여 사람과 가축에 전염된다. 박멸을 위해 수백만이 동원되었다.

에 대해 엄중 항의했다.

5월 30일 진먼다오 국민당군의 사먼(厦门, 하문) 등지에 대한 포격에 대해 인민해방군이 반격을 가했다.

5월 위생부는 지난(济南, 제남)에서 전국 나병 방지 공작회의를 개최했다.

6월 **3일** 교육부는 민간의 학교 설립을 독려하는 통지를 하달했다. 통지 하달 이후 각 지역에 민간 소학과 중학이 설립됐다.

6월 5일 당 중앙은 '상급학교 미 진학 중소학교 졸업생 배치 문제에 관한 지시'를 발표했다.

6월 7일 국무원 제51차 전체회의는 닝샤 회족자치구와 광시 장족자치구의 설립을 결정했다.

6월 8일 당 중앙은 '우파의 공격에 대한 반격 준비에 관한 지시'5)를 발표했다. 지시는 각급 성과 시의 기관, 학교와 각 당위에 우파들의 공격에 대한 반격을 적극적으로 준비할 것을 요구하고 당내외의 대규모 전쟁이 될 것이라고 밝혔다.

6월 13일~15일 국무원 과학규획위원회 확대회의는 중점 도서관 건립과 전국도서관 공동 목록 편제를 결정했다.

6월 18일 인민일보는 당 중앙과 국무원이 1956년 광시지역의 재난과 기아사태를 진지하게 처리했으며, 그 책임을 물어 광시성 제1서기 천만위안(陈漫远, 진만원)과 부성장 하오중스(郝中士, 학중사) 등의 지위를 박탈했다고 보도했다.

중앙군사위는 '병역공작의 개선에 관한 지시'를 발표하고 예비역과 민병의 병합을 결정했다.

6월 25일 마오쩌둥 주석은 '중화인민공화국 인민경찰조례'를 공표했다.

6월 26일~7월 15일 제1기 전인대 4차 회의는 저우언라이의 '정부공작 보고'와 '미얀마와의 국경문제에 관한 보고'를 청취하고, 1957년 국

---

5) 헝가리 반공운동 영향이 중국에 미치는 것을 예방하기 위해 8일~11일 인민일보에는 '왜 그러한가?'라는 제목의 사설이 4차례 실리고, 이후 당내 정풍운동이 전국적 규모의 반우파 투쟁으로 전환됐다.

가예산과 국민경제계획 주요지시 등을 통과시켰다. 28일 인민대표는 집중적으로 우파를 비판하기 시작했다.

7월 **5일** 인민일보는 마인추의 '신인구론'의 문장을 기재했다. 문장은 인구의 질을 높이고 인구수를 통제하는 방법으로 인구조사 조혼 방지와 가족계획의 실행이 필요하다고 밝혔다.

7월 9일 마오쩌둥은 상하이 간부회의에서 '자산계급 우파에 대한 공격'이라는 담화를 발표했다.

7월 16일 당 중앙은 전국 식량회의를 개최하고 식량정책상의 일부 문제를 주로 해결했다.

7월 17일~21일 당 중앙은 칭다오에서 성과 시위원회 서기 회의를 개최하고 반우파 투쟁문제에 대해 토론했다.

7월 20일~8월 6일 전국 민족공작 좌담회가 칭다오에서 거행됐다.

7월 26일 국무원 제55차 전체회의는 '국가기관원의 정풍운동 참가와 자산계급 우파에 대한 반대 투쟁에 관한 결정'를 통과시켰다.

7월 28일 인민일보는 '반우파투쟁은 모든 당원들에게 중요한 시험'이라는 사설을 발표했다.

8월 **2일** 국무원은 '화교의 학교설립 지원 방법', '화교의 공영화교기업 투자에 대한 우대 방법'을 공표했다.

8월 6일 국무원은 '각급 인민위원회의 물가위원회 설립에 관한 통지'를 선포했다.

8월 7일 인민일보는 문예계가 딩링, 천치사(陳企霞, 진기하) 등을 반당집단으로 공격, 반우파투쟁의 중요한 진전이 있었다고 보도했다.

8월 8일 당 중앙은 '전국 농촌인구에 대한 대규모 사회주의 교육에 관한 지시'를 발표했다

8월 9일 국무원은 '국가계획수매와 통일수매용 농산품과 기타 물자의 자유시장 진입 금지에 관한 규정'을 작성했다.

신화사보도 : 전국 식량 판매량에 대한 엄격 통제.

8월 15일 중국 최초 현대화 기관차 제조 공장이 가동했다.

8월 17일 교육부는 중학과 사범학교에 정치과를 설립하기로 결정했다.

8월 20일 천원은 국무회의에서 가족계획의 중요성을 강조했다.

8월 23일 인민해방군 고등군사대학이 베이징에 설립됐다.

8월 25일~9월 5일 공청단 중앙은 각 성과 시 당서기 회의를 개최하고 정풍 반우파투쟁 중의 청년 정치사상의 중요성에 대해 토론했다.

8월 27일 교육부와 공청단 중앙은 '중학과 사범학교 학생에 대한 사회주의 사상교육 진행에 대한 통지'를 공동 발표했다.

8월당 중앙은 전국에 분산된 우파에 대한 공격을 선포하고 8월 이후 노동자 · 농민 · 공상계 · 교원 · 군인에 대한 정풍운동을 전개할 것이라고 밝혔다.

9월 **4일** 국무원 회의는 중국인민은행의 '현 황금 생산 상황과 향후 생산 발전에 관한 보고'를 토론하고 향후 황금 채굴에 중시하도록 결정했다.

해방군 총정치부는 전군에 사회주의 교육 시행을 지시했다.

9월 9일~20일 중국 부련 제3차 전국대표대회는 '중화인민공화국 부녀연합회 규정'을 통과시키고 21일 쑹칭링, 허샹닝 명예주석, 차이창 주석 등 새로운 지도부를 선출했다.

9월 11일 인민일보는 '당내 우파에 대한 엄숙한 대처'라는 사설을 발표했다.

인민일보는 각지 국가기관의 구조조정이 진행돼 10만 명의 간부가 생산현장에, 20만 명의 간부가 기층으로 하방(下放) 됐다고 보도했다.

9월 12일 당 중앙은 '기업 내 정풍과 사회주의 교육운동의 전개에 관한 지시'를 발표했다.

9월 14일 당 중앙은 '농업생산합작사의 정돈에 관한 지시, 농업생산합작사 관리 공작에 관한 통지, 농업합작사 내부 상호이익 정책 집행에 관한 지시'를 발표했다.

9월 14일~10월 12일 불가리아 부장회의 주석 위커푸가 중국을 방문했다. 11일 공동성명을 공표했다.

9월 15일 중국최대 코크스 용광로 - 안산 강철 신 1호, 2호가 제품을
생산했다.

9월 16일~10월 5일 유고슬라비아 연방국민회의 주석 스탄바오리치가
중국을 방문했다.

9월 20일~10월 9일 당 중앙은 8기 3중전회를 개최했다. 회의는 '전국
농업발전요강(수정초안)', '공업관리체제 개선규정(초안)', '재정체제와
중앙지방 재정관리권 배분에 관한 규정(초안)'을 통과시켰다. 회의는
'대명(大鳴), 대방(大放), 대변론(大辯论), 대자보(大字报)6)'운용 방침
을 확정했다. 마오쩌둥은 담화에서 무산계급과 자산계급간의 모순,
사회주의 노선과 자본주의 노선 간의 모순이 현 중국사회의 주요
모순이라고 지적하고, 당 중앙이 1956년 약진(跃进)방향과 방침에
대한 수정정책을 채택한 것에 대해 비판을 가했다.

9월 25일 당 중앙은 '농업합작사 간부의 의무적 생산노동 참여에 대한
지시'를 발표했다.

9월 27일~10월 5일 헝가리 총리 카다얼이 중국을 방문했다.

9월 29일 베이징 천문관이 개관했다.

10월 5일 신화사 보도 : 신강-티베트 간 도로 건설 1,179km

10월 8일 인민해방군 해군군사대학이 난징에 설립됐다.

10월 10일 중국인민외교학회와 일본 일중국교 정상화 협상단이 중국을
방문, '중일 국교 회복에 관한 공동성명'을 체결했다.

10월 13일 마오쩌둥은 최고 국무회의를 개최하고 정풍과 전국농업발전요
강 문제를 토론했다. 마오쩌둥은 '군중 대다수를 신뢰하라'라는 담
화를 발표했다.

10월 14일 네이멍구 대학이 설립됐다.

10월 15일 우한시의 양쯔강을 가로지르는 장강대교(长江大桥)가 정식 개
통됐다. 총 1,670미터.

---

6) 누구나 자기 생각을 자유롭게 말하고, 주장하고, 토론하며 글로 표현할 수 있다는
슬로건.

10월 17일 마오쩌둥 주석은 시리아 대통령에게 시리아의 독립투쟁을 지지한다는 전문을 보냈다.

10월 22일 제1기 전인대 상무위 제81차 회의와 제2기 전국정협 상무위 47차 회의의 연합회의가 거행됐다. 회의는 '1956년-1967년 전국농업 발전 요강'을 통과시켰다.

10월 22일~30일 아프간 수상 다우더가 중국을 방문, 양국간 공동성명을 체결했다.

10월 26일 국무원은 '국가 행정기관원의 상벌에 관한 시행규정'을 선포했다.

10월 31일 '중국청년보'는 '우리의 구호는 홍(红)과 전(专)'이라는 사설을 발표했다.

11월 1일 당 중앙은 당 중앙 선전부의 '사회주의 교육과정에 관한 보고'를 비준 회람했다.

국무원 제 60차 전체회의는 '한어병음방안'을 통과시켰다.

11월 2일~21일 마오쩌둥은 소련 10월 혁명 40주년 경축행사에 참가했다. 중소 양국대표단은 자본주의에서 사회주의로의 이행문제에 대한 입장을 달리했다. 중국공산당은 10일 소련공산당에게 '평화 과도문제에 관한 의견'을 제출했다. 마오쩌둥은 11일 흐루시초프와 회담하였다.

11월 6일 제1기 전인대 상무위 제83차 회의는 '1958년 국민경제건설 공채 조례'를 통과시키고 1958년 1월 1일 6.3억 위안의 공채를 발행토록 결정했다.

11월 13일 인민일보는 '전인민의 40조 요강의 토론과 농업생산의 새 시대 창조'라는 사설을 발표하고 우경 보수사상에 대한 비판과 생산에서 대약진을 호소했다. 최초로 '대약진(大跃进)'구호가 공식적으로 등장했다.

11월 19일 국무원은 '금속화폐 발행에 관한 명령'과 '민원 공작 처리 강화에 대한 지시'를 선포했다.

11월 21일 해방군 총정치부는 전군에게 '군 가족의 생산현장 복귀와 사회주의 건설 참가에 관한 지시'를 하달했다.

11월 26일 전국 81만 명의 간부가 하방 되었다고 신화사가 보도

11월 29일 제1기 전인대 상무위 제86차 회의는 '1958년 직할시와 현 이하 각급 인대대표 선거시간에 관한 결정'과 '소방감독조례에 관한 결정'을 통과시켰다.

12월 1일 새 금속 화폐 1, 2, 5펀(分)[7]이 발행됐다.

12월 2일 ~ 12일 중국공회 제8차 대표대회가 베이징에서 거행됐다. 마오쩌둥 등 당의 주요 인물이 참가하였고, 류사오치가 치사를 하였다. 대회는 '전국노동자에 보내는 서'를 통과시키고, 신 지도부를 선출했으며, 한편 전 노동자가 당 중앙의 호소에 부응하여 15년 내에 영국의 공업생산력을 따라잡자고 주장했다. 13일 전국총공회 8기 1차 회의에서 라이뤄위(賴若愚, 뢰약우)를 총공회 주석으로 선출했다.

12월 10일 한어병음방안이 공표됐다.

12월 14일 베이징 국가 중심 도서관이 설립됐다.

12월 16일 공청단 중앙서기 후야오방은 청년들의 지방 생산현장 참여를 호소했다.

12월 18일 당 중앙과 국무원은 '농촌인구의 맹목적 이주 억제에 관한 지시'를 발표했다.

12월 21일 국무원은 '개체 농가에 대한 대처 지시'를 발표했다.

12월 29일 인민일보는 금년 식량 생산량이 3,700억 근에 달했다고 보도했다.

---

7) 100펀(分)이 1위안(元)

1958년

1월　1일 인민일보는 '바람을 타고 파도를 헤쳐서(乘风破浪)'라는 사설에서 1957년은 사회주의 건설에 있어서 중요한 한 해였다고 평가하고, 중국은 10-15년 내에 현대적 농업 공업의 기초를 완성하고 15년 내에 강철과 기타 중공업분야에서 영국을 따라잡을 것이고, 20-30년 내에 경제적으로 미국을 초월해서 사회주의에서 공산주의로 이행할 것이라고 밝혔다.8)

제2차 5년 계획 시작.

1월　3일 ~ 4일 당 중앙공작회의는 항저우(杭州, 항쥬)에서 회의를 개최하고 경제건설의 영도 방법, 정치와 업무의 관계, 기술혁명 등에 대한 토론을 했다. 마오쩌둥은 정치와 업무는 결합되어야 하고, 홍과 전은 대립적 통일을, 사상정치는 핵심으로 모든 공삭을 시원하는 것이며, 또한 기술혁명을 중시하자고 주장했다.

1월　6일 국무원 '국가건설토지 징용방법'을 공표했다.

1월　9일 전인대 상무위 회의는 '중화인민공화국 호구 등기조례'를 공표했다.

1월　10일 고등교육부 · 외교부는 '유학생 파견과 관리에 관한 규정'을 발표했다.

1월　11일 ~ 22일 당 중앙의 일부 지도부는 난닝에서 회의9)를 개최하고 1차5년 계획을 평가하고 2차5년 계획을 토론했다. 마오쩌둥은 '공작방법 60조(초안)'를 기초하고 '계속혁명'의 사상을 강조했다. 회의는 1956년 반(反) 약진에 대한 비판을 가하고, 각 지역에 5-10년 안에 지역 공업생산이 지역 농업생산을 초과하고, 5-8년 안에 농업

---

8) 이로서 대약진의 광풍이 몰아치기 시작하였다.
9) 난닝회의 이후 당내에서 급진 좌경 사상이 급속도록 퍼졌고 무모한 대약진의 운동이 시작됐다.

발전 요강을 실현토록 요구했다.

1월 14일~25일 타이완 민주자치 동맹대표회의가 베이징에서 개최되어
     셰쉐훙(謝雪紅, 사설홍)주석의 지위가 해직되었다. 이를 기화로 연이
     어 정협에 참가하는(기타 정당은 이미 모두 해체됨) 정당 내의 우파분자
     처리가 시작되었다.

1월 16일~23일 치공당 7기 6중전회는 '우파분자 처리문제에 관한 결
     의'를 통과시켰다.

1월 18일~24일 구삼학사 4기 3중전회는 구즈중(顧执中, 고집중) 등 6인
     의 직무를 해제했다.

1월 18일~26일 중국민주건국회와 중화전국공상연합회 중앙위 제9차 연
     석회의는 장나이치 등의 직위를 해제했다.

1월 19일~25일 중국국민당 혁명위원회 중앙 상무위 제19차 회의는 회
     원 5인의 당내 직무를 해제했다.

1월 25일 국무원은 금년 내에 철강 624만 톤의 생산 계획안을 확정하
     였다.

1월 26일 중국민주동맹 중앙상무위 제17차 회의는 장보쥔, 페이샤오퉁
     (费孝通, 비효통) 등의 직무를 해제했다.

1월 27일 인민일보는 '왕스웨이(王实味, 왕실미), 딩링, 쑤쥔(肅军, 숙군),
     뤄펑(罗烽, 라봉), 아이칭(艾青, 애청)등의 문장 재비판'를 발표하고 그
     들의 작품을 비판했다.

1월 31일 제1기 전인대 상무위 39차 회의는 장나이치, 장보쥔, 뤄룽지의
     식량부부장, 교통부부장, 삼림공업부부장의 직위 해제를 결정했다.

2월 1일 ~ 11일 제1기 전인대 5차 회의는 1958년 국가 예산을 비준하
     고 1958년도 국민경제 계획을 결정, 한어병음방안 비준, 전인대 상
     무위 공작보고를 통과시켰다. 회의는 또한 황사오훙, 룽윈 등 전인
     대 상무위원의 직무를 해지했다.

2월 6일 국무원 '제대 군인관리 교육 강화에 관한 지시'를 발표했다.

2월 9일 국무원은 '노동자 직원 퇴직처리에 관한 시행 규정, 기업 단위와

국가기관의 보통노동자와 잡공의 보수 규정' 등의 문건을 선포했다.

2월 11일 제1기 전인대 5차 회의 결정에 의거, 마오쩌둥 주석은 천이를 외교부장에 임명했다. 고등교육부와 교육부가 교육부로 병합되고, 양슈펑을 부장으로 궈모뤄를 중앙과학원 원장으로 임명.

2월 14일~21일 저우언라이는 북한을 방문하고 북중 양국정부의 공동성명을 발표했다.

2월 20일 중국인민지원군 총부는 금년 3월15일~10월 26일 사이 3차례에 걸쳐 전군을 북한에서 철수시킨다고 선포했다.

2월 23일 저우언라이는 나세르 총통에게 중국정부가 아랍연합공화국의 성립을 인정한다는 통지를 보냈다.

2월 28일 당 중앙은 '하방간부의 노동단련에 관한 지시'를 발표했다.

3월 **1일** 쿤밍철도과 베트남 철도간의 국제 연합 운송이 정식 개시됐다.

3월 3일 당 중앙은 '반낭비 반보수운동의 전개에 관한 지시'를 발표했다.

3월 4일 베이징주보(北京周报) 영문판이 창간했다.

3월 5일 광시성 동(僮)족 자치구가 정식 설립됐다. 웨이궈칭(韦国清, 위국청)이 자치구 주석.

3월 8일~26일 당 중앙은 청두에서 중앙공작회의를 개최하고 '1958년 계획과 예산에 관한 의견', '지방공업발전에 관한 의견', '소형농업 합작사의 대형합작사와의 합병에 관한 의견'등 37개 문건을 통과시켰다. 마오쩌둥은 "열의를 북돋아, 전력을 다해 상류로 향하며, 더 빨리 더 아껴서(多快好省) 사회주의 총노선을 건설하자"는 기본사상을 제시하고 '미신타파, 사상해방, 과감히 말하고 행동하자' 등을 강조하면서, 그는 대약진을 크게 고취했다.

3월 10일 제2기 전국정협 상무위 제50차 회의는 '중국인민정치협상회의 전국위원회 공작조직 조례'를 통과시키고, 장바이쥔 정협부주석과 장나이치 등의 직무를 정지시켰다.

3월 11일 중국 최초의 트랜지스터라디오 제조 성공.

3월 13일 교육부는 '중소학교와 각급사법학교에서 병음자모 교육에 관한 통지'를 발표했다.

3월 15일 중국 인민해방군군사과학원 베이징 설립, 원장 겸 정치위원에 예젠잉 임명.

3월 16일 민주당파와 무당파 민주인사들은 베이징에서 자아개조 촉진대회를 개최했다.

3월 17 중국 최초의 텔레비전 송신설비 제조 성공.

3월 27일 당 중앙 중앙군사위의 비준을 거쳐 인민해방군은 간수성에서 미사일 실험기지를 건설했다.

3월 28일~4월 16일 제2차 소수민족 언어 문자 과학토론회가 거행됐다. 회의는 소수민족 문자 창제의 원칙과 언어 문자 공작 계획을 제정했다.

3월 31일 중국은 베트남에게 원조와 18개 공업기업 항목 지원 협정을 체결했다.

3월 31일~4월 10일 루마니아 부장회의 주석 스토이카가 중국을 방문했다.

4월 1일 ~ 6일 당 중앙은 한커우에서 중앙공작회의를 개최했다. 마오쩌둥이 회의를 주재했고 이번 회의는 청두회의의 보충판이다. 마오쩌둥은 회의에서 안정파와 관망파를 비판하고 중국이 아직 두개의 착취 계급이 존재하는 문제를 가지고 있다고 지적하고, 또한 생산은 현재의 중요 공작이며, 노동은 기타 공작 즉 정치가 핵심이라고 밝혔다.

4월 2일 당 중앙은 '사영공업 개체 수공업과 소매상들에 대한 사회주의 개조 강화에 관한 지시'를 발표했다.

4월 5일 당 중앙은 '중앙과 지방공업의 동시발전에 대한 방침과 협약, 평형에 관한 규정'를 발표했다.
국무원 과학계획위원회는 역사 고고학 좌담회를 개최하고 역사연구와 정치결합의 중요성을 강조했다.

4월 7일 당 중앙과 국무원은 '전국대규모 조림에 관한 지시'를 발표했다.
국무원은 '국내 야생식물에서 원료 추출과 이용에 관한 지시'를 발표했다.

4월 8일 당 중앙은 '지방 당위(党委)의 군대에 대한 영도와 지방당위와 군대간 관계 강화에 대한 지시'를 발표했다.

당 중앙은 현(县)·시(市)의 병역국(局)을 현·시 인민위원회의 인민무장부와 동급 당위의 인민무장부로 개편했다.

4월 9일 ~ 14일 중화전국청년 제3차 대표대회가 베이징에서 거행됐다. 회의는 '중화전국청년연합회규정'을 통과시키고 류시위안(刘西元, 유서원)을 전국청년연합회 주석으로 선출했다.

4월 19일 신화사 보도 : 12개 소수민족이 문자를 창제했다. 현재까지 50여 개 소수민족 중 이미 24개의 민족이 문자를 가지게 됐다.

4월 20일 중국 최초의 농촌 인민공사가 허난성(河南, 하남) 쑤이핑(遂平, 수평)현에 설립됐다.

4월 22일 톈안먼광장에 인민영웅 기념비가 준공됐다.

4월 베이징대에서 총장인 마인추[10]가 1957년 7월5일 인민일보에 발표한 산아제한을 주장한 '신인구론'에 대한 비판이 시작됐다.

당 중앙은 '소합작사의 대형합작사로의 병합에 관한 지시'를 발표했다.

5월 1일 중국 최초의 텔레비전 방송국 : 베이징 방송국이 시험 방송을 시작했다.

5월 3일 국무원은 '퇴역병에 대한 시행 규정'을 발표했다.

5월 5일 ~ 23일 중국공산당 8기 2차 회의가 베이징에서 개회했다. 977명 참가. 회의는 마오쩌둥이 제시한 '열의를 북돋아 전력을 다해 상층으로 향하며 더 빨리 더 아껴서 사회주의 총노선을 건설하자는 안(사회주의 총노선)'과, 빠른 시간 안에 영국을 앞지른다는 구호를 통과시켰다. 또한 회의는 기술혁명과 문화혁명의 임무를 제시하고 1차

---

10) 그는 산아제한을 주장하였으나 도리어 비판을 받게 되었고, 이 비판은 그 후 계속되어 1960년 우파분자로 몰려 총장에서 물러났다. 1978년 당11기 3중전회에서 명예가 회복 되었다. 그 당시 그 의견에 따랐더라면 중국의 인구폭발도 생기지 않았을 것이고, 78년 이후 최근까지 계속되는 1자녀만 낳도록 하면서 나타난 강제낙태 소황제 문제 등도 생기지 않았을 것이다.

회의에서 국내 주요무순이 이미 전환되었다는 분석을 수정하고, 여전히 현 중국사회의 모순은 무산계급과 자산계급간의 모순이며 사회주의노선과 자본주의 노선간의 모순이라고 밝혔다. 또한 약진 반대에 대한 비판을 진행하고 저우언라이, 천윈, 보이보, 리셴녠 등이 1956년의 약진 반대 문제에 대한 자아비판을 했다. 마오쩌둥은 다시 5년 만에 4,000만 톤 철강을 생산한다면, 7년 내에 영국을, 다시 8년 내에 미국을 따라잡는다고 몰아 쳤다. 그러므로 1일은 20년과 같은 시기이므로 대약진해야 한다고 호소했다. 이 회의 이후 전국적인 대약진의 운동이 일어났다.

5월 6일 중국 최초의 국산 5,000톤급 화물선 '평화 25호'가 다롄(大連)에서 진수 되었다.

5월 7일 당 중앙은 '늘 인민에게 군사선전을 강화해야 한다는 지시'를 발표했다.

5월 12일 창춘(長春) 제일 자동차공장에서 중국 최초의 국산 승용차 '동풍(東风)' 제조에 성공했다.

5월 25일 마오쩌둥, 주더, 류사오치, 저우언라이 등은 베이징시 근교의 13릉 저수지 공사장에 가서 의무노동에 참여했다. 7월1일에 이 저수지 완공.

중국공산당 8기 5중전회는 린뱌오를 중앙위원회 부주석 겸 정치국 상무위원에 커칭스(柯庆施, 가경시), 리징취안, 탄전린을 정치국위원에, 리푸춘과 리셴녠을 서기처 서기로 선출했다. 회의는 또한 당 중앙 이론잡지 '홍기'의 창간을 결정하고 천보다를 편집장으로 임명했다.

5월 27일 ~ 7월 22일 중앙군사위는 확대회의를 개최하고(1,400여명 참가) 건국 이후 인민해방군의 건설공작에 대해 평가하고, 이후 군의 방침에 대해 결정했다. 회의는 류보청, 리다 등의 군사훈련과 군사대학 교육과정을 교조주의의 착오라고 비판했다.11) 회의는 또한 '조직체제의 변경에 관한 결의'를 통과시켜 군대의 조직 개편을 시작하였다.

5월 29일 국무원은 1959년부터 국가 건설 공채 발행을 정지시키기로
　　　 결정했다. 그러나 성 이하 지역에서는 필요 시 지방경제 건설 공채
　　　 의 발행을 허용했다.

　　　 국무원은 지방 행정구역을 일부 개편하여 장백조선족자치현이 설립됨.

5월 30일 당 중앙은 정치국 확대회의를 개최했다. 회의에서 류사오치는
　　　 중국은 두 종류의 교육제도와 노동제도가 있어야 한다고 밝혔다. 즉
　　　 전일제 학교와 반공(半工)반독(半读)의 학교,[12] 고정노동자와 임시노
　　　 동자 및 계약노동자 제도가 병존하여, 전자를 위주로 후자를 보조수
　　　 단으로 하여야 한다고 하였다.

6월 1일 당 중앙이 발행하는 반월간지 '홍기(红旗)' 창간호가 발행됐다.[13]
　　　 당 중앙은 '지역별 협조공작 강화에 관한 결정'를 발표하고, 전국을
　　　 동북, 화북, 화동, 화남, 화중, 서남, 서북의 7개 협조지역으로 구분
　　　 하고 영도기구로 협작(协作)위원회를 각각 설립했다.

　　　 산시성 다퉁(大同, 대동)시에 인민해방군 장갑부대대학이 설립됨.

6월 4일 당 중앙은 '일부 노간부의 명예직무 배치에 관한 통지'를 발표
　　　 했다.

　　　 당 중앙은 조직부의 '중앙 일급기관 내의 부(副)직급과 부장(部长)조
　　　 리(助理)[14] 감원에 대한 의견'을 비준 회람시켰다.

6월 5일 제2기 전인대 상무위 97차 회의는 국가 공채 발행 정지를 결
　　　 정하고 재정세수 관리권 하방을 비준했다.

6월 9일 인민일보는 '문화혁명은 시작됐다'는 사설을 발표했다.

6월 10일 당 중앙은 '재정 · 정법 · 외교 · 과학 · 문교 소조(小组) 설립
　　　 에 관한 통지'를 발표했다.

6월 13일 국무원은 '민족자치 지방재정관리의 시행 방법'을 발표했다.

---

11) 1980년 덩샤오핑에 의하여 이때의 반교조주의 비판은 잘못이었다고 하고 그들의
　　　 명예를 회복시켰다.
12) 하루의 반은 일하고 반은 공부하는 학교
13) 1988년 5월 30일 '求是'로 바뀌어 현재까지 계속 출판됨
14) 조리는 보조 차관 비서 등의 의미와 역할

6월 20일 전국임업국장회의는 2차5년 계획 내에 18억 무(畝)의 삼림 조성을 결정했다.

6월 22일 마오쩌둥은 야금부(冶金部) 당조의 '철강생산에 관한 보고'를 열람했다. 보고는 내년 철 생산량이 3,000만 톤을 초과할 것으로 분석했다.

6월 30일 소련의 협조 하에 중국 최초의 원자로가 건설됐다.

7월 8일 인민일보는 '농업합작사의 공동식당이 생산발전과 집체주의 사상 성장을 촉진한다.'는 문장을 발표하고, 공동식당의 장점을 선전했다.이후 전국농촌에 공동식당이 설립되기 시작됐다.

7월 11일 ~ 8월 14일 북한에 파견됐던 지원군 6개 사단과 특수부대원 10만 명이 귀국했다.

7월 16일 중국정부는 미국의 레바논 침략에 대한 반대 성명을 발표했다.

7월 19일 캄보디아와 수교

7월 20일 당 중앙은 교육부의 '대 · 고 · 중학교의 하방에 관한 방안'을 비준했다.

7월 23일 인민일보는 1958년 하계 식량 총생산량이 1,010억 근에 달해 작년에 비해 69% 성장했다고 보도했다.

7월 28일 인민일보는 각지 간부 노동자 지식인들 사이에 마오쩌둥 저작 학습이 유행하고 있다고 보도했다.

7월 31일 ~ 8월 3일 소련공산당 중앙 제1서기 흐루시초프가 중국을 방문했다. 마오쩌둥 등과의 회담에서 소련 측은 태평양에서 활동하는 소련함대와 통신을 위해 장파 라디오 설치에 대한 건의를 했으나 중국 측이 거절했다.

8월 1일 중국 고급 승용차 '홍기'가 창춘에서 제작에 성공했다.
장시(江西, 강서)성에 공산주의 노동대학이 설립됐다.

8월 6일 ~ 13일 마오쩌둥 주석이 허베이, 산둥, 허난 등 농촌지역을 시찰하고 '인민공사는 좋은 것이기 때문에 공농(工農)병학(兵学)상(商)을 모두 함께 영도할 수 있다'고 제시했다. 이후 전국적으로 인민공사 설립 열풍이 불었다.

8월　6일 타이완 국방부는 진먼다오 등과 타이완 전체에 긴급 전시 상태를 선포했다.

8월　8일 중국정부는 소련정부가 제의한 유엔 긴급 특별회의의 개최를 지지했다. 이 회의는 미국의 레바논 철군과 영국군의 요르단 철군 요청 문제에 대한 토론이 주목적이다.

8월　11일 중앙혁명 박물관이 베이징에서 개관했다.

8월　14일~27일 캄보디아왕국 하마누크 수상이 중국을 방문했다.

8월　17일~30일 당 중앙정치국 확대회의가 베이다이허(北戴河, 북대하)에서 거행됐다. 회의는 전국의 1,070만 톤 철강 생산에 박차를 가할 것으로 호소하고 '농촌 내 인민공사 설립문제에 관한 결의'를 통과시켰다. 이 회의 이후 전국적으로 철 제련15)과 인민공사 운동이 본격화됐다.

8월　18일 인민일보는 농촌에서 대형 공공식당, 탁아소, 세탁조, 봉제조 등이 부녀 노동을 절감시키고 새 생활방식을 창조했다고 보도했다.

8월　20일 이라크와 수교

8월　23일 중국 푸젠 전선에서 진먼다오 마쭈(马祖, 마조)도의 국민당 군과 대규모 포격전이 진행됐다.

8월　27일 외교부는 영국 군용기의 중국영토의 침입과 홍콩 영국당국이 중화중학 교사를 폐쇄하고 학생과 기자들을 폭행한 사건에 대해 엄중 항의했다.

8월　당 중앙은 중국인민 무장경찰 부대 설립을 결정했다.

9월　**2일** 중국 최초의 TV방송국-베이징 방송국16)이 정식 방송을 했다.

9월　4일 중국정부는 영해에 관한 성명을 통해 중국 영해는 12해리까지 라고 선포했다.

---

15) 전국 각 마을마다 용광로를 만들어 철을 생산한다며, 쓰는 도구를 녹여서 못 쓰는 무쇠 만들기의 광풍

16) 1978년 5월 1일 중앙방송국(CCTV)으로 개칭 오늘에 이르고 있다.

9월 5일~8일 마오쩌둥은 최고국무회의를 개최하고 국내외 정세에 대해 전국적 정풍운동을 거쳐 대약진의 분위기가 고조되고 있다고 말했다. 국제정세에 대해서는 그는 평화를 회복하려는 인민들에게 유리하게 진행되며 점차 동풍이 서풍[17]을 잠재울 것이라고 밝혔다.

9월 6일 저우언라이 총리는 '타이완 해협 정세에 관한 성명'을 통해 타이완과 팽호열도는 중국의 영토임을 밝히고 이 지역에 대한 군사적 행동에 대한 외부간섭은 중국 주권에 대한 침범이라고 밝혔다.

9월 7일 외교부는 대변인은 미국함대의 중국영해 침공에 대해 1차 경고를 발표했다.

9월 11일 당 중앙은 '농촌 내 사회주의와 공산주의 교육운동의 보편화에 관한 지시' 등 문건을 선포했다.

9월 13일 미국과 타이완은 중국 샤먼 등 지역에 포격을 가했다. 동시에 미국 군함 18척과 전투기 2기가 6차례 진먼·사먼지역 영해와 푸젠·장시·광둥 영공을 침략했다.

9월 20일 중국과기대학이 정식으로 설립됐다. 궈모뤄가 총장을 겸임.
천이 외교부장은 미국 국무부장에게 미군이 타이완 지역에 반드시 철수해야 된다고 경고했다.

9월 25일 당 중앙과 국무원은 '간부들의 노동참가에 관한 결정'을 선포했다.

9월 25일~1월 26일 중국인민지원군 7만 명이 귀국함으로서 한국전쟁 지원군 전군이 완전 철수했다.

10월 6일 펑더화이는 '타이완 동포에게 고하는 서'에서 내정문제의 평화적 해결을 위한 회담을 제의했다.

10월 7일~18일 전국민병 현장회의가 각지에서 거행되고, 전인민의 군인화(軍人化) 문제에 대해 토론했다.

10월 9일 인민일보 보도 : 안후이성 향산(响山, 향산)인민공사에서 최초로

---

17) 서풍은 서양 자본주의 세력을, 동풍은 중국 사회주의 세력을 뜻한다.

배급제를 실시하고 공산주의에 진입했다.

10월 12일 전인대 상무위는 국가 기본건설위원회 설립을 결정하고 천윈을 주임으로 임명했다.

10월 13일 인민일보는 장춘차오(張春桥, 장춘교)의 '자산계급 법권 사상을 파괴하자'는 글을 기고했다. 이후 인민일보에서는 자산계급 법권에 대한 토론이 진행됐다.

10월 15일 당 중앙은 베이징시위의 '시간제 임금제 취소에 관한 보고'를 비준했다.[18]

10월 21일 베이징—바오터우(包头, 포두)—인취안(银川, 은천)—란저우(兰州, 란주) 간 항로가 개항됐다.

10월 25일 펑더화이는 2차 '타이완 동포에게 고하는 서'를 발표하고 미국이 2개의 중국을 만들려는 기도를 하고 있다고 지적하고, 미국의 호송선이 진입하지 않는 조건하에 진먼다오 등의 군민에게 충분한 보급품이 지원토록 하자고 주장했다.

닝샤회족자치구가 정식으로 설립됐다. 류거핑(회족)이 자치구 주석에 임명.

10월 30일 전인대 상무위, 전국정협상무위는 확대 연합회의를 개최하고 '중국인민지원군의 8년간의 항미원조 공작 보고에 관한 결의'를 통과시켰다.

10월 31일 국무원은 '중약(中药)재 발전에 관한 지시'를 발표했다.

11월 1일 모로코와 수교.

11월 2일~10일 마오쩌둥 주석은 정저우(郑州, 정주)에서 회의를 개최했다. 회의 전 마오쩌둥과 일부지도자들은 농촌에 대한 시찰을 하고 인민공사 내의 문제를 발견했다. 회의는 이러한 착오에 대한 수정을 전제로 했으며 마오쩌둥은 총노선·대약진·인민공사 운동의 방향은 틀림없이 옳은 것이라고 밝히고, 일부 지도자들이 인민공사를 집체

---

18) 이후 시간제 임금제는 취소되고 배급제가 확대됐다.

소유에서 전민소유로, 사회주의에서 공산주의로 급하게 전환시키려
는 것은 잘못된 것이라고 주장했다. 회의는 명확히 인민공사의 기본
은 집체소유제이며, 농민의 단결을 위해서 상품교환이 발전돼야 하
며, 노동과 휴식이 결합되어야 한다고 밝혔다.

11월 15일 인민해방군 총정치부는 '전군에 대한 사회주의와 공산주의 교
육운동 전개 통지'를 발표했다.

11월 17일~12월 9일 중국민주촉진회 제 3차 대표대회가 베이징에서 거
행됐다.

11월 18일 당 중앙은 위생부 당조의 '서양의(西洋医)의 중의학(中医学) 학
습조직 구성에 관한 종합보고'를 비준했다.

11월 19일 천이 외교부장은 미 · 일간의 '안보공약' 체결에 대해 성명을
발표하고, 일본정부가 미국의 아시아 침략의 도구로 자청하고 나섰
다고 비난했다.

11월 21일~27일 당 중앙 정치국 확대회의가 우창(武昌, 무창)에서 개최
됐다. 일부 중앙지도자와 지역 당위 1서기가 회의에 참석했으며 주
로 공산풍(共产风)¹⁹)의 수정, 과도지표와 과장에 대한 문제를 토론
했다.

11월 22일~12월 9일 김일성 주석이 중국을 방문했다.

11월 26일 난핑(南平, 남평)과 푸저우 간 철도가 개통됐다.

11월 28일~12월 10일 중국공산당 8기 6중전회가 우창에서 거행됐다.
각 성 · 시 · 자치구 당위 제1서기들이 회의에 참여했으며 회의는
'인민공사문제에 관한 결의, 1959년 국민경제계획에 관한 결의, 농
촌재정무역관리체제개선에 관한 결의, 중국공산당 8기 6중전회가 마
오쩌둥이 제출한 그의 차기 중화인민공화국주석 후보자 불참에 대
해 동의한다는 결정'을 통과시켰다. '인민공사 문제에 대한 결의'는
현 단계의 인민공사는 집체소유제이며 집체소유에서 전민소유제로

---

19) 공산화와 완전 공유제 분위기

전환되기까지는 상당기간이 필요하기 때문에 사회주의에서 공산주의로의 전환 역시 긴 시간이 소요될 것이라고 지적했다. 또한 이후 일정기간 동안 인민공사는 여전히 노동에 따른 분배 제도를 유지할 것이고 상품생산과 교환에 있어 큰 발전이 필요하며 이것이 사회주의 경제의 2개의 중요 원칙임을 밝혔다.

12월 5일 ~ 14일 전국 경공업 계획회의가 지난(济南, 제남)에서 거행됐다. 회의는 경공업 대약진의 경험을 평가하고 내년 경공업 생산의 방침과 임무를 결정했다.

12월 19일 신화사 보도 : 야금부의 통계에 따르면 현재까지 1958년 전국 철 생산량은 이미 1,073만 톤에 달함.

12월 20일 당 중앙과 국무원은 '농촌 재정무역관리체제 개선에 관한 결정'을 발표했다.

12월 25일~ 1959년 1월 1일 전국 농업사회주의 건설 선진단위 대표회의가 거행됐다.

 1959년

1959년 4월 18일 북경에서 제2기 전국인민대표대회와 제3기 정치협상회의 전국회의를 개최하였다. 이 대회에서 마오쩌둥은 삼면홍기 운동의 간접 책임을 지고 국가주석을 사임하고, 류사오치가 중화인민공화국 주석으로 쑹칭링·둥피우를 부주석으로 선출하고 주더를 전국인민대표대회 상무위원회 위원장, 저우언라이를 국무원 총리에, 덩샤오핑, 천윈 등 15명을 부총리로 결정하였다. 3기 정협회의에서는 마오쩌둥을 명예주석으로 저우언라이를 주석으로 펑전·궈모뤄 등을 부주석으로 선출하였다.

삼면홍기(사회주의 총노선, 대약진, 인민공사)운동의 여러 문제점에 대하여 지도층들도 부분적으로 이해하기 시작할 무렵인 1959년 7월 2일부터 8월

16일까지 과거 외국인들이 들어와 별장지로 개발한 풍광이 뛰어난 루산 (廬山, 여산)에서 회의가 열렸다. 이 회의는 중공 중앙정치국 확대회의와 당 8기 8중전회의가 함께 열리게 되었다. 회의 초반에는 삼면홍기 운동에서 나타난 지나친 좌경 문제를 바로잡는 논의가 이루어졌다.

그러나 7월 14일 마오쩌둥의 오랜 친구이자 당시 국방부장이던 펑더화이가 마오쩌둥에게 보낸 편지[20] 가 마오쩌둥의 비위를 거스르게 하면서 회의 후반부 부터는 반우파투쟁으로 발전하였다. 7월 23일 마오쩌둥은 펑더화이 · 장원톈 · 황커청 등을 부르주아계급적 동요로써 삼면홍기를 부정하고 있다며, 그들을 '우경 기회주의'라는 낙인을 찍었다. 중국공산당은 여산회의에서 펑더화이 등을 우경 반당집단으로 최종 결의하면서 인민공사로 대표되는 지나친 좌경을 바로잡을 기회를 상실하게 되었다. 펑더화이를 비판하는 선봉에는 린뱌오가 역할을 하였고, 그는 그 회의에서 국방부장을 넘겨받아 중앙군사위원회를 주재하게 되었다.[21]

서산회의는 여러 가지 의미를 부여할 수 있지만, 이미 스스로를 황제로 생각하는 마오쩌둥의 독선과 아집이 나타났으며, 그에게 반대 의견을 약간이라도 피력하는 것은 바로 실각할 수 있음을 보여주었다. 이러한 분위기는 이후 더욱 심화되어 문화대혁명에 그 절정을 이루게 된다.

1월 3일 ~ 5월 10일 전국농업전람회가 베이징에 개막했다.

1월 4일 신화사보도: 중국 석탄량 1958년 2억 7,020만 톤으로 영국보다 5,000만 톤 초과.

1월 10일 중국 최초의 송유관-신장의 커나마이(克那玛依, 극나마의)에서 두산쯔(独山子, 독산자) 간의 147km 구간 개통.

1월 13일 ~ 26일 전국 농촌 공작부장 회의는 농촌 인민공사의 경영 관리 문제 강화에 대해 토론했다.

---

20) 삼면홍기 운동 중에 나타난 지나친 좌경착오에 대한 비판을 하며 그 시정이 절박하다는 내용임.
21) 이것은 이후에 문화대혁명 기간에 발생한 린뱌오 사건의 시발이 된다.

1월 15일 민주건국회 1기 4중전회, 전국공상련 2기 집행위 제3차 회의는 연합회의를 개최하고 '현 공상업자의 자아개조 강화와 사회주의 건설의 적극 참여 문제' 등을 통과시켰다.

1월 22일~29일 동독총리가 중국을 방문했다.

1월 24일~2월 9일 저우언라이 총리가 이끄는 중국대표단이 소련 공산당 제21차 대표대회에 참가했다. 대회기간 중 중소경제기술방면의 합작 협의가 체결됐다.

1월 하순~2월 1일 당 중앙은 성·시·자치구 당위서기 회의를 개최하고 1959년 국민경제 계획문제, 공농업생산과 재정무역 문제를 토론했다.

2월 4일 수단과 수교

2월 7일 구이저우 구이양과 광시 류저우(柳州, 유주) 간 철도 605km 전 구간이 정식 개통됐다.

2월 12일 인민일보는 '1800만 톤 철 생산 투쟁'의 사설을 발표했다.

2월 17일~3월 5일 당 중앙은 정저우에서 정치국 확대회의를 개최했다. (제2차 정저우 회의) 회의는 인민공사의 소유제 문제 해결과 '첫째로 균등 둘째로 징발과 배치'라는 공산주의 절대 평등주의 바람의 수정을 토론했다. 마오쩌둥은 평균주의 경향과 과도 집중의 문제를 반드시 수정해야 한다고 지적했고, 회의는 마오쩌둥의 의견에 동의하고, 인민공사의 방침에 대한 정돈과 수정을 규정했다.

2월 23일~3월 7일 공청단 3기 4중전회는 전국 청년을 동원해 1959년 공농업 생산의 대약진 실현에 관한 결의를 통과시켰다.

3월 10일 티베트지역에서 무장 폭동이 발생했다. 3월 17일 달라이라마가 인도로 피신하고, 20일 인민해방군이 폭동 진압을 시작했다.[22]

3월 28일 국무원은 티베트 지방정부를 해산시키고 티베트 자치구 준비위원회가 지방정부의 직권을 대행토록 명령했다.

---

22) 이때에 티베트인 수천 명이 목숨을 잃었으며, 이때 달아난 달라이라마는 현재까지 인도에서 망명정부를 수립하여 활동하고 있다.

3월　12일 중국 제2 중점 도서관이 상하이에 설립됐다.

3월　22일 당 중앙과 국무원은 '1958년 신설된 전일제 · 반일제23) 대학의 정돈에 관한 통지'를 발표했다.

4월　1일 베이징-평양 간 국제 항로가 정식 개통됐다.

4월　3일 인도 정부는 달라이라마를 보호하겠다고 선포했다.

4월　17일 ~ 29일 중국인민정치협상회의 제3기 위원회 1차 회의(참가위원 1,071명)는 마오쩌둥을 명예주석에, 저우언라이를 주석으로 선출했다.

4월　18일 ~ 28일 제2기 전인대 제1차 회의는 류사오치를 국가주석, 쑹칭링과 둥비우를 부주석, 주더를 전인대 상무위원장, 린바이취, 리지선, 뤄룽환, 선쥔루, 궈모뤄, 황옌페이, 펑전, 리웨이한, 천수퉁 등을 부위원장으로 선출했다. 또한 셰줴에자이는 최고인민법원장, 장딩청는 최고인민검찰원 검찰장으로 임명했다. 회의는 저우언라이의 총리가 지명한 천윈, 린뱌오, 펑더화이, 덩샤오핑, 덩즈화이, 허룽, 천이, 우란푸, 리푸춘, 리셴녠, 네룽전, 보이보, 탄전린, 루딩이, 뤄루이칭, 시중쉰을 국무원 부총리로 임명하고 펑더화이, 린뱌오, 류보청, 허룽, 천이, 덩샤오핑, 뤄룽환, 쉬샹첸, 네룽전, 예젠잉, 청첸, 장즈중, 푸쭤이, 웨이리황(卫立煌, 위립황) 등을 국방위원회 부주석으로 임명했다.

4월　27일 ~ 5월 7일 헝가리 총리가 중국을 방문했다.

4월　29일 당 중앙 서기처는 회의를 개최하고 강철과 공업생산 건설 문제를 연구했다. 현재 농업 방면에 존재하는 실사구시에 반대되는 상황에 대해 마오쩌둥은 각 지역 간부들에게 '당내 통신'의 서신을 보내 거짓말은 인민을 해하고 자신 또한 해하기 때문에 결국 모두가 손해라고 지적했다.

5월　4일 공청단 중앙은 공청단 휘장을 반포했다.

5월　7일 당 중앙은 농업의 5개조 긴급 지시를 발표하고 개인 가축 사육

---

23) 반일제는 하루 중 반은 공부를 하고 반은 노동을 하는 대학이다. 회사 내 개설된 대학과 유사하다.

에 관한 규정을 제시했다.

5월 16일 신화사보도 : 중국 자체 설계의 동풍 자동 탈곡기 제조에 성공.

5월 18일 중국은 라오스 정부의 국경근처의 군사행동에 대해 엄중 항의
했다.

5월 24일 당 중앙과 국무원은 '농촌 내 지속적인 문맹 퇴치와 업무 후
교육발전에 관한 통지'와 '학제개혁 실험에 관한 규정'을 발표했다.

6월 11일 당 중앙은 '개인 가축 사육, 자류지 분배, 분산토지의 적극적
이용 등에 관한 지시'를 발표했다.

6월 13일 당 중앙은 '1959년 주요 물자분배와 기본 건설 계획 조정에
관한 긴급 지시'를 발표했다. '지시'는 철과 기타 품목에 대한 계획
지표를 대폭 낮추었다.

6월 20일 소련정부는 일방적으로 '중소 국방신기술에 관한 협정24)을 파
기하고 중국에 대한 원자탄 관련기술 이전을 거부했다.

6월 25일 국무원은 '계량제도의 통일에 관한 명령'를 선포하고 국제규격
을 기본 계량 단위로 규정했다.

6월 28일~7월 17일 티베트 자치구 준비위원회 제2차 전체회의는 티벳
민주개혁에 관해 토론했다.

6월 29일 중국문자개혁위원회와 문화부는 7월 15일부터 제4차 92개의
간체자가 보급된다고 통지했다.

7월 2일 ~ 8월 16일 당 중앙은 루산에서 정치국확대회의와 8기 8중전
회를 개최했다. 마오쩌둥은 대약진의 주요 착오를 종합적인 균형을
유지 못한 것과, 농업, 경중공업의 계획 순서를 제대로 집행하지 못
했기 때문이라고 지적했다. 7월 14일 펑더화이는 마오쩌둥에게 자
신의 의견을 피력하는 서신을 보냈다. 23일, 마오쩌둥은 회의 상에
서 펑더화이의 서신을 비판했고, 이후 회의는 집중적으로 국방부장
펑더화이에 대한 비판을 시작했다. 회의는 '펑더화이 등 반당집단의

---

24) 1957년 10월 15일 체결되었고, 미사일 항공 원자탄 기술이전이 주 내용임

착오에 대한 결의'를 통과시키고 펑더화이, 황커청, 장원톈, 저우샤오저우(周小舟, 주소주) 등의 직위를 해제시킴과 동시에 '당의 총노선 보위를 위한 우경 기회주의 반대 투쟁'을 결의했다.

7월 5일 베토벤 제 9교향곡이 최초로 중국에서 중국 악단에 의해 연주됐다.

7월 7일 당 중앙은 티베트지역 내 인민폐 사용을 결정했다.

7월 13일 공청단 중앙 3기 5중전회가 칭다오(青島)에서 개최됐다. 회의는 '농촌청년단 기층조직에서의 청년 역할 강화에 관한 결의'를 통과시켰다.

7월 23일 안후이성 가뭄이 심해졌다.

7월 27일 신화사보도: 농업부 각 지역에 재난방지를 위한 긴급 통지.

7월 31일 당 중앙은 '현 재정금융공작의 몇 가지 결정'을 제시했다.
당 중앙은 '식량공작에 관한 지시'를 발표했다.
인민일보 보도 : 해방군 10만 간부 중대로 내려가 사병으로 근무.

8월 4일 인민일보 보도 : 허난, 산둥 지역 대규모 가뭄 발생, 인민의 대가뭄 투쟁 전개.

8월 5일 당 중앙은 '수공업생산의 신속한 회복과 발전에 관한 지시'를 발표했다.

8월 7일 당 중앙은 '우경화 반대에 관한 지시'를 발표했다.

8월 11일 중국 의과학원 베이징에 설립.

8월 13일 당 중앙과 국무원은 '재난 투쟁 전개에 관한 긴급 지시'를 발표했다.

8월 16일 중국인민혁명 군사박물관이 베이징에서 건립됐다.

8월 18일~9월 12일 당중앙 군사위 확대회의는 펑더화이를 반당행위와 자산계급 군사 노선으로 비판했다. 회의 이후 전군에서 반우파투쟁이 시작됐다.

8월 25일 국무원회의는 '1959년 국민경제계획 주요 지시의 조정 방안 (초안)'을 통과시켰다.

8월 28일 안강 철강은 전국 강철 기업에게 1,200만 톤 철강 생산 조기 달성을 위한 우호 경쟁을 제기했다.

신화사보도 : 전국인민공사 2만 4,000여 개 완성[25], 전국 농가의 90% 이상이 참여.

8월 29일 인민일보는 '인민공사 만세'라는 사설을 실었다.

8월 31일 베이징 노동자 체육관 완공.

9월 1일 인민해방군 공군대학 설립.

9월 8일 저우언라이 총리는 인도 네루 총리에게 중국정부의 중인(中印)간 국경문제에 관한 입장을 서신을 통해 설명했다.

9월 13일 제2기 전인대 상무위 제8차 확대회의는 '중인국경문제에 관한 결의'를 통과시키고, 인도 측의 중국영토에서의 즉각적인 철수, 반중국 분위기의 즉각 정지를 희망한다고 밝혔다. 또한 국경문제의 평화적 회담을 제안했다.

9월 14일 마오쩌둥은 전인대 상무위에 '당 중앙이 전범, 반혁명범, 일반범에 대한 특별 사면에 대한 건의'를 제출했다.

9월 16일 당 중앙과 국무원은 '개과천선한 우파의 처리문제에 관한 결정'을 발표했다.

9월 17일 제2기 전인대 상무위 제9차 회의는 린뱌오를 국방부 부장으로 임명하고 펑더화이의 직위를 면직시켰다. 또한 회의는 황커청의 총참모장 직위를 해제하고, 뤄루이칭이 그 자리를 대신하게 했다. 또 뤄루이칭 대신에 셰푸즈를 공안부장에 임명하였다.

류사오치는 일부 전범과 반혁명범과 보통 형사범에 대한 특별사면령을 선포했다.

9월 19일 중국혁명박물관과 중국 역사박물관이 건립됐다.

9월 22일 인민일보는 공공식당이 전국에 완료되어 농민의 99%가 이용하게 되어 막대한 노동력을 절감했다고 보도[26]

---

25) 이 무렵에는 이미 대부분 지역에서 인민공사화가 완료되었다.
26) 그러나 이것은 전통적 가족관과 크게 배치되어 인민공사 운동 실패의 주요 원인

9월 25일 동북지역에서 다칭(大庆)유전 발견.

9월 26일 중앙군사위는 '군사위 위원 조직에 관한 통지'를 발표했다. 당 중앙 정치국의 결정에 의거하여 당 중앙군사위 주석에 마오쩌둥, 부주석에 린뱌오, 허룽, 녜룽전, 군상무위에 마오쩌둥, 린뱌오, 허룽, 녜룽전, 주더, 류보청, 천이, 덩샤오핑, 뤄룽환, 쉬샹쳰, 예젠잉, 뤄루이칭, 탄정.

텐안먼 광장 확대 공사 준공.

9월 26일~10월 2일 북한 김일성주석이 중화인민공화국건국 10주년 경축 행사에 참가했다.

9월 26일~10월 4일 베트남 호치민 주석이 건국 10주년 경축 행사에 참가했다.

9월 30일~10월 4일 소련 공산당 중앙 제1서기 흐루시초프가 건국 10주년 경축 행사에 참가했다.

10월 1일 중화인민공화국 건국 10주년 경축대회가 거행됐다.

10월 4일 기니와 수교.

10월 9일 전인대 상무위 부위원장, 중국국민당혁명위원회 주석 리지선 별세(1885년생, 광시성 출생).

10월 12일 신화사보도 : 베이징 저우커우뎬(周口店)에서 북경원인의 유골 발굴.

10월 14일 제2기 전인대 상무위 제10차 회의는 '소련정부의 전면적 감군 건의 지지에 관한 결의'를 통과시켰다.

10월 20일 일본공산당 대표가 건국 10주년 경축활동에 참가하고 중일 양 당간의 공동성명을 발표했다.

10월 23일 중국정부는 유엔 제14차 회의에서 통과된 소위 '티베트문제'에 대한 결의는 비합법적이라는 성명을 발표하고, 미국 등의 내정 간섭 행위에 항의했다.

이 되었다.

10월 26일 외교부는 인도군의 중국 서북국경 침공에 대한 성명을 발표했다.

10월 26일~11월 18일 전국 공업, 교통운송, 기본 건설, 재정 방면의 사회주의 건설 선진집단과 선진생산자 대표대회가 거행됐다.

11월 7일 저우언라이 총리는 중인 국경문제에 대해 네루 총리에게 양국 무장부대 쌍방이 실제 점유선에서 **20km**씩 후퇴하는 안을 제안했다.

11월 15일~21일 당 중앙은 제 2차 전국 대중형 도시 부식품 생산회의를 충칭에서 개최하고, 양돈을 중심으로 하는 목축업, 야채 생산, 지역에 따른 경영 발전을 제시했다. 마오쩌둥은 돼지 한 마리는 비료공장으로 1인당 한 마리씩 길러야한다고 강조함.

11월 28일 당 중앙은 제7 기계공업부의 설립과 미사일공업에 대한 통일 관리를 결정했다.

11월 티베트지역 소요 진압.

이 무렵부터 당 중앙은 1958년의 대약진과 인민공사 운동의 실패를 깨닫고, 소련의 '정치경제학 교과서 읽기운동'을 전개하기 시작함.

12월 8일 전국 인민법원 제1차 특별사면을 통해 12,082명이 사면됐다. 중앙국가기관과 민주당파 중앙기관은 142명의 우파 분자 낙인을 해지(오명을 벗음)했다.

12월 8일 당 중앙 선전부는 전국 문화공작회의를 개최하고 자산계급 문학예술 운동, 수정주의, 19세기 유럽문학에 대한 철저한 비판 전개를 제시했다.

12월 9일 천이 외교부장은 인도정부의 대규모 화교배척 운동에 대해 엄중히 항의했다.

12월 13일 국방공업위원회 설립, 허룽 주임 임명.

12월 15일 당 중앙은 전국 직공에게 반달치 정도의 성과급(12원~40원이하)을 지급하였다.

12월 17일 저우 총리는 26일 중국과 인도 간 국경 문제 회담을 제의했다. 26일 외교부는 중인 간 국경문제는 아직 확정되지 않았으며 중국정부는 현 상황을 유지하기를 바란다는 입장을 피력했다.
12월 31일 중국 최초의 지하수를 이용한 전기 발전에 성공했다.
인민해방군의 화생방 장비 국산화가 대체로 완비 되었다.

1960년

　　1957년 중국이 요청한 핵무기 기술전수를 소련이 거부한 이후 표면
화되기 시작하던 중소간의 신경전은 마침내 상호비방을 거쳐, 1960년 7
월 25일에는 중국에서 활동하고 있는 소련 기술전문가 철수와 257개 항
목에 달하는 과학기술 합작을 취소하고 물자공급도 중단하고, 파견하기로
한 기술자 909명 파견도 중지한다고 일방적으로 중국에 통보하였다. 중국
건국이후 모든 것을 소련을 모방하고 소련 기술에 의지하던 중국으로서는
큰 타격이 되었다. 이로써 양국 관계는 악화일로를 걷게 되었다. 이것이
바로 중소이념 분쟁이다. 1959~60년 중소분쟁으로 중국은 소련채무를 현
물로 갚기 위해 땅콩·옥수수 등의 곡물을 거두어 소련으로 보냈다. 삼
면홍기 운동의 실패와 반우파투쟁, 3년간의 자연재해, 중소분쟁으로 인한
건설 중단 등으로 인하여 중국은 역사상 가장 참담한 기간을 맞게 되었
다. 1961년까지 3~4년간 굶어죽은 사람이 전국적으로 약 3~4천만여 명
이 발생하였는데, 이는 당시 전 인구의 약 8%에 달하였으며 중일전쟁,
국공내전, 한국전쟁 참전 등의 전쟁으로 인한 사망자수의 7배에 달했다.
이는 전쟁보다도 잘못된 국가정책이 훨씬 더 일반 인민들의 목숨을 해칠
수 있다는 것을 보여주는 좋은 사례이다.

1월　1일 인민일보는 '60년대를 전망하며'라는 사설에서 건국 이래 10년
　　　간 주요 공업생산에서 이미 영국을 초월했고, 공업체계를 기본적으
　　　로 완성했다고 밝히고 농업, 과학문화의 현대화를 통해 사회주의 강

국을 건설하자고 밝혔다.

1월 3일 신화사보도 : 전국 각지에서 2만 6천명 우익분자가 오명을 벗었다.

1월 7일 ~ 17일 당 중앙은 상하이에서 정치국 확대회의를 개최하고 1960년 국민경제계획을 제정, 1960년 철강 생산량을 1,840만 톤, 식량 산출량을 6,000억 근, 기본건설 투자총액을 345억 위안으로 결정했다.

또한 공공식당 시행 확대[27]와 8년 안에 인민공사 현재 대대소유제에서 공사소유제로의 전환 완료를 제시했다. 회의 이후 '대약진', '반우파'의 분위기가 고조되는 가운데 과도 지표 설정, 공산주의풍이 심각해졌다. 1월 26일 당중앙은 '1960년 계획과 3년, 8년 이후의 계획보고'[28]를 발표했다. 1월 30일 당중앙은 국가계획위의 '1960년 국민경제 계획에 관한 보고'를 비준했다.[29]

1월 11일 ~ 19일 인민해방군 총참모부와 총정치부는 전국민병공작회의를 개최했다.

1월 14일 중국외교부는 미 일 군사 동맹조약 체결을 반대하는 성명을 발표했다.

1월 17일 국방위원회 부주석 전국정협상무위 민혁중앙상무위원 웨이리황 별세, 1896년 생 안후이(安徽, 안휘)성 출신.

1월 19일 티베트 라싸 최초의 인민대표대회 개최, 라싸 인민정부 정식 성립.[30]

1월 22일 신화사보도: 1959년 공농업 총생산이 1958년, 1957년에 비해 각각 31.1%, 94.4% 성장, 제2차 5년 계획 목표 3년 앞당겨 달성.[31]

1월 22일 ~ 27일 중앙군사위는 광저우에서 확대회의를 개최하고, 전략 ·

---

27) 도시지역 까지 공공식당을 확대하여 집단생활의 범위가 확대됨.
28) 3년 이내 경제약진과 8년 이내 현대화된 사회주의국가를 실현한다.
29) 이 회의에서도 조급한 공산화 대약진 바람은 그대로 지속되었다.
30) 이로서 59년 3월 10일 폐지되었던 티베트 지방인민정부가 다시 성립되었다.
31) 이 수치는 부풀려 보고된 것이 후에 밝혀졌다.

국방건설 등의 문제를 연구, '1960년 국방건설 공작 요강'을 통과시켰다.

1월 24일~29일 미얀마 총리 나이원 장군이 중국을 방문했다. 28일 양국 간 국경문제에 관한 협약을 체결했다.

1월 25일 중국과 인도네시아 양국 정부는 베이징에서 이중 국적문제 조약 비준서를 교환했다.

1월 30일 전인대 상무위는 국가 기본건설위원회를 폐지했다.
당 중앙은 '기계화를 통한 기술혁명과 기술혁명 운동 신속 전개에 관한 지시'를 발표했다.

2월 **2일** 국무원은 '귀국 화교의 대우와 배치에 관한 지시'를 발표했다.

2월 5일 위생부, 재정부는 '의료인의 임금을 국가 예산에서 처리하는 것에 대한 통지'를 발표했다.

2월 20일 당 중앙은 석유부의 '동북지역 석유탐사 상황과 이후 공작 부서 문제에 관한 보고'를 비준하고 다칭지역의 본격 석유탐사를 결정했다.

2월 28일 중국농학회 제1차 전국대표대회가 개막됐다.

2월 29일 인도네시아 당국의 핍박에 의해 2,100여명의 화교들이 귀국했다.

3월 **5일** 전국 부련 등 9개 단체는 부녀자의 날을 맞아 홍기 대약진 선전대회를 거행했다.

3월 6일 당 중앙은 '구이저우 성위의 현 농촌 공공식당 상황에 관한 보고'를 회람하고, 3월 18일 '공공식당 영도 강화에 관한 지시'를 발표했다. 또한 각 지역에 농촌 공공식당의 확대 보급과 농민이 공공식당을 이용하도록 요구했다.

3월 8일 중국 제1 방송대학인 베이징 방송대학이 개교하였다.

3월 9일 당 중앙은 '도시인민공사 문제에 관한 지시'를 발표하고 각 지방에 도시 인민공사의 조직을 지시했다.

3월 11일~22일 네팔 왕국 수상이 중국을 방문했다. 21일 양국 간 국경협정을 체결하고 중국은 네팔에 대한 경제 협조를 약속했다.

3월 11일 중국 언론인 제 2차 전국대표대회가 베이징에서 거행됐다.

3월 30일 당 중앙은 '관료주의 반대 지시'를 발표했다.

4월 1일 베이징-청더(承德, 승덕)간 철도 정식 개통.

4월 2일 당 중앙은 교육부 당조의 '농촌문맹퇴치, 업무 후 교육 진행상황과 향후 임무에 관한 보고'를 비준했다.

4월 5일 당 중앙은 '발음기호에 따른 문자식별 확대보급에 관한 지시'를 발표했다.

4월 8일~16일 몽고 잘카싸이 인민주석이 중국을 방문했다.

4월 12일 중국 아프리카 인민우호 협회가 베이징에 설립됐다.

4월 15일~29일 저우언라이 총리와 천이 부총리 겸 외교부장이 미얀마, 인도, 네팔을 방문했다. 방문기간 동안 중국-미얀마, 중국-네팔, 중국-인도 간 공동성명을 발표하고 중국-네팔 간 평화우호조약을 체결했다.

4월 22일 레닌 탄생 90주년을 기념해 '홍기', '인민일보' 등은 레닌주의와 사상에 대한 문장을 발표했다. 문장들은 레닌의 혁명 사상을 제기하면서 현대 수정주의 문제를 비판하고 중소 공산당간의 차이점을 설명했다.

4월 24일 당 중앙과 국무원은 '5.1 국제노동절 경축 방법에 관한 통지'를 선포했다.

4월 27일 철도부, 교통부, 석탄부는 작업량으로 계산하는 임금제를 취소시키고 시간임금제와 보너스제를 실행하자고 제안했다.

4월 당 중앙 마르크스레닌 저작 편집국은 '레닌선집' 제4권을 출판했다.

5월 5일~14일 저우언라이 총리, 천이 부총리 겸 외교부장은 캄보디아, 베트남을 방문했다.

5월 11일 중앙군사위는 칭다오를 북해함대 기지로 결정했다.

5월 13일 인도네시아 주재 중국대사관은 군부의 중국영사 연금사건에 대해 인도 외교부에 엄중 항의했다.

5월 20일~25일 제1기 전국 농아인 대회가 베이징에서 거행됐다.

5월 27일 인민일보는 '100번째 경고'라는 사설을 통해 1958년 9월 7일 미군 함대의 영해 침공 이래 현재까지 미군의 영해 침공이 88차례, 영공 침공 242차례라고 밝히고 중국은 서로 다른 제도의 평화공존을 위해 노력하고 있으며 평화유지의 책임은 미국에게 있다면서 미국의 침략시도에 대해 비판했다.

5월 27일~6월 1일 저우언라이 총리, 천이 부총리 겸 외교부장이 몽고를 방문했다.

5월 28일 당 중앙은 '식량 운송에 관한 긴급 지시'를 발표했다.

5월 29일 당 중앙정치국위원, 인대상무위원회 부위원장 린바이취 별세, 1885년생, 후난성 출생.

6월 1일~11일 전국 교육과 문화위생체육언론계의 사회주의 건설 선진 단위와 선진 공작자 대표대회가 베이징에서 거행됐다.

6월 2일~22일 알바니아 인민회의 주석 네시가 중국을 방문했다.

6월 6일 중국정부는 소련정부의 감군정책 제의를 지지하는 성명을 발표했다.

6월 24일~26일 사회주의 각국 공산당과 노동당 대표들은 부쿠레슈티(루마니아)에서 회의를 거행했다. 이 회의에는 펑전이 이끈 중국 대표단이 참여해 흐루시초프 주도의 중국 공산당에 대한 공격을 적극 방어했다.

7월 1일 중국 최초의 현대화 인조 섬유공장 생산 가동.

7월 5일 가나와 수교

7월 5일~8월 10일 당 중앙은 베이다이허에서 공작회의를 거행하고 기본건설 전선의 축소와 강철공업 등의 목표유지를 결정했다. 회의기간 중 소련정부의 일방적인 기술 전문가 철수 사건이 발생했다. 회의는 '당원간부들에 대한 부쿠레슈티 회의 상황과 중소관계 문제에 관한 보고 통지'와 '전당의 대규모 농업과 대규모 식량생산에 관한 지시'를 통과시켰다. 7월 8일 재정부는 '국가경제 건설 공채 상환에 관한 공고'를 선포했다.

7월 11일 중국정부는 인도네시아 군부의 화교 학살 행위에 대해 강력히 항의했다.

7월 16일 소련정부는 일방적으로 소련 전문가들의 철수를 결정했다. 7월 25일 소련 측은 1개월 내에 전문가 1,390명을 전원 철수시킨다고 통보하고, 동시에 관련 계약과 기술 합작 계획을 전면 폐기하고, 중요설비에 대한 공급과 원조를 정지한다고 밝혔다.

7월 말~8월 초 랴오닝성과 지린성에서 대형 홍수 발생.

8월 1일 중국인민혁명군사박물관 정식 개관.

8월 5일 당 중앙은 '사회집단의 구매력 긴축에 관한 지시'를 발표했다.

8월 14일 당 중앙은 '식량과 철강보호를 중심으로 하는 증산절약 운동 전개에 관한 지시'를 발표했다.

8월 26일 아프가니스탄과 우호, 상호불가침 조약을 체결.

9월 7일 당 중앙은 '농촌과 도시의 식량 배급 억제에 관한 지시'를 발표하고 화이허 이남의 농촌은 1인당 년 360근으로, 화이허 이북의 농촌은 300근으로 식량배급을 제한하고, 도시는 중노동자를 제외하고 1인당 매월 2근 정도를 줄이도록 조치했다.

인민해방군 공병대대학이 창사에 설립.

9월 10일 저우언라이 일본 대표 접견 시 중국무역의 3원칙: 정부협정, 민간합동, 개인 간 배려를 제시했다.

9월 10일~15일 기니 대통령이 중국을 방문, 우호조약과 경제기술 합작 협정을 체결했다.

9월 14일~10월 20일 당 중앙 군사위확대회의는 린뱌오의 건의에 따라 군인의 정치사상 공작 강화에 대해 토론했다. 린뱌오는 마오쩌둥 사상이 시대의 중요 사상이며 계급투쟁의 사상이라고 밝혔다. 회의는 총정치부 주임 탄정(譚政, 담정)에 대한 비판을 진행하고 '탄정동지의 착오에 관한 결의'를 통과시켰다.

9월 23일 당 중앙은 '식용유 판매량 억제와 유지(지방) 수매 강화에 관한 지시'를 발표했다.

9월 26일 정협 전국당위는 '각 민주당파, 무당파, 공상계와 지식계의 마오쩌둥 주석 저작에 대한 학습 확대에 관한 결정'을 발표했다.

9월　28일 쿠바와 수교.

9월　30일 '마오쩌둥 선집' 제4권 출판.

9월　당 중앙 정치국은 6개 중앙국 설립을 결정하고 타오주(陶铸, 도주), 쑹런충(宋任穷, 송임궁), 리징취안, 류란타오, 리쉬에펑, 커칭스를 각각 중남·화북·서남·서북·화북·화동국의 제1서기로 임명했다. 화교대학 설립, 랴오청즈 교장 임명.

10월 1일 티베트 철강 1호 고로 철 생산, 이로부터 티베트 지역에서도 철강생산 가능.

10월 4일 당 중앙은 '노동자·간부·기술자의 삼자 결합제도32)의 발전에 관한지시'를 발표했다.

10월 6일 신장위구르 자치구 제1 종합대학-신장대학 설립.

10월 13일 북한에게 61년부터 3년간 4.2억 루블의 경제차관과 타이어공장, 무선기공장 건립원조 협정이 베이징에서 체결되었다.

10월 22일 당 중앙은 '전국 중점 대학의 강화에 관한 결정'을 발표하고 44개의 중점 대학을 증설했다.

10월 27일 말리와 수교.

11월 3일 당 중앙은 '농촌인민공사의 정책문제에 관한 긴급 지시문'(즉 12조)을 발표했다. 지시문은 인민공사의 지나친 균등과 징발 배급 등의 공산주의풍이 현 제도의 기본문제라고 지적하고 수정을 요구했다.

11월 5일 중국 최초의 미사일 실험 성공.

11월 5일~12월 8일 류사오치와 덩샤오핑은 소련 10월 혁명 13주년 경축행사에 참여했다. 방문기간 중 모스크바에 거행된 81개국 공산당과 노동당 회의에 참여했다. 소련공산당 주도하의 중국공산당에 대한 공격은 계속됐고 이에 대표단은 방어했다. 회의는 '각국 공산당과 노동당 대표회의의 성명'을 통과시켰다.

---

32) 간부는 노동참여, 노동자는 기업관리에 참여, 기술자의 노동관리 참여를 말한다.

11월 1일 당 중앙은 '대규모 대용식품(代用食品) 수집과 생산에 관한 긴급지시'를 발표했다.

11월 15일 당 중앙은 마오쩌둥이 기초한 '5개풍에 관한 철저한 수정 지시'를 발표하고, 공산풍·과대주의·명령주의 등의 바람이 수정되어야 한다고 지적했다.

11월 19일 제2기 전인대 상무위 제32차 회의는 '장제스 집단과 만주국 전범 중 모범수에 대한 특별사면 결정'을 통과시켰다. 11월 28일 최고인민법원은 50명의 전범을 석방했다.

11월 20일 중국정부는 라오스 정부의 중국과의 우호 관계 건립 결정에 대한 지지 성명을 발표했다.

11월 24일 칭하이(青海, 청해) 대학 정식 설립.

11월 24일~12월 12일 전국 문교 공작회의는 교육공작 중 '조정·공고·충실·제고'의 8자(字)방침을 집행하는 문제에 대해 연구했다.

12월 3일 당 중앙은 '철강보호에 관한 긴급 지시'를 발표하고 1960년 철강 생산량 1,860만 톤의 목표를 달성하는 문제는 국내외가 주목하는 중요하고 정치적인 일이라고 밝혔다.

12월 8일 소말리아와 수교.

12월 15일~26일 캄보디아 국가원수 시아누크가 중국을 방문하고 양국 우호상호 불가침 조약을 체결했다.

12월 19일 중국정부는 미국과 태국의 라오스 침략행위의 즉각 중지를 요구하는 성명을 발표했다.

12월 24일-1961년 1월 13일 당 중앙은 공작회의를 개최하고 1961년 국민경제계획을 토론하고 '농촌의 정풍과 정책문제에 관한 토론 기록'을 작성했다. 마오쩌둥은 회의에서 사회주의 건설에 조급하지 말자고 하면서, 평균주의와 공산주의풍은 인재(人灾)라고 비판하고, 1961년은 실사구시의 한 해가 되자고 촉구했다.

12월 28일 신화사 보도 : 1960년 자연재해로 인해 전국 경지면적의 반 이상이 피해를 입음.

1961년

1961년 중국경제의 심각한 어려움을 극복하기 위한 좌경착오를 바로 잡기 위한 중국 경제에 대한 '조정(调整) · 공고(巩固) · 충실(充实) · 제고 (提高)'[33]의 방침이 1961년 1월 중국공산당 8기 9중전회에서 통과되었다. 그러나 이 방침도 그 해에 제대로 시행되지 못하였다. 수천만 명이 굶어 죽은 후인 1962년 1월에 중공확대공작회의 일명 7천인대회가 개최되었다. 이 대회에서 마오쩌둥은 지난 과오는 나의 책임이라고 자아비판하고 경제 회생을 위한 조정을 하기로 하였다. 또 반우파투쟁 중에 우파로 판정받은 사람을 재심사하여 명예회복을 시켜주기로 하였다.

1월 2일~9일 저우언라이는 미얀마를 방문하고 양국 간 경제기술 합작 협정을 체결했다.

1월 8일 인민해방군 체육대학이 광주에, 해방군통신대학이 베이징에 설립되었다.

1월 14일~18일 중공 8기 9중전회는 국민경제에 '조정 · 공고 · 충실 · 제고'의 8자 방침 실행을 결정하고 이 방침에 의거하여 국무원이 1961년 국민경제 계획을 편제하기로 결정했다. 회의는 '농촌정풍과 정책문제에 관한 토론 기록'을 통과시키고, 자연재해의 경험을 교훈 삼아 농업생산에 역량을 집중할 것을 강조했다. 회의는 '12조'의 철저한 집행과 농촌내의 5개 잘못된 바람에 대한 적극적인 수정을 강조함으로서 1958년 대약진 정책 이래 진행된 경제공작의 지도 방침이 대전환을 맞이하게 됐다.

1월 15일 당 중앙은 식량가격문제 소조의 '식량수매 가격인상에 관한 보고'를 비준하고 1961년 하반기부터 전국 식량 수매가를 평균 20% 인상키로 결정했다.

---

33) 이것을 팔자(八字)방침이라고 한다.

1월 20일 당 중앙은 '관리체제조정에 관한 시행규정'를 발표하고 경제 관리의 중심을 중앙, 중앙국, 성(시, 자치구)위원회 3급으로 집중시켰다.

1월 27일 당 중앙은 '당정간부의 3개 기율, 8개 주의사항'을 하달했다. 3대기율은 '실재에서 출발하며, 당의 정책을 철저히 집행하며, 민주집중제를 시행한다.'이며 8개 주의는 공동노동 · 친절 · 공평 · 공정 · 정책수준의 제고, 군중과의 협의 등등이다.

2월 20일 자이레와 수교.

2월 27일 베이징 노동자 체육관 준공.

3월 4일 국무원은 '문화재 보호와 관리 강화에 관한 지시' 등을 발표했다.

3월 상순 당 중앙은 광저우에서 화동, 중남, 서남 3개 중앙국과 성 · 시 · 구 당위원회 책임자 회의를 개최했다. 마오쩌둥은 농촌인민공사에 대한 토론을 주재했다.

3월 상순~중순 당 중앙은 베이징에서 화북, 동북, 서북 3개 중앙국과 성, 시, 구 당위 책임자 회의를 개최했다. 류사오치, 저우언라이, 덩샤오핑 등이 '농촌인민공사'에 대한 토론을 주재했다.

3월 14일~23일 당 중앙은 광저우에서 공작회의를 개최하고 마오쩌둥이 작성한 '농촌인민공사 공작조례(농업 60조)'를 통과시켰다.

3월 16일 당 중앙위원, 국방부 부부장 천겅(陳賡, 진갱) 별세, 1903년생 후난 태생.

4월 9일 당 중앙은 중앙간부조정과 노동력 배치에 대한 5인 소조의 '농촌노동력 조정과 하방직공 감원 문제에 관한 보고'를 비준했다.

4월 20일 중국정부는 미국의 쿠바 침략을 반대하는 성명을 발표했다.

4월 25일 라오스와 수교.

4월 26일 중국정부는 제네바회의에서 라오스 문제의 평화적 해결에 대한 건의를 지지하는 성명을 발표했다.

4월 30일 칭화대학 개교 50주년 기념식 거행.

5월 2일 중국과 캄보디아 간 상호 불가침조약 비준서 교환식이 프놈펜에서 거행됐다.

5월 3일 외교부는 라오스 푸미 반란군의 중국영공 침공에 대해 항의성
명을 발표했다.

5월 7일 마오쩌둥은 저우언라이의 '농촌정책 문제에 대한 조사 보고'를
비준했다. 보고에 따르면 현 농촌의 대다수 간부와 농민들이 공동식
당, 공급제 등에 불만이 많은 것으로 드러났다.

5월 21일~6월 21일 당 중앙 공작회의는 '농촌 60조 초안'을 수정 통
과시키고, '상업 40조(초안)', '수공업 35조', '도시 인구 감소와 도
시 식량 판매 억제 방법' 등을 제정했다. 회의는 철강생산 목표를
1,900만 톤에서 1,100만 톤으로 낮추고 지난 몇 년간 우파로 비판
을 받았던 당원 간부들의 명예를 회복시켰다. 6월 12일 마오쩌둥은
1959년 루산 회의 문제에 대해 언급하면서 자아비판을 진행했다.

6월 10일~16일 베트남 총리가 중국을 방문해 양국 간 공동성명을 발
표했다.

6월 13일-15일 인도네시아 총리 수카르노가 중국을 방문했다.

6월 17일 재정부는 중앙의 비준을 거쳐 농업세의 세율을 실제 수입의
10%를 초과하지 않도록 조정했다.

6월 19일 당 중앙은 '평균주의, 공산주의 착오에 대한 철저한 수정 규
정'을 발표했다.

6월 22일 마오쩌둥은 국무원 비서장 시중쉰의 '중앙기관 구조조정에 관
한 보고'에 대해 동의하는 서신을 보냈다. 보고에 따르면 60년 9월
이래 중앙 각부서의 8만여 명의 인원(33%)이 감원됐으며 중앙각부
서의 89개의 기구가 합병되었고 사업단위는 111개가 합병되었다.

6월 30일 중국공산당 성립 40주년 경축대회가 개최됐다.

7월 1일 중국혁명박물관과 중국역사박물관이 정식 개관했다.

7월 10일~15일 김일성주석이 중국을 방문해 11일 조중 우호 협정 조
약을 체결했다.

7월 16일 당 중앙은 '원자력 공업건설 강화에 관한 결정'을 발표하고
자력갱생을 통한 원자력 기술 개발을 촉구했다.

8월 14일~19일 가나 언커루마 국가 원수가 중국을 방문했다.

8월 31일 중국정부는 소련정부의 핵무기실험을 지지하는 성명을 발표했다.

9월 15일 당 중앙은 '간부훈련에 관한 결정'를 제안하고 마오쩌둥의 건의에 따라 전당의 각 간부에 대한 1차례 교대훈련을 진행하기로 결정했다.

9월 16일 당 중앙은 '국영공업기업 공작 조례(초안)'을 반포했다.

9월 22일~10월 3일 쿠바 도르티코스 대통령 중국 방문.

9월 25일 루쉰 탄생 80주년 기념식이 베이징, 상하이, 광저우 등에서 거행됐다.

9월 28일~10월 15일 네팔 마헌더라 국왕내외가 중국을 방문, 국경조약을 체결했다.

10월 9일 신해혁명 50주년 기념 대회가 베이징에서 거행됐다. 류사오치가 출석하고 저우언라이는 축사를 했다.

10월 10일~15일 미얀마 총리가 중국을 방문해 국경의정서를 체결했다.

10월 15일~23일 저우언라이가 이끈 중국 대표단은 소련 공산당 22대 회의에 참가했다. 저우언라이는 회의에서 중국공산당은 형제당, 형제국가와 독립과 평등을 존중하는 관계를 유지하길 바란다는 담화를 발표했다.

10월 23일~27일 중국적십자사 전국대표대회가 거행됐다.

11월 26일 당 중앙은 '중앙조직부의 당원 교육관리 공작 강화에 관한 보고'를 비준했다.

12월 15일 국무원회의는 티베트지역에 세관을 설치하고 '중국 티베트 지역의 진입세 징수 시행 방법'을 비준했다.

12월 16일 전인대 상무위는 국무원의 장제스 집단과 만주국 전범에 대한 특별사면 결정을 통과시켰다. 25일 최고인민법원은 68인을 석방했다. 중앙국가기관과 각 민주당파는 최근 우파로 찍혔던 일부 인사에 대한 명예를 복귀시켰다.

12월 21일 외교부는 유엔 16차 총회에서 통과된 소위 중국대표권 문제, 티베트 문제에 대한 결의는 무효라고 주장하는 성명을 발표했다.

12월 28일 최초의 증류식 석유 펌프 제조 성공.

12월 31일 신화사보도: 1961년 중국 강철기업은 40여종의 강철과 30여 종의 강철재를 생산.

📕 1962년

1962년 말에 이르러 중국 경제는 상당히 호전되었다. 조정의 내용은 도시인구를 줄여 농촌 인구를 늘리고 농촌에서 개인에게 토지를 나누어주고 일정량의 생산을 책임지게 하였다. 이는 개인의 자발성이 발휘되어 생산이 늘어난 결과였다. 당시 류사오치와 덩샤오핑이 중심이 되어 실시한 이 노선은 삼자일포(三自一包, 즉 자류 자유 시장 손익자기부담 도급 청부제)였다. 이에 따라 농민은 인민공사나 호조합작사에 들어가지 않고 개인경영이 가능해졌다.

1월 1일 인민일보는 '삼면홍기를 높이 들어 당과 국가의 집중적인 통일 영도 하에 전진하자!'라는 표어를 게재했다.

1월 5일 국무원 부총리 천이, 녜룽전 등은 과학자들과의 만찬에서 사회주의 강국 건설에 있어 과학자들의 책임과 의무가 막중함을 강조했다.

1월 11일~2월 7일 당 중앙은 확대 공작회의(7,000인 대회)를 개최했다. 회의는 국민경제의 곤란국면을 타개하기 위한 8자 방침의 조정, 민주집중제 강화 등을 토론했다. 30일 마오쩌둥은 자아비판을 통해 '중앙의 잘못은 나의 잘못이다'라며 자신의 착오를 인정했다. 이후 각 성 위원회, 중앙국, 국가기관의 책임자들에 대한 비판과 자아비판이 진행됐다. 2월 6일, 7일에는 덩샤오핑, 저우언라이 등이 각각 자아비판을 진행했다.

1월 16일 베이징-몽고 울란바트 간 직행 열차 운행.

1월 19일 신화사보도 : 신장 위구르 자치구에 공·농·의과·사범대 학·중 소학 등의 교육체계가 완성.

2월 12일～27일 중국불교협회 제3기 전국대표회의가 개최됐다.

2월 13일 당 중앙은 '농촌인민공사 기본 채산단위 수정문제에 관한 지 시'를 발표하고, 농촌인민공사의 생산대를 기본 단위로 결정했다.

2월 14일 당 중앙은 1962년 상반기 내에 도시인구 700만 명 이상을 감소시키고, 하반기 안에 추가로 600만 명 이상을 감소시키도록 결 정했다.

2월 16일～3월 8일 국가과학위 공작회의는 대다수 지식인들이 노동지식인 에 속한다고 보고 사회주의 건설에 과학자의 역량 발휘를 강조했다.

2월 21일～23일 당 중앙 정치국 상무위 확대회의가 중난하이(中南海:중 국 영도기관이 집중된 곳)에서 거행됐다. 회의는 현 경제 형국을 평가 하고 경제조정의 원칙과 구체적 방법을 확정했다. 류사오치 등의 중 앙 지도부는 재무판공실이 제시한 '1961년 국가 예산과 계획집행상 황, 1962년 예산 배치 보고'에 대해 적자문제를 전혀 언급하지 않 았다고 엄중 비판했다. 천원은 '현 재정경제상황과 곤경극복을 위한 약간의 방법'을 발표했다. 마오쩌둥은 우한에서 보고를 받고 천원의 발표 중 이후 경제 계획을 '회복과 발전' 2단계로 구분한 것에 만 족을 표시하고 중앙재정소조를 부활시키고 천원을 조장으로 임명토 록 하는데 동의했다.

2월 22일 당 중앙은 중앙 감축감원 소조의 '각급 국가기관, 당파, 인민 단체 감축감원에 관한 건의'를 비준했다.

2월 24일 저명한 학자 후스가 타이베이에서 별세했다 1891년생, 안후이 성 출신.

2월 27일 당 중앙 연락부부장 왕자샹은 당의 대외정책에 관해 중앙 책 임자에게 서면건의를 했다. 후에 이 건의는 마오쩌둥으로부터 수정주의라고 비판 받았다. 이 안건을 1979년 3월 9일 당 중앙에 의해 복권(平反)됐다.

2월 28일 당 중앙은 긴급통지를 통해 각 지역에 신속한 재무기구와 인원 확립을 요구했다.

3월 **10일** 당 중앙과 국무원은 '은행공작강화, 집중통일, 화폐발행 제한 결정'을 발표했다.

인민일보는 '각 방면에서 농업전선 강화'라는 사설을 발표했다.

3월 14일 당 중앙과 국무원은 '절약 실행에 관한 긴급 규정'을 발표했다.

3월 23일~4월 18일 전국정협 3기 3차 회의는 전국정협 3기 3차 회의의 결의와 안건심사에 관한 결의를 통과시켰다.

3월 27일~4월 16일 제2기 전인대 제3차 회의가 베이징에서 거행됐다. 마오쩌둥, 류사오치, 쑹칭링, 둥비우 등이 회의에 출석했다. 저우언라이는 정부공작보고에서 절대다수의 지식인을 노동 지식인으로 재평가했다. 대회는 정부 공작 보고의 결의를 통과시키고, 전인대 상무위원회의 공작보고와 예산위원회의 심사보고 등의 안건을 비준했다.

4월 **13일** 전인대 상무위는 교통부 소속의 중국 민용항공국을 국무원 직속의 중국민용항공총국으로 개편하는 것을 비준했다.

4월 17일 국무원은 '각 기관단위의 1960년 1961년 예금 동결에 관한 통지'를 발표했다.

4월 19일 중국 아시아 아프리카 학회 성립.

4월 21일 중국정부는 인도군의 신장지역 침입에 대해 엄중 항의했다.

4월 27일 당 중앙은 '신속한 당원, 간부 선별 공작에 관한 통지'를 통해 반우경 투쟁중에 비판, 처벌받은 다수를 재평가 복권시켰다.

5월 **4일** 당 중앙은 전국 공급판매합작총사의 부활을 결정하고 총사(总社)체계를 57년 이전 상황으로 되돌리기로 요구했다.

5월 7일~11일 당 중앙 정치국 상무위 회의는 '8자 방침'의 전면적 집행과 국민경제에 대한 대규모 조정을 논의했다.

5월 18일 당 중앙과 국무원은 '중국물가위원회 설립에 관한 결정'을 작성했다.

5월 19일 중국정부는 인도군의 티베트지역 침범에 대해 인도정부에 엄중 항의했다.

5월 21일 당 중앙과 국무원은 '직공감원과 도시인구 감소에 관한 결정'을 선포하고, 1961년 말까지 직공 인수를 1,056~1,072만 명 감원하고 전국도시 인구를 1.2억 명에서 최소 2,000만 명 감소시키도록 요구했다.

5월 25일 당 중앙은 교육부의 '교육사업의 진일보한 조정과 학교 직원의 감원에 관한 보고'를 비준했다.
소련 측이 사주한 신장지역 폭동사건이 중국 변방군에 의해 진압됐다.

5월 28일 중국정부는 인도군의 국경지역에서 계속적인 군사거점 증설과 침입에 대해 강력히 항의했다.

6월 5일 당 중앙은 '하향(下乡)직공에 대한 배치에 관한 통지'를 발표했다.

6월 8일 전인대 상무위는 국가 부동산 관리국을 국무원 직속기구로 설립하는 것을 비준했다.

6월 16일 펑더화이는 당중앙과 마오쩌둥에게 서신(8만자의 장문)을 보내자신을 재평가 해주길 요구했다. 8월 22일 펑더화이는 재차 중앙에 서신을 보내 자신의 문제에 대한 재평가를 희망한다고 밝혔다. 그러나 그의 요구는 끝내 받아들여지지 않았다.

6월 18일 중국정부는 인도군대의 중국민간인 습격에 대해 강력 항의했다.

6월 20일 당 중앙은 민족사무위원회의 '민족공작회의 보고'를 비준했다. 보고는 민족관계의 조정, 민족단결의 강화, 소수민족의 적극성 발휘를 지적했다.

6월 24일 당 중앙과 국무원은 '생산 중단된 기업과 단위의 물자 처리와 보관에 관한 긴급 지시'를 발표했다.

7월 3일 당 중앙은 '도시 식량 판매량의 제한에 관한 통지'를 발표했다.

7월 9일 덩쯔후이는 중앙당교에서 '농업문제에 관하여'라는 보고를 통해 엄격한 생산 책임제 채택을 주장했다.

7월 13일 외교부는 주중 인도 대사관에 인도군의 즉각적인 침공 행위 중단과 철수를 요구했다.

8월 1일 '홍기' 잡지 제15-16기 합본에 류사오치의 '공산당원의 수양'이라는 글이 기재됐다.

8월 5일 국민당 특수부대가 마카오를 통해 대륙 친지 방문을 하는 여행객 짐에 폭탄을 설치해 20여명을 사상시킨 사건이 발생했다.

8월 15일 중국 인민해방군 공정병 겸 공산당원 레이펑(雷锋, 뢰봉/1940-1962)이 순직했다.[34]

8월 29일 국민당 특수부대에 의한 폭발사건이 재차 발생했다. 이 사고로 선전(深圳, 심수)을 여행 중인 홍콩인 3인과 검역관 1인이 폭사했다.

9월 7일 라오스와 수교.

9월 17일 인민일보는 유고 티토 수상을 비판하는 '현대수정주의자는 어디까지 갈 것인가'라는 사설을 실었다.

9월 24일~27일 중국공산당 8기 10중전회가 베이징에서 거행됐다. 마오쩌둥이 회의를 주재했고 주로 국제 국내 정세, 농업, 상업 등의 문제를 논의하면서 8자 방침의 관철과 국민경제에 대한 지속적 조정을 촉구했다. 회의에서 마오쩌둥은 모든 사회주의 역사 단계에서 자산계급은 늘 존재해서 자본주의가 재출현할 위험이 있다. 따라서 계급투쟁을 잊어서는 안 된다고 강조했다.

9월 26일 중국이 자체 설계 제작한 대형 화학 비료 공장이 상하이에서 준공됐다.

9월 30일 닝샤 회족 자치구에 닝샤 종합대학이 설립됐다.

10월 8일 국무원은 야생동물 자원의 보호와 이용에 관한 지시를 발표했다.

10월 11일 당 중앙은 '인민공사 집체경제의 공고화와 농업생산 발전에

---

34) 이후 전국적인 레이펑을 따르자는 학습운동이 전개되었다.

관한 결정'과 '농촌 인민공사 공작조례 수정초안'을 발표했다.

10월 16일 당 중앙과 국무원은 '공상기업의 손실 회복과 잉여증가에 관한 통지'를 발표했다.

10월 18일 우간다와 수교.

10월 20일 ~ 11월 21일 중국과 인도 간 국경 전투가 계속되었다. 8,700여 명의 인도군이 포로나 사상을 입었다.

10월 22일 국방부 대변인은 중국 국경부대가 전투 중에 맥마흔 라인(영국에 의해 설정)에 대한 예속을 받지 않을 것이라고 밝혔다.

10월 24일 중국정부는 성명을 발표하고 중인국경분쟁의 평화적 해결에 관한 3개 안을 제시했다.

10월 29일 베이징에 1만여 명이 운집하여 쿠바의 반미를 지지하는 대회를 개최하였다.

11월 2일 인도정부는 캘커타의 중국은행 지점을 봉쇄하였다.

11월 8일 중국정부는 인도당국의 화교 핍박에 대해 인도정부에 엄중 항의했다.

11월 9일 화교학교장 랴오청즈와 일본 가오치다즈주(高碕達之助)사이에 '중일양국 민간교역 발전 비망록'이 베이징에서 체결되어, 중국의 석탄, 옥수수, 콩, 소금, 주석 등이 수출되고, 일본의 강철제, 농약, 농기계 등이 수입되었다.

11월 14일 인도국방부는 중국에 대한 대규모 진격을 선포했다.

11월 15일 저우 총리는 아시아 아프리카 지도자들에 서신을 보내 중인 국경문제의 평화적 해결을 호소했다.

11월 21일 중국정부는 성명을 통해 국경부대의 발포를 금지시키고 12월 1일부로 중·인 쌍방 간 실제 통제선에서 20km 뒤로 후퇴한다고 선포했다.

11월 당 중앙은 저우언라이, 허룽, 리푸춘, 리셴녠, 네룽전, 보이보, 루딩이, 뤄루이칭 등 15인으로 구성된 전문위원회를 설립, 원자력사업을 직접 영도하기로 결정했다.

12월 1일 노동부는 '도시 잉여 노동력의 배치와 관리공작에 관한 의견'을 발표했다.

12월 8일 중국공산당 대표단은 체코공산당 12차 대표대회에 참가해 서면 성명을 통해 체코공산당과 이웃나라들이 이번 대회를 통해 중국공산당을 공격하려는 것에 대해 유감을 표시했다. 중국공산당은 시시비비를 정확히 가려 단결할 것을 호소했다.[35]

12월 18일 외교부는 인도정부의 화교 핍박에 대해 엄중 항의하고 화교의 귀환을 위한 선박을 인도로 보내기로 결정했다.

12월 20일~1963년 1월 11일 공청단 중앙 3기 8중전회는 청년에 대한 공산주의 교육 강화를 결정했다.

12월 25일~27일 몽고 각료회의 의장 이덩바얼이 중국을 방문, 26일 중국과 몽고 간 국경 조약을 체결했다.

12월 28일 중국과 파키스탄 양국 정부는 국경문제에 관한 공동성명을 발표했다.

12월 31일 저우언라이 총리가 주도한 1963년~1972년 향후 10년간 과학기술 발전 계획이 완성됐다.

📘 1963년

1월 5일 인민일보는 '레닌주의와 현대수정주의'라는 사설을 기재했다.

1월 13일 중국 라싸와 네팔 카트만두 간 도로 건설 의정서가 체결됐다.

1월 14일 류사오치 덩샤오핑 등은 각 민주당파 무당파 민주 인사를 접견했다.

1월 20일 중국과 네팔 간 국경 협정이 체결됐다.

저우언라이는 상하이 과학기술 공작회의에서 농업 · 공업 · 국방 ·

---

35) 이로서 중국공산당이 최초로 공개적이고 직접적인 중소이념분쟁을 표면화하게 됐다.

과학기술의 현대화36)실현을 제기하면서 특히 과학기술 현대화를 강조했다.

2월 4일 해군 대함정 미사일 부대가 조직됐다.

2월 7일 인민일보는 '마오쩌둥 주석의 좋은 전사(战士)-레이펑'과 '레이펑 일기'를 발표했다.

2월 8일~28일 캄보디아 시아누크 국왕이 중국을 방문, 공동성명을 발표했다.

2월 9일 인민해방군 총 정치부는 전국의 레이펑 학습 운동을 선언했다.

2월 11일 인민일보는 '3개의 결합을 통한 영도 방법'을 발표했다. 3개 결합은 영도, 전문가, 군중 3자(者)의 결합을 의미한다.

2월 11일~28일 당 중앙은 공작회의에서 1963년 국민경제 계획 재무공작, 교육문제, 도시사회주의 교육 문제 등을 토론하고, 도시 내의 5반 운동과 농촌의 사회주의 교육운동 전개를 요구했다.

2월 15일 중국과 예멘은 양국 공사급 외교대표를 대사급으로 승격하기로 결정했다.

공청단 중앙은 전국청년의 레이펑 학습을 제창했다.

2월 22일~3월 8일 전국 의학과학 공작회의가 베이징에서 거행됐다.

2월 23일 공청단 중앙은 레이펑 우수 소년대 조직을 결정했다.

2월 24일 당 중앙기관과 각 민주당파 중앙은 100여 명의 우파 낙인을 제거했다.

3월 1일 당 중앙은 '절약 이행과 부패, 투기, 낭비, 분산주의, 관료주의 반대 운동에 관한 지시'를 발표했다.

3월 2일 중공과 파키스탄은 국경협정을 체결했다.

3월 5일 인민일보는 마오쩌둥, 류사오치, 저우언라이, 주더, 덩샤오핑 등이 '중국청년', '해방군보' 등에서 레이펑 학습을 호소했다고 밝혔다. 이후 전국적으로 레이펑 배우기 열풍이 불었다.

---

36) 이를 합쳐서 4화(化)라 하며, 4화를 실현하자는 구호는 2000년 초까지 계속 사용되었다.

3월 6일 전총은 전국 직공의 레이펑 학습을 호소했다.

3월 6일~10일 라오스 국왕이 중국을 방문, 공동성명을 발표했다.

3월 23일 당 중앙은 '전일제 중소학교 실행 공작 조례 초안과 현 교육 문제에 관한 지시'를 발표하고 같은 날 전일제 소학교와 중학교의 설립을 지시했다.

3월 25일 국무원은 '무선라디오방송 사용과 설치에 관한 관리 방법'을 발표했다.

3월 27일 당 중앙은 '인민해방군 정치공작조례'를 반포했다.

3월 30일 류사오치는 장제스 집단, 만주국, 몽고자치 정부 전범에 대한 특별 사면을 명령했다.

전인대 상무위는 '티베트 자치구 각급 인민대표대회 선거조례'를 비준하고 공표했다.

4월 2일 국방부는 성명을 통해 중국정부가 4월 10일 인도군 포로 전원을 석방하기로 결정했다고 선포했다.

4월 10일 국무원은 '상표관리조례'의 실행을 공표했다.

4월 12일~5월 16일 류사오치 부부37)가 인도네시아, 버마, 캄보디아, 베트남을 순방했다.

4월 21일~25일 아랍 에미리트 사부리 의장이 중국을 방문해 공동성명을 발표했다.

4월 27일 인도 화교 피난민을 위해 파견된 2척의 선박이 피난민을 태우고 귀항했다.

5월 7일 신화사보도 : 현재 현(縣) 지역에 최소 10개 이상의 우체국 설치, 농촌 인민공사 중 95%에 전화 설치가 되었다고 보도

5월 9일 마오쩌둥은 '저장성의 7개 농촌간부 노동참가에 관한 자료'에 대해 평가하면서 계급투쟁·생산투쟁·과학실험은 사회주의 강국의 중요한 3개 혁명운동이라고 밝혔다.

---

37) 이는 공개적으로 활동을 제한 받는 장칭(江靑, 강청: 마오쩌둥의 처)의 질투를 야기하여 뒤에 문화대혁명 시기에 이들 부부에 대한 대 공격으로 돌아왔다.

5월 25일 전인대 상무위는 제4 기계공업부 설립을 결정하고, 국가물자 관리총국 · 외문출판국 · 전국 물가위원회 · 국가 편제위원회를 국무원 지속기구로 재편토록 했다.

5월 27일 국무원은 '삼림보호조례'를 선포했다.

6월 1일 국민당 공군 상위(대위) 쉬옌쩌(徐延澤, 서연택)가 미제 F-86기를 몰고 귀순했다. 국방부는 그에게 소령 계급과 황금 2,500량의 상금을 주었다.

6월 5일~23일 조선최고인민회의 상무위원장 최용건이 중국을 방문, 공동성명을 발표했다.

6월 11일 전인대 상무위 부위원장, 중국민주동맹 주석 선쥔루 별세. 1875년생, 저장성 출신.

6월 14일 당 중앙은 소련공산당의 '국제공산주의운동 총노선에 관한 건의'에 대해 회답했다

6월 29일 외교부는 대변인은 소련정부가 대사관 직원의 소환 사건에 대해 무리한 요구를 하고 있다는 성명을 발표했다.

6월 29일~7월 10일 당 중앙 배치공작영도소조는 도시 직공 감원과 청년학생 배치 공작회의를 개최하고 향후 15년 동안 약 백만명의 청년을 계획에 따라 농 · 임 · 어업 등의 생산현장에 파견 배치하는 안을 제시했다. 또한 회의는 하향 파견될 학생의 연령을 18세에서 16세 이상으로 확대했다.

6월 1961년부터 현재까지 전국 직공수가 1,887만 명 감소, 도시인구는 2,600만 명 감소됐다. 이번 감원공작으로 인해 재정 경제 상황이 호전됐다.[38] 이는 꾸준히 농촌으로 도시인과 젊은이를 보낸(하방) 결과이다.

7월 1일 당 중앙은 성명을 통해 소련공산당이 신문에 당 중앙의 서신을 공개한 것은 중소관계를 더욱 악화시킬 것이라고 말했다.

---

38) 이는 많은 사람을 농촌으로 보냄으로써 도시에서 그들에 대한 배급의무가 줄어들어 도시 재정상황이 좋아진 것이다.

7월 5일~20일 당 중앙 총서기 덩샤오핑과 소련 중앙 서기장 흐루시초 프간의 회담이 모스크바에서 거행됐다. 쌍방은 세계발전, 국제 공산주의 운동, 중소관계 등의 현안을 논의하고 자신의 입장을 밝혔다.

7월 8일 전인대 상무위는 국무원의 2차5년 계획 이후의 2년 조정 계획과 1961, 62년 결산과 예산보고를 비준했다.

7월 9일 신화사보도 : 소련 공산당이 중국 공산당 운동을 반대하기 시작.

7월 13일 인민일보는 '우리는 분열하지 말고 단결하자'라는 문장을 발표했다.

7월 14일 소련공산당은 '소련각급 당 조직과 전체 공산당원에 보내는 공개서한'을 발표하고 중국 공산당에 대한 공격을 시작했다.39)

7월 18일 외교부는 미국 제네바 협정 파괴와 베트남 평화통일 방해공작에 대한 비난 성명을 발표했다.

8월 1일~10일 허베이(河北)성 대홍수 발생

8월 2일 저우언라이 총리는 각국 정상에게 서신을 통해 각국 정상회담을 제의하고 핵실험 금지와 핵무기 제거에 대한 각국의 적극적 반응을 희망한다고 밝혔다.

8월 4일~10일 소말리아 마크 총리가 중국을 방문, 양국 간 경제 기술 합작 협정을 체결했다.

8월 8일 마오쩌둥은 '세계인민이 연합하여 미 제국주의의 민족 분열 행위 반대와 미국 흑인 투쟁 지지를 호소하는 성명'을 발표했다.

8월 14일 당 중앙과 국무원은 국무원판공실의 '대중형 도시 시장에서 사영상업의 확대에 관한 보고'를 비준했다.

8월 17일 중국 고전 소설 '홍루몽'의 작가 차오쉐친(曹雪芹, 조설근) 서거 200주년 기념전이 베이징에서 거행됐다.

8월 24일 외교부는 체코정부의 신화사 프라하 지사 봉쇄 조치에 대해 엄중 항의했다.

---

39) 이후로 중소양국 간의 공산주의 노선을 놓고 공개 설전이 벌어졌다. 중국은 소련을 수정주의라고 비난하고, 소련은 중국을 교조주의라고 비난하였다.

8월 30일 베이징에서 베트남 남부 인민의 미국에 대한 항미투쟁을 지지하는 집회가 개최됐다.

9월 2일~3일 인민일보는 소련 언론의 중국 공산당 공격에 대해 보도했다.

9월 6일 인민일보와 홍기 편집부는 '소련 공산당 지도부와 우리의 분쟁의 유래'라는 글을 발표했다. 이후 편집부는 수차례에 걸쳐 소련공산당의 공개서한 평가 시리즈를 기재했다.

9월 5일~27일 당 중앙 공작회의는 농촌공작과 1964년 국민경제 계획, 공업발전 문제 등을 토론했다. 회의는 1963~1965년을 2차 5년 계획과 3차 5년 계획의 과도 단계로 확정했다.

9월 7일 당 중앙과 국무원은 '가격정책 집행, 공상기업 수입과 재정수입의 철저한 확보에 관한 통지'를 발표했다.

9월 15일~27일 류사오치 주석이 북한을 방문했다.

9월 26일 인민일보와 홍기 편집부는 '유고슬라비아는 사회주의 국가인가?'라는 글을 발표했다.

9월 28일 전인대 상무위는 '인민해방군 군관 근무조례'를 통과시키고, 제5, 6 기계 공업부의 설립을 결정했다.

10월 4일 중일우호협회 설립.

10월 8일 당 중앙과 국무원은 '중국 농업은행 건립, 국가의 농업 지원의 통일 관리에 대한 결정'을 확정했다.

10월 16일~25일 중화전국 수공업 합작사 제2차 사원대표회의는 '중화전국 수공업 합작사 총사 규정'을 통과시켰다.

10월 21일~11월 8일 중국 이슬람교 협회 제 3차 대표회의가 베이징에서 거행됐다.

10월 23일 국무원 전체회의는 중국 농업은행 설립을 결정하고, '발명 · 기술 등에 대한 장려 조례'를 통과시켰다.

10월 24일 외교부는 미국이 유엔총회를 조정, 중국의 유엔 내 합법권리 확보를 방해하고 있다고 성명을 발표했다.

10월 31일, 11월 1일 인민일보는 '소련의 반 중국 언론이 갈수록 악랄하고 황당하다'라는 문장을 기재했다.

11월 1일 중국 인민해방군 공군 화동부대는 1기의 타이완 미제 전투기를 격추시켰다.

11월 4일 공안부는 광둥, 푸젠, 저장, 장수, 산둥 연해지역 군민이 타이완 특공부대의 9차례 상륙 시도를 저지했다고 발표했다.

11월 6일 마오쩌둥은 흐루시초프 등에게 10월 혁명 46주년 경축 전보를 보냈다.

11월 13일 중국 자체 제작의 대형 포경선이 상하이에서 완성됐다.

11월 17일~12월 3일 전인대 2기 4차 회의는 소련의 경제 압력하의 자력갱생 방안을 주로 논의했다.

11월 17일~12월 4일 전국 정협 3기 4차 회의는 공작보고와 유관결의를 통과시켰다.

11월 22일 중국과 아프가니스탄 간 국경 조약이 체결됐다.

12월 2일 당 중앙과 국무원은 원칙적으로 중앙과학소조 등의 1963 ~ 1972년 과학기술 발전계획 보고와 사업계획을 비준했다.

12월 11일 잔지바르(Zanzibar, 탄자니아 동쪽에 있음)와 수교

12월 13일~1964년 2월 29일 저우 총리는 아랍 에미리트, 알제리, 모로코, 알바니아, 튀니지, 가나 등 14개국을 순방했다.

12월 14일 케냐와 수교

12월 16일 당 중앙 정치위원, 전인대 상무위 부위원장 뤄룽환 원수 별세, 1902년생, 후난 출생.

12월 23일 아프리카 부룬디(Burundi)와 수교

12월 24일 중국 외문서점이 베이징에 개점했다.

12월 25일 신화사보도: 중국 석유 제품 자급 가능.

12월 27일 신화사보도: 올해 전국 면화수매계획 초과 달성.

12월 30일 국무원 전체 회의는 '중화인민공화국 비행 기본규칙'과 '외국 민용항공기 비행 관리규칙'을 비준했다.

1964년

1958년부터 중국공산당 내에 일부 내부 의견이 다르게 표출되기 시작했다. 주제는 집체화의 정도 문제와 개인숭배 문제 및 계급투쟁 문제로 대표되는 것이다. 농촌에서 집체화를 완화하여 개인에게 토지를 다시 환원시키려는 세력과 집체화를 강화하여 완전한 공산사회 수준으로 가려는 세력으로 갈라졌다. 개인숭배 문제에서는 집단지도 체제의 전통을 잘 지키려는 세력과 개인숭배를 더욱 강화하려는 세력이 나타났다. 소련에서는 흐루시초프가 스탈린을 격화하면서 개인숭배를 반대한 반면, 중국에서는 마오쩌둥에 대한 개인숭배를 강화하기 시작했고 캉성과 린뱌오가 앞장을 섰다. 특히 린뱌오는 1959년 9월부터 국방부장과 군사위원회 확대회의를 주재하면서 펑더화이의 자산계급 군사노선을 비판하고 전군은 마오쩌둥 사상으로 무장해야 한다고 하며 마오쩌둥의 저작을 정치사상교육의 지도사상으로 삼아야 한다고 하였다. 군대신문인 '해방군보'에는 마오쩌둥 어록이 게재되기 시작한 이후 곧 이어 전국의 신문잡지가 따라가게 되었다. 계급투쟁 문제에 대해서는 이미 타도될 적은 기본적으로 소멸되었으므로 계급투쟁은 그 범위가 제한적이어야 한다고 보는 세력과 한결같이 계급모순이 중국 사회 주요 모순이므로 계급투쟁은 매일 매월 매년 계속되어야 한다고 주장하는 세력이 있었다. 전자는 류사오치, 덩샤오핑으로 대표되는 실용주의 전(专)의 진영이고, 후자는 마오쩌둥, 린뱌오, 캉성 사인방으로 대표되는 극좌경 홍(红)의 진영이다. 삼면홍기 문화대혁명 시기가 후자인 홍의 집단이 득세한 시기이고, 60년대 초 조정기와 개혁개방 시기는 전자인 전의 집단이 득세한 기간이다.

1964년에 이르러 이 두 진영은 매우 첨예하게 대립하기에 이른다. 63년 5월 항저우(杭州) 회의부터 66년까지 마오쩌둥은 사회주의 교육운동을 계속 진행하면서 1964년 1월에는 '자본주의로 가는 당권파'라는 용어를 사용하기 시작하였다. 이는 공개적으로 류사오치, 덩샤오핑에 대한 불신을 나타낸 것이며, 이후의 문화대혁명을 당 내부 두 진영 투쟁을 예고한 것으로 보인다.

　　문화대혁명은 마오쩌둥의 계속혁명이론과 당내의 노선갈등, 후계문제 등과 결부되면서 중국의 소위 '잃어버린 10년'의 처절한 파괴와 투쟁의 내전에 버금가는 대혼란기였다. 필자는 이 시기를 3단계로 나누어 보는데, 중국의 당 국가 사회의 모든 기존의 권위가 무너지고 홍위병에 의하여 모든 것이 탈취되어버리는 제1단계와, 인민해방군대가 나서서 홍위병을 하향시키고 린뱌오가 제2인자로 군림하며 마오쩌둥을 제거하려다 실패한 제2단계의 린뱌오사건 시기와, 마침내 모든 권력을 장악한 장칭을 위시로 한 4인방이 활개 치다가 마오쩌둥 사망 후 1개월 만에 체포되면서 끝난 4인방 집권시기로 나누어 볼 수 있다.

1월　**1일** '마오쩌둥 주석 시집(诗集/37수)' 출판 발행.

1월　2일 중앙군사위는 예젠잉의 궈싱푸(郭兴福, 곽흥복)의 교육방법에 대한 참관 보고를 회람시키고, 전국의 궈싱푸 교육법 학습으로 전군의 수준을 높일 것을 호소했다.

1월　5일 당 중앙과 국무원은 교육부의 '중소학교육과 직업교육 7년 계획안'을 회람시켰다.

1월　10일 튀니지와 수교.

1월　12일 마오쩌둥은 인민일보 기자와의 회견에서 중국인민은 파나마의 애국 투쟁을 지지한다고 밝혔다.

1월　13일 미국의 파나마 침공에 대한 반대 시위에 전국 각지 약 1,600만 명이 참여했다.

1월　16일 당 중앙은 도시청년의 농촌 사회주의 건설 참여와 조직에 관한 문건을 발표했다.

1월　27일 프랑스와 수교.

2월　**1일** 인민일보는 '전국이 해방군을 배워야 한다.'는 사설을 발표했다.

2월　4일 인민일보와 홍기 편집부는 '소련공산당 지도부가 최대의 분열주의자이다'라는 글을 발표했다.

2월 5일 당 중앙은 '석유공업부의 다칭(大庆) 석유 작업 상황 통지'를 발표했다.40)

2월 6일 당 중앙은 학제 문제 연구 소조 설립을 결정했다.

2월 10일 인민일보는 '혁명정신이 투철한 건설지역의 모범'이라는 사설을 발표하고, 동시에서 신화사 기자의 취재기 '다자이(大寨)의 길'을 기재했다.41)

2월 11일 당 중앙과 국무원은 '제2차 전국 인구조사에 관한 지시'를 발표하고 양상쿤(杨尚昆, 양상곤) 등 7인이 인구 조사 영도 소조를 구성토록 지시했다.42)

2월 15일 당 중앙은 고급간부의 마르크스, 레닌, 스탈린 저작 학습에 관한 마오쩌둥의 지시를 하달하고 동시에 '간부의 마르크스, 레닌, 스탈린 저작 필수 학습 목록'을 하달했다.

2월 29일 마오쩌둥은 외국 공산당 대표를 접견한 자리에서 당내 일부 인사들(중앙위원, 부총리 등)이 농업생산에 있어 수정주의 방법(三自一包, 三和一少)43)을 지지하고 있다고 주장하면서 사상적 대비가 필요하다고 강조했다.44)

신화사 보도 : 중앙국가기관의 7,700명 간부가 농촌 생산현장으로 하방 됐다.

3월 6일 최고인민법원은 3명의 일본 전범을 조기 석방함으로써 중국 내

---

40) 이후 전국적으로 다칭의 경험을 학습하자는 열풍이 불었다.

41) 이후 전국 농촌지역에서 농업은 다자이를 따라 배운다는 학습운동이 대규모로 전개됐다.

42) 인구 조사결과 1964년 6월 30일 24시 기준으로 전국인구수는 7억 2307만 명이고 이 중 타이완 홍콩 마카오 동포와 화교, 유학생 등이 2,849만 명이었다. 남성인구가 51.33%, 한족은 94.24%로 집계됐다.

43) 자류지를 많이 남기고, 자유시장을 많이 개설하며, 자영기업을 많이 만들어, 손익을 자기 부담으로 하는 것 등을 통해 일부 농업생산의 임무를 농가에 책임 지우는 것을 의미한다.

44) 그 후에도 마오쩌둥은 이런 주장을 자주 함으로써 당내 갈등과 문화대혁명의 전조가 나타나기 시작했다.

일본 전범을 전원 석방됐다.

3월 10일~4월 11일 국무원은 전국농업 장기 계획 회의를 개최하고 농업 3차5년 계획의 주요 임무를 설정했다. 1970년까지 전국 식량 생산량 4,800억 근 달성이 목표.

3월 19일 신화사는 주더, 둥비우, 허룽 등이 위대한 공산주의 전사 어우양하이(欧阳海, 구양해)를 배우자라고 호소했다고 발표했다.

3월 20일 인민일보는 '청년 지식인의 하향은 혁명적 행동이다'라는 사설에서, 그들을 사회주의 신농촌의 선봉이라고 발표했다.

3월 22일 당 중앙은 '지속적인 5반운동의 진행에 대한 지시'를 발표했다.

3월 26일 베이징-창사(长沙)-광저우, 베이징-청두-쿤밍, 베이징-상하이 간 3개 항공노선이 개통됐다.

인민일보는 '마오쩌둥 사상을 열심히 학습하자'라는 사설을 발표했다

3월 31일 인민일보와 홍기 편집부는 '무산계급혁명과 흐루시초프의 수정주의'라는 글을 발표했다.

4월 4일~ 8일 라오스 수상 푸마친왕이 중국을 방문, 공동성명을 발표했다.

4월 8일 상하이-청두, 상하이-쿤밍, 상하이-선양, 상하이-란저우 4개 항공 노선 증설.

4월 13일 국무원은 '외국인 출입국 여행 관리 조례'의 실행을 공표했다.

4월 17일 쿠바와 중남미 인민의 반미투쟁을 지지하는 시위가 베이징에서 거행됐다.

4월 20일 광저우 신 국제공항 준공.

4월 24일 당 중앙은 공청단 중앙의 '도시청년지식인의 농촌 사회주의 건설 참여에 관한 보고'를 비준했다.

4월 26일 탄자니아와 수교.

4월 29일 중국과 파키스탄 간 직항 항공 노선 개통.

5월 7일 당 중앙은 소련공산당에게 서신을 통해 사실 관계를 따지기 위해 1963년 11월 이후의 중소 양당 간 교환된 문건의 전문 공개를 요구했다.

5월 11일 당 중앙은 '공상기업의 잔업과 여가활동 시간 통제에 관한 통지'를 발표했다.

5월 15일~6월 17일 당 중앙 공작회의는 제3차 5년 공작계획, 정치공작, 재무공작, 농업발전 계획 등의 문제, 사회주의 교육 문제 등을 논의했다.

5월 16일 '마오쩌둥 주석 어록' 출판.

5월 16일~20일 수단 각료회의 의장 아부디가 중국을 방문, 공동성명을 발표했다.

5월 19일 중국(광저우)- 캄보디아 간 직항 개통.

5월 21일 중국 소수민족 지역 최초 농목축업대학이 네이멍구 후허하오터(呼和浩特)에 설립됐다.

5월 30일 중국정부는 소련이 아시아 아프리카 회의 참가에 반대하는 성명을 발표했다.

6월 1일~11일 아랍 에미리트 사라레 원수 대표단이 중국을 방문했다.

6월 13일 중국정부는 미국이 라오스 주재 중국 경제문화 대표단 거처에 폭탄을 투하한 사실에 대해 엄중 항의했다.

6월 15일 마오쩌둥, 류사오치, 동비우, 주더 등의 국가 지도자들은 중국 인민해방군 베이징 부대와 지난부대의 군사훈련을 참관했다.

6월 23일 당 중앙은 간쑤성 위원회와 야금 공업부 당조의 '백은 유색금속 공사의 통제권 박탈에 관한 보고'를 비준하고 기업경영 관리 문제, 간부 작풍 문제를 계급투쟁 문제로 보고 권력투쟁 전개를 호소했다.

6월 27일 마오쩌둥은 문예계 정풍 보고에 대한 평가에서 문예계와 각 간행물 대다수가 지난 15년간 당의 정책을 제대로 집행하지 못했으며 최근 수정주의 노선의 모습까지 보이고 있다고 비판했다.

6월 29일 중국은 자체 기술로 중거리 지대지 미사일 발사에 성공했다. 공안부는 1963년 11월에서 올해 6월까지 연안지역에서 70여 명의 특공부대원을 섬멸하고 11척 군함을 나포했다고 밝혔다.

7월　초 당 중앙과 마오쩌둥의 의견에 따라 펑전을 조장으로 한 문화혁명 5인 소조가 설립됐다.

7월　1일 '홍기'는 '문화전선의 대혁명'이라는 글을 발표했다.

7월　7일 인민해방군 공군은 국민당 U-2 전투기 1대를 격추했다.

7월　10일 '마오쩌둥 저작선독(选读)' 발행.

7월　10일~11일 저우언라이 총리와 천이 부총리는 버마를 방문하고 공동성명을 발표했다.

7월　10일 당 중앙 선전부 · 교육부는 전국 대학교 정치이론 과정 공작회의를 개최했다. 정치이론은 마오쩌둥 사상이 중심이고 마오쩌둥 저작이 기본 교재로 채택됐다.

7월　14일 인민일보와 홍기 편집부는 '흐루시초프의 허위 공산주의와 세계역사의 교훈'이라는 글을 공동 발표했다.

7월　17일 인민일보는 양셴전(杨献珍, 양현진)의 '두개의 대립된 사물은 하나로 융합된다(合二为一)'는 주장을 비판하는 문장을 발표했다.

7월　20일 국무원은 '국가 건설 토지 징용 허가권의 적절한 하방에 관한 통지'를 발표했다.

7월　27일 인민일보는 '직공가족의 생산대 하향의 장점'이라는 사설을 발표하여, 가족들의 하방을 고취하였다.

8월　2일 중국정부는 소련 정부의 1964년 8월 라오스문제에 대한 14국 회의 개최 제의에 대해 지지를 표명했다.

8월　3일 인민일보는 '다수의 무산계급 혁명 전사를 배양하자'라는 사설을 발표했다.

8월　6일 중국정부는 미국정부가 통킹만 사건을 빌미로 베트남민주공화국을 침략한 것에 대해 성명을 발표하고, 중국인민은 이 사태를 결코 좌시하지 않겠다고 밝혔다.

　　　베이징-항저우-광저우 간 직항 노선이 개통됐다.

8월　14일 국무원은 수산부가 제정한 '수산 자원 보호 조례(초안)'를 비준했다.

8월 중순 당 중앙 서기처 회의는 3선 건설문제45)를 논의했다. 회의는 마오쩌둥의 의견에 근거, 현재 공장지구가 대도시와 연안지역에 집중되어 만일 외부의 침략이 있을 시에는 전쟁준비에 불리하다고 판단하고, 각 성에 3선 건설에 역량을 집중토록 지시했다. 즉 주요 공업 시설을 내륙 도시로 이전하는 프로젝트로, 예를 들면 광시성 류저우(柳州, 유주)시는 이때 이전으로 공업도시가 되었다.

8월 21일~31일 1964년 국제과학 토론회가 베이징에서 거행됐다. 아시아, 아프리카, 남미 등 44개국 367명의 과학자가 회의에 참가했다.

9월 11일 당 중앙과 국무원은 문과 대학의 교사와 학생들에게 사회주의 교육운동을 참가하라는 통지를 내렸다.

9월 18일 당 중앙은 '농촌 사회주의 교육운동의 구체적 정책 규정'을 발표했다.

9월 19일~10월 3일 스리랑카 국회의장 대표단이 방문했다.

9월 21일 중국음악대학 베이징에 설립.

9월 24일 제1 인터내셔널(국제노동자협회) 성립 100주년을 기념하여 인민일보는 '마르크스 레닌주의 혁명 기치를 높이 들고'라는 사설을 발표했다.

9월 26일~10월 7일 캄보디아 시아누크 국왕이 방문, 마오쩌둥 류사오치 저우언라이에게 캄보디아 최고 훈장인 '독립훈장'을 증정했다.

9월 28일-10월 14일 중화인민공화국 건국 15주년 경축행사에 콩고, 루마니아, 베트남, 북한, 라오스 등 총 80여 개 국가원수와 대표단들이 중국을 방문했다.

9월 29일 중앙아프리카 공화국과 수교

10월 6 ~ 13일 마오쩌둥 등 당 지도부는 대형뮤지컬 '동방홍(东方红)'과 발레 '홍색(红色)낭자군(娘子军)' 등을 관람했다.

10월 9일 중국정부는 인도와의 국경문제에 관한 성명을 발표했다.

---

45) 마오쩌둥은 외세의 침략에 대처하기 위해 중요 공업시설을 내륙 깊숙이 즉 제3선으로 옮겨야 한다고 보았다.

전자가속기가 상하이에 건설 되었다.

10월 14일 신화사는 전국 각지에서 혁명 현대극과 각종 무도극이 사회주의 교육의 주요 수단이 되고 있다고 보도했다.

10월 16일 중국은 서부지역에서 최초로 원자폭탄 폭발 실험에 성공했다. 이는 1955년부터 소련의 도움으로 시작했으나 중소 이념분쟁으로 자체 개발하였다. 1962년 11월 저우언라이를 위원장으로 하는 양탄46) 전문위원회의 노력의 결과이다.

10월 24일 당 중앙은 '사회주의 교육운동의 권력투쟁 문제에 관한 지시'를 발표했다.

10월 29일 잠비아와 수교.

10월 30일~11월 13일 아프가니스탄 국왕내외가 중국을 방문, 공동성명을 발표했다.

11월 1일 ~ 7일 말리 카이타 총통이 중국을 방문, 양국 간 우호조약을 체결하고 공동성명을 발표했다.

11월 4일 인도네시아 수카르노 대통령이 상하이 체류 중, 저우언라이와 회담을 가졌다.

11월 5일~13일 저우언라이, 허룽 등은 소련 10월 혁명 47주년 경축 행사에 참가했다. 행사 중 소련 측 마린노프스키는 허룽에게 "우리가 흐루시초프를 실각시켰듯이 당신들도 마오쩌둥을 실각시켜야 우리 사이가 좋아지지 않겠냐?"라고 발언했다.47) 이 발언에 대해 저우언라이는 소련 측에 엄중 항의했고, 양국 공산당 회담에서 결국 브레즈네프의 사과를 받았다. 회담에서 양국 간 관계 개선에는 별다른 진전이 없었다.

11월 18일 당 중앙은 문화부 당조의 '원고료 제도 개혁에 관한 보고'를 통해 인세료 지급을 중지하고 글자 수에 따른 원고료 지급을 결정했다.

---

46) 양탄(两弹)은 원자탄과 미사일 개발의 암호
47) 新华日报,中华人民共和国大事记 人民出版社, 2004, P.282

11월 23일 당 중앙은 제7 기계공업의 신설을 결정하고, 미사일 공업 공작을 통일 관리토록 했다.

11월 26일 중국정부는 미국과 벨기에의 콩고 침략을 항의하는 성명을 발표했다.

12월 15일 ~ 1965년 1월 14일 당 중앙정치국은 베이징 전국 공작회의를 거행하고 농촌사회주의 교육문제를 주로 토론했다. 12월 말 회의는 이번 운동의 목적은 사회주의와 자본주의간 모순 해결이며 운동의 명칭은 도농 사회주의 교육운동으로 간략히 4개 정화(四清)[48]로 했다. 1965년 1월 초에서 14일까지의 회의에서 마오쩌둥은 사회주의 교육운동이 이전에는 공작대에만 의존해 지나친 관용이 많았다고 비판하고, 직접 류사오치를 공격하면서, 4개 정화운동의 중점 내용을 '당내 일부 주자파의 정돈'으로 제시했다. 이때에 자본주의 길을 가는파(走資派, 주자파)라는 말을 사용하고, 그 칼날을 류사오치와 덩샤오핑에게 향하기 시작 하였다.

12월 20일 ~ 1965년 1월 5일 중국정협 제4기 전국위원회 제1차 회의는 결의를 통해 마오쩌둥을 명예주석, 저우언라이를 주석으로 선출했다.

12월 21일 ~ 1965년 1월 4일 제3기 전인대 제1차 회의(3,040명 대표 참가)는 류사오치를 중화인민공화국 주석, 쑹칭링, 둥비우를 부주석, 주더를 전인대 상무위 위원장, 펑전, 류보청, 리징취안, 캉성, 귀모뤄, 허샹닝, 황옌페이, 천수통, 리쉐평, 쉬샹첸, 양밍쉬안(楊明軒, 양명헌), 청첸, 사이푸딩, 린펑, 류닝이, 장즈중, 아왕푸메이, 저우젠런(周建人, 주건인)을 부위원장으로 선출했다. 또한 류슈평을 최고인민법원장, 장딩청을 최고인민검찰원장으로 선출했다. 회의는 류사오치의 지명에 따라 저우언라이를 국무원 총리, 린뱌오, 천원, 덩샤오핑, 허룽, 천이, 커칭스, 우란푸, 리푸춘, 리셴녠, 탄전린, 녜룽전, 루딩이, 뤄루이칭, 란타오, 타오주, 셰푸즈를 부총리에 임명했다.

---

48) 정치, 경제, 조직 사상을 정화하는 운동

회의는 "공업에서 다칭을 농업에서 다자이를, 전국이 해방군을 배우자"라는 구호를 발표했다.

🔖 1965년

1월 **1일** 인민일보는 '사회주의 사업의 새로운 승리를 쟁취하자-1965년 신년사'를 발표했다.

1월 2일 인민해방군 공군은 미군 무인 정찰기 1기를 격추시켰다.

1월 6일 중국-인도네시아간 민간 직항 노선이 개설됐다.

1월 10일 중국정부는 인도네시아의 유엔 탈퇴를 지지하는 성명을 발표했다.

인민해방군 공군은 대만 공군소속 미제 U-2 고공 정찰기 1기를 격추시켰다

1월 13일 중국정부는 미국이 한국군의 베트남전 참여를 종용한 것에 대해 비난 성명을 발표했다.

1월 16일 당 중앙은 '사회주의 교육운동 중 외국인을 대할 때의 주의사항'을 발표했다.

1월 29일 부룬디 정부는 중국과의 외교관계를 잠정 중단한다고 선포했다.

2월 **1일** 공안부는 1964년 7월에서 1965년 1월까지 중국 연안지역에서 총 196인의 미국 타이완 특공부대원과 8척의 운반선을 섬멸했다고 공표했다.

2월 2일 당 중앙과 국무원은 이공계 대학생의 사회주의 교육운동 참여를 지시했다.49)

2월 5일~6일, 10일~11일 소련 각료회의 의장 대표단이 북한 순방 길

---

49) 그해 말까지 전국 359개 대학에서 22만 명의 이공계 학생이 사회주의 교육운동에 참여했다.

에 베이징에 도착해 저우언라이, 천이 등과 회담을 가졌다.

2월 9일, 13일 중국정부는 미국이 베트남전을 확대시키는 것에 대해 비난성명을 연이어 발표하고 미국의 베트남 침공은 곧 중국 침공이라고 강력히 항의했다.

2월 16일~23일 탄자니아 니넬 대통령이 중국을 방문, 우호조약을 체결하고 공동성명을 발표했다.

2월 18일 신화사 보도 : 1964년 전국 약 30만 도시 청년이 하향, 지식인 노동혁명화 길에 동참했다.

2월 25일 국무원은 고등교육부의 보고를 비준하고 자본주의 국가에 자연계 학생 50여 명을 파견하는 것에 동의했다.[50]

3월 2일~9일 파키스탄 대통령 중국 방문, 공동성명 발표

3월 16일~27일 파키스탄 해방조직 대표단이 중국을 방문했다.

3월 20일 인민일보는 최근 열린 소련 공산당회의가 국제 공산주의 운동을 공개적으로 분열시키려 했다고 비난하는 성명을 개재했다.
저우언라이는 중앙 전문위원회 제11차 회의를 개최하고 핵잠수정 개발 안을 비준했다.

3월 21일 국제관계대학이 베이징에 설립.

3월 23일~27일 저우언라이는 루마니아 공산당 제1서기 게오르기우데지의 장례식에 참가했다.

3월 24일 중국정부는 서독정부가 나치 전범의 전과에 대해 더 이상 추궁하지 않겠다고 결정한 것에 대해 비난 성명을 발표했다.

3월 27일~30일 저우언라이는 알바니아를 방문, 성명을 발표했다.

3월 29일 당 중앙은 '서남 3선 건설위원회'를 조직하고, 리징취안 주임을 임명했다.

4월 1일~4일 저우언라이는 아랍 에미리트, 파키스탄, 버마를 순방했다.

4월 9일 당 중앙 정치국위원, 상하이시 제1서기 겸 시장 커칭스 별세,

---

50) 최초로 자본주의 국가에 중국 학생이 유학을 가게 되었다.

1902년생, 안후이성 출생.

미국 군용기 8기가 하이난도 상공에 침입해 인민해방군 공군이 응전했다.

4월 12일 외교부는 영국정부에게 영국 특사가 베트남 문제 협상을 위해 중국을 방문하는 것을 원하지 않는다고 밝혔다.

4월 18일 외교부는 반둥회의(A A 회의) 10주년 기념식을 거행했다. 덩샤오핑은 이 자리에서 중국정부는 어떠한 대가를 치르더라도 베트남 해방전쟁을 지지할 것이라고 밝혔다.

중국 인민해방군 공군, 중남 지역 상공서 미군 무인 정찰기 1기 격추.

4월 26일 ~ 28일 저우 총리가 버마를 방문하고 버마 혁명위원회 주석 나이원 장군과 회담을 가졌다.

4월 30일 중국 자체 비닐 공장 생산 가동.

5월 3일 중국정부는 미국의 도미니카 침공을 비난하는 성명을 발표했다.

5월 14일 서부지역에서 상공에서 2차 원자탄 폭발 실험에 성공했다.

5월 18일 마오쩌둥 류사오치 등은 베트남 후즈밍 75세 생일 축전을 보냈다.

5월 22일 류사오치는 전인대 상무위원회 3기 9차 회의의 결정에 따라 인민해방군 계급제도 철폐를 6월 1일 부로 시행토록 명령했다.

5월 24일 국무원은 중국 인민해방군의 새 휘장과 복장에 대한 결정을 공표했다.

6월 2일 ~ 8일 저우언라이 총리가 파키스탄과 탄자니아를 순방했다.

6월 6일 국방부는 '군대 내 새 규정에 따른 상호 호칭'에 관한 통지를 내렸다.[51]

6월 14일 당 중앙은 고등교육부 당위의 '대학 문과 졸업생의 현 이하 기층조직 파견에 관한 지시'를 하달했다.

6월 18일 외교부는 미국의 베트남 참전에 대해 강력 비난했다.

---

51) 평등을 실현하기위해 모든 계급이 폐지되었으므로 모두 이름에 '동지'를 붙여 부르거나, 그냥 '동지'라 부르게 하였다.

6월 26일 마오쩌둥은 '의료 위생 공작의 중점을 농촌에 두라'고 지시했다. 중국정부는 '한일 기본 조약52)'을 절대 인정할 수 없다는 성명을 발표했다.

7월 11일 저우언라이는 고등교육부에 외국유학생에 대한 학위증서 발급을 지시했다.53)

7월 11일~16일 우간다 오보토 총리가 중국을 방문, 공동성명을 발표했다.

7월 13일 중국은 베트남에 대한 경제 기술 원조 협정을 체결.

7월 19일 모리타니아와 수교.

7월 20일 전(前)중화민국 총통 대리 리종런54)부부가 미국에서 베이징에 도착했다. 저우언라이가 공항에서 직접 환대했으며, 마오쩌둥, 류사오치 등이 리 부부를 접견했다.

7월 21일~28일 소말리아 오스만 대통령이 중국을 방문, 공동성명을 발표했다.

7월 24일~8월 1일 버마 혁명위원회 주석 겸 혁명정부 각료회의 의장 나이원 장군 일행이 중국을 방문, 공동성명을 발표했다.

7월 25일 당 중앙은 중앙재무부의 '재무부문의 4개 정화 운동에 관한 의견 보고'를 비준했다.

당 중앙은 대학, 과학 연구, 문화 단위 간부들에게 농촌 사회주의 교육 운동에 참여하라는 통지를 내렸다.

8월 1일 당 중앙은 '리종런 귀국문제에 관한 통지'를 발표했다.

8월 1일~6일 인도네시아 공산당 아디 주석이 중국을 방문했다.

8월 2일 중국 최초의 대형 전자 현미경 상하이에서 제작 성공했다.

8월 6일 인민해방군 해군은 동남연해에서 국민당 군함 2척을 격침.

8월 18일 인민일보는 '사상 하향, 공작하향, 생산품 하향, 기술 하향'의

---

52) 1965년 6월 22일 한국의 박정희 정부 때 맺은 한일 협정을 말함
53) 그러나 이 지시는 곧 이은 문화대혁명 때문에 실행되지는 못했다.
54) 1891~1969. 이때 귀국하여 줄곧 대륙에 살았으며, 54년 대만 국민정부에서는 그를 영구 제명하였다.

사설을 발표했다.

8월 21일 국가 건설위는 전국 이동공작 회의를 개최했다. 회의는 이동 공작은 제국주의의 침략 시 조기에 물자를 안전한 곳으로 이동시킬 수 있도록 해야 한다고 지적했다.

8월 25일 전인대 상무위는 티베트자치구 성립을 비준했다.

8월 당 중앙 전문위원회는 중국과학원의 '인공위성 개발 계획 건의'를 비준했다.

9월 1일～9일 티베트 자치구 제1기 인민대표대회 1차 회의가 라싸에서 거행, 티베트 자치구 성립이 정식으로 선포됐다.

9월 3일 항일전쟁 승리 20주년 기념집회가 각지에서 거행됐다.

인민일보는 린뱌오의 '인민전쟁 승리 만세'라는 문장을 발표했다. 문장은 북미 서유럽을 세계의 도시라 한다면, 아시아, 아프리카, 남 미는 세계의 농촌이며, 현재 세계혁명은 농촌이 도시를 포위하는 형 국이다라고 지적했다.

9월 18일～10월 12일 당 중앙공작회의는 국가계획위가 제출한 1966년 국민경제계획 요강을 비준하고 3차 5년 계획의 국방건설, 3선 건설 가속화, 공업의 점진 개혁의 방침을 토론하고 동의했다. 마오쩌둥은 회의 상에서 만약 당 중앙이 수정주의라면 반드시 모반하라고 역설 했다.

9월 19일 중인 국경선에서 무장 충돌이 발생.

9월 20일 인민해방군 해군 항공병부대는 하이난도 상공에서 미군 전투 기 F-104 한 대를 격추시키고 조종사를 생포했다.

9월 22일～10월 4일 캄보디아 시아누크 국왕 내외가 중국을 방문, 공동 성명을 발표했다.

9월 26일 외교부는 국제 적십자사 상설위원회가 타이완 대표단을 국제 적십자 대회에 초청한 사실에 대해 2개 중국의 분열 조장 행위로 간주하고 강력하게 항의했다.

9월 29일 천이는 기자회견을 통해 미국의 침략 전쟁의 영향이 중국 인민에게 미친다 해도 전혀 두려울 것이 없고, 결과는 미국의 멸망이라고 밝혔다. 그는 또한 장제스 등이 리종런처럼 국공합작에 참여하기를 바란다고 밝혔다.

10월 5일 인민해방군 공군부대가 광시지역에서 미국 전투기 1기를 격추시켰다.

10월 18일 외교부는 인도네시아 대사관에 인니 무장부대가 중국 상무 참사처를 수색한 것에 대해 항의했다.

10월 24일 정협 상무위는 쑨중산[55] 탄신 100주년 기념식을 거행하기로 결정했다.

10월 26일 중국정부는 분열된 아시아·아프리카회의에 불참하겠다는 성명을 발표했다.

10월 베트남 호지명 주석의 요구에 따라 인민해방군이 베트남전에 방공, 공병, 철도, 보급 등의 지원부대를 파견했다.

11월 1일 다자이 농업 모델이 베이징에서 전시되었고, 당일 인민일보는 '농업은 다자이 정신으로'라는 사설을 발표했다.

11월 3일 당 중앙은 중국농업은행과 중국인민은행의 합병을 결정했다. 두 은행은 합병 이후에도 인민은행과 농업은행의 간판을 그대로 보유하기로 결정했다.

11월 6일~8일 인민해방군 총정치부, 공청단중앙, 전총(全总)은 왕제(王杰, 왕걸)를 배우자고 호소했다.

11월 10일 당 중앙은 왕둥싱을 중앙 판공청 주임으로 임명하고, 양상쿤의 판공청 주임 직위를 해제했다.
    상하이 신문 문회보(文滙报)는 야오원위안(姚文元, 요문원)의 '역사극 해서파관(海瑞罢官)을 논함'의 문장을 발표하고 '해서파관'에 대해 공개적 비판을 했다. 이후 전국 신문들이 앞 다투어 비판운동에 동참했고, 이것이 이후 '문화대혁명'의 도화선이 됐다.

---

55) 쑨원(孙文, 손문, 1866. 11. 12~1925. 3. 12) 중국혁명의 아버지 국부(国父)로 추앙받고 있다.

11월 13일~19일 마오쩌둥은 산둥·안후이·장수·상하이 등을 시찰하고 전쟁 준비 공작을 철저히 할 것을 강조했다.

11월 16일 중국정부는 일본 중의원이 '한일기본조약'을 비준한 데 대해 항의했다.

11월 중순 당 중앙 정치국 확대회의를 개최하고 도시 내 반공반독 교육 문제를 토론했다. 류사오치는 회의에서 국민교육은 3종 형식56)이 있다고 제시했다.

11월 22일 외교부는 미군 폭격기가 라오스 주재 중국 경제문화대표단 거처와 신화사 분소을 폭격한 것에 대해 강력 항의하는 성명을 발표했다.

11월 26일 린뱌오는 전군에 정치학습을 강조하고 마오쩌둥 사상이 최고의 무기라고 주장했다.

12월 5일 중국의 베트남에 대한 차관 지원 협정이 체결됐다.

12월 8일 마오쩌둥, 류사오치, 저우언라이, 주더 등 당 지도부는 중국 인민 방송사업 창립 20주년 축사를 했다.

12월 8일~16일 당 중앙 정치국 상무위는 확대회의를 상하이에서 거행됐다. 회의에서 린뱌오는 뤄루이칭이 찬탈과 반당을 도모한다고 모략해서, 그의 군내 지위를 박탈시켰다.

12월 9일 중국 대사관은 인도네시아 외교부에 인도네시아 우파의 화교에 대한 폭력 행위가 점점 강력해지고 있다고 강력 항의했다.

12월 21일 전인대 상무위 부위원장, 정협 전국 부주석, 중국민주건국회 주임위원 황옌페이 별세, 1878년생, 상하이 출생.

12월 28일 외교부는 미국의 캄보디아에 대한 위협에 대해 비난성명을 발표했다.

12월 30일~1966년 1월 18일 인민해방군 총정치부는 전군정치공작회의를 개최하고 린뱌오가 제출한 '정치를 돌출하자(突出政治)'는 5개

---

56) 즉 종일 공부하는 전일제(全日制), 반은 일하고 반은 공부하는 반공반독, 일이 끝난 후 공부하는, 업무 후 교육, 이 세 가지를 지역 상황에 맞게 운영하도록 함.

원칙을 연구하고, 이후 '해방군보'를 통해 정치돌출을 강조했다.

12월 31일 '홍기'는 '정치는 핵심이고 영혼이다'라는 1966년 신년사를 발표했다.

문화대혁명 대혼란기

1966. 5~1976. 10

문화대혁명 대혼란기
(1966. 5~1976. 10)

문화대혁명 십 년 동안 중국은 건국 이래 심각한 좌절과 손실을 입었다. 문화대혁명은 영도자인 마오쩌둥이 잘못 발동하여, 린뱌오, 장칭 반혁명 집단에 의해 이용낭하여 막대한 재난을 가셔온 한 바탕의 내란이었다. 대혼란의 어려운 조건 속에서도 저우언라이, 덩샤오핑 등의 노력은 당과 사회주의 사업에 지속적인 활력을 불어넣었다. 1976년 마오쩌둥이 죽고 4인방이 체포되면서 기나긴 10년에 이르는 내란은 종결되었다.

1965년 11월 장칭(江靑, 강청)의 직계에 속하는 야오원위안은 상하이 문회보에 "신편 역사극 해서파관(海瑞罷官)을 평함"이란 글을 발표하였다. 해서파관은 류사오치 쪽에 가까운 우한(吳晗, 오함)이 저술한 역사극으로 명나라 가정황제가 충신 해서를 파면시킨 것을 마치 마오쩌둥이 펑더화이를 파면한 것에 빗대어 평가하였다. 마오쩌둥은 12월 2일 이와 관련하여 야오원위안의 글을 평하면서, '핵심은 1959년 우리가 펑더화이를 파면했으니 펑더화이가 바로 해서이다'라고 지적하면서 전국적 관심과 정치적 화두가 되었다. 66년 초에는 해서를 소재로 한 모든 문학 작품을 비롯하여 역사·문학·철학·사회과학 전반에 걸쳐 비판하고 우한과 유사한 전문가 교수들은 정치 비판의 과녁이 되었다. 66년 2월 3일 펑전(彭眞, 팽진)이 주임인 문화혁명 5인 소조는 오함이나 해서파관을 비판하는 것은 옳지 않다는 이른바 '2월 제강(提纲)'을 제출하였다. 5월 16일 정치국 확대회의에서 마오쩌둥의 뜻에 따라 펑전 등의 직무를 박탈한 후 새로운 통지(5.16통지)를 통과시키고, 문화혁명 5인 소조를 해체시키며, 문화혁명소조(중앙문혁소조)를 새로이 설치하여 계속 혁명을 주도하도록 하였다.

당시 마오쩌둥은 스탈린 사후 흐루시초프[1])에 의한 격하를 보면서 자신의 지위와 후계 문제에 고민하면서 당내에서 수정주의적 발호를 용납할 수 없었을 것이다. 중앙문혁소조는 천보다를 조장으로, 캉성을 고문으로, 장칭을 제1부조장으로 하여 중국 권력 중심에서 우월적 지위를 점하기 시작하였다. 66년 8월에는 중공 8기 11중전회에서 마오쩌둥은 '사령부를 공격하라! 나의 대자보'라는 발표를 하면서 당시의 당권파를 '자본주의 길을 가는 파(走資派)'라고 지목하고 타도의 대상을 구체화하였다. 이 회의에서 린뱌오 천보다 캉성 등이 당 최고 지위 반열에 진입하고, 린뱌오가 마오쩌둥의 후계자로 지명되었다. 이 회의는 이제까지 유지되어 왔던 집단영도 체제가 완전히 무너지고 개인 영도 체제가 확립되어 감을 나타낸다.

1966년 5월 시작된 마오쩌둥이 친히 발동하고 영도한 10년 역사의 문화대혁명은 매우 특수한 역사의 한 페이지를 장식하였다. 사회주의를 달성한 지 이미 17년이나 지나 이미 일정한 성과를 이룩한 신 중국에 어찌하여 이러한 대혼란이 발생할 수 있었는가? 그 원인은 무엇인가? 마오쩌둥 사후 당에서 결의한 '건국 이래 당의 약간의 역사 문제에 관한 결의'에서 답을 찾아보면 "사회주의 사회에 있어서의 계급투쟁에 관한 마오쩌둥 동지의 이론과 실천상에서의 착오는 날이 갈수록 심각해졌고, 그의 개인 독단적 작풍은 점차 당의 민주집중제에 손실을 가져다주었으며, 개인숭배 현상은 날로 심해졌다. 당 중앙은 적시에 이러한 잘못을 시정할 수 없었다. 린뱌오, 장칭, 캉성 등의 야심가들은 이러한 잘못을 이용하고

---

1) (1984. 4. 15~1971. 9. 11) 흐루쇼프라고도하며, 1953~64년까지 소련 국가 원수 겸 공산당 서기장을 지낸 정치인이다. 그는 스탈린을 비판하였고 대외적으로는 서방 국가와의 공존을 모색하였다. 쿠바사태에서 미국에 대한 양보 등으로 1964년 10월 실각되었다.

조장하려 애썼다. 이것이 문화대혁명의 발동을 이끌었던 것이다'라고 지적하고 있다.

결국 그 원인은 그 당시 마오쩌둥의 심적 변화와 계급투쟁에 관한 잘못된 이론과 실천이 더욱 심해짐에 따라 발생되었다고 본다. 마오쩌둥의 계급투쟁에 관한 잘못된 관점은 이미 오래전부터 점차적으로 발전되어 온 것이었다. 마오쩌둥은 1957년의 반(反)우파 운동을 계급투쟁으로 심각하게 확대시킨 잘못을 범하였다. 1959년 여산회의에서 모택동은 당내의 시비 문제의 논쟁에 있어서, '한 바탕의 계급투쟁은, 과거 10년 동안 사회주의 혁명 과정 중 자산계급과 무산계급 양대 적대계급의 생사가 달린 투쟁의 연속이다'라고 하였다. 이것은 사회의 계급투쟁을 당내로 끌어들여, 당을 계급투쟁의 싸움터로 만들어 버렸다. 1962년 9월, 마오쩌둥은 당의 8기 10중전회에서 '계급, 형세, 모순과 당내 단결 문제에 관하여'라는 연설을 하였는데, 이는 사회주의 사회의 계급투쟁을 확대시키고 절대화시키는 논술로서, 사회주의 역사에는 자산계급이 존재할 것이며, 또한 자본주의 부활의 위험이 있다고 단언하였다. 1965년 1월 중공중앙이 제정한 사회주의 교육 운동에 관한 "23조"는, 마오쩌둥의 의견에 따라, 계급투쟁을 강령으로 하고, 두 개의 노선 투쟁을 강령으로 할 것을 제기하였다. 또한 '이번 운동의 중점은, 당내의 자본주의 길을 걷는 몇몇의 당권파를 숙정하는 것이다'라는 관점을 제기하였다.

1966년에 이르러, 마오쩌둥은 마침내 다음과 같이 인식하였다. 한 무리의 자산계급 대표 인물과 반혁명적 수정주의 분자들이 이미 당내, 정부, 군대와 문화 영역의 각계에 스며들어 있으며, 상당히 많은 여러 단위의 영도권이 이미 그들의 손에 들어갔다. 또 당내 자본주의 길을 걷는 당권파는 중앙에 자본주의 사령부를 형성했으며, 그들은 수정주의적 정치 노선과 조직 노선을 가지고 있으며, 각 성(省), 시, 자치구의 중앙 각 부문에도 하수인을 가지고 있다고 인식하였다.

마오쩌둥이 '문화대혁명'을 발동한 논리는 후에 '무산계급 독재하의 계속혁명 이론'으로 체계화되었다. 여기에서 무산계급 독재하의 계속혁명

이란 말은 특별히 함축적 의미를 띠고 있다. 그것의 핵심적인 내용은 바로, 무산계급이 정권을 탈취하여 착취 계급과 착취 제도를 소멸시킨 후에도, '한 계급이 한 계급을 뒤집어엎는' 정치 대혁명이 지속적으로 필요하다는 것이다.

중국 건국 이후에도 계급투쟁이 확대되고 절대화된 데에는 복잡한 역사적 원인이 있었다. 우선 중국공산당은 오랫동안 혁명전쟁과 격렬한 계급투쟁의 상태 속에 처해 있었고, 급속히 도래한 새로운 사회주의 사회와 전국적 규모의 사회주의 건설에 대하여 충분한 사상적 준비와 과학적 연구가 부족했으며, 경제건설 과정 중에서 나타난 각종 모순과 각종 문제를 정확히 처리할 수 있는 경험이 부족했다. 특히 사회주의 개조가 기본적으로 완성된 이후, 이미 계급투쟁에 속하지 않은 여러 문제를 계속하여 습관적으로 계급투쟁의 틀 속으로 가져가 해결하려고 하였기 때문이다.

다른 한 원인은, 개인 독단적 풍조가 점차 심해진 것도 문화대혁명의 발생과 주요한 관련이 있다. 1956년 이후 삼면홍기 운동의 조급한 "좌"경적 정책을 난무하고, 1959년 반우경투쟁 운동을 발동한 이후, 당과 국가의 집단 지도 원칙과 민주집중제는 무너지고 파괴되기 시작하였다. 당의 권력은 지나치게 마오쩌둥 개인의 손에 집중되었다. 마오쩌둥 주석의 의견에 대해서는, 누구도 의의가 있을 수 없었고 누구도 반대할 수 없었다. 이렇게 됨으로써, 많은 사람들은 최고 영도자의 잘못을 시정하는 수단과 능력을 상실하게 되었던 것이다.

마오쩌둥은 1931년 준의회의 이후 공산당과 전국 인민의 신뢰와 숭앙을 받았다. 그는 일찍이 당에게 겸허하고 근신하는 태도를 지켰다. 그러나 건국 이후 사회주의를 전면적으로 건설하는 새로운 임무에 당면하여, 특별히 근신해야 할 시기에, 모택동의 명망은 최고조에 이르렀으며, 따라서 점차 교만해지기 시작하였다. 그는 서서히 대중으로부터 멀어졌고, 실재에서 벗어났으며, 주관주의와 개인 독단적 풍조는 심각해졌고, 날이 갈수록 당 중앙을 능가하여, 집단 지도 원칙과 민주집중제를 부단히 약화시켰다. 또 개인 독단적 풍조가 형성된 것은 오랫동안 중국의 봉건 전제주의와 가부장제의 영향 탓도 있었다. 건국 이후 민주를 제도화하고 법률화하지 못한 것 또한 개인 독단 형성에 한 원인이 되었다. 이 모든 것들로 인하여 당과 국가가 문화대혁명을 방지하고 저지하지 못하게 되었다.

그러면 왜 홍위병을 동원한 무리수를 써야 했는가? 그것은 당시 당내에서는 이미 마오쩌둥에 대한 신뢰가 예전 같지 않아 그의 의견이 쉽게 100% 반영되지 못하고 있으나, 일반 대중 특히 어린 학생들에게는 신과 같은 존재였다. 그리하여 그는 당내에서 정상적인 회의 방법으로는 불가능하다는 것을 알고 철없는 어린아이들을 홍위병이라는 이름으로 이용하게 된 것이다. 공개적이고 전면적으로, 아래에서부터 위로의 대대적인 투쟁을 전개하여 주자파와 반혁명 수정주의 분자에 의해 빼앗긴 당권을 되찾아야 한다는 마오쩌둥의 오판과 노욕이 수백만을 희생시키고 10년간 국가의 대부분의 정상적 업무를 마비시키는 대재앙을 초래하였다.

1966년 6월 북경의 고등학생들이 홍위병(홍색 정권을 보위하는 위병)이라고 하며 조직되기 시작하였다. 8월 1일은 마오쩌둥이 칭화대학 부속 고등학교 홍위병에게 편지를 보내 그들을 적극 지지한다면서 '조반에는 이유가 있다'고 칭찬하고 이 사실을 전국적으로 하달하였다. 8월 18일에는 마오쩌둥이 스스로 군복에 홍위병 휘장을 하고 천안문 광장으로 가서 백만 명의 홍위병을 접견하고, 선동적 연설을 통해 '자본주의의 길을 가는 당권파를 타도하자, 자산계급 반동친위를 타도하자' 등의 구호를 외치자 판단력이 없는 젊은 아이들은 마오쩌둥 주석 만세를 외치며 열광하였다. 9월 5일, 중공중앙과 국무원이 '외지의 혁명적 교사와 학생을 조직하여 북경에 와서 혁명운동을 참관하라'는 통지 이후, 운동은 전국적으로 확대되었고, 11월 하순까지 마오쩌둥은 8차례에 걸쳐 3백여 만 명의 교사와 학생 그리고 홍위병을 접견하였다. 린뱌오, 장칭 집단은 '혁명 무죄 조반유리(革命无罪, 造反有理)[2]'라는 구호를 내세워, 때리고 부수고 빼앗고 잡아들이는 불법 행동을 전국적으로 확산시켰고, 노(老)혁명가를 중상모략하

2) '혁명에는 죄가 없고, 반란에는 이유가 있다'라는 뜻으로 문혁파들이 자신들의 행위를 혁명이라고 정당화하기 위해 사용하였다.

는 유언비어를 조작하여 전국에 유포하면서, 그들에게 온갖 박해를 가하였다.

홍위병은 4구(구사상, 구문화, 구풍속, 구습관)의 타파를 내세우며 당시 교육계, 학문계, 언론계, 출판문예계, 국가기구, 기업체 등 모든 곳의 간부들을 흑방, 주자파, 반혁명 수정주의자로 지목하고 그들을 비판하고 테러를 일삼았다. 그들의 주택을 습격하고 가산을 몰수하고, 그 죄상을 적은 철판을 가슴에 달게 하고 머리에 고깔을 씌워 시가지로 끌고 다니며 모욕하였다. 그들은 구습타파의 미명으로 진귀한 옛 그림이나 글씨를 불태우고 전국의 사찰, 교회, 고분, 조각, 비석 등 역사적 유물마저도 파괴하였다. 그들은 린뱌오, 장칭 집단의 보호와 선동 아래에 기존의 모든 것을 봉건적 · 자본주의적 · 수정주의적인 것이라 하여 모두 파괴하였으며, 군대를 제외한 국가기관, 학교, 지방정부까지 모두 접수하였다. 학교와 병원에서도 교수와 의사들이 학생들에 의해 쫓겨났다. 나아가 지방의 홍위병들에게 북경으로 올라와 혁명 경험을 배우도록 하였으며, 그들의 생활비는 국가에서 지급하고 철도 등은 무료로 탑승하고 다녔다. 그들은 모주석 어록집을 휴대하고 암송했으며 신문 · 잡지와 모든 글의 첫머리는 마오쩌둥 사상을 칭송하는 문장으로 시작하도록 하였다. 이처럼 마오쩌둥의 개인숭배는 극도로 고조되었다. 이때 모주석 어록은 3억 9,600만 권이나 출판되었고, 마오쩌둥 배지가 22억 개가 제작되어(당시 인구 7억) 모든 사람이 달고 다니게 하였다.

66년 11월 15일에는 류사오치와 덩샤오핑을 주자파 우두머리라고 공개비난하고 펑더화이를 '반혁명 수정주의분자 대군벌'이라고 비판했다. 1966년 12월, 청화대학 홍위병들은 장춘차오(張春橋, 장춘교)의 사주 하에, 북경에서 시위행진을 주동하고 표어와 대자보를 붙이고, 전단을 뿌리고 구호를 외치며 '류사오치 유소기 타도!, 덩샤오핑 타도!'를 공개적으로 선동하였다. 그러다가 1966년 말에 이르러 야전 부대를 제외한 전국 각지의 당 조직이 기본적으로 마비 상태에 처하게 되었고, 류사오치, 덩샤오핑은 66년 8월 11중전회 이후, 사실상 비판 심사받는 처지로 떨어졌다.

1967년 7월 18일 장칭, 캉성, 천보다 등은 류사오치, 덩샤오핑 부부를 비판하고 류사오치에 대하여 재산 몰수와 인신공격을 가하기로 결정하였다. 캉성 등은 소위 '류사오치 적발투쟁 전선'을 조직하여, 20여 만 명을 동원, 베이징 중남해를 포위하여 국무원을 공격하고, 당 중앙과 저우언라이에게 압력을 가하였다. 그 후로, 장칭은 캉성과 결탁하여 '류사오치 왕광메이(王光美, 왕광미) 체포전담조'를 직접 지휘하면서, 고문자백을 받아내고 위증을 조작하여 류사오치 부부를 '반역 분자, 간첩, 노동자 계급의 배반자'라며 박해하였다. 류사오치는 정치적 박해와 인신공격을 받다가 1969년 11월 12일 억울하게 세상을 떠나고 말았다. 한편 허룽과 펑더화이는 각각 1969년 6월 9일과 1974년 11월 29일에 문혁파의 박해를 받아 숨졌다.

홍위병의 활동은 결국 공업, 농업, 상업 모든 영역까지 확대되어 전국적인 생산 활동은 큰 타격을 입었다. 이것이 문혁의 제1단계이다.

67년부터 시작된 홍위병의 지방 정부 접수는 68년 9월에 이르러 각 성, 시, 자치구 혁명 위원회가 성립되면서 탈권이 마무리되어 그들의 표현대로 '전국 산하가 하나의 붉은색으로 도배되었다.' 67년 말에 이르러 사실상의 탈권이 끝나자 홍위병의 행동 투쟁이 더 이상 필요 없게 되고, 또 홍위병 간에 충돌이 발생하게 되자, 마오쩌둥과 조반파는 홍위병에 대한 전략을 바꾸기 시작하였다. 노동자들로 '노동자 마오쩌둥 사상 선전대'를 만들어 일부 대학에 진입시켜 질서를 바로잡도록 하기도 하고, 1,000만 명이나 되는 홍위병에게 줄 일자리도 없고 하여 그들을 농촌으로 가서 배우라고 하여 상산하향(上山下乡)운동3)을 전개하였다. 그리하여 1968년 말부터 2년간 약 500만 명 이상의 학생 홍위병들이 헤이룽장 성, 내몽고, 신장 위구르, 산시성 등 오지로 가서 농촌 일을 하게 되었다.4)

---

3) 도시의 홍위병들은 농촌을 배워야 한다는 미명하에 각 농촌으로 대거 이주시킨 것으로, 줄여서 하방 또는 하향이라고도 한다.
4) 이들은 1978년 이후 원래의 도시로 돌아오게 되는데 그들에게 줄 일자리가 없자 그들에게 먼저 도시에서 소규모 개인 장사를 하게 허락하였다. 아이러니하게도 개혁개방 시기 초기에 이들이 개체 사영업자로 도시의 개혁에 중요한 역할을 하게

전국적 탈권이 끝나고 계속되는 혼란을 바로잡기 위해 인민해방군을 동원하여(총 투입 인원 약 40만 명) 삼지양군5)을 실시하였다. 군인들은 현급 이상 혁명위원회 주요위원에 참여하여 각 혁명위원회 요직의 80% 이상을 장악하였다. 주요 문서 보관 창고, 교도소, 공항, 철도역 등이 군이 관리하는 관제에 들어갔다. 또 학교마다 군사 훈련이 실시되어 군인의 조직성과 기율성을 교육에 주입하였다.

제2단계는 린뱌오 사건 기간이다. 린뱌오는 9차 당 대회에서 마오쩌둥의 유일한 계승자로 결정되었지만 그에게는 그냥 세월만 가면 제1인자가 될 것 같지 않았다. 그 이유 중 하나는 그의 건강 문제이다. 마오쩌둥에 비해 10여 세 아래이지만 그는 건강이 매우 나쁜 상태였다. 또 다른 이유는 장칭 집단과 손을 잡기는 했으나 9전대회 이후에는 장칭, 장춘차오, 야오원위안이 중앙정치국 위원으로 진출하였으므로 더 이상 린뱌오 뜻대로 움직여 주지 않았다.

1970년 제4기 전국인민대표대회에서 마오쩌둥은 국가 주석제를 폐지하기로 하였다. 그러나 린뱌오와 천보다 등은 마오쩌둥을 천재라고 치켜세우면서 마오쩌둥이 국가 주석직을 맡아야 한다고 주장하는 연설을 계속하였다. 마오쩌둥은 린뱌오의 속마음을 간파하고, 린뱌오는 그대로 두고 천보다를 강력히 공개 비판하고 린뱌오 연설 내용에 대한 토론을 중지시켰다. 70년 8월말 비천(批陳: 천보다 비판)정풍 운동이 전개되어 그를 야심가이자 반(反)당활동자라고 지목하였다. 동시에 린뱌오가 구축한 북경 군구를 개편하여 린뱌오 집단의 기반을 약화시켰다. 린뱌오는 공군을 장악하고 있는 아들 린리궈(林立果, 임입과)로 하여금 무장 혁명으로 탈권을 준비하게 하였다. 그것을 571공정이라고 부르는데 중국 발음으로 무장 폭동이라는 무치의(武起义)와 발음이 같아서이다.

1971년 8월 14일 양쯔강 주변 도시를 시찰하던 마오쩌둥은 지역 당

된다.
5) 三支兩軍, 즉 군대가 좌파·노동자·농민을 지지하고, 모든 것을 군이 관장하고 군이 훈련한다는 것이다.

정 군 책임자들을 만난 자리에서 린뱌오에 대한 맹목적 추종을 하지 말라고 지시하였다. 이 말을 전해 들은 린뱌오는 마오쩌둥이 탄 열차를 폭격하려 하였으나 실행하지 못하고 도리어 발각되게 되었다. 9월 11일 마오쩌둥은 예정보다 일찍 상해를 출발하여 북경으로 돌아왔다. 계획에 실패한 린뱌오 부부와 아들은 북경 수도 공항에서 비행기를 타고 소련으로 탈출하였다. 비행기가 중국과 몽고 국경을 통과 시 격추당하여 모두 사망하였다. 국내에 있던 계획 참가 잔당들은 모두 체포되었다. 이것을 9·13사건 또는 린뱌오 사건이라 부른다.

요약해 보면, 문화대혁명은 삼면홍기 운동의 실패로 1959년 4월 국가주석을 사임하고 2선으로 물러난 마오쩌둥이, 이미 당내에서의 기반이 약화되고 당 바깥에서의 명성은 점점 높아 가던 상황을 이용하여, 류사오치 덩샤오핑의 당권파로부터 권력을 되찾기 위하여, 철없는 중·고등학생과 대학생 등 젊은 층을 선동하여 물리적 힘으로 탈권을 시도하였고, 이러한 분위기에 편승한 린뱌오 집단과 마오쩌둥 처인 장칭을 대표로 하는 4인방 세력들이 서로 마오쩌둥 이후의 권력을 장악하려는 투쟁이 결합되어 나타난 대혼란이었다. 마오쩌둥은 이미 스스로를 황제라 자처하고서 어느 누구도 자기와 의견을 달리하는 것을 용납하지 않는 상태로 변하였다. 이런 분위기를 간파한 린뱌오 집단은 마오쩌둥에 대한 개인숭배를 조직적으로 강화하여 가면서 자신들의 세력을 확대해 갔다. 마오쩌둥의 처인 장칭 집단은 다른 사람에 비하여 비교적 쉽게 마오쩌둥에게 접근할 수 있다는 점을 이용하여 마오쩌둥의 뜻을 왜곡 전달하면서 자신의 권력을 확대시켜 나갔다. 장칭은 마오쩌둥의 세 번째 부인이 되면서 정치에 일체 관여하지 않겠다는 조건으로 1939년 결혼하게 된다. 본래 상해의 무명배우 출신인 장칭은 과시욕과 권력욕이 대단한 인물이라고 한다. 그런데도 자신은 정치 일선에 깊이 참여하지 못한 데 반하여 류사오치의 부인인 왕광메이는 국가주석의 부인의 신분으로 여러 차례의 해외 순방을 비롯하여 다양한 활동을 하였는데, 이에 대하여 장칭은 강한 질투를 느꼈다고 한다. 장칭의 이러한 사적 감정은 문혁 기간 중 특히 왕광메이에게 분출되어 강한 비판과 혹독한 린치를 가하게 된다. 홍위병들이 그녀를 발가벗기고 고깔을 씌우고 죄상을 적은 철판을 목에 걸게 한 다음 시내로 끌고 다녔으며 마침내 농촌으로 보내어 노동 개조까지 하도록 하였다.

마오쩌둥 자신은 스탈린의 사후 격하운동을 보면서 그 전철을 밟지 않기 위해 충성스런 후계자를 양성하려 하였으나 린뱌오 집단과 장칭 집단도 거기에 적합하지 못하였다. '네가 일을 하니 내가 안심이 된다.(你办事我放心)'라는 마오쩌둥의 메모 쪽지 하나로 권력을 이어 받은 화궈펑도 결국 2~3년의 짧은 기간 안에 권력을 내어 줄 수밖에 없었다. 이는 동서 고금의 역사를 통하여 왕이나 독재자가 그 후계자를 기르고 안착시키는 것이 얼마나 어려운 일인가를 보여 주는 또 하나의 예라고 할 수 있다.

📕 1966년

1월 1일 '해방군보'는 마오쩌둥 주석의 저작을 전군의 주요 지시로 활용하자는 요지의 신년 사설을 발표했다.

1월 2일 인민일보는 '다칭-마오쩌둥 사상 적용 모범 사례'라는 문장과 '중국공업화의 올바른 길'이라는 사설을 발표했다.

1월 6일 중국 최초의 중거리 지대지 미사일 발사 성공.

1월 7일 중국 자체 기술의 2,500톤 급 해양과학 탐사선 "동방호" 제조 성공.

1월 8일 당 중앙은 '군사위 부주석 증설에 관한 통지'를 발표하고 천이, 류보청, 쉬샹첸, 예젠잉을 당 중앙 군사위원회 부주석으로 임명했다.

1월 28일 당 중앙은 위생부의 '가족계획의 몇 가지 문제'라는 보고를 비준했다. 보고에 따르면 인구수 통제 목표를 8억 명으로 설정하고 3~5년 내에 자연 인구 증가율을 2.7%에서 1.7%로 감소시키도록 했다.

2월 1일 인민일보는 톈한의 역사극 '사요환(謝瑤环)'에 대한 비판 글을 기재하고 이 역사극이 '해서파관'과 마찬가지로 반당(反党) 반사회주의의 독초라고 지적했다.

2월 2일~20일 린뱌오의 지지하에 장칭은 상하이에서 군대 문예공작 좌담회를 개최하고 '문예공작 좌담회 기록'을 작성했다. 이 기록은 마오쩌둥의 수정과 중앙군사위의 비준을 거쳐 당 중앙에 보고됐다. 기록은 문예계를 반당 반사회주의 노선을 추구하는 세력으로 모함했다.

2월 3일 해방 군보는 '정치로 영원히 돌출하자'라는 사설을 발표했다. 이후 이와 관련된 사설이 연이어 발표됐다.

평전은 문화혁명 5인 소조 확대회의를 개최하고 '문화혁명 5인 소조의 현 학술 토론에 관한 보고 제강 : 2월 제강(提纲)'을 제정했다. '제강'은 학술 토론 중 '좌'의 경향은 반드시 제한을 받아야 하며, 실사구시와 만인의 평등이 지켜져야 한다고 밝혔다.

2월 7일 인민일보는 '현서기의 모범-자오위루(焦裕禄, 초유록)'라는 글을 발표했다. 이후 당 중앙 등 각계에서 자오위루를 배우라는 통지가 내려졌으며, 전국에 자오위루 학습 열풍이 불었다.

인민해방군 공군 서남 지역 상공에서 미군 무인 탐사기 1기 격추.

2월 12일 당 중앙은 '2월 제강'을 전국에 전달했다. 그러나 이 제강은 마오쩌둥의 비판을 받게 된다.

2월 17일 전인대 상무위 부위원장, 정협전국위원회 부주석, 전국 공상련 주임 위원이었던 천수통 별세, 1876년생, 저장성 출신.

2월 24일~28일 가나 공화국 앵커루마 대통령 방중.

3월 4일 구이양-쿤밍 간 철도 전 구간 개통(644km).

3월 7일 당 중앙과 국무원은 '북방 8개성 농업소조 설립에 관한 통지'를 통해 산시, 허베이, 허난, 산둥(山东, 산동), 산시(陝西), 네이멍구, 랴오닝, 베이징의 농업의 주요 전략을 결정했다. 저우언라이를 조장으로, 리푸춘 등 7인을 부조장으로 임명했다.

3월 8일 허베이성 싱타이(邢台, 형대)지역에 강도 6.7의 지진으로 34만 명의 이재민 발생.

3월 22일 당 중앙은 소련 공산당 23차 대표대회에 중국 대표단을 파견하지 않는다고 소련 공산당 측에 통지했다.

3월 22일~25일 베트남 노동당 중앙위원회 제1서기 리썬이 이끄는 대표단이 중국을 방문했다.

3월 23일~4월 7일 전국 공작 배치 좌담회가 베이징에서 개최됐다. 4월 29일 국무원은 '공작배치 좌담회 기록'을 비준했다. 기록에 따르면 1962년에서 1965년까지 전국에서 하향시킨 지식 청년은 100만 명에 이르렀다.

3월 26일~31일 중화인민공화국 주석 류사오치 내외가 파키스탄을 방문했다.

3월 28일~30일 마오쩌둥은 항저우에서 캉성, 장칭 등과 담화를 갖고 베이징시 위원회와 중앙선전부가 좌파를 지지하지 않는다고 비난했다. 마오쩌둥은 지방에서의 조반(모반)을 통해 중앙으로 진격하라고 호소했다.

4월 4일~8일 중화인민공화국 주석 류사오치, 왕광메이 부부가 아프가니스탄을 방문했다.

4월 12일 당 중앙 서기처 회의는 '2월 제강'을 비판하는 통지(5.16통지)를 기초로 하여, 문화혁명 문건기초소조(이후 중앙문화혁명소조)를 설립하기로 결정했다.

4월 17일~19일 중화인민공화국 주석 류사오치 내외가 버마를 방문했다.

4월 30일 대형 혁명 현대 발레극 '백모녀(白毛女)'가 베이징에서 공연됐다.

5월 3일 신화사 보도 : 국산 고급 세단 '훙기(红旗)'가 창춘 제1자동차 공장에서 생산됨.

5월 4일~26일 당 중앙정치국 확대회의는 펑전, 뤄루이칭, 루딩이, 양산쿤 등을 '반당(反党)착오(错误)'로 비판하고 그들의 직무를 정지시켰다. (이 회의는 마오쩌둥이 참석하지 않았고 류사오치가 회의를 주재했다) 또한 '중국공산당중앙위원회 통지'(즉 5.16통지)가 통과됐고, 펑전이 조장으로 있던 '문화혁명 5인 소조'가 철폐되고 중앙정치국 상무위 소속의 중앙문화혁명소조가 재설립됐다.

5월 7일 마오쩌둥은 군사위 총후근부의 '부대의 농촌 부업생산 촉진에 관한 보고'를 청취한 후 린뱌오에게 보내는 서신을 통해 전국 각지에 공농(工农)과 문무(文武)를 병행하는 혁명대학을 설립하자고 밝혔다. 이 서신은 이후 소위 '5.7 지시'로 불리게 된다. 마오쩌둥은 또한 이 지시에서 학제를 단축하고 교육 혁명을 하여, 자산계급이 학교를 통치하는 현상을 타도해야 한다고 강조했다.

5월 9일 16시에 핵폭탄 폭발 실험이 서부 지역 상공에서 또다시 성공했다.

5월 10일 해방일보와 문회보는 "야오원위안의 문장 '삼가촌(三家村)-연산야화(燕山夜话)', '삼가촌 기록'의 반동성을 평함"을 발표했다. 11일 인민일보에 전문이 전재됐다.

5월 14일 당 중앙 화북국은 베이징 시위에 공작조를 파견, 베이징 시위의 '문화대혁명' 전개에 협조했다.

5월 18일 당 중앙 화북국 후보서기, 중공 베이징 시위 서기, 중국신문공작자협회 주석이었던 정뤄(郑拓, 정척) 별세, 1912년생, 푸젠성 출신.

5월 25일 베이징대 학생 7인은 '쏭숴(宋硕, 송석), 루핑(陆平, 육평), 펑페이윈(彭佩云, 팽패운)이 문화대혁명에서 과연 무엇을 했는가?'라는 대자보를 학내에 부착했고, 마오쩌둥은 이 대자보를 크게 칭찬하고 전국에 선전토록 조치했다. 6월 2일 인민일보에는 대자보의 전문이 기재됐다.

5월 28일 당 중앙은 중앙문화혁명 소조 명단에 관한 통지를 발표했다. 통지에 따르면 중앙문화혁명소조는 정치국 상무위의 영도하에 있으며, 조장 천보다, 고문 캉성, 부조장 장칭, 왕런중, 류즈젠(刘志坚, 류지견), 장춘차오, 조원은 야오원위안 외 6인으로 구성됐다. 8월 2일 중앙은 타오주를 겸임 고문으로 임명했으나, 얼마 후 타오주, 왕런중, 류즈젠 등은 박해로 인해 중앙문화혁명 소조에서 퇴출됐다.

5월 29일 칭화대학 부속 중학의 학생들은 소련의 청년방위조직을 본뜬 조직을 구성, '홍위병(紅卫兵)'[6]이라고 이름을 지었다.

5월 30일 천보다가 이끄는 공작조가 인민일보를 접수했다

6월 1일 인민일보는 사론을 통해 '무산계급 문화대혁명이 사회주의 중국에서 흥기하고 있다'고 밝히고 마오쩌둥 사상을 통해 소위 자산계급들의 전문가, 학자, 권위 등을 타파하자고 호소했다.

6월 3일 당 중앙은 류사오치, 덩샤오핑의 주재하에 베이징 시내의 대학과 중고등학교에 공작조를 파견 문화대혁명을 영도하기로 결정했다. 이후 지방 각지에 문화혁명 공작조가 파견됐다.

6월 13일 당 중앙과 국무원은 고등교육 기관의 입학시험 개혁 방안을 결정하고, 1966년 신입생 모집을 반년 연기토록 지시했다. 7월 24일 당 중앙과 국무원은 '고등교육 기관 학생 모집에 관한 통지'를 발표하고 현행 대학 입학고사를 철폐하고 추천과 선발의 방식으로 변경토록 조치했다.

6월 16일~28일 저우언라이가 인솔한 당정 대표단이 루마니아와 알바니아를 순방했다.

6월 27일 고등교육부는 문화대혁명으로 인해 1966년과 1967년 대학생 모집을 중단[7]한다고 통지했다.

6월 30일 고등교육부는 문화대혁명으로 인해 유학생 선발과 파견을 반년 연기한다고 통지[8]했다.

7월 1일 인민해방군 제 2포병(지대지 미사일 부대) 영도기구 설립, 서우즈런(守志任, 수지임) 사령원, 리톈환(李天焕, 이천환) 정치위원 임명.

7월 2일 마오쩌둥의 비준을 거쳐 당 중앙과 국무원은 '공업, 교통, 기업단위 내 문화대혁명 전개에 관한 통지'를 발표했다.

---

6) 이것이 최초의 홍위병 조직 탄생이며, 홍위병이란 공산주의를 보위하는 병사란 뜻이다.

7) 이후 12년간 대학 신입생 모집이 중단됐다.

8) 이후 약 7년간 유학생 모집이 중단됐다.

7월 8일 마오쩌둥은 장칭에게 보낸 서신에서 "문화대혁명은 반공의 우파를 제지하기 위한 연습이 될 거라고 밝히면서 대혼란이 불가피할지 모르겠다."는 심정을 드러냈다.

7월 16일 마오쩌둥이 우한 창유창(暢游长, 창유장)강에서 1시간 5분간 수영을 통해 건재함을 과시했다. 이후 '마오쩌둥 주석을 따라 험난한 풍랑을 넘자'라는 정치 구호가 탄생했다.

7월 22일~26일 천보다, 장칭은 베이징대학에서 4차례의 토론회를 주재하고 공작조가 혁명을 방해하고 있다며 공작조의 철폐를 주장했다.

7월 24일~25일 마오쩌둥은 공작조의 역기능을 비판했고, 26일 당 중앙은 공작조의 철폐를 결정했다. 28일 중공 베이징 신 위원회는 '각 대학 공작조 철폐에 관한 결정'을 발표했다.

8월 1일 칭화대학 부속 중학의 '홍위병'들에게 마오쩌둥은 서신을 통해 '조반유리(造反有理)'[9]를 선언하며, 홍위병을 충동하였다.

8월 1일~12일 중국 공산당 8기 11중전회가 베이징에서 거행됐다. 마오쩌둥이 회의를 주재했으며, 회의 제1일 마오쩌둥은 칭화부중 홍위병들의 서신과 대자보를 공개했다. 5일 마오쩌둥은 '사령부를 폭격하라! 나의 첫 대자보'를 작성하고, 8일 회의는 '무산계급 문화대혁명에 관한 결정(즉 16조)'를 통과시켰다. 12일 회의는 펑전, 루딩이, 뤄루이칭 중앙서기처 서기, 양산쿤 중앙서기처 후보 서기의 직무를 해지시키고, 타오주를 중앙서기처 서기로, 예젠잉을 서기처 서기로 이동시켰다. 또한 타오주, 천보다, 캉성, 쉬샹첸, 네룽전, 예젠잉을 중앙정치국 위원으로, 리쉐펑, 송런총, 세푸즈를 중앙정치국 후보위원으로 선출했다. 회의는 마오쩌둥, 린뱌오, 저우언라이, 타오주, 천보다, 덩샤오핑, 캉성, 류사오치, 주더, 천윈을 중앙정치국 상무위로 선출하고, 주석과 부주석을 재선출하지 않은 상태에서 린뱌오를 유

---

9) 반란에는 그 정당한 이유가 있다는 말로, 마오쩌둥이 홍위병을 부추기려고 쓴 용어다. 어린 홍위병의 반란에 당시 국가주석이던 류사오치를 비롯한 400여 만 명이 죽거나 부상을 입었으며, 중국은 10여 년간 혼란이 계속되었다.

일한 부주석으로 선포했다.

8월 13일~23일 당 중앙 공작회의에서 린뱌오는 간부 선발의 3대 조건을 제시했다. 조건은 1. 마오쩌둥 사상의 깃발을 들었는가? 2. 정치 사상 공작을 잘할 수 있는가? 3. 혁명적 열의가 있는가?였다.

8월 18일 베이징 톈안먼 광장에서 무산계급 문화대혁명 경축대회가 거행됐다. 마오쩌둥은 이 자리에서 각지의 홍위병들을 접견했다. 이후에도 마오쩌둥은 수차례 홍위병들을 접견했고 그 수가 1,100만 명에 이른다.

8월 20일 베이징 제2중학 홍위병은 '구세계에 대한 선전 포고'라는 대자보를 통해 '4개의 구(旧)10)를 파괴하자고 주장했다. 이후 전국적으로 대규모 4구습 타파 운동이 전개됐다.

8월 22일 당 중앙은 공안부의 '경찰의 혁명 학생운동 진압 금지에 관한 규정'에 동의했다.

8월 24일 전국 문련 부주석 겸 작가 라오서(老舍, 노사)가 베이징에서 핍박 가운데 사망했다. 1899년생으로 베이징 태생이다.

8월 26일 당 중앙은 각 인민단체 책임자의 호칭을 주석에서 주임으로 개칭11)토록 통지했다.

9월 1일 저우언라이는 쑹칭링, 궈모뤄 등 보호해야 할 민주당파 인사와 간부들의 명단을 친히 작성하고 301병원에 이들을 보호토록 조치했다.

9월 5일 당 중앙과 국무원은 '외지 혁명 학생들의 베이징 문화대혁명 운동 참관에 관한 통지'를 발표하고 베이징 체류 기간 동안 차량 비용과 생활 보조비용을 국가에서 지급하도록 조치했다.

9월 6일 '수도홍위병 연합혁명조 반총사령부'가 성립됐다.

9월 8일 당 중앙과 국무원은 '문화대혁명운동 중 당의 안전과 국가 기밀 보장에 관한 규정'을 발표했다.

---

10) 즉 구사상, 구문화, 구풍속, 구습관
11) 마오쩌둥 주석과 같이 '주석'이라는 명칭을 쓰는 것을 불경죄로 간주한 것으로 마오쩌둥 개인숭배가 극에 치달았음을 보여 준다.

9월   12일 선양-창춘-하얼빈-자무쓰(佳木斯, 가목사)간 항로가 개통됐다.

9월   14일 당 중앙은 '혁명 견지와 생산 촉진에 관한 통지'와 '현 이하 농촌 문화대혁명에 관한 규정'을 발표했다.

9월   20일 프랑스 파리와 상하이간 항공 노선이 정식 개통됐다.

9월   24일 당 중앙은 공사 합영기업을 국영기업으로 전환하고 개인 출자 자본에 대한 고정이자를 철폐하였다.

10월 5일 당 중앙은 중앙군사위, 해방군 총정치부에 '군대, 학교 내 무산 계급 문화대혁명에 관한 긴급 지시'를 전달했다. 지시 이후, 혁명 학생과 교직원으로 구성한 문화대혁명 소조, 문화혁명위원회와 문화 혁명대표대회가 모든 기관의 권력 기구가 된다. 이후 '공산당위원회 를 무시하고 혁명을 하는 풍토'가 일기 시작했고 각급 공산당위위원 회와 기층 당 조직이 사실상 활동을 정지하게 됐다.[12]

10월 9일~28일 마오쩌둥이 주재한 중앙공작회의가 베이징에서 개최됐다 회의는 주로 자산계급 반동 노선에 대한 비판을 주 내용으로 했다. 16일 천보다는 "무산계급 문화대혁명 중의 2개 노선"이라는 담화를 통해 류사오치, 덩샤오핑이 반혁명 노선을 추구하며, 그들의 사회적 기초는 자산계급이라고 직접적으로 비판했다. 회의 이후 전국적으로 '자산계급 반동 노선 비판 바람'이 일기 시작했다.

10월 27일 최초의 핵미사일 실험에 성공했다.

10월 28일 중국은 가나의 일방적인 단교 선언(20일)을 엄중 항의했다.

10월 29일 당 중앙과 국무원은 '베이징 혁명 학생 교원들의 연합 교류 자제에 관한 긴급 통지'를 발표하고 전국적인 교류 활동을 중단토록 통지했다.

10월 31일 당 중앙과 국무원은 '철도 운송 질서 유지에 관한 긴급 통지' 를 발표했다.

11월 8일 베이징 대학의 홍위병들이 써 붙인 대자보 '류사오치는 자산계

---

12) 문화대혁명 소조나 문화혁명위원회가 중국공산당의 위에 서는 상황으로 발전되었다.

급 노선을 밟는 당권파의 제1호이고, 덩샤오핑은 제2호이다'가 등장
하였다.

11월 11일 쑨중산 탄생 100주년을 기념해 '쑨중산 선집'과 '쑹칭링 선집'
이 출판됐다.

11월 28일 문예계 무산계급 문화대혁명 대회가 베이징에서 거행됐다. 중
앙군사위는 장칭을 해방군 문화 공작 고문으로 임명하고, 베이징 경
극단, 중앙악단, 중앙가무단, 발레무극단 등을 인민해방군 편제로 편
입시켰다.

12월 4일～6일 당 중앙 정치국 확대회의가 린뱌오 주재로 개최됐다.

12월 15일 당 중앙은 '농촌 무산계급 문화대혁명에 관한 지시'를 발표했다.

12월 18일 장칭, 캉성, 셰푸즈 등은 왕광메이13) 안건 소조를 설립 지휘
하고 류사오치에 대한 비밀 조사를 시작했다.

12월 19일 칭화대학 소속 5,000명은 톈안문 광장에서 류사오치, 덩샤오
핑 등의 자산계급 반동 노선 비판 대회를 개최했다.

12월 28일 핵실험 성공.

장춘차오의 지휘하에 왕홍원 등은 상하이 캉핑(康平)로에서 무장투
쟁14) 사건을 벌였다.

12월 30일 당 중앙과 국무원은 소위 '홍색바다'15) 운동 금지에 관한 통
지를 발표했다.

12월 31일 당 중앙과 국무원은 '중 · 고등학생과 대학생 및 교원의 단기
군사 훈련에 관한 통지'를 발표했다.

---

13) 류사오치의 부인
14) 이는 전국 최초의 홍위병에 의한 무장 권력 쟁취 투쟁이었다. 부상 인원 91명,
체포 인원 240여 명이 발생.
15) '홍색바다'는 대문과 벽을 홍색으로 칠하고 마오쩌둥의 어록을 기입하는 행위를
가리킨다.

🗞 1967년

1967년 1월에는 상하이에서 장춘차오, 야오원위안 등이 중심이 된 조반파(造反派)[16]가 활개를 치기 시작하였다. 마오쩌둥이 그들을 적극 지지하자, 일체를 타도하자는 전면적 조반이 일어나 중국은 내란 상황과 무정부 상태로 급속히 빠져 들었다. 린뱌오, 장칭, 장춘차오 등의 조반파는 '일체 타도 전면 내전'의 구호를 내걸고 홍위병을 동원한 본격적 탈권 투쟁을 시작하였다.

1968년 1월 13~31일 중공8기 12중전회가 열렸는데, 이 회의에는 중앙위원과 후보위원 중 52% 정도가 조반파에 의해 역적 간첩으로 몰려 출석 권리가 박탈당하였다. 이 회의에서 국가 주석 류사오치의 당내 외 모든 직무를 박탈하고 영원히 당에서 제명하는 결정을 내렸다. 마침내 류사오지는 1969년 11월 12일 히난성 키이펑에서 횡사하였으며, 부인 왕광메이는 온갖 수모를 다 받게 되었다.

1969년 4월 중국 공산당 제9차 전국대표대회가 북경에서 개최되었다. 린뱌오는 보고를 통하여 문혁을 무산계급 독재하의 계속혁명의 모범으로 찬양하였다. 새로이 개정된 당장에서는 린뱌오를 '마오쩌둥의 절친한 전우이자 후계자'라고 구체적으로 명시하여 그의 지위를 공고히 하였다. 동시에 마오쩌둥에 대한 개인숭배의 고조와 장칭, 캉성 등의 당내 지위는 더욱 확고하게 굳어졌다.

1월 1일 인민일보와 홍기는 '무산계급 문화대혁명을 끝까지 진행하자'는 사론을 발표했다.

1월 4일 천보다, 캉성, 장칭은 베이징에서 우한 조반파를 접견하면서, 당 중앙정치국 상무위원, 중앙서기처 상무서기 타오주를 '자본계급 반동 노선의 충실한 집행자'로 모함했다.

---

16) 여러 가지 방법(무력 등의 물리적 힘)을 동원하여 기존 권위를 파괴하는 세력으로 문혁파라고도 한다.

1월 5일 장춘차오는 상하이 조반파 조직들에게 "현재의 문제는 주자파
　　로부터 권력을 되찾는 것이다"라고 강조했다. 6일 장춘차오, 야오원
　　위안 등의 책략하에 왕홍원을 필두로 하는 조반파들이 시위원회 타
　　도 대회를 개최하고 상하이시의 당정(党政)권력을 찬탈했다. (소위 1
　　월 혁명) 8일 마오쩌둥은 이는 한 계급이 다른 계급을 전복시킨 대
　　혁명이라고 치켜세웠고, 인민일보와 홍기 등은 사론을 통해 상하이
　　조반파를 지지했다. 2월 5일에 상하이 시 인민공사 설립이 선포됐
　　고, 14일에 상하이 시 혁명위원회로 개칭됐다. 이 1월 혁명의 영향
　　하에 각지의 당정 기관이 조반파에 의해 권력을 찬탈당했고, 이후
　　군인, 간부, 군중 3자 결합의 혁명위원회가 건립됐다.
　　전군 문혁소조가 봉쇄되고 조장 류즈젠이 비판을 받았다. 11일 중
　　앙군사위는 전군의 문화혁명소조가 총정치부 소속이 아닌 중앙군사
　　위와 중앙문혁소조의 직접 명령을 받도록 개편하고 쉬샹첸과 장칭
　　을 각각 조장과 부조장 겸 고문에 임명했다.
1월 6일 칭화대학 조반파는 왕광메이를 구류하고 공개 비판했다.
1월 11일 당 중앙과 국무원 중앙군사위는 '은행 보호에 관한 통지'를
　　발표했다.
　　당 중앙은 '경제주의 반대에 관한 통지'를 발표했다.
1월 13일 당 중앙과 국무원은 '무산계급 문화대혁명 중의 공안 공작 강
　　화에 관한 약간의 규정'을 반포했다. 규정은 마오쩌둥 주석과 린뱌
　　오 동지를 모함하는 것은 반혁명 행위로 간주, 법에 의거해 처벌토
　　록 했다. 이후 4인방에 대한 비판까지도 반혁명 죄에 해당됐다.
　　류사오치는 인민대회당에서 마오쩌둥을 만나 사직의 의사를 밝히고,
　　문화대혁명의 빠른 종결이 국가의 손실을 줄일 수 있다고 말했다.
1월 16일 외교부는 인도 주중 대사관에 인도의 중국 침략 행위에 대해
　　강력 항의했다. 1966년 인도군은 중국 영토를 73차례 침략했고 영
　　공 침범도 71차례에 이르렀다.
1월 18일 교육부와 외교부는 각지 중국 대사관에 유학생들이 조기 귀국

해 문화대혁명에 참가토록 조치하라고 통지했다.

1월 19일 당 중앙과 국무원, 중앙군사위는 '식량 · 창고 · 감옥 보호에 관한 규정'을 발표했다.

1월 22일 인민일보는 '무산계급 혁명파가 대연합하여 주자파의 당권을 쟁취하자'라는 사론을 발표했다.

1월 23일 당 중앙과 국무원, 중앙군사위, 중앙문혁소조는 '인민해방군의 혁명좌파 군중에 대한 적극 지지 결정'을 발표했다.

1월 25일 당 중앙은 '4청 운동 성과에 관한 통지'를 발표했다.

1월 26일 국무원, 중앙군사위는 '민용 항공기 체계에 대한 군의 직접 관여에 관한 명령'을 발표했다.

1월 28일 당 중앙 군사위는 '8조 명령'을 발표하고 야전부대에서는 '대 민주'[17]를 금지하고, 군사대학 내에서는 '대민주'가 가능하나, 대학 간 연합 교류는 못하도록 결정했다.

1월 29일 국무원은 1967년 춘절(설) 휴일 기간 중 정상 근무를 통지했다.

2월 3일 당 중앙과 국무원은 '혁명 학생과 홍위병의 연합 교류 문제에 관한 통지'를 발표하고 전국적인 연합교류를 정지하도록 하고 기존 보조비용 또한 지급 정지토록 조치했다.

산둥성 혁명위원회 성립, 왕샤오위(王效禹, 왕효우) 주임 임명.

2월 4일 당 중앙은 '소학교 무산계급 문화대혁명에 관한 통지'를 통해, 초등학생들은 마오쩌둥 주석 어록을 학습해야 했고, 홍소병를 조직 할 수 있었다.

2월 5일 중국 정부는 소련 군경의 주소 중국 대사관 침입과 구타 행위 에 대해 강력 항의했다.

2월 11일과 16일 저우언라이는 중난하이에서 면담회를 거행했다. 이 자 리에서 탄전린, 천이, 예젠잉, 리푸춘, 리셴녠, 쉬샹첸, 녜룽전 등은 문화대혁명에 대한 불만을 표시하면서, 린뱌오, 장칭, 캉성, 천보다,

---

17) 大民主란 군중 운동의 방식으로 계급투쟁을 통하여 사회 모순을 해결하는 것이다.

장춘차오 등과 대립투쟁을 벌렸다. 회의 이후 장춘차오는 회의 기록을 마오쩌둥에게 보고했고, 2월 18일 마오쩌둥은 일부 정치국 위원이 모인 회의에서 문화대혁명에 이견을 제시한 옛 동지들을 강력하게 비판했다. 2월 25일~3월 18일, 장칭, 캉성 등은 탄전린 등에 대해 강력한 공개비판을 가했다.[18] 2월 역류 이후, 중앙문혁소조가 중앙정치국의 권력을 대신하게 된다.

2월 13일 구이저우성 혁명위원회 성립, 리짜이한(李再含, 이재함) 주임 임명.

2월 16일 중앙군사위는 '군대의 탈권 범위에 관한 결정'을 발표했다.

2월 17일 당 중앙과 국무원은 '하향한 지식 청년의 연합 교류, 의견 개진 등에 대한 처리 통지'를 발표했다.

당 중앙과 국무원은 '기밀문서와 당안 자료 안전에 관한 규정'을 발표했다.

당 중앙은 '문예 단체 무산계급 문화대혁명에 관한 규정'을 발표했다.

2월 19일 당 중앙과 국무원은 '중학교 무산계급 문화대혁명에 관한 의견'을 발표했다.

2월 21일 당 중앙은 '통지'를 통해 군사 영도 기관에 관한 습격은 불허한다고 강조했다.

3월 3일 당 중앙과 국무원, 중앙군사위는 '홍위병과 혁명 군중의 베트남 전쟁 자발 참여 제지에 관한 통지'를 발표했다.

3월 7일 당 중앙은 '대학, 전문대의 현 문화대혁명에 관한 규정'을 발표했다. 주요 내용은 연합 교류 중인 학생들은 3월 20일 내에 귀교해 교내 문화대혁명을 진행토록 하며, 단기 군사훈련에 참여한다. 혁명 학생, 교원, 간부들이 잠정 시행 권력 기구를 조직하고, 학내 홍위병 조직은 운동을 통해 정돈하고 공고하게 발전시킨다.

인민일보는 '초·중·고등 학생들의 학습 재개와 혁명'이라는 사론을 통해 학생들의 귀교를 호소[19]했다.

---

18) 이를 문혁파의 '2월 역류'라 부른다.
19) 그러나 수업은 1968년 하반기가 되어서 재개되었다.

당 중앙은 농촌 생산대대와 생산대에게 춘경 기간 중에는 권력투쟁을 금지토록 통지했다

3월　16일 당 중앙은 '보이보, 류란타오, 안즈원 등 61인에 대한 배반행위 자료'를 발급했다. 1936년 8월에서 1937년 3월 조직 결정에 의해 출옥한 보이보 등의 행위를 배반 행위로 규정했다. 이후 배반자 축출 바람이 일었고 다수의 당원과 간부들이 공격과 핍박을 받았다. 당 중앙과 국무원, 중앙군사위는 '국가 재산 보호와 절약 그리고 혁명에 관한 통지'를 발표했다.

3월　17일 당 중앙은 지방 권력 투쟁에 관한 통지를 통해 성, 시, 자치구에서의 권력투쟁 과정에서 중앙의 동의 없이 혁명위원회를 설립하지 못하도록 조치했다.

3월　18일 당 중앙은 '전국 공장, 광산기업 혁명직공, 혁명 간부에게 보내는 서신'에서 혁명 견지 · 생산촉진을 호소하고 8시간 공작제를 유지토록 했다.

산시(山西) 성 혁명위원회 성립, 류거핑 주임 임명.

3월　20일 린뱌오는 간부회의에서 "문화대혁명의 손실은 너무나 작고, 성과는 너무나 크다"고 말했다.

당 중앙은 '문화대혁명 운동 중 홍위병들이 차압한 물자 처리에 관한 규정'을 작성했다.

4월　1일 인민일보는 '애국주의인가? 아니면 매국주의인가? 반동 영화 청궁밀사(淸宮密史)에 대한 평'이라는 문장을 통해 류사오치가 당내 자본주의 노선을 걷는 당권파라고 공격을 퍼부었다. 6일 류사오치는 중난하이에서 공개 비판을 받았고, 12일~18일 중앙군사위 확대회의에서 린뱌오와 4인방 등은 류사오치와 덩샤오핑의 과오를 비판했다.

4월　20일 베이징시 혁명위원회 성립, 셰푸즈 주임 임명.

4월　24일~5월 1일 인민해방군 공군은 광시 지역 상공에서 미군 군용기 5기를 격추시켰다.

5월　8일 인민일보와 홍기는 "'수양'의 핵심은 무산계급 독재에 대한 배

신"이라는 문장을 통해 류사오치가 작성한 '공산당원의 수양을 논함'이란 글은 반마르크스레닌주의, 반마오쩌둥 사상적인 독초라고 비판했다.

5월 11일 당 중앙은 각 단위에 당내 주자파에 대한 비판 운동을 전개할 것을 통지했다.

5월 17일 인민일보는 '5.16 통지'를 발표했다. 18일 인민일보와 홍기는 '위대한 역사 문건'이라는 문장을 발표했는데 마오쩌둥은 이 문장에서 "현재의 문화대혁명은 단지 처음에 불과하다. 필요하면 이러한 혁명은 여러 차례 일어나야 하며 혁명의 승자와 패자는 오랜 역사가 증명할 것이다. 만일 혁명에 실패한다면 자본주의가 언제든지 부활할 수 있다."고 밝혔다.

5월 20일 인민일보는 '마오쩌둥 주석 어록 노래'를 발표했다. 이후 어록 노래가 유행했다.

5월 26일 자체 기술의 중거리 지대지 미사일 발사 성공.

5월 31일 당 중앙과 국무원, 중앙군사위, 중앙문혁소조는 '철도부와 교통부에 군사 관제 실시에 관한 결정'을 발표했다.

6월 1일 당 중앙과 국무원, 중앙군사위, 중앙문혁소조는 '철로, 교통 운송 질서 유지에 관한 명령'을 발표했다.

6월 6일 당 중앙과 국무원, 중앙군사위, 중앙문혁소조는 '7조 통령'을 통해 폭력, 강탈 등 사회 혼란 행위 출현에 대한 단속과 교정을 요구했다.

중국정부는 아랍인들의 반미국 반이스라엘 투쟁을 지지하는 성명을 발표했다.

6월 17일 중국 최초의 수소폭탄 공중 폭발 성공.

6월 21일~25일 잠비아 카운다 대통령이 방문했다.

6월 22일 당 중앙과 국무원, 중앙군사위, 중앙문혁소조는 '혁명 견지, 생산 촉진, 수입 증가, 절약에 관한 통지'를 발표했다.

전 중공 화북국 서기처 서기였던 리리싼 박해 중 사망, 1899년생,

후난 출신.

6월　26일 인민해방군 해군 항공부대 하이난도 동남 지역 상공에 미국 F-4C 전투기 1기 격추.

6월　28일 당 중앙은 '반역자 문제에 관한 통지'를 통해 반역자 규정은 매우 중요한 정치 문제임으로 철저한 조사가 필요하다고 밝히고 5개 규정을 발표했다.

7월　**1일** 신화사보도 : '마오쩌둥 주석 어록' 14개 외국어로 발행

7월　25일 린뱌오, 장칭 등은 베이징에서 우한 조반파를 지지하는 군중 대회를 거행하고, 군대 내의 주자파 타도를 호소했다.

린뱌오는 '총정치부를 타도하라'는 구호를 제시하고 인민해방군 총참모부, 총정치부, 총후근부, 공군, 해군 내에 대규모 날조 사건을 만들었다. 이 사건으로 8만여 명이 피해를 입고 1,000여 명이 무고하게 목숨을 잃었다

8월　**7일** 공안부장 셰푸즈는 공안부 전체대회에서 '공안, 검찰, 법원을 타도하자'고 호소했고, 이후 전국적으로 공 · 검 · 법 기관에 대한 공격이 전개됐다.

왕리는 외교부 '조반파'를 접견한 자리에서 외교부 권력 찬탈을 선동했고, 16일 외교부 조반파는 외교부 당위, 정치부를 봉쇄하고 정식 탈권을 선언했다. 외교부는 천이 외교부장 비판 대회를 거행했고, 22일 영국 주중 사무소에 불을 질렀다.

8월　12일 칭하이성 혁명위원회 성립, 류셴췐 주임 역임.

8월　17일 당 중앙은 '간행물 지명 비판 문제에 관한 통지'를 통해 이미 결정된 21명의 주자파(펑전, 펑더화이, 타오주, 왕런중 등)에 대한 비판 외에서 추가로 34명의 주자파(보이보, 뤼정차오 등)에 대한 공개 비판을 진행한다고 밝혔다.

8월　22일 전인대 상무위 부위원장, 중국민주동맹 중앙주석이었던 양밍쉬안 별세, 1891년생, 산시(陝西) 출생.

9월　**5일** 당 중앙과 국무원, 중앙군사위, 중앙문혁소조는 '인민해방군 무

기와 군용 물자 강탈 금지에 관한 명령'을 발표했다.

9월 8일 인민해방군 공군은 화동 지역 상공에서 미제 국민당군 U-2형 정찰기 1기를 격추했다.[20]

9월 13일 당 중앙과 국무원, 중앙군사위, 중앙문혁소조는 '국가 물자 상품, 창고에 대한 강탈 금지와 보호에 관한 통지'를 발표했다.

9월 26일 외교부는 주 튀니지공화국 중국 대사관을 철수시킨다고 성명을 발표했다.

9월 26일~10월 11일 콩고공화국 누마타 총리가 중국을 방문했다.

9월 26일~10월 14일 알바니아 각료 회의 의장 대표단이 중국을 방문했다.

10월 1일 인도군이 중국 변경 부대에 공격을 재개.

10월 14일 당 중앙과 국무원, 중앙군사위, 중앙문혁소조는 '초중고, 대학의 학습 재개와 혁명 유지에 관한 통지'를 발표했다

10월 20일~24일 모리타니아 정부 대표단이 중국을 방문했다.

10월 27일 당 중앙, 중앙문혁소조는 '이미 성립된 혁명위원회 내 당 조직 방식 부활에 관한 지시'를 발표했다.

중국 정부는 인도네시아 정부의 단교행 위에 대해 강력 항의했다.

11월 1일 네이멍구 자치구 혁명 위원회 성립.

11월 6일 인민일보와 홍기, 해방 군보는 '10월 사회주의 혁명의 길을 전진하자! 10월 사회주의 혁명 50주년 기념'이라는 문장을 발표하고, 최초로 마오쩌둥의 문화대혁명을 '무산계급 독재하의 계속혁명 이론'으로 개념 정리했다.

12월 2일 당 중앙, 중앙문혁소조는 '당 조직의 정돈, 회복, 재건에 관한 의견'을 발표했다.

12월 4일 당 중앙은 '겨울, 봄 농촌 문화대혁명에 관한 지시'를 발표했다.

12월 6일 톈진 시 혁명 위원회 성립, 제쉐궁(解学恭, 해학공) 주임 임명.

---

20) 1962년 이래 총 5기의 U-2형 정찰기가 격추됨.

12월 9일 당 중앙과 국무원, 중앙군사위, 중앙문혁소조는 '공안 기관에
　　　 대한 군 관제 실행'을 결정했다.
12월 16일 당 중앙, 중앙문혁소조는 '당장(党章) 수정에 관한 통지'를 발
　　　　 표했다.
12월 22일 당 중앙, 중앙문혁소조는 베이징 시 샹광(香广)로 소학교에 중
　　　　 국 소년 선봉대를 해체하고 '홍소병'을 건립토록 지시했다.21)
12월 28일 창사와 사오샨(韶山) 간 철도가 개통됐다.

📗 1968년

1월 1일 인민일보와 홍기, 해방군보는 '무산계급 문화대혁명의 승리'라
　　　 는 사설을 발표했다.
1월 5일 장시(江西)성 혁명위원회 성립.
1월 8일 신화사 보도 : 자체 설계의 만 톤급 화물선 "동풍호" 건조에
　　　 성공.
1월 24일 간쑤성 혁명위원회 성립.
1월 27일 허난성 혁명위원회 성립.
1월 31일 산둥 유전 생산 시작. 연 가공원유 250만 톤 생산.
　　　 남예멘공화국(이후 예멘공화국)과 수교.
2월 3일 허베이성 혁명 위원회 성립(리쉐펑 주임), 당 중앙의 동의를 거
　　　 쳐 허베이성 성회를 바오딩(保定)에서 스자좡(石家庄)으로 이전했다.
2월 5일 후베이성 혁명 위원회 성립, 청쓰위 주임.
2월 6일 당 중앙과 국무원, 중앙군사위, 중앙문혁은 '철도교통 안전 확
　　　 보에 관한 명령'을 발표하고 철도, 열차, 교량 등을 파괴하는 행위
　　　 를 반혁명 행위로 규정했다.

---

21) 이후 전국 소학교의 소년 선봉대가 홍소병으로 개편됐다.

2월 18일 당 중앙은 2년간의 생산 절감과 재정 위기 상황에 근거하여 '절약과 긴축예산에 관한 긴급 통지'를 발표했다.

2월 21일 국방부 우주 기술 연구원 설립(국가 과학위 소속) 광둥성 혁명위원회 성립.

2월 캉성, 셰푸즈는 소위 "네이멍구 인민혁명당 사건"을 날조하여 최소 34만여 명이 피해를 입었고 그 중 1만여 명이 핍박에 의해 사망했다.

3월 6일 지린성 혁명위원회 성립.

3월 20일 당 중앙과 국무원, 중앙군사위, 중앙문혁소조는 최고 인민 검찰원 내 인민해방군 군사 대표를 파견하도록 통지했다.

3월 22일 린뱌오, 장칭은 양청우 인민해방군 총참모장 대리 겸 군사위 상무위원, 위리진 공군 정치위원, 푸충비 베이징 위수 사령관을 반역도당으로 모함, 체포하고 직위를 해지시켰다. 같은 날 황용성을 총참모장에 원위청 부참모장이 베이징 위수사령관에 임명됐다.

3월 23일 장쑤성 혁명위원회 성립 쉬스유 주임.

3월 24일 저장성 혁명위원회 성립 난핑런 주임.

3월 25일 당 중앙, 중앙군사위는 황용성을 조장으로 하는 중앙군사위 대리조를 설립하고 군사위와 상무위 직권을 대신하게 했다.

3월 30일 인민일보와 홍기, 해방군보는 연합사론 '혁명위원회는 좋다'를 발표했다. 현재까지 전국 18개 성, 시, 자치구에 혁명위원회가 성립됐다.

4월 8일 후난성 혁명위원회 성립.

4월 9일 전인대 상무위 부위원장, 국민당 혁명위원회 부주석이었던 청첸 별세, 1882년생, 후난 태생.

4월 10일 닝샤 회족 자치구 혁명위원회 성립.

4월 16일 마오쩌둥은 '미국 흑인들의 무력 투쟁 지지에 관한 성명'을 발표하고 마틴 루터 킹 목사 살해 사건에 대한 미국 흑인들의 정의 투쟁을 성원한다고 밝혔다.

4월 18일 안후이 성 혁명위원회 성립. 리더성 주임.

5월 1일 산시(陝西) 성 혁명위원회 성립.

5월 10일 랴오닝 성 혁명위원회 성립.

5월 31일 쓰촨 성 혁명위원회 성립.

6월 15일 당 중앙은 '통지'를 통해 1967년 졸업 예정자의 경우 1968년 7월에 일률 졸업시키고, 취업과 대우 등은 원규정에 따라 집행토록 했다.

6월 20일 당 중앙과 국무원, 중앙군사위, 중앙문혁은 '1967년 대학 졸업생 배치 문제에 관한 통지'에서 대학 졸업생들이 농촌, 산간벽지, 공장 등에 배치되어 군중, 농민, 노동자와 결합하도록 지시했다.

6월 18일~22일 탄자니아 니레이 대통령 방중.

7월 21일 마오쩌둥은 '상하이 선반 공장 내 기술 요원 배양에 관한 보고'를 청취하고, 노동자와 농민 중에 학생을 선출하고 이 학생들이 교육을 받은 이후 생산 현장으로 돌아오도록 하라는 지시를 내렸다.[22]

7월 24일 당 중앙과 국무원, 중앙군사위, 중앙문혁소조는 산시(陝西)성 지역의 강탈, 강도, 상해, 폭동 행위에 대해 재차 중지를 명하는 '포고(7.24 포고)'를 발표했다.

8월 13일 윈난 성 혁명위원회 성립.

8월 19일 푸젠 성 혁명위원회 성립.

8월 23일 캉성 등은 '중앙 감찰위 위원들의 정치 성향에 관한 보고'를 날조해서 감찰 위원 60명과 후보 위원 37인을 반역 분자, 수정주의자로 몰았다. 이후에는 전인대 상무위 위원 150명 중 60명과 정협 상무위원 159명 중 74명은 반역, 수정주의자로 비판했다.

8월 25일 당 중앙과 국무원, 중앙군사위, 중앙문혁은 '노동자 선전대의 학교 파견에 관한 통지'를 발표했다.

8월 26일 광시 장족 자치구 혁명위원회 성립.

---

22) 이후 전국 각지에 노동자와 농민을 위한 7.21대학이 설립됐다.

9월　5일 티베트 자치구 혁명위원회, 신장위구르 자치구 혁명위원회 성립

9월　7일 인민일보, 해방군보는 '무산계급 문화대혁명의 승리 만세!'라는 사설을 통해 전국 29개 성, 시, 자치구에서의 혁명위원회 성립을 경축했다.

9월　20일 노동자 해방군 마오쩌둥 사상 선전대가 중국과학원에 주둔하기 시작했다.

9월　28일 '마오쩌둥 선집' 1-4권 합장본이 출판 발행됐다.

10월 5일 인민일보는 '류허(柳河) 57 간부학교의 경험'을 보도했다. 이 보도는 "간부들의 하방 노동은 간부 학습의 새 기회"라는 마오쩌둥의 지시를 인용했고, 이후 전국 각지에 '류허 경험' 학습 열풍이 불었다.

10월 13일~31일 중국 공산당 8기 12중전회가 베이징에서 개최됐다. 97명의 중앙위원 중 사망한 10인을 제외하고, 비판 대상 40여 명은 출석 저지되어, 참가자가 40명에 불과했다. 회의는 '문화대혁명'을 높게 평가하고, '2월 역류' 사건에 연루된 천이, 예젠잉, 리푸춘 등에 대한 공격과 비판이 진행됐다. 또한 '반역자, 첩자, 공공의 적 류사오치의 범행에 대한 심사 보고'를 통해 그의 당적과 직무 박탈이 결의되었고, 중국공산당 당 규정에 린뱌오를 마오쩌둥의 친우이자 계승자로 규정했다.

11월 15일 중앙은 '1968년 대학, 전문대 졸업생 직업 배치에 관한 통지'를 통해 학생들의 농촌, 오지, 기층, 공장 파견 방침을 재확인했다.

12월 22일 인민일보는 '우리도 두 손이 있어 도시에서 밥을 빌어먹지 않는다.'라는 보도를 통해 지식 청년들의 농촌 노동 운동의 필요성을 강조하고 청년들을 하방하도록 격려했다.[23)

12월 26일 당 중앙, 중앙문혁은 '적대 투쟁 중 정책 준수에 관한 통지'를 발표했다. 마오쩌둥은 '통지'에서 "주자파의 착오를 범한 자 중 개

---

23) 문혁 기간에 농촌 산간벽지로 하방된 청년들은 1,600만 명에 달했다.

선의 여지가 없는 자는 소수에 불과하므로, 교육을 통해 착오를 고칠 수 있다. 따라서 설령 반혁명 분자나 주자파의 자녀라 하더라고 그들을 '반동 자녀'라 칭하는 것은 잘못된 것이며, 그들을 '교육 대상의 자녀'들로 따로 호칭해야 한다.”고 말했다.

12월 27일 수소폭탄 실험 성공(서부 지역).

12월 29일 난징(南京, 남경) 양쯔강 대교가 완성됐다. 철도와 도로 복층 구조로 상층은 도로로, 하층은 철도로 사용된다.

🔖 1969년

1월 1일 인민일보와 홍기와 해방군보는 '마오쩌둥 사상으로 전체를 통솔히지'리는 신년 사설을 발표했다.

1월 3일 신화사 보도 : '마오쩌둥 선집' 지난 3년간 1.5억 부, '마오쩌둥 저작선독'은 1.4억 권, '마오쩌둥 주석 어록'은 7.4억 권이 발행됨.

1월 30일 리중런 별세, 1890년생으로 전 국민당 정부 부총통, 총통 대리를 역임했고 1949년 도미했다가, 1954년 2월 국민당회의에서 파면되고, 1965년 북경으로 귀순했다.

2월 16일 ~ 3월 24일 전국계획 좌담회는 '1969년 경제계획 요강(초안)'을 제시했다. 이번 회의는 계획 기구가 비정상적으로 운행되는 상황에서 1968년 12월 12일 저우언라이가 편제한 1969년 계획 지시에 의거했으며, 새로 성립된 계획위의 군 대표, 노간부, 조반파가 참여했다.

3월 2일과 15일 소련 군대가 헤이룽장(黑龙江, 흑룡강) 전바오다오(珍宝岛, 진보도) 지역을 2차례 습격, 인명 피해가 발생했다.

3월 9일 ~ 27일 중앙문혁소조 예비 모임은 공산당 9대 준비 회의를 개최했다.

3월 29일~4월 9일 국민당 10차 대회가 타이베이에서 개최됐다.24)

4월 1일 ~ 24일 중공공산당 제9차 전국대표대회를 베이징에서 개최했다. 린뱌오는 정치 보고에서 무산계급 독재하의 계속혁명론에 근거하여 문화대혁명의 위대한 완수를 주장했다. 회의는 '2단계, 2개 선의 투쟁'을 당의 기본 노선으로 결정하고 린뱌오가 계승자로 기입된 당정을 통과시켰다. 회의는 279명의 중앙위원과 후보위원을 선출했는데 이 중에 8기에서 연임된 수는 53인에 불과했다.25)

4월 6일 전인대 상무위 부위원장, 중국 국민당 혁명위원회 부주석이었던 장즈중 별세(1890년생, 안후이성 출신).

4월 13일 신화사 보도 : 자체 설계와 국산 철강으로 제조된 15,000톤급 원유 수송선 '다칭 27호' 완성.

4월 28일 중앙 9기 1중전회는 마오쩌둥, 린뱌오를 중앙위원회 주석, 부주석으로, 마오쩌둥, 린뱌오, 저우언라이, 천보다, 캉성을 중앙정치국 상무위원으로 선출했다. 중앙정치국 21인의 명단은 다음과 같다.
마오쩌둥, 린뱌오, 예췬, 예젠잉, 류보청, 장칭, 주더, 쉬스유, 천보다, 천시롄, 리셴녠, 리쭤펑, 우파셴, 장춘차오, 추후이쭤, 저우언라이, 야오원위안, 캉성, 황융성, 둥비우, 셰푸즈
같은 날 중공 제9기 중앙정치국은 1차 회의를 개최하고 당 중앙군사위 주석, 부주석 명단을 통과시켰다. 당 중앙군사위 주석에 마오쩌둥, 부주석에는 린뱌오, 류보청, 천이, 쉬샹첸, 네룽전, 예젠잉.

5월 11일 인민일보는 "중국은 국내 국공채와 외채가 없는 사회주의 국가"라고 보도했다.

6월 11일, 7월 8일 외교부는 소련 대사관에 신장, 헤이룽장 지역에 대한 소련의 무장 침략 행위에 항의하는 공문을 보냈다.

6월 당 중앙군사위 사무조의 황융성, 우파셴, 예췬, 리쭤펑 등은 좌담회를 개최하고, 마오쩌둥이 제시한 '전쟁을 대비하라'에 의거해 국방

---

24) 장제스 국민당 총재 재연임.
25) 중국공산당 9차 전국대표대회에서 문혁파가 완전히 당을 장악하였다.

건설계획을 제시했다. 1969년 국방비가 전년 대비 34% 증가했고, 이후 2년간 15%, 16%씩 증가했다.

7월 **11일** 천이, 예젠잉, 쉬샹첸, 네룽전은 중앙에 '전쟁 상황에 대한 초보 조사'를 보고했다.

7월 23일 당 중앙은 '중국공산당 중앙위원회 포고'를 반포했다. '포고'는 타이위안(太原) 시 등지에서 발생한 무장투쟁 사건에 대한 제지 규정으로 구성됐다.

7월 29일 역사학자 판원란 별세, 1893년생, 저장성 출신.

7월 31일 국무원은 중국인민은행의 재정부 병합을 비준했다.

8월 **1일** 국무원은 석유 공업부의 '후베이 장한(江汉, 장한)지역 석유 탐사 보고'를 비준했다. 이번 석유탐사에서 연 생산 100만 톤의 원유를 확보했다.

8월 7일 인민일보는 베이징 전력 학교의 조사 보고 '중등 기술학교의 교육 혁명'을 발표했다.

8월 13일 중국 외교부는 소련의 군사 침입(신장 테레커티 지역)에 대해 소련 대사관에 항의 공문을 보냈다.

8월 27일 당 중앙, 중앙군사위는 중앙군사위 사무조의 '전국인민 방공 공작에 관한 보고'를 비준하고 전국인민 방공영도소조 설립(조장 : 저우언라이)을 결정하고 전국적인 방공호와 방공굴 개설 작업에 착수했다.

8월 28일 당 중앙은 '중국공산당 중앙위원회 명령'을 발표하고 변경 지역 각급 혁명위원회, 각 민족, 해방군에게 침략 전쟁에 대한 철저한 대비를 지시했다.

9월 **4일** 당 중앙은 베트남 노동당 주석 겸 국가 주석 호지명의 사망에 애도를 표시하고, 8일 리셴녠을 대표로 하는 조문단을 파견했다.

9월 11일 저우언라이는 중국을 방문한 코시긴 소련 각료 회의 의장과 쌍방 회담을 벌였다.

9월 20일 중앙군사위는 쑨위궈 등 10인에게 '전투 영웅'의 칭호를 내렸다. 쑨위궈 등은 지난 3월 2일과 15일 소련군의 전바오도 침략에 대한 반격 과정에서 용맹을 과시했었다.

9월   23일 최초의 지하 핵실험에 성공.

9월   25일 장쑤(江苏, 강소) 성 지역 수리 공정 완결. 이후 창강, 회하 유역의 물을 북쪽으로 송수하는 것이 가능케 됐다.

9월   25일~10월 14일 콩고공화국 라마얼 총리 겸 정부회의 주석이 방중했다.

9월   26일~10월 3일 캄보디아왕국 랑누 수상이 방중했다.

9월   27일~10월 26일 베트남 민주공화국 범문동 총리가 방중했다.

9월   29일 수소폭탄 폭파 실험 성공(서부 지역 상공).

9월   29일~10월 18일 베트남 남방 민족해방전선과 잠정 시행 혁명정부 주석 롼유서우가 중국을 방문했다.

10월 1일 국경절 20주년 기념행사와 집회 거행.

최초의 지하철도 선로 건설 완공.26)

10월 7일 중국 정부는 '성명'을 통해 중소 국경 문제의 입장을 천명하고, 소련 측의 중국 국경 침입을 엄연한 도발 행위로 비난했다.

10월 11일 역사학자이며 해서파관의 저자 우한이 박해 중 사망했다. 1909년생으로 저장성 출신이다.

10월 20일 중소 국경회담이 재개됐다. 소련 측이 중국 측이 제기한 쟁점 지역에 대해 계속 승인불가 입장을 고수했고 회담은 이후 9년간 지속됐지만 협의에는 실패했다.

10월 26일 당 중앙은 '대학(고등교육 기관)의 하방 문제에 관한 통지'를 발표하고 국무원 소속의 학교는 외지에 설립하거나 이전토록 결정하고 지역, 공장의 영도를 받도록 했다. 교육부 소속 학교는 전 학교를 소재 성, 시, 자치구의 영도(지휘)를 받도록 했다. 통지 이후 1971년까지 전국의 434개 고등교육 기관이 328개로 줄었다.

10월 28일 공군 미군 무인 고공 정찰기 1기 격추(1964년 이래 17번째).

---

26) 베이징 기차역에서 서부 핑궈위안(苹果园)까지 개통.

11월 12일 전 당 중앙 부주석, 중화인민공화국 주석, 국방위원회 주석을
역임했던 류사오치가 호위병의 박해로 지하 감방에서 사망했다(1898
년생, 후난성 출신).

11월 13일 신화사 보도 : 후난 사오산-징강산간 고속도로 개통(전장 456km).
경제학자 왕야난(王亚南, 왕아남)이 별세했다. 1901년생으로 후베이
출신인 그는 1928년 귀다리(郭大力, 곽대력)와 공동으로 마르크스의
'자본론'을 번역했다.

11월 20일 국무원, 중앙군사위는 국가민항총국을 인민해방군 공군으로 편
입시켰다.

11월 30일 당 중앙정치국 상무위원, 국무원 부총리 타오주가 박해로 사
망했다(1908년생, 후난 출신).

12월 4일 국무원, 중앙군사위는 '총참모 군사기상국과 중앙기상국의 합병
문제에 관한 통지'를 발표했다.

12월 18일 당 중앙은 '1969년, 1970년 중등 전문학교, 기술학교, 반공반
독학교 졸업생의 배치 통지'를 발표했다. '통지'는 졸업생들이 농촌,
오지, 공장, 기층에 참여해 노동자와 농민이 재교육을 받았다.

12월 국무원과 중앙군사위는 농업개간부 소속의 신장(新疆) 생산건설병단
을 신장 지역 영도로 변경하고 각지에 생산건설병단을 건설하고 각
지역 군부의 영도를 받도록 지시했다.

🎖 1970년

1월 1일 인민일보와 홍기, 해방군보는 '위대한 70년대를 맞이하여'라는
신년 사설을 발표했다.

1월 5일 윈난성 쿤밍시 이남 강도 7.8급 지진 발생, 15,600명 사망.

1월 20일 중미 대사급 회담이 재개됐다.[27] 1969년 12월 3일 폴란드 패

션 전람회에서 양국 대사가 접촉, 지난 2년간 중단됐던 회담의 재개 협상에 성공했다.

1월 30일 지대지 미사일 실험 성공.

1월 31일 당 중앙은 '반혁명 파괴활동 타도에 관한 지시'를 발표했다. 이지시는 2월 5일 당 중앙이 발표한 '부패, 투기 등 억제에 관한 지시'와 '낭비 억제에 관한 통지'와 더불어 '1타 3반' 운동으로 불린다. 통계에 따르면, 1970년 2월에서 11월까지 반동 반혁명·배신자로 낙인찍힌 자가 184만여 명, 체포 구금된 자가 28,48만 명에 이르며, 이들 대다수가 무고한 자들로 밝혀졌다.

2월 15일~3월 21일 전국 계획 공작 회의는 1970년 국민 경제계획과 제4차 5개년 계획(초안)을 제정했다. '계급투쟁을 중심으로 전쟁 대비와 함께 국민 경제의 신도약'이라는 구호와 함께 3선 전쟁 대비 후방 건설을 강조했다.[28]

2월 25일~3월 9일 궈모뤄 중국 특사가 네팔 왕자 혼례에 참석했다.

3월 8일 마오쩌둥은 중앙에 제4기 전국 인민대표 대회의 개최, 헌법 수정, 국가 주석의 폐지안을 제기했다.

3월 17일~20일 중앙 공작 회의에서 대다수 참석자는 국가 주석 폐지안에 동의했으나, 린뱌오 등은 마오쩌둥이 국가 주석직을 수행하도록 건의한 것으로 밝혀졌다.[29]

3월 19일 캄보디아 시아누크 국왕 내외가 베이징에 도착했다. 23일 베이징에서 시아누크는 캄보디아 민족통일전선을 설립하고, 5월 5일 민족단결 정부론을 수집했다. 중국 정부는 이 민족단결 정부를 캄보디아의 유일 정부로 인정했다.

3월 21일~28일 파키스탄 해방 조직 집행위원회 아라파트 의장이 중국

27) 그러나 3월 미국의 캄보디아 침공으로 중국은 양국 간 대사급 회담이 중단되었다.
28) 그러나 공·농업 생산 목표를 현실을 고려치 않고 최고치로 높게 책정하여 이후 경제 위기를 야기했다.
29) 이는 문혁 이래 마오쩌둥과 린뱌오 간의 최초의 의견 충돌이며, 이후 린뱌오 모반 사건의 도화선이 된다.

을 방문했다.

3월 27일 당 중앙은 '5.16 반혁명 집단 색출에 관한 통지'를 발표했다. 통지 이후, 전국에서는 5.16의 이름하에 각종 모함과 날조 사건이 급증했다.

4월 5일~7일 저우언라이 국무원 총리가 북한을 방문했다.

4월 12일 마오쩌둥은 린뱌오의 국가 주석직 수행 건의를 거절한다고 밝혔다.

4월 24일 최초 인공위성 발사 성공.

4월 28일 중국 정부는 광저우에서 개최되는 베트남(북, 남측), 라오스, 캄보디아 3국 4자 최고 회담을 적극 지지하는 성명을 발표했다.

4월 30일 마오쩌둥의 비준을 거쳐 중앙군사위는 리더성을 인민해방군 총정치부 주임으로 임명했다.

5월 1일 전국정협 부주석, 중국민주촉진회 주석이었던 마쉬룬 별세, 1884년생으로 저장 출신이다.

5월 5일 저우언라이 총리는 시아누크 국왕에게 중국 정부가 캄보디아 왕국 민족단결 정부를 인정한다고 밝혔다.

5월 10일~13일 리썬 베트남 노동당 중앙위원회 제1서기가 중국을 방문.

5월 12일 당 중앙은 국가계획위에게 '지식 청년에 대한 진일보한 하방 공작 진행 보고'를 전달했다. 보고는 각 조직들이 정기적인 조사를 통해 지식 청년의 노동 단련을 독려하도록 했으며, 베이징, 톈진, 상하이 3대 도시에 변경 지역식의 집체 농장을 개설하고 청년들을 배치토록 했다.

5월 20일 마오쩌둥은 '전 세계 인민이여, 단결하여 미 침략자와 그들의 개들을 쳐부수자.'라는 성명을 발표했다.

5월 21일 마오쩌둥 참석한 가운데 50만 군인들이 톈안먼 광장에서 세계 인민 미 제국주의 반대 투쟁 대회를 거행했다.

6월 11일 국무원은 '기본 건설예산 공작 개혁 강화에 건설은행의 보고'를 각 부문에 하달했다. 국무원은 보고에 대한 회답에서 인민은행의 건설은행 흡수 합병 안에 동의하고, 이후 기본 건설예산은 재정부문이 계획하며, 기타 업무는 인민은행이 처리토록 했다.

6월 16일 신화사 보도 : 허베이성 따칭허(大淸河) 수리(水理)공정 완공, 허베이성 중부에 210km의 대형 운하가 준공되어, 톈진 등 지역 수해 방지에 효과 기대.

6월 22일 당 중앙은 국무원의 '국무원 각 부문의 당의 핵심 소조와 혁명위원회 건립에 관한 보고'에 동의했다. 국무원은 '보고' 중 현 90개 부, 위, 직속기구를 23개 부, 2개조, 1개 판공실로 개편, 병합하는 안을 제시하고 각부, 위원회의 핵심 소조를 중앙 당 영도하에 두도록 했다. 각 부와 위원회의 혁명위원회는 50%가 군중 대표로 구성되며, 정책, 계획에 대한 토론, 건의권, 인사와 재무에 대한 심사권, 공작 감독권을 가지도록 했다.

6월 27일 당 중앙은 '베이징대, 칭화대의 신입생 모집에 관한 보고'를 비준했다. '보고'는 입학고사 제도를 철폐하고, 대중 추천, 간부 비준, 학교 심사가 결합된 공·농병 학생 선발 심사 제도를 실행토록 했다.[30]

당 중앙은 '1969년에서 1971년 대학(전문대)의 졸업생 배치에 관한 통지'를 발표했다.

7월 1일 청두 - 쿤밍 간 철도 개통. 전장 1085km

7월 2일 대형 인공 하천인 후베이성 한베이(汉北)하 준공(110km).

7월 20일 당 중앙은 '통지'를 발표하고, 각 지역, 공장, 군대, 기관, 학교 등에서 헌법 수정에 관한 의견을 제출하고 4기 전인대 대표 후보를 토론, 통과시키도록 했다.

7월 27일 중앙정치국 회의에서 8.1 건군절 기념행사에 대한 토론 시, 천보다는 발표문 중 "위대한 지도자 마오쩌둥 주석이 친히 영도하고, 마오쩌둥 주석과 린뱌오 부주석이 직접 지휘하는 인민해방군"이

---

30) 문혁 이후 중단된 신입생 선발이 재개되기 시작했다.

라는 문구에서 "마오쩌둥 주석과"라는 구절을 삭제했다고 주장해서 분쟁이 발생했다.[31]

7월 국무원 과학 교육조 설립(리스광 조장).

8월 **2 ~ 13일** 남예멘 인민공화국 총통위원회 누바이 주석이 중국을 방문했다.

8월 6일 인민해방군 군정대학이 베이징에 설립됐다. 중앙군사위 사무조 결정에 의거, 인민해방군 고등군사대학, 난징 · 군사대학과 정치대학을 군정대학으로 병합시키고 황융성을 교장에, 장슈촨을 정치위원에 임명했다.

8월 6일~13일 수단 민주공화국 혁명위원회 주석, 총리 겸 외교부장 니와리가 중국을 방문했다.

8월 12일 일본 주재 미국 대사관 대변인은 "댜오위다오(钓鱼岛)[32]가 일본에 귀속된다."고 발표했다. 일본 정부는 9일 댜오위다오에서 석유 탐사를 실시했고, 1970~71년 타이완 학생과 재미 중국 유학생들이 댜오위다오 보호 애국 운동을 전개했다.

8월 23일~9월 6일 중국공산당 9기2중전회가 장시성 루산에서 거행됐다. 원 회의의 일정은 헌법 수정, 국민경제 4. 5계획, 전쟁 준비 등에 관한 문제의 토론이었으나, 린뱌오와 천보다 등이 원일정을 취소시키고 소위 '천재론'과 국가주석 설립 문제를 제기했다. 8월 31일 마오쩌둥은 '나의 의견'을 발표하고 천보다를 비판했다. 9월 6일 마오쩌둥은 폐막 발표에서 고급 간부 학습과 당내 단결 문제를 강조했고 저우언라이는 천보다에 대한 조사를 명했다.

9월 **12일** 당 중앙은 '중화인민공화국 헌법 수정 초안에 관한 통지'를 발표했다.

10월 13일 캐나다와 수교

10월 14일 핵실험 성공.

---

31) 마오쩌둥은 린뱌오 집단이 최고 권력에 욕심을 보이고 있다고 느끼기 시작했다.
32) 이것은 지금도 중 · 일 양국 간의 분쟁거리로 남아 있다.

10월 15일 적도 기니와 수교.

10월 16일 서북 신장 하미(哈密) 지역에서 최초로 연 150만 톤 생산이 가능한 옥외 탄광 개발.

10월 24일 중국인민지원군 한국전쟁 참전 20주년 기념 대회가 거행됐다. 동일 '영웅의 자녀', '침략자를 무찌르자' 등의 문혁 이전 영화들이 전국적으로 방영됐다. 이는 문혁 이래 최초이다.

10월 28일 당 중앙은 '지방 각급 당 대표대회 개최에 관한 통지'를 통해 11월 24일에서 1971년 8월 18일까지 전국 29개 성, 시, 자치구에서 지방 당 대표대회의 개최와 당 위원회 설립을 지시했다.

10월 29일 안후이성 쑤이시(濉溪, 수계) – 푸양(阜阳, 부양) 간 철도 개통 (140km).

11월 6일 당 중앙은 '중앙조직 선전조 설립에 관한 결정'을 통해 중앙조직선전조의 설립을 결정하고 캉성을 조장에, 장칭, 장춘차오 등을 조원으로 임명했다.[33]

이탈리아와 수교.

11월 10일~14일 파키스탄 예하한 대통령이 중국을 방문했다.

11월 16일 당 중앙은 '천보다 반당 사건의 전파에 지시'를 통해 전당에 비판과 정돈 운동을 지시했다.

11월 24일 에티오피아와 수교.

11월 24일~12월 4일 중공 후난(湖南)성 3차 대표회의는 중공 후난성 3기 위원회를 구성했다.[34]

11월 26일~29일 중국 탁구 대표팀 제13차 세계 선수권 대회에 참가했다. (문혁 초기 불참 이후 최초) 여자단체, 여자단식, 여자복식, 남자복식, 혼합복식 5개 부문 우승.

12월 8일 당 중앙은 '티베트 사회주의 개조에 관한 지시'를 발표했다.

---

33) 얼마 후 캉성이 병이 든 후 중앙선전조의 권력은 장칭과 장춘차오, 야오원위안이 장악하여, 4인방의 터전이 됨.

34) 이는 문혁 이후 최초로 성 위원회의 부활이다.

12월 15일 칠레와 수교.

12월 18일 마오쩌둥은 미국인 저널리스트 에드가 스노우와의 면담에서 개인숭배가 과도한 점을 인정하고, 미국 닉슨 대통령을 직접 만날 의향이 있다고 밝혔다. 당 중앙은 이 면담의 기록을 정식 문건화하여 각 기층에 전달토록 했다.

12월 22일 저우언라이는 화북회의를 주재, 천보다를 비판하고 베이징 군구의 개편을 선포했다.

12월 30일 닝샤 회족 자치구 최초의 황허(黃河, 황하)대교 준공. (660m)

📖 1971년

1월 1일 인민일보와 홍기, 해빙고보는 '미오쩌둥 주석 혁명 노선 승리를 따라 전진하자'라는 신년 사설을 발표했다.

1월 8일 마오쩌둥은 지난 군구 정치부의 '마오쩌둥 주석의 성실한 군대가 되자'를 청취한 후, 전국과 당 기관에 이것을 본받아 자아 교육을 실시하도록 지시했다.

1월 9일~2월 15일 당 중앙 군사위는 천보다 비판과 당 정돈 좌담회를 개최했다. 회의 중 황융성, 우파셴, 예췬 등 5인은 천보다를 비판하지 않아서 19일 마오쩌둥으로부터 엄청난 비판을 받았다.

1월 11일 당 중앙, 중앙군사위와 총정치부는 '마오쩌둥 주석의 1월 8일 중요 지시 집행에 관한 통지'를 발표하고, 군대 지방과 중앙 기관이 마오쩌둥의 지시를 중심으로 자만과 오만을 버리고, 겸허하고 신중한 자아 교육 운동을 진행토록 요구했다.

1월 15일 당 중앙은 경뱌오(耿飆, 경표)를 당 중앙 대외 연락 부장으로 임명했다.

1월 21일 전국 고등교육학교 조정 좌담회에서 공과대학은 잔존시키고,

의학, 농과 사범대학의 일부를 중등교육 기관, 전문대로 병합하기로 하며, (종합 대학은 변동이 없다.) 재정 · 정법 · 민족 대학은 다수를 철폐하도록 결정했다.35)

1월 24일 저우언라이가 주재한 화북 전체 회의는 천보다를 비판하고, 베이징 군구 개편을 결정했다. 리더성을 베이징 군구 사령원에, 셰푸즈를 제1정치위원 겸 당위 제1서기로 임명했다. 저우언라이는 류쯔허우를 허베이성 혁명 위원회 주임 겸 핵심 소조장으로 임명했다. 회의는 또한 1월 하순을 기해 전국에 천보다 비판과 당 정돈 운동의 전개를 선포했다.

1월 26일 당 중앙은 '반동 분자 천보다의 죄행 자료'를 발간했다.
국무원과 당 중앙군사위는 항공 가격을 조정했다. 구체 방안은 국제선 가격 불변, 국내선 28% 하락, 현 · 시 · 읍 이상 각급 혁명 위원회 · 과 · 처급 이상 간부 등이 공무로 항공편을 이용할 수 있도록 하는 조치였다.

2월 7일 마오쩌둥은 국가 여행국의 '1971년 외국 관광객 접대에 관한 보고서'에 대한 회답에서 '인원을 증가시키고 우파도 허용한다.'고 밝혔다. 보고에 의하면, 71년 외국인 접대 계획 인원은 800~1000명 정도이고, 대상은 좌파와 노동자 학생 교직원 위주이다.

2월 8일 당 중앙은 '5.16 전당 연합 소조 건립에 관한 결정'을 내리고 우더와 리전을 각각 조장과 부조장으로 임명했다. 연합소조는 주로 67년 9월 이래 생산된 5.16분자들에 대한 심사와 정리 · 복권 업무를 담당한다.

2월 10일 나이지리아와 수교

2월 12일 중국 정부는 미국의 베트남 침공에 대해 성명을 발표하고, 중국은 인도차이나 반도 3국의 후원자임을 명확히 했다.

---

35) 4월에 이르러 417개 고등교육 기관 중 잔존 309개교, 합병 43개, 중국 런민대, 중국 의과대학, 베이징 정법대학 등 45개교 철폐, 중등 교육 기관으로 전환 17개교, 공장으로 전환 3개교 등의 조치가 취해짐.

2월　21일 당 중앙은 '반당 분자 천보다 비판 확대에 관한 통지'를 전국에 선포했다.

3월　3일 과학 실험용 인공위성 발사에 성공했다.

3월　5일~8일 저우언라이 총리를 단장으로 하는 중국 당정 대표단이 베트남을 방문했다.

3월　15일 마오쩌둥은 인민일보와 홍기, 해방군보의 '무산계급 독재 승리 만세 – 파리코뮌 100주년' 기념 사설을 읽고 레닌 저작 열독의 필요성을 강조했다.

3월　15일~7월 22일 국무원은 전국 출판인 좌담회를 개최했다. 저우언라이는 4월 12일과 6월 24일 2차례의 대표 접견에서 출판계의 극좌 풍토를 비판했다. 그는 "현재 서점에는 외국 역사서조차 없다. 이는 일체를 부정하는 커다란 착오이며 마오쩌둥 사상도 아니다"라고 시정을 요구했다.

3월　22일 쿠웨이트와 수교.

3월　22일~24일 린뱌오의 아들 공군장교 린리궈는 린뱌오의 명을 받고, 상하이 비밀 기지에서 무장 혁명 계획 '571공정 기록'을 작성하고 마오쩌둥 암살을 기도했다.

3월　24일 마오쩌둥은 천보다 문제에 관한 지시에서 '천보다는 이미 반공분자로 왕밍, 류사오치 등과 함께 국민당 스파이였으며, 그의 반당·반공 행위는 모두 그의 과거에서 비롯됐다'고 밝혔다.

3월　25일~27일 베트남 노동당 제1서기 리썬이 중국을 방문했다.

3월　26일 카메룬과 수교.

3월　28일 당 중앙은 '5,16 반혁명 분자 심사 처리에 관한 통지'를 발표했다.

3월　31일~4월 1일 리린궈는 상하이에서 반혁명 쿠데타를 기도하는 소위 '3국 4자 회의'36)를 개최하고 쿠데타의 구체적 계획을 논의했다.

---

36) 3국은 상하이, 저장, 난징을 가리키며, 4자는 공군 7341부대 정치위원 왕웨이궈 (王纬国, 왕위국), 공군 7350부대 정치위원 천리윈(陈励耘, 진려운), 난징 군구

3월 당 중앙의 비준을 거쳐 국가 체육위원회의 군관제가 해제됐다.
국산 지대공 미사일 홍기 3호가 공군에 배치됐다.

4월 **7일** 마오쩌둥은 미국 탁구팀의 초청을 결정했다.
10일~17일 사이 미국 탁구 대표팀이 31차 세계 탁구 선수권이 끝난 후 중국을 방문하였다.[37]

4월 15일~29일 당 중앙은 천보다 비판 보고회를 개최했다. 회의에서는 황융성, 우파셴, 예췬 등의 지난 3월 루산 회의에서의 착오에 대해 비난이 진행됐다. 그러나 이들의 착오를 인민 내부 모순으로 규정해서 천보다의 반공 행위와는 구별했다. 회의에서는 주로 천보다를 비판했다.

4월 15일~7월 31일 전국 교육 공작회의에서는 '전국 교육 공작회의 기록'을 통과시키고, '2개의 평가'를 제시했다. 2개의 평가는 문혁 이전 17년의 교육 방침이 자산계급 주도형이었고, 지식인 대다수의 세계관이 자산계급 지향형이었다고 규정했다.

4월 21일 저우언라이는 중국 정부가 공개적으로 미국 대표 접견을 희망한다고 밝혔다.[38]

4월 29일 정협 부주석, 국무원 과학 교육조 조장이었던, 지질학자 리쓰광 별세, 1889년생, 후베이성 출신.

5월 **1일** '5.1노동절' 기념 대회에서 린뱌오가 모습을 드러냈으나[39] 공개 발언을 하지는 않았다.

5월 6일 산마리노 공화국과 수교.

5월 10일 국가계획위원회는 공업, 교통 각부 책임자 회의를 개최하고, 정기적인 보고제를 결정했다.

공군 부사령원 저우젠핑(周建平, 주건평)과 정치위원 장텅자오(江騰蛟, 강등교)이다.
37) 이것으로 그 유명한 중미 간 핑퐁외교 서막이 열렸다.
38) 미국 대표에는 미국 대통령도 포함될 수 있다고 명시했다. 이후 미국 닉슨 대통령은 중국 측의 요청을 받아들여 키신저 국무장관을 특사로 파견한다고 밝혔다.
39) 이것이 린뱌오의 마지막 공개석상 출현이다.

5월   10일~15일 베트남 노동당 제1서기 리썬이 중국을 방문했다.

5월   28일 오스트리아와 수교

5월   29일 당 중앙 정치국은 마오쩌둥에게 중미 회담에 대한 보고를 했다. 보고에는 중미 관계 역사, 각종 상황에 대한 대처, 중미 회담 8개 방침 등이 포함됐다.

6월   1일~9일 루마니아 공산당 총서기 차우셰스쿠가 중국을 방문했다.

6월   19일 국무원은 '대학, 전문대 하계 방학과 신입생 선발 공작에 관한 통지'를 발표했다.

6월   27일 2만 톤 급 화물선 '장풍(长风)'이 상하이에서 출항했다.

7월   8일 국무원은 위생부, 상업부와 연료 화학 공업부에 '가족계획 공작 보고'를 전달했다. 보고는 인구 성장을 억제하고 4.5 계획 기간 동안 도시는 10%, 농촌 15% 인구 성장 속도를 억제하도록 했다.

7월   9일~11일 미국 대통령 특사 키신저가 중국을 방문해 저우언라이 등과 6차례 회담을 가졌다. 주로 타이완 문제와 닉슨 대통령의 방중 문제에 대한 내용이었다. 이후 중미 쌍방 간 회담 장소는 프랑스 파리로 결정하고 16일 쌍방은 동시에 회담 '공고'를 발표했다.

7월   10일 마오쩌둥은 키신저 방문과 천보다 비판과 당 정돈 운동에 대한 보고를 듣는 자리에서 황융성 등에 대한 조사가 잘못됐다고 지적하고 루산회의의 상황이 아직 해결되지 않았다고 밝혔다.

7월   10일~16일 국무원 부총리 리셴녠이 인솔한 당정 대표단이 북한을 방문, 조·중우호합작조약 체결 10주년 기념식을 가졌다.

7월   13일~15일 당 중앙 정치국 상무위원 국무원 총리 저우언라이는 베트남, 북한(15일)을 각각 방문해서 중미 회담 상황에 대해 통보했다.

7월   26일 저우언라이는 출토 문화재 전람회 개최를 비준하고 '고고학보', '문물', '고고학' 등의 잡지 복간에 동의했다.[40]

7월   29일 시에라리온과 수교.

---

40) 이는 문혁 이래 최초의 학술 잡지 복간이다.

전국 정협 부주석, 중국민주동맹 중앙 부주석 가오충민 반동우파의
누명을 벗지 못하고 옥사, 1891년생, 랴오닝성 출신.

7월 30일 중국 정부는 소련 정부가 제의한 핵 보유 5개국(미, 소, 중, 프,
영) 회의 개최와 핵 감축 문제 토론에 대한 제의를 거부한다고 밝혔다.

8월 4일 터키와 수교를 맺었다.

8월 6일~12일 버마연방 나이윈 혁명위원회 주석이 중국을 방문했다.

8월 15일~9월 12일 마오쩌둥이 남방 지역 순시 중, 당내 노선 투쟁의
역사를 설명하며, 지난 루산 회의에서 황융성, 우파셴 등의 행위의
배후에 린뱌오 등이 있으며 그들이 당을 분열시키려 하고 있다고
비판했다. 마오쩌둥은 또한 '인터내셔널가(歌)' 등을 직접 지휘하고
가사의 의미를 수차례 강연했다.41)

8월 16일 이란과 수교.

8월 16일~19일 중공 헤이룽장성 제 3기 대표대회가 하얼빈에서 개최
됐다. 이로서 전국 각 성, 시, 자치구의 중공대표대회와 신임위원회
구성이 일단락됐다.

8월 20일 당 중앙은 광저우 군구의 '3개의 지원과 2개의 군사 사업'42),
'정치사상 공작좌담회기록'을 각 부문에 하달했다. '기록'은 '3개 지
원과 2개 군사 사업'을 진행하는 인원은 지방 당 조직의 영도를 따
르라고 지시했다.

8월 24일 당 중앙은 신장, 윈난 지역의 소수민족 지역의 계급 성분 문
제에 관한 지시에서 이 지역에 대한 계급 성분 구분을 원칙적으로
하지 않는다43)고 했다.

8월 31일 국무원과 중앙군사위는 '신인민 체조 시행과 방송에 관한 통
지'를 발표했다.

---

41) 1972년 3월 17일 당 중앙은 '마오쩌둥 주석의 외지 순찰 기간 연해 지역 책임자
와의 담화 기록'이란 책자를 발간했다.
42) 3개의 지원과 2개의 군사 사업(三支兩軍)이란 공업, 농업, 좌파의 3개 지원과
군사 관제와 군사 훈련의 2개 사업을 일컫는다.
43) 이것은 소수민족의 풍습 종교에 악영향을 끼칠 것으로 우려되기 때문이다.

9월 5일~13일 린뱌오 세력의 쿠데타 실패. 5일 당시 베이다이허에 있던 린뱌오 등은 마오쩌둥의 남방 순시 내용을 보고받고, 마오쩌둥 암살과 쿠데타 발동을 결정했다. 7일, 린뱌오는 리린궈에게 일급 비상사태를 명령했다. 8일 린뱌오는 직접 쿠데타 명령을 발동하고 리린궈 등이 상하이 부근에서 마오쩌둥 암살을 획책했다. 11일 마오쩌둥이 탄 열차는 예정보다 일찍 상하이에서 베이징으로 돌아와서 암살 시도가 무산됐다. 12일 마오쩌둥이 중난하이에 무사 도착하고 당일 밤 저우언라이는 린뱌오의 행방을 추적했다. 13일 새벽, 린뱌오 일당은 비행기로 도주 중 네이멍구 상공에서 격추되어 본인과 처, 아들 모두 사망하였다.44)

9월 13일 당 중앙 부주석, 당 중앙군사위 부주석, 국무원 부총리 겸 국방부장 린뱌오 사망. 1907년생, 후베이성 출신. 당 중앙정치국 위원, 당 중앙군사위사무소조원, 전군문화혁명소조 부조장이었던 예췬45) 사망, 1917년생, 푸젠성 출신.46)

9월 14일 당 중앙과 중앙군사위는 전국에 비상사태를 지시하고 각 대군구에 전쟁 대비를 명령했다. 26일 당 중앙은 국경절 경축 행사 취소를 통지했다.

9월 18일 마오쩌둥의 비준을 거쳐 당 중앙은 [1971] 57호 문건 : '린뱌오의 배반과 도주에 관한 통지'를 전국에 하달했다.

9월 24일 당 중앙은 황융성, 우파셴 등의 파직을 명령했다.
국무원은 황허 수리위원회 체제 개혁을 비준하고 직원이 9,000여 명에 달하는 황하 수리위원회를 폐지하며 황허 치수 영도소조를 설립하고 지역 책임자를 구성토록 했다(약 300여 명).

9월 26일~10월 15일 당 중앙은 베이징 주재 노 간부들과 9차례에 걸

---

44) 9.13 사건으로 불리며, 사건 발생 이후 저우언라이가 당의 일상 공작을 담당하게 됐다.
45) 린뱌오의 처
46) 두 사람은 1973년 8월 20일 당적이 박탈되고, 1981년 1월 최고인민법원 특별법원은 두 사람을 린뱌오·장칭 반혁명 도당의 주범으로 확정했다.

처 린뱌오 비판 좌담회를 개최했다.

9월 27일 중국과 베트남은 1972년 경제와 군사 원조에 관한 협정을 체결했다. 중국은 이후 베트남에 27.98억 위안 상당의 무상 원조를 제공키로 했다.47)

9월 29일 마오쩌둥의 비준을 거쳐 당 중앙은 각 군구 당위 상무위원회와 성 위원회에 황융성, 우파셴 등 4인의 처리에 관한 통지를 하달하고, 이후 군사위의 일상 공작은 군사위 부주석 예젠잉을 중심으로 집단지도 체제로 유지한다고 밝혔다.

9월 저우언라이는 각 부문에 하방되었거나 혹은 노동 개조 중인 전인대 정협 민주당파 중앙위원들의 베이징 복귀를 지시했다.

10월 2일 국가계획위는 1972년부터 1970년 공농업 생산품 가격을 적용한다고 통지했다.48)

10월 3일 당 중앙은 린뱌오, 천보다 반당 집단 문제에 관한 중앙전문 소조 설립을 결정했다.

당 중앙은 군사위 사무조를 폐지하고 군사위 사무회의를 설립했다. 회의는 군사위 부주석 예젠잉이 주도하며, 셰푸즈, 장춘차오, 리셴녠, 리더성, 리덩후이, 왕둥싱 등 10인으로 구성되며 중앙군사위 영도하에 군사위 일상 공작을 책임진다.

당 중앙은 화궈펑(华国锋, 화국봉)을 국무원 업무조 조원 겸 부조장으로 임명했다.

10월 6일 당 중앙은 린뱌오 반당 배반 사건 전국 선전에 관한 통지를 발표했다.

10월 6일~13일 에티오피아 국왕 할 사라시 1세가 중국을 방문했다.

10월 13일 부룬디 공화국과 대사급 외교 관계를 회복했다.

10월 20일~26일 미국 키신저가 중국을 방문, 닉슨 대통령 방중의 구체적

---

47) 1971년 중국이 체결한 총 대외 원조의 액수는 74.25억 위안이며 실제 지급된 금액은 66.77억 위안이다.
48) 1958년 이래 중국의 공·농업 생산품 가격은 1957년 가격을 적용해 왔다.

절차를 논의했다. 11월 30일 신화사는 중미 양국 정부가 1972년 2월 21일 닉슨 대통령이 중국을 방문하는 데 합의했다고 발표했다.

10월 25일 제26차 유엔총회는 중화인민공화국의 유엔 내에서의 권리 회복 안을 통과시켰다.[49]

10월 중화인민공화국 유엔 내 권리 회복에 따라 전국 외국어 대학의 1966년 졸업생과 1964년 파견된 유학생 중 통역 요원을 선출하라는 긴급 조치가 발표됐다.

11월 1일~3일 조선노동당 중앙위원회 총서기 김일성이 중국을 비밀 방문해, 마오쩌둥, 저우언라이와 회담을 가졌다.

11월 5일~8일 파키스탄 대표단(인민당 대표 페카 아리 푸터 수상 대표)이 중국을 방문했다.

11월 9일 레바논 공화국과 수교.

11월 9일~12월 22일 차오관화(乔关华, 교관화)를 단장으로 하는 중국 대표단이 유엔 26차 회의에 참가했다.

11월 12일 르완다 공화국과 수교.

11월 14일 마오쩌둥은 청두 지역 좌담회에서 '2월 역류'에 대해 재평가했다. 마오쩌둥은 직접 예젠잉을 지적하며 그는 더 이상 '2월 역류'가 아니라고 말했다.

11월 19일 핵실험 진행(서부 지역).

11월 20일~27일 베트남 범문동 총리가 중국을 방문했다.

11월 23일 제26차 유엔총회에서 중국이 경제사회 이사회의 9개 이사국에 선출됐다.

11월 29일 당 중앙정치국 회의는 린뱌오가 1967년 5월 1일 마오쩌둥을 호칭한 '4개 위대'[50]는 더 이상 사용하지 말도록 결정했다.

---

49) 76표 찬성, 35표 반대, 17표 기권. 이로써 오랫동안 유지되었던 타이완 국민정부는 유엔에서의 지위와 권리가 박탈됐다. 이후 타이완은 국제무대에서 외교적으로 고립의 내리막길을 걷게 되었다.

50) '4개 위대'란 위대한 선각자, 위대한 지도자, 위대한 영도자, 위대한 조타수를 일컫는다.

12월 5일 저우언라이는 국가계획위의 전국계획회의의 준비 상황에 관한 보고를 청취하는 과정에서 현재의 관리 방식이 매우 산만해 정돈이 필요하다고 강조했다. 이후 저우언라이는 수차례에 걸쳐 정돈을 강조했다.

12월 7일 세네갈 공화국과 수교.

12월 8일 아이슬란드 공화국과 수교.

12월 11일 당 중앙은 '린뱌오, 천보다 반당, 반혁명 타도 투쟁(자료 1)'을 발행했다. 자료1의 주요 내용은 중공 9기 2중전회 전후의 투쟁 상황을 담고 있으며, 당 중앙은 이후 자료 2, 3을 연속 발행하고 전국적으로 비림정풍운동을 전개했다. 자료 2의 주요 내용은 린뱌오 일당이 제정한 반혁명 강령 '571공정 기록'에 관한 것이며 자료 3은 '린뱌오 반당 집단의 죄상 기록'이다.

12월 13일 미국 중앙정보국 소속 간첩 2인[51])이 감형 조치되었다.

12월 14일 사이프러스 공화국과 수교.

12월 16일 중국 정부는 인도가 소련의 지지하에 파키스탄을 침공한 것에 대해 항의하는 성명을 발표했다. 성명은 중국 정부와 인민은 파키스탄을 지지하며 경제적 지원을 할 것이라고 밝혔다.

12월 26일 당 중앙은 '농촌인민공사 분배 문제에 관한 지시'를 발표했다. '지시'는 당이 허락한 각종 경영 방식을 자본주의로 몰아 비판하지 말도록 조치했다. 또한 '지시'는 집체 증산에 유리한 구체적 정책을 규정했다.

12월 29일~31일 당 중앙은 애국 민주인사 좌담회를 개최했다.

12월 30일 중국 외교부는 성명을 통해 미국과 일본이 다오위다오에 대한 귀속권 주장에 항의했다. 성명은 이 지역은 타이완의 부속도서(附属

---

51) 미국인 간첩 토마스와 리처드는 지난 1952년 11월 29일 중국 동북 영공 침범으로 체포됐다. 1954년 11월 중국 최고 인민법원 군사법정은 이들에게 각각 무기 징역과 20년 형을 선고했었다. 그러나 후에 토마스는 유기 5년으로 감형하고 리처드는 조기 석방하도록 조치했다.

島嶼)이며 따라서 중국의 일부분이라고 주장하면서 귀속권의 주장은 명백한 주권 침해임으로 결코 용인할 수 없다고 밝혔다.
12월 국산 제작 최초의 미사일 구축함이 해군에 배치됐다.

🗒 1972년

린뱌오 사건 이후 저우언라이는 중앙에 복귀하여 정국 안정에 노력하였다. 9월 18일 공산당 고위 간부들에게 린뱌오 사건을 통보하고 10월 1일에는 전국적으로 이 사실을 공포하였다. 저우언라이는 곧이어 2월 제강 시 쫓겨났던 원로 간부들을 복권시키기 시작하여 우선적으로 예젠잉을 복권시켜 군사위원회의 업무를 관장하게 하였다. 또 탄전린을 원상회복시켰다. 저우언라이가 중앙 업무를 담당하자, 장칭 집단은 위협을 느끼기 시작하였다. 저우언라이는 농업 문제에 있어서도 개인의 자유로운 노동을 부분적으로 허락함으로써 농촌도 신속하게 안정되어 갔다. 또 대학교육의 정상화를 위하여 노력하여 학교도 안정되기 시작하였다.

한편 린뱌오 집을 수색하는 과정에서 공자와 맹자의 어록을 모아 놓은 쪽지가 발견되면서 린뱌오와 공자를 비판하는 운동인 비림비공(批林批孔) 운동이 시작되었다. 그러나 이 비림비공 운동의 실질적인 투쟁의 목표는 바로 4인방의 장애 요인이 되는 저우언라이를 겨냥한 것이었다. 저우언라이는 이때 이미 암에 걸려 병원에 입원하게 되면서 1973년 10월 4일 마오쩌둥에게 덩샤오핑을 제1부총리로 복직시켜 총리의 역할을 대행하도록 건의하여 허락을 받았다.

오랜 적대 관계에 있던 중미 관계는 1969년 닉슨 대통령이 들어서면서 키신저 국무장관과 함께 중미 관계의 완화를 추진하였다. 1971년 4월 소위 핑퐁외교로 불리는 과정을 겪어 7월 9일 키신저가 북경을 방문하여 7월 15일 공동성명을 발표하였다. 그 내용은 닉슨 대통령이 1972년 5월 이전에 중국을 방문한다는 내용이었다. 닉슨은 1972년 2월 21일 미국 대통령으로서는 처음으로(아직 외교 관계도 맺지 않은)중국을 방문하였다. 그리고 상하이를 경유하여 2월 28일 상하이에서 공동성명을 발표하고 73년 2월에 각기 수도에 연락 사무소를 설치하기로 합의했다. 75년 닉슨의 뒤를 이은 포드 대통령도 중국을 방문하였다. 이리하여 정식 외교 관계가 수립되기 전이었으나 양국 관계는 적대적 관계를 청산하게 되었다. 중국과 미국관계는 그 후에도 4인방 득세 등 중국 국내 사정으로 정체 상태로 있다가, 1978년 12월 15일 미국의 카터 정부와 외교 관계 수립에 서명하고, 1979년 1월1일 정식 외교 관계가 수립되었다.

한편, 1953년부터 중국과 일본 양국은 민간 교류를 통하여 상호 교류가 이루어졌다. 1972년 중국이 대만을 제치고 국제연합에 가입하자 9월 25일 일본 다나까 총리는 북경을 방문하여 마오쩌둥과 회동하였다. 9월 29일 중일 공동성명에 서명하면서 1973년 3월에 양국 대사를 부임시켰다.

1월　**1일** '인민일보', '홍기' 잡지와 '해방군보'에 새해 첫 사설 '단결하여 승리를 쟁취하자'를 발표했다.

1월　3일~10일 미국 대통령 국가 안전 보장회의 사무보 알렉산더 헤겔이 먼저 중국에 파견되어, 닉슨 대통령의 중국 방문 일정을 협의했다. 중국은 미국 측에서 제시한 닉슨 대통령의 중국 방문 일정의 위성 텔레비전 방송을 동의하고 동시에, 국가 주권을 보호하기 위해서 미국 측이 사용할 통신 위성을 중국 정부가 구입한 다음 미국 측에 임대하는 방안을 채택했다.

1월　6일 중국공산당 중앙군사위원회 부주석, 전국정협 부주석, 국무원 부총리 겸 외교부 부장이었던 천이 별세, 1901년 생, 쓰촨 출신.

1월　7일 1차 지하 핵실험이 성공적으로 진행되었다고 신화사가 보도했다.

1월　10일 천이 추모식이 베이징 바바오산 혁명열사 공동묘지에서 거행되었다. 마오쩌둥은 병중이면서도 추모식에 참가했다. 추모식은 리더성이 사회를 봤고, 저우언라이가 추도사를 썼다. 마오쩌둥은 또한 덩샤오핑의 문제에 대해서도 언급하며 덩샤오핑의 활동 재개를 허용할 의사를 표명했다.

1월 15일 중국 공산당 중앙 위원회는 지펑페이(姬鵬飞, 희붕비)를 외교부 부장으로 임명했다.

1월 31일 몰타공화국과 수교

1월 31일~2월 2일 파키스탄 아리 푸터 대통령이 중국을 방문했다. 1972년 중국 공산당 중앙위원회와 국무원은 14개의 화학섬유, 화학 비료 플랜트 기술 설비 수입을 허가하였고, 이는 이후에 '43방안'52)으로 불려진다.

2월 **12일** 새벽 마오쩌둥은 폐심증으로 쇼크 상태에 빠졌다가 깨어났다. 깨어난 후에도 건강을 회복하지 못하자 공산당 중앙위원회는 저우언라이, 왕홍원, 창춘챠오, 왕둥싱 등 4명을 책임자로 마오쩌둥 의료부를 조직했다.

2월 14일 멕시코와 수교.

2월 15일 미국 기자 애드가 스노우53)가 스위스 제네바에서 암으로 별세. 16일 마우쩌둥과 저우언라이는 각각 스노우 부인에게 전보로 애도의 뜻을 전했다. 19일 베이징 각계 인사들은 스노우의 추도회를 열었고, 저우언라이 등이 출석했다. 유언에 따라 스노우의 유골 일부가 1973년 10월 19일 베이징대학 미명호 호숫가에 안장됐다.

2월 19일 아르헨티나 공화국과 수교

2월 21일~28일 미국 대통령 닉슨이 중국을 방문했다. 병중인 마오쩌둥은 닉슨 대통령이 베이징에 도착한 날 오후 회담했다. 21일부터 26

---

52) 43억 달러 상당의 외국 플랜트 공업 설비 수입 방안

53) Edgar Snow(1905.7.17~1972.2.15)미국 미시시피 주 출신. 1936년 공산혁명 근원지를 방문하고 '중국의 붉은 별(The red star over China)'을 지어 서방 세계에 중국공산당과 홍군의 활동을 알리는 최초의 서방 기자가 되었다. 1960, 1964년 중국을 방문했고, 특히 1969년 방중 시 닉슨의 중국 방문을 환영한다는 메시지를 미국에 전달하기도 함.

일까지 저우언라이는 닉슨 대통령과 양국 관계 정상화와 기타 문제에 대해서 의견을 나누기로 했다. 중미 양국은 회의 결과를 28일 상하이 '공동성명'에 발표하기로 했다. '공동성명'은 양국의 국제 문제에 대한 이견들을 열거하며, 사회제도와 대외 정책이 다른 양국이 평화를 위해 문제 해결을 하는 과정을 긍정적으로 보았다.

2월 29일 가나 공화국과 대사급 외교 관계 회복.

3월 4일 국무원 총리 저우언라이는 베트남 하노이로 가서베트남 당정 지도자에게 닉슨 대통령의 중국 방문 현황을 통보했다. 7일~9일에는 저우언라이가 평양으로 가서 북한 김일성에게 닉슨 대통령의 중국 방문현황을 통보했다.

3월 13일 중국과 영국은 대사 교환에 관한 공동성명을 발표하고, 이후 자국이 상대 국가 수도에 파견한 외국 대표를 대사로 승격한다고 선포했다.

3월 26일 중국공산당 중앙위원, 국무원 부총리 겸 공안부 부장이었던 셰푸즈[54] 별세.

3월 30일 국무원은 '중화인민공화국 공상세 조례'를 발표했다. 세금의 종류를 통합하고, 세목과 세율의 간소화, 일부 세금 관리 권한의 지방 이전, 소수 상품의 세율 조정 등 4개 방면을 개정했다.

4월 2일~8일 몰타 도미니크 민토프 총리가 중국을 방문했다.

4월 5일 중국 정부의 추천으로 유엔 사무총장은 탕밍자오를 정치 사무와 비 식민지화를 책임지는 유엔 부사무총장으로 임명했다.

4월 16일 '인민일보'는 '농업을 장려하여 전면적인 발전을 이루자'라는 사설을 발표했다. 사설은 '문화대혁명' 때 파괴되었던 '농업 장려' 정책을 다시 권장해야 하며, 식량 생산 증진과 다양한 경영 방식이 밀접한 관련이 있음을 소개했다. 이 사설은 저우언라이가 극좌파의

---

54) 1909년생 허베이 출신. 1980년 10월 16일 중국공산당 중앙위원회는 셰푸즈의 당적을 제명하고, 1981년 1월 28일 최고인민법원 특별 법정은 셰푸즈가 린뱌오 장칭 반혁명 집단의 주범이라고 확정했다.

정책을 비판한 것을 반영한 것이다.

4월 18일 미국 방문 중인 중국 탁구 대표단이 닉슨 대통령을 만났다.

4월 23일 전국 정협 부주석, 전국 부녀자 연합 부주석, 전 위생부 부장이었던 리더성 별세. 1896년생 베이징 출신.

4월 24일 '인민일보'에 저우언라이가 초고를 쓰고 수정을 한 사설 '과거를 거울삼아 잘못된 것을 고치자'가 실렸다. 내용은 '문화대혁명' 중에 간부를 공격한 극좌파들을 용서하고, 동시에 오랜 혁명 기간 동안 단련된 노간부는 당의 귀중한 보배라고 했다.

5월 1일 중국공산당 중앙위원회는 '대학교 입학 비리 근절에 관한 통지'를 발표했다. 그 통지에 의하면, 각지 학교의 입학생 모집 과정에서 '비리 입학' 현상이 나타나고 있기에, 간부 자녀나 일반 농공 자녀들도 똑같이 대우하여 학생들을 모집하는 방안을 요구했다.

5월 8일 국무원은 사영 송금업을 취소하기로 하고 그 업무를 은행이 대신하기로 했다.

5월 9일 중국 외교부는 성명을 통해 미국 군함과 전투기가 베트남에 정박해, 공해상에서 중국 상선을 폭격하는 것을 강력하게 항의했다.

5월 10일 세계위생기구(WHO) 제25차 대회는 중화인민공화국의 합법 권리를 인정하고 타이완 대표의 권리를 박탈했다. 이후 국제전신기구, 국제노동기구, 국제민용항공조직, 유엔식량농업기구, 국제원자력기구 등에서 중화인민공화국의 합법 권리를 인정하는 결의가 통과됐다.

5월 14일 ~ 18일 소말리아 최고 혁명위원회 의장 샤더 바레가 중국을 방문했다.

5월 18일 중국과 네덜란드는 양국의 공사를 대사로 승격하기로 했다.

5월 30일 국무원은 국가 계획위원회, 국가 건설위원회와 재정부의 '기본 건설 관리 강화에 대한 의견'을 비준하고 시행하기로 했다. 의견에 따르면, 기존에 존재했던 낭비와 현실 무시 행위 등의 문제에 대해 계획 외 공정과 자금 남용의 일률적 금지, 기본 건설 계획에 따른 숙련 기술의 사용, 공정 가격 절감과 적극적인 건설 책임제 실시 등을 규정했다.

6월 5일 그리스와 수교.

6월 19일~23일 미국 키신저가 중국을 방문했다. 저우언라이와 키신저는 중미 양국 관계 정상화와 공동 관심사 문제 해결을 위하여 5차례의 회담을 가졌다. 24일 쌍방은 공동성명을 발표했다.

6월 25일~7월 5일 스리랑카 총리 반다라 나이케 여사가 중국을 방문했다.

6월 27일 가이아나 공화국과 수교.

7월 2일 당 중앙은 '국민당 반공 분자, 수정주의 분자 천보다의 반혁명 죄행에 관한 조사 보고'를 각 부문에 전달했다.

7월 6일 베트남 정부 총리 반문동이 비밀리에 중국을 방문했다. 저우언라이는 쿤밍에서 비밀 회담을 갖고 베트남과 미국의 파리회담 문제에 대해 의견을 교환했다.

7월 8일~17일 민주 예멘 최고인민위원회 의장 압둘이스마얼이 중국을 방문.

7월 15일~8월 9일 국무원 과학교육소조는 베이징대학 신입생 모집 죄담회를 소집했다.

7월 16일~27일 예멘 정부 총리 겸 외교부 부장 아히만더 아니가 중국을 방문했다.

7월 20일~8월 30일 전군 대전차 무기 시범조가 베이징에서 대전차포 무기 전시와 시범을 보였다. 이후 전군의 대전차 무기 연구와 훈련이 늘어났다.

7월 21일 장시 석유화학 공장에 하방 중인 천원이 마오쩌둥과 당 중앙에 편지를 써 복직을 희망했고, 마오쩌둥과 당 중앙은 그의 복직을 허락했다.

7월 27일 당 중앙과 중앙군사위원회는 베이징 군사 지역, 육군 제66군, 톈진 경비 지역 3개 당 위원회에 비림(批林: 린뱌오 비판운동)정풍 운동 중 군대 규율과 잘못된 것을 개정하는 보고를 전달했다.

중국 대표 왕윤성이 유엔 제53차 회의에서 유엔 난민 사무국이 지난 수년간 진행해 온 소위 "티베트, 마카오, 중국 난민에 대한 원조 행위"에 관해 성명을 발표하고 관련 활동 중지와 기구 철폐를 요구했다.

7월 27일~1973년 2월 20일 중공 해군 당 위원회 4기 5차 전체 회의가 소집되었다. 주제는 해군 내부의 비림정풍 운동의 진행에 관한 것이었다.

7월 31일 국방부가 인민해방군 건군 45주년 경축 행사를 거행했다.

7월 중국 해군은 베트남 정부 요청으로 북방 해역 수뢰 제거 임무를 도왔다.

8월 3일 장시성 신젠(新建, 신건))현 트랙터 조립 공장에 하방되어 노동 개조 중인 덩샤오핑은 마오쩌둥에게 보내는 서신에서 당 중앙의 린바오 반당 집단에 대한 결의에 지지를 보내고, 복직 의사를 밝혔다. 이에 저우언라이는 당 중앙 정치국 회의를 주최하여 덩샤오핑의 노동 개조를 중지시키고 당 활동을 재개하도록 했다.

8월 10일 전국 과학기술 공업회의가 베이징에서 열렸다. 이는 문화혁명 이후 처음 소집된 전국적 과학기술 공업회의이다. 회의 내용은 과학 연구를 강화하고 기초이론 연구에 대한 중시 등이다.

8월 10 ~ 9월 25일 국가계획위원회는 전국 물자 공작 좌담회를 소집했다. 회의는 물자 공급과 수요상의 모순을 토론하고, '지역 균형, 차액 분배, 상품 조절, 납세 보장'의 지역 책임제 실행과 물자관리 체제 개혁을 제시했다.

8월 11일 일본 외무상은 일본 다나카 수상이 중국을 방문할 예정이라고 전했다. 12일 중국 외교부 부장 지펑페이는 일본 다나카 수상의 중국 방문을 환영한다고 선포했다. 31일 일본 수상 방중 준비단이 베이징에 도착했다.

8월 11일~15일 쿠르트 발트하임55) 유엔 사무총장이 중국을 방문했다.

8월 22일~25일 김일성이 비밀리에 중국을 방문했다.

8월 24일 중국 외교부가 성명을 통해 미국 폭격기가 22일 베트남 해안
의 중국 상선 '홍기 151호'를 폭격해 중국 선원 5명이 사망했다고
밝히고, 미국 정부에 강한 항의를 제기했다.

8월 25일 유엔안전보장 이사회에서 방글라데시의 유엔 가입 문제에 대
해 중국이 부결권을 행사했다. 이는 신중국이 유엔 내의 모든 권리
를 회복한 후 안전보장 이사회에서 처음으로 행사한 부결권이었다.

8월 당 중앙 1972. 28호 문건에 따라 전군 각 부대가 문화대혁명 중
점유한 지방 주택 토지와 재물을 지방에 돌려주기로 했다.

9월 1일 전국인민대회 위원회 부위원장, 전국정치협회 주석, 민혁 중앙
주석이었던 허샹닝 별세. 1878년 광둥 출신.

9월 3일~1973년 1월 27일 전국 공예미술 전시회56)가 베이징 민족문화
국과 농업전시관 주최로 열렸다. 이는 '문화대혁명' 이후 최초의 대
형 공예미술 전시회로, 경공업부와 무역부가 저우언라이 지시로 주
최한 것이다.

9월 7일 캉성의 추천으로 마오쩌둥은 상하이에 있던 왕훙원을 베이징으
로 불러 중앙 공작에 참여하고, 당 중앙정치국 회의, 국무원 회의와
당 중앙 군사위원회 회의에 참가하도록 했다.

9월 18일~27일 이란의 바리에 왕후가 중국을 방문했다.

9월 19일 토고 공화국과 수교

9월 25일~30일 일본 다나카 총리가 중국을 방문했다. 이번 방문은 중
일 국교 정상화 문제를 해결하기 위한 것으로 29일 양국 정부는
'공동성명'을 발표, 양국 수교 성립을 선포했다. '공동성명'에는 성
명을 발표한 후부터 중화인민공화국과 일본의 비정상적인 관계를
끝낸다고 선포하고, 일본 측은 과거에 전쟁으로 중국 인민에게 중대
한 피해를 끼친 책임을 통감하고 깊이 반성한다고 표현했다. 중국정

---

55) Kurt Waldheim(1918. 12. 21~2007. 6. 14) 오스트리아 외교가.
56) 1974년 초 '사인방'에 의해 이 전시회는 '전통 사회로 돌아가는 극선봉'이라고
비난을 받고 중지됐었다.

부는 중일 양국 인민의 우호를 위하여 일본에 대한 전쟁배상금 청구를 포기하겠다고 밝혔다.

9월 29일 국무원은 '국무원 판공실의 노간부, 고급 지식인, 애국 인사의 주거 상황에 관한 조사 보고'를 각 기관에 전달하고 각 기관에 세 부류의 인사에 대한 정확한 조사를 요구했다, 주택을 강제 점거했거나 부당 취득한 경우에는 주택을 반환해야 한다고 했다.

10월 14일 저우언라이는 1972년 8월 이래 계속 극좌파를 비판했다. '인민일보'에는 1면 전체에 극좌 사조와 무정부주의 영향을 일소하는 문장을 실었다. 이에 장칭, 장춘챠오, 야오원위안 등이 불만을 품고, 문장의 배경을 조사, 비판했다.

몰디브 공화국과 수교

10월 17일 중국 대표단이 제17회 유네스코 대회에 참가했다.

10월 17일~11월 17일 상업부는 베이징에서 식량 문제 회의를 열었다.

10월 18일 국무원은 베이징 어언대학의 정상 복귀를 허가했다. 베이징 어언대학은 정상 복귀 후 유학생의 중국어 교육과 유학을 가는 중국 학생들의 장단기 언어 교육과 사상 정치 교육 등을 담당했다.

10월 전국정치협상회의는 각 민주당파와 무당파 애국 인사의 학습 지도 소조를 건립하고 활동을 재개했다.

11월 6일 마다가스카르와 수교

11월 12일 저우언라이는 '문화혁명' 이후 중단되었던 쑨중산 탄생 기념행사를 재개했다. 전국정협, 민혁중앙과 당 중앙 통일전선부가 기념식을 주최했다.

11월 16일 룩셈부르크와 수교

11월 21일 자메이카와 수교

11월 24일 자이르와 대사급 외교 관계를 회복했다.

11월 28일 차드 공화국과 수교

11월 제 27회 유엔 총회에서 홍콩과 마카오가 식민지 명단에서 제외됐다.

12월 1일 마오쩌둥의 허가로 '홍기' 잡지에 광둥 중산대학 역사학과 교수

양룽궈(楊榮国, 양영국)의 글 '춘추전국시기 사상 영역 내 두 가지 노선의 투쟁 – 유가 법가 논쟁으로 춘추전국시기의 사회 변혁을 살펴봄'이 실렸다. 이는 극좌파의 관점으로 역사를 재해석한 문장이다.

12월 9일~16일 기니 란사나 총리가 중국을 방문했다.

12월 10일 전국정치협회 부주석, 전 국무원 부총리였던 덩쯔후이 별세. 1896년생, 푸젠성 출신.

12월 14일 중국은 16명의 유학생을 영국으로 보낸 뒤 이어 1972년에는 20명의 유학생을 프랑스로 보냈다. 이는 1966년 중단되었던 유학생 제도의 부활이다.

12월 17일 마오쩌둥은 저우언라이, 장춘차오, 야오원위안과의 담화에서 비림운동에 있어 극우파 비판을 지시했다. 그는 "극좌 사조에 대한 비판을 줄여라"라고 말했다.57) 이후 극우파만 비판하고 극좌파는 비판하지 않았다.

12월 18일 정협 전국위원회 기관은 영도소조를 설립하고 업무를 회복했다. 영도소조 책임자는 리진더가 맡았다.

12월 21일 오스트레일리아와 수교

12월 22일 뉴질랜드와 수교를 맺었다.

12월 29일 다호메이(Dahomey: 지금의 베냉) 인민공화국과 대사급 외교 관계를 회복했다.58)

12월 국무원은 3개 에틸렌 주요 생산지 건설을 허가했다. 그중 30만 톤 에틸렌 공장은 베이징 석유화학 공장이 맡았고, 나머지 2곳은 상하이 석유화학 공장과 랴오닝 석유화학 공장이 나누어 맡았다.

중국이 상하이에 처음으로 위성통신 지상국을 설치했다. 또한 미국, 일본, 오스트레일리아, 태국, 싱가포르, 홍콩과 지역 위성을 연결했다.

---

57) 이것은 마오쩌둥이 여전히 극좌파를 옹호하고 있음을 나타낸다.
58) 1972년은 중국이 18개 국가와 수교 혹은 외교 기관 승격 협정을 맺어 신중국 성립 이래 가장 많이 외국과 수교를 맺은 해였다. 이는 중국이 유엔 가입 후 국제적 지위가 급격히 격상됨을 나타낸다.

📗 1973년

1973년은 문화대혁명의 혼란을 수습해 가는 한 해이다. 2월 중순에는 미국의 알프레가 중국을 방문해서 타이완 문제와 중미 관계, 연락소 건립 안 등의 문제를 다뤘다. 11월에는 미국 키신저 국무장관이 중국을 방문하여 회담을 하였다.

3월 중순에는 당 중앙의 '덩샤오핑 복직에 관한 결정'을 발표되면서 덩샤오핑의 대내외 직위와 신분을 회복되어 정치무대로 복귀하게 되었다.

12월에는 덩샤오핑이 중앙정치국 위원으로 중앙 영도에 참가하면서, 중앙군사위원으로 군사 영도에도 참가하게 되었다.

4월에는 그동안 중단되었던 대학교 신입생 모집에 대한 논의가 진행되어 초중학교 학력 이상의 학생을 신입생으로 선발하기로 정하고, 각지에 흩어져 있던 대학이 원래 지역으로 이전히기 시작하면서 대하이 제 모습을 찾아가기 시작했다.

8월에는 북경에서 중공 제10차 전국대표대회가 개최되어 저우언라이가 정치보고를 하고 왕훙원이 당장수정을 보고하였다. 또한 이 회의에서 린뱌오, 천보다, 예췬 등의 공산당적을 영구 제명하였다. 이 대회에서 왕훙원이 당 중앙 부주석을, 장칭, 장춘차오, 야오원위안은 중앙정치국의 중요한 자리를 차지하였다. 이들 왕훙원, 장칭, 장춘차오, 야오원위안은 중앙정치국 내에 진입하였으며 이들 4인방의 세력은 날로 커져갔다.

1월 1일 '인민일보', '홍기', '해방군보'에서 '신년사'를 발표했다. 신년사에서 마오쩌둥은 '굴을 깊이 파고, 도처에 식량을 비축하며, 패권을 추구하지 않는다.'라는 주장을 했다.

1월 2일 저우언라이의 지시로 국가계획위원회는 국무원에 '기초 설비 수입 확대와 경제 교류 확대에 관한 보고'를 전달했다. 보고에 의하면, 서방의 경제 위기59)를 이용하여, 이후 3 ~ 5년 내에 43억 달러의 설비와 단체 기기를 도입하자고 했다. 이를 '43방안'이라고 부른다.

1월 7일~3월 30일 국무원은 전국계획회의를 열고, 식량 소비량, 임금 총액, 직공 인원 3개 문제를 해결하기 위한 '3개의 돌파'라고 불리는 대책을 연구 제정했다.

1월 8일 저우언라이는 베이징 시 타이청(台城) 감옥을 공안부 직할로 하는 것을 비준했다.

1월 10일~20일 자이르 몽보토 사이크 총통이 중국을 방문했다.

2월 12일 ~ 19일 공산주의 청년단이 상하이에서 제6차 대표대회를 소집했다. 이는 '문화대혁명' 이후 성·시 급의 공산주의 청년단 조직이 처음으로 갖는 활동으로, 이후 전국 각 성·시·자치구에서 연이어 공청단 대표 회의를 소집했다.

2월 15일 당 중앙의 비준을 거쳐 국무원은 '개항 공작 상황과 개선에 관한 의견'을 발표하고, 개항구 정비와 강화를 위한 5개 항목을 제기했다.

2월 15일~19일 미국 대통령 국가 안전 보장회의 사무 차관 헨리 알프레(Henry Alfre)가 중국을 방문했다. 마오쩌둥은 알프레를 접견했고, 저우언라이는 알프레와 6차례 회담을 가졌다. 회담은 타이완 문제와 중미 관계, 연락소 건립 안 등의 문제를 다뤘다. 쌍방은 1972년 중미 상하이 공동성명을 준수하여 양국 관계의 정상화를 위해 노력하기로 했다. 22일 중미 양국은 알프레의 중국 방문을 공표하고, 가까운 미래에 상호 연락처를 양국 수도에 건립하기로 했다.

2월 20일 덩샤오핑은 당 중앙의 통지에 따라 장시(江西)에서 베이징으로 돌아왔다.60)

2월 24일~3월 5일 외교부 부장 지펑페이를 단장으로 하는 중국 대표단이 프랑스 파리에서 열리 베트남 문제에 관한 국제회의에 출석했

---

59) 1차 오일쇼크 전조를 말함, 73~74년 1차 오일쇼크로 세계 경제는 큰 충격을 받았다.
60) 덩샤오핑이 이때 베이징으로 돌아온 뒤 중앙 무대로 복귀하게 된다.

다. 11개 국 대표는 모두 '베트남 문제의 국제화의 결정서'에 정식
으로 서명했다.

2월 28일 저우언라이의 허가에 따라 전국정치협상회의는 베이징에서 문
화대혁명 이후 처음으로 타이완 인민 기념 활동인 '2.28활동'을 재
개했다.

3월 8일 당 중앙의 대외 연락부와 외교부는 '3.8' 국제 노동 부녀자의
날 축하 행사를 개최했다. 저우언라이는 좌파의 잘못으로 외국 전문
가들이 피해를 받았다며, 문화대혁명 중 오해로 비판을 받았거나,
중국에서 추방당한 외국인 전문가들에게 유감을 전하며, 다시 중국
에 와서 일하기를 바란다고 했다.

3월 9일 저우언라이는 전 교육부 부장 허웨이가 적절한 치료를 받지 못
해 사망한 사건에 대해 베이징 병원 등 의료 기구를 엄중히 비판했
다. 또한 국무원 관련 부서와 위생부에 노간부 전국인민대표 전국정
협 상무위원·애국 민주인사에 대한 건강 검진을 지시했다.
스페인과 수교를 맺었다.

3월 10일 당 중앙은 마오쩌둥의 동의를 얻어 '덩샤오핑 복직에 관한 결
정'을 발표했다. 29일, 마오쩌둥의 의견에 따라 당 중앙정치국 회의
는 정식으로 덩샤오핑의 대내외 직위와 신분을 회복한다고 밝혔다.

3월 15일 외교부 대변인은 성명을 통해, 중국은 이웃 국가와 영해(황해와
동해) 범위 설정 문제가 아직까지 확실하게 매듭지어 지지 않았다고
밝혔다. 현재 대한민국 당국은 공공연하게 외국 석유 회사의 기술을
도입해 위 지역에서 시추 활동을 하고 있다. 이는 향후 좋지 않은
결과를 초래할 수 있다고 경고했다.

3월 17일 국무원의 허가를 거쳐, 국무원 과학교육 소조는 베이징 방송
대학, 베이징 사범대학, 강서중의대학, 장시대학, 윈난 민족대학, 시
베이 민족대학, 청두 체육대학, 베이징 재무학교 등의 대학을 다시
운영한다고 발표했다. 1973년 국무원은 또한 산시 재경대학과 헤이
룽장성 건설병단농업개간대학 등의 대학의 재개를 허가했다.

3월 22일 국무원은 국가계획위원회가 발표한 '기초 설비 수입 문제에 대한 보고'에 원칙상 동의하고 '43 방안'을 빠른 시일 내에 실행하라고 요구했다. '지시 보고'는 기술 설비 수입도 중요하지만, 지질 탐사와 기초 건설·원자재 공급과 기술 교육 등이 동반 돼야 설비 투자 효과를 볼 수 있다고 지적했다.

3월 25일~4월 2일 카메룬(Cameroun) 하지 총통이 중국을 방문했다.

3월 30일 중국 정부는 황전을 미국 주재 중국 연락처 주임으로 임명하고, 한쉬를 부주임으로 임명했다. 이에 앞서 미국 대통령 닉슨은 15일, 미국이 5월 1일에 주 베이징 사무실을 개설하며, 다니엘 부르스를 사무소 주임으로 파견할 것이라고 선포했다.

4월 3일 국무원은 '1973년 대학교 신입생 모집 요강에 대한 의견 보고'를 전달했다. '보고'는 초중학교 학력 이상의 학생을 신입생으로 선발하라고 했다. 1973년 7월 하순, '4인방'은 이 보고를 우파 경향의 방안이라고 비판했다.

4월 5일~15일 제 32회 세계 탁구 선수권 대회[61]가 유고슬라비아 사라예보에서 열렸다.

4월 11일~24일 유엔 아시아극동경제위원회 제29차 회의가 일본 도쿄에서 열렸다. 중국은 처음으로 대표단을 파견하여 회의에 참석하였고, 회의에서 중국과 파키스탄은 공동으로 '중국어를 회의 공통어 중 하나로 지정하자'라는 제안을 제출, 통과시켰다.

4월 12일 저우언라이는 성대한 연회를 열어 캄보디아 국가 원수 내외의 베이징 방문을 환영했다. 이 자리는 덩샤오핑이 복직 이후 처음으로 공개석상에서 외부 인사를 만나는 자리였고, 왕훙원과 화궈펑도 처음으로 당과 국가 지도자 인사로서 활동하는 외부 행사였다.

4월 16일~21일 베이징시 공회(노동조합) 제6차 대표회의와 상하이시 공회 제5차 대표 대회가 동시에 열렸다. 문화대혁명 전기에 성립된

---

61) 이 대회에서 대한민국의 이에리사 정현숙 선수가 구기 역사상 최초로 단체전 세계 제패를 하여 온 국민을 흥분시켰다.

베이징시 노동자 대표 대회와 상하이 총공사는 이날로 폐지됐다. 이후 전국 각 성·시·자치구에서도 연이어 공회대표대회가 열렸고, 성·시·자치구의 총공회 기구가 설립됐다.

4월 19일~24일 멕시코 대통령 에체베리아가 중국을 방문했다.

4월 21일 국무원이 경공업부와 외무부에 '공예미술 생산·발전 문제에 관한 보고'를 전달했다. 이 보고는 저우언라이와 리셴녠의 극좌파 비판을 근거로 공예미술 생산 발전에 대한 지시를 제안한 것이다. 보고 발표 이후 1973년 전국 공예미술 생산은 1972년에 비해 48.4%가 증가했다. 수출도 66%가 늘었다.[62]

4월 22일 당 중앙은 지방에 의료영도 소조를 설립했다. 당 중앙은 중공 랴오닝성 위원회 제1서기 천시롄을 조장으로, 위생부 부장 황수쩌(黄树则, 황수칙)를 부부장으로 임명했다.

4일 24일 일본 기원(棋院)은 고인이 된 천이 전 중국 부총리에게 명예 8단이라는 칭호를 부여하기로 결정했다.

5월 **4일** 중국전신총국과 일본 우전성은 중국과 일본 간에 해저 케이블 건설에 관한 협의를 베이징에서 체결했다.

5월 14일 국무원은 '대학 이전 합병에 대한 문제 처리를 잘하라는 통지'를 발표했다.

당 중앙은 '무산계급 문화혁명 중 보관하고 있는 문화재나 도서에 관한 의견 보고'를 발표했다. '보고'에 의하면, 소장하거나 획득한 문화재는 훼손하지 말고 지역 문화부 검사를 받은 후 처리해야 한다고 했다.

5월 15일~21일 중국 특사, 전인대 상무위 부위원장 쉬향첸이 스리랑카를 방문, 중국이 원조한 국제회의 빌딩 완공식에 참가했다.

5월 16일 국가문물국은 '고대 유물 발굴 지역 보호를 강화하는 통지'를 발표했다.

---

62) 그러나 1974년 '4인방'이 공예미술 생산품을 수출하는 것은 전통 사회로 퇴보하는 것이라고 주장해 공예품 생산이 중단되었다.

5월 20일 당 중앙은 마닝(马宁, 마녕)을 공군 사령원으로 임명하고, 푸전을 공군 정치위원으로 임명했다.

5월 20일~31일 당 중앙공작회의는 3개 주요 의제로 당 10차 전국대표대회 준비, 각 지역 각 단체 비림정풍 운동 현황, 1973년도 국민경제계획을 토론했다. 회의는 '당 중앙의 당10차 전국대표대회의 결정 초안'을 통과시키고, 마오쩌둥이 심사한 '중앙 정치국의 당장수정에 관한 지시'에 동의했다. 회의는 장춘차오, 야오원위안, 왕홍원이 기초한 '중국공산당규정(초안)'을 결정하고, 마오쩌둥의 지시에 따라, 탄전린, 리징취안, 우란푸 등 13명의 노간부에 대한 복귀를 선포했다.

5월 23일 국무원과 중앙군사위는 '측량 부문 체제 조정에 관한 통지'를 공동발표했다. '통지'에 의하면, 측량은 국가 건설위원회가 담당한다. 전국 각 성·시·자치구의 측량 제도 기구를 건설하고, 측량 과학연구원과 우한 측량 대학을 건립하도록 하였다.

국무원과 중앙군사위원회는 연합으로 '우전(邮电)63)부분 체제 문제 조정에 관한 통지'를 발표했다. 우전부 회복결정 후, 전신총국과 교통부 우편 총국을 폐지시켰다. 각 성·시·자치구의 우편국과 전신국을 합병시켜 우전관리국이라고 했다.

국무원과 중앙군사위는 연합으로 '기상부 체제 조정에 관한 통지'를 발표했다. 중앙기상국은 국무원 조직으로 개편하고, 농림부가 지도한다. 총참모부 기상국을 회복하고 업무상 중앙기상국의 지시를 받는다. 전국 7개 구역 기상 센터 건설 후, 소재 성과 중앙기상국의 쌍방 지시를 받는다.

5월 30일 국무원은 '지방 여행 기관 강화에 관한 지시 요청 보고'를 동의하고 이를 외교부에 전달했다. 보고는, 지방 여행 기관을 지역 상황에 맞게 회복시켜야 한다고 했다.

---

63) 우편과 통신 업무 담당부이다

6월 **4일~11일** 베트남 노동당 중앙 제1서기 리썬과 정부 총리 범문동 이 중국을 방문했다.

6월 10일 당 중앙은 전당에 푸젠성의 한 초등학교 교사가 1972년 12월 20일 마오쩌둥에게 쓴 서신과 마오쩌둥의 답신(1973년 4월 25일)을 전달했다. 이는 지방의 부정부패를 다룬 내용으로 이 편지로 마오쩌둥은 지방 지식 청소년의 고충을 눈여겨보라고 전당에 지시했다. 1974년 3월 18일 이 서신은 중학교 교과서에 실렸다.

6월 18일 국무원과 중앙군사위는 '총후근부 군사 장비 대외 원조 중 발견되는 품질 문제에 대한 보고'를 전달했다. '보고'에는 중국 대외 원조 군 공산품에서 불량품이 계속 나오고 있다고 지적하고, 기본 성능과 안전 사용에 문제가 있는 상품은 대외 원조를 하지 않기로 했다.

6월 20일 27일 말리 국가 원수가 중국을 방문했다.

6월 23일 중국은 일본에서 순국한 열사 유골 인계 의식을 베이징에서 거행했다. 27일 베이징은 중국에서 사망한 일본인 유골 인계 의식을 거행했다.

6월 26일 국무원은 '수출 상품 계약 이행을 엄격히 하라는 통지'를 발표했다.

6월 27일 서북 지역 상공에서 수소폭탄 실험을 실행했다.

6월 28일 당 중앙군사위는 인쭝쉰(引宗逊, 인종손)을 인민해방군 총후근부 부장으로 임명했다.

7월 **1일** 국가계획위원회는 '4.5 국민경제계획 요강 수정 초안'을 제정했다. 수정 초안에는 '연해 지역을 개발한다, 농업을 발전시킨다, 철강 제품을 발전시킨다, 10개의 경제협력구를 6개로 한다.' 등의 내용이 포함됐다.

중앙문사관 관장 장스자오(章士钊, 장사소)별세. 1882년생 후난 출신.

7월 3일 국무원은 국가계획위원회는 전국 중등 전문학교와 기술 공업학교에 신입생 모집 재개를 결정했다.

저우언라이의 허가를 거쳐 국무원과 당 중앙군사위는 통지를 발표하고, 충칭에 있던 하얼빈 공업대학을 본래 지역으로 옮기고, 하얼빈 공업대학의 명칭을 원래대로 회복시켰다.[64]

7월 4일 마오쩌둥은 왕홍원과 장춘차오 등과 함께한 담화 자리에서 공자를 비판하고 저우언라이가 주관하는 외교부를 비판했다.

7월 12일 저우언라이는 국무원 과교조의 중국 문자 개혁위원회의 회복에 관한 보고에 동의했다.

7월 16일 국무원은 '국무원 계획 출산 영도소조 성립에 관한 통지'를 발표했다. 책임자로 화궈펑이 임명됐다.

7월 19일 '랴오닝일보'(7월 19일)와 8월 10일 '인민일보'는 대학 입학시험 제도를 부활시켜야 한다는 글을 발표하고 속출되는 백지 답안지의 현황을 비판 보도했다.
국무원은 '1973년 중국 유학생 문제에 대한 지시 보고'를 해당 기관에 전달했다. '보고'는 1973년 중국에 온 유학생 일부에게 부분 장학금을 지급하도록 하고, 같은 해 중국 학생들의 해외 유학도 재개했다.

7월 27일~8월 1일 콩고 옹고아비 국가 원수가 중국을 방문했다.

7월 30일 중국 순국열사 109명의 영혼 탑이 일본 도쿄 부근에 세워졌다.

8월 1일 국가문물국은 '고고학 발굴 작업 관리 강화에 관한 통지'를 발표했다.

8월 5일 마오쩌둥은 장칭에게 중국 역사의 유가와 법가에 대하여 강술했다. 역사상 성과를 이룬 것은 법가이고, 유가는 입으로만 인의와 도덕을 외치나 속은 모두 썩었다고 하였다.

8월 5일~20일 국무원은 베이징에서 제1차 전국 환경보호회의를 열었다. 회의에서는 전국 환경보호 상황에 대하여 알아보고, '환경보호와 개선에 대한 규정(실행 초안)'을 제정했다. 이는 신중국 성립 이래 처

---

64) 문화대혁명 혼란 시기에 대학의 간판이 이리저리 많게는 20여 지역으로 옮겨 다녔다.

음으로 제정된 환경보호 관련 종합적 법규이다.

8월 6일 당 중앙군사위원회는 궈린샹을 인민해방군 총후근부 정치위원으로 임명했다.

8월 7일 마오쩌둥의 지시에 의해 '인민일보'는 광주 중산대학 역사학과 교수 양룽궈의 글 '공자– 완고하게 노예제도를 옹호한 사상가'를 발표했다.

8월 13일 국무원은 중앙 직속의 9개 예술학교를 합병하여, 중앙 57예술대학이라고 개칭했다.

문예인을 보호하기 위해 저우언라이는 전 중앙가무단, 동방가무단과 중앙 민족악단 등을 합병하여 중국가무단으로 하고, 그 밑에 동방가문단을 설립하는 데 동의했다.

8월 15일~17일 베트남 정부 총리 반문동이 이끄는 베트남 정당 대표단이 베이징을 방문했다. 16일 저우언라이와 반문동은 회담을 가졌다.

8월 20일 당 중앙은 중앙전문소조의 '린뱌오 반당집단혁명 죄행에 대한 조사보고'를 비준했다. 당 중앙은 린뱌오, 천보다, 예췬, 황융성, 우파셴, 리쭤펑, 추후이쭤, 리쉐펑 등의 당적을 영구 제명하고, 천보다, 황융성, 우파셴, 리쭤펑, 추후이쭤, 리쉐펑65) 등의 모든 직위를 박탈시켰다.

8월 20일~23일 당 중앙은 베이징에서 중공 10대 선거준비위원회 회의를 개최했다. 마오쩌둥의 제안에 따라 왕훙원이 선거준비위원회 주임을 맡고, 저우언라이, 캉성, 예젠잉, 장칭, 장춘차오 등이 부주임을 맡았다. 회의는 중앙정치국이 제출한 중공 십대(十大) 주석단 명단을 통과시키고, 장춘차오를 대회 비서장으로 임명했다.

8월 21일 중국 정부는 멕시코에서 '라틴아메리카 핵무기 금지 조약' 제2호 부가 의정서에 서명했다.

---

65) 1982년 4월 1일 당 중앙은 리쉐펑의 당직을 회복시켰다.

8월 23일 당 중앙정치국이 각 성·시·자치구와 중앙 당정 군직속기관 책임자 등을 소집한 중앙 지도자 회의가 저우언라이 사회로 열렸다. 회의는 제10회 중앙위원, 중앙후보위원, 중앙 영도기구 구성원명단을 통과 시켰다.

8월 24일~28일 중국 공산당 제10차 전국대표대회가 베이징에서 열렸다. 대회에서 저우언라이의 정치 보고가 통과되었고, 왕홍원의 '당 개선 보고'와 새로운 '중국 공산당 규정'이 통과됐다. 또한 선거로 195명의 중앙위원과 124명의 중앙후보 위원이 정해졌다.

8월 30일 중공 10기 1중전회가 베이징에서 열렸다. 마오쩌둥을 당 중앙 주석으로 임명하고, 저우언라이, 왕홍원, 캉성, 예젠잉, 리더성을 당 중앙 부주석으로 선임했다. 전체회의 선거로 마오쩌둥, 왕홍원 등이 중앙 정치국 위원이 됐다.

또한 회의에서 마오쩌둥, 왕홍원, 웨이궈칭, 예젠잉, 류보청, 장칭, 주더, 쉬스유, 화궈펑, 왕둥싱, 천융구이(陳永貴, 진영귀), 리셴녠, 리더성, 장춘차오, 저우언라이, 야오원위안, 캉성, 둥비우 등 21명을 중앙정치국 위원으로, 우구이셴(吳桂賢, 오계현), 쑤전화(苏振华, 소진화), 싸이푸딩 등 4명이 정치국 후보 위원이 됐다. 마오쩌둥, 왕홍원, 예젠잉, 주더, 리더성, 장춘차오, 저우언라이, 캉성, 둥비우 등 9인은 중앙 정치국 상임위원회 위원이 됐다. 이때부터 왕홍원 장춘차오 장칭과 야오원위안 4인방은 중앙정치국 내로 진입했다.

9월 8일~19일 당 중앙 부주석 리더성을 단장으로 하는 중국우호대표 단이 북한으로 가서 조선민주주의 인민공화국 성립 25주년 경축 행사에 참가했다.

9월 10일 당 중앙의 비준을 거쳐 국무원과 중앙군사위는 중앙군사위 국방공업 영도소조를 폐지하고, 국무원 국방 공업 사무실 성립을 결정했다. 동시에 제 3, 4, 5, 6 기계 공업부의 전군 관제 방식을 국무원 직속 영도로 개편하고, 이 결정을 1974년 5월부터 집행하기로 했다.

9월　11일~17일 프랑스 퐁피두 대통령이 중국을 방문했다.

9월　15일 오트볼타(현 부르키나파소)와 수교.

9월　26일 국무원의 허가를 받아 국무원 출판 사업 관리국이 정식으로 성립됐다.

9월　27일~10월 27일 처음으로 전국 항구 건설 회의가 베이징에서 열렸다. 회의에서 1976년 전국 항구 건설의 기본 목표가 결정되었고, 항구 건설의 방침과 정책이 제시됐다.

9월　마오쩌둥의 ‘반조류는 마르크스 레닌주의의 하나의 원칙’이라는 글을 발표하고, 저우언라이가 중심이 되어 정상으로 회복되는 것을 비판하여, 다시 극좌파가 득세하게 되었다.

10월 1일 베이징 텔레비전 방송국(현 CCTV 방송국)이 컬러 방송을 시작했다.

10월 10일~17일 캐나다 트리도 총리가 중국을 방문했다.

10월 20일·21일 조선노동당 중앙위원회 총서기, 내각 수상 김일성이 비밀리에 중국을 방문했다. 저우언라이는 선양에서 김일성과 수차례 회담을 가졌다. 회담에서 국제 상황과 아시아와 한반도 등의 문제에 대하여 의견을 교환했다.

10월 24일 해방군 총정치부 선전부가 ‘부대 내 공자 비판에 관한 의견’을 발표했다.

10월 31일~11월 4일 오스트레일리아 총리가 중국을 방문했다.

10월~1974년 1월 ‘4인방’이 칭화대에서 ‘우익과 전통 사회 복귀 반대’에 대한 ‘3개월 운동’을 했다. 이로 인해 칭화대에서 조사를 받고 비판을 받은 지도자 간부와 교직원의 수가 64명에 이르렀고, 거론된 이름만 403명이 됐다. 칭화대의 이 운동은 베이징과 각 성, 시의 학교에 파급됐다.

11월 10일~14일 미국 국무장관 키신저가 중국을 방문했다. 저우언라이와 예젠잉 등은 키신저와 중미 관계 타이완 문제 그 외 기타 문제에 대하여 여러 차례 회담을 가졌다. 12일 마오쩌둥은 키신저를 접견하고, 타이완 문제에 대하여 의견을 나눴다. 마오쩌둥은 미국과 중국, 타이완과 중국 문제는 분리해서 봐야 한다는 의견을 제시했다. 14일 중미 양국은 키신저의 중국방문을 공식 선포하고, 양국은 앞으로 더 많은 교류를 할 것이며, 더 발전된 무역 조항도 실시할 것이라고 밝혔다.

11월 10일~29일 유엔 식량농업기구 제17차 회의가 이탈리아 로마에서 열렸다. 중국 대표단은 처음으로 이 대회에 참가했고, 중국 등 31개 국가는 유엔 식량기구 이사회의 새로운 이사국으로 선임됐다.

11월 16일~19일 저우언라이는 우호 관계 차원에서 두 명의 터키 음악가를 초청하여 12월 중순 중국에서 연주회를 열기로 했다고 보고했다. 이에 장칭, 장춘차오와 야오원위안은 이를 자산계급의 활동이며, '스스로 재앙을 불러들이는 것'이라고 비판했다.

11월 21일~12월 초 마오쩌둥의 의견에 따라, 당 중앙정치국은 연이어 회의를 열어 저우언라이와 예젠잉의 '과오'를 비판 했다. 마오쩌둥은 저우언라이와 예젠잉이 미국 특사 키신저와의 회담에서 유약한 태도를 보였다고 오해했고, 장칭 등은 회의에서 이번 중미 회담이 항복주의 편향이었다고 비판하고, 저우언라이 등에 대한 철저한 조사를 요구했다.[66]

11월 26일 재정부는 '재정관리 체제 개선에 관한 의견'을 제시했다. 의견에는 1974년부터 일정 수입은 고정 비율로 남기고, 초과 수입은 비례에 따라 나누고 지출은 지표에 따라 처리하는 방안을 전국적으로 실행할 것을 건의했다.

11월 공군은 무기 장비 발전 계획을 제시했다.

12월 7일~14일 네팔 국왕이 중국을 방문했다.

12월 12일~22일 마오쩌둥의 사회로 당 중앙정치국 회의가 열렸다. 회의에서 마오쩌둥은 정치국이 국가 대사를 논의하지 않고, 군사위원회가 군사 문제를 의논하지 않는 것을 비판했다. 또한, 마오쩌둥은 덩

---

66) 마오쩌둥의 지시로 조사가 확대되지는 않았다.

샤오핑을 당 중앙정치국 위원과 당 중앙군사위원의 직무를 담당하게 한다는 안을 제시했다.

12월 18일 유엔 제28차 회의에서 유엔과 안전보장이사회 회의에 중국어가 공식 언어로 채택됐다.

12월 22일 당 중앙은 덩샤오핑이 중앙정치국 위원으로 중앙 영도에 참가할 것을 결정했다. 또한 중앙군사위원으로 군사 영도 공작에도 참가했다.

당 중앙군사위원회는 명령을 발표하고, 전 베이징 군구 사령원 리더성을 선양 군구 사령원으로, 전 선양 군구 사령원 천시롄을 베이징 군구 사령원으로, 전 난징 군구 사령원 쉬스여우는 광저우 군구 사령원으로, 전 광저우 군구 사령원 딩성은 난징 군구 사령원으로, 전 지난 군구 사령원 양더즈는 우한 군구 사령원으로, 전 우한 군구 사령원 청쓰위는 지나 군구 사령원으로, 전 란저우 군구 사령원 피딩쥔(皮定均, 피정균)은 푸저우 군구 사령원으로, 전 푸저우 군구 사령원 한셴추(韓先楚, 한선초)는 란저우 군구 사령원으로 임명하고, 10일 이내에 임지에 도착하라고 했다.

📔 1974년

전국적으로 대규모 '비림비공' 운동이 시작되었다. 4인방과 원로파 간의 치열한 권력투쟁이 비림비공 운동에 대하여, 4인방은 계속적인 확대를 기도하였고, 원로파는 축소하기 위한 노력의 형식으로 나타났다. 저우언라이는 당 중앙정치국 회의에서 '비림비공' 운동에 관하여 당정 기관, 군대, 생산 부문과 학교에는 제외되어야 한다고 하였고, 저우언라이의 이런 의견에 사인방이 강력히 반대했다. 4인방은 당 중앙 정치국회의에서 저우언라이, 왕훙원, 장춘차오, 장칭, 야오원위안, 화궈펑과 왕둥싱 7인이 구성한 소조는 당 중앙을 대표하여 '비림비공'의 사무를 처리하도록 결정하면서 완전히 주도권을 잡았다. 이 무렵 저우언라이의 병세는 점점 심해지고 있었다. 비림비공 운동 문제로 10월 17일 당 중앙정치국은 회의에서 4인방이 덩샤오핑과 저우언라이를 맹렬히 공격했고, 덩샤오핑은 장칭 등과 언쟁 중 격분하여 퇴장하는 경우도 있었다.

국무원 부총리로 복귀한 덩샤오핑이 4월 6일 중국 대표단을 이끌고 유엔 제6차 특별 회의에 참가했다. 10일 덩샤오핑은 회의에서 마오쩌둥이 제시한 제3세계 이론과 중국 대외 정책에 대하여 연설하였다. 덩샤오핑은 제1세계는 미국과 소련으로 경제적 군사적 대국이고, 제3세계는 아프리카 및 라틴 아메리카와 그 외 기타 지역에서 발전 중인 국가로 중국도 포함한다고 했다. 제2세계는 제1세계와 제3세계 이외의 발전 국가라고 했다. 이것은 중국 제3세계 외교 노선의 중요 개념으로 이 용어는 중국이 중소 이념 분쟁 이후 1960년대 말부터 사용되었다.

이해 11월 말 미국 국무장관 겸 국가안보회의 의장 헨리 키신저가 중국을 방문했다. 27일 중미 양국은 '양측이 1975년 포드 대통령 중국 방문에 합의했다'고 성명을 발표하면서 중미 관계가 완화되는 듯하였으나, 이 문제에 대해서도 4인방과 원로파 간에 크게 의견이 대립되었다. 협상을 담당한 원로파를 미 제국주의에 굽실거린다고 4인방은 비난하였다. 이러한 중국 국내 정세 문제로 미국 대통령이 두 차례나 중국을 방문하였으나, 양국 간의 정식 수교는 계속 미루어졌다.

1월 1일 '인민일보', '홍기', '해방군보'는 신년사에서 '공자 비판은 비림 비공67) 운동의 중요 부분이다'라고 밝혔다.

1월 7일 전 국방부 부장 왕수성 대장 별세. 1905년생 후베이성 출신.

1월 11일 중국 외교부 대변인은 성명을 통해, 남사(南沙)군도(중국 해남도 동남쪽에 있는 군도), 서사군도, 중사군도와 동사군도 모두가 중국 영

---

67) 비림비공(批林批孔) 운동은 린뱌오와 공자를 비판한다는 뜻이나, 비공의 화살은 저우언라이를 향한 것이다.

토의 일부임으로, 베트남 당국이 중국 남사군도의 10여 개 도서에 대한 영토권 주장은 불법이고 무효라고 선언했다.

1월 13일 장칭은 '비림비공' 운동의 확대를 위해 해군과 공군 등에 비림비공 운동의 전개를 촉구했다. 또한 국무원 문화조에 비림비공에 대한 자료를 보내고 중앙 국가기관, 군대 영도기관과 각 부서 연구소의 지식 청년들에게 개인 명의로 편지를 쓰고, 자료를 보내 저우언라이를 공격하는 여론을 퍼뜨렸다.

1월 15일 당 중앙정치국이 상정한 방안에 의거하여, 저우언라이가 직접 지휘한 베이징 경비대와 공안이 간첩 활동을 해 온 소련 대사관 1등 비서 등 5명의 소련 간첩을 현장에서 체포했다. 19일 중국 외교부 부부장 위잔샤오(余湛召, 여담소)는 소련 대사를 만나 이 사건에 대하여 소련 정부에 강력 항의하고, 체포된 5명을 즉각 추방 조치시켰다.

1월 17일 유엔 안전보장이사회는 1974년 제1차 회의에서 중국어를 안전보장 이사회 공동 언어로 사용하기로 결정했다.

1월 18일 마오쩌둥 비준으로 당 중앙은 베이징대학, 칭화대학 비판조가 편집한 '린뱌오와 공자·맹자의 도(道)'라는 문건을 전달하였고, 그 후 전국적으로 대규모 '비림비공' 운동이 시작되었다.

1월 19일 소련 주재 중국 대사관 직원이 임기가 만료되어 귀국하는 도중, 다시 모스크바로 압송되는 사건이 있었다. 23일 압송된 대사관 직원은 베이징으로 돌아왔다. 25일 중국 정부는 이 사건을 소련 정부에 강력하게 항의했고, 이는 소련 정부가 이전에 발생한 5인 간첩사건에 대해 중국에 보복한 것이라고 주장했다.

1월 19일 ~ 20일 중국 인민해방군 해군 남해 군함부대는 베트남 군대에 점령당했던 서사군도 중 3개 섬을 수복했다. 1월 31일, 2월 17일 중국 정부는 베트남군 포로와 미국인 1명을 전부 송환했다.

1월 19일 ~ 23일 중국 인민해방군 유도미사일 호위함 편대가 타이완 해협을 무사히 통과하여 서사군도 해전 교전 지역으로 발진했다.

1월 20일 마오쩌둥의 동의에 따라, 당 중앙 정치국은 중앙군사위원회 6 인 소조 구성을 결정하고 군사위의 중대사 및 긴급 전쟁 사항을 처리하기로 했다. (예젠잉을 대표, 왕훙원, 장춘차오, 덩샤오핑, 천시롄, 수전화 참여)

중국 외교부는 성명을 발표해 베트남 당국이 중국 서사군도 소속 섬들을 무장 침략한 것에 대해 강력히 항의했다.

1월 24일~25일 장칭 등은 베이징 주재 부대, 당 중앙 직속 기관과 국무원 각 부분에 '비림비공' 대회를 개최하고, 비림비공 진행, 수정주의 교육 노선 비판, 저우언라이와 예젠잉 등의 노간부를 비판했다.

1월 25일 전 당 중앙 서기처 서기 왕자샹[68]이 베이징에서 별세. 1906 년생, 안후이성 출신, 30일 베이징 바바오산 혁명 공동묘지에서 추도회가 열렸다.

1월 28일 장칭 등이 '마전푸 인민공사 중학사건(马振扶公社中学事件)'을 만들었다. 1973년 7월 10일 허난성 마전푸 인민공사의 중학교에서 영어 시험 중 학생 한 명이 백지를 냈다. 이 일로 학교의 비판을 받자 12일 학생이 자살을 했다. 1974년 1월 장칭은 이 사건에 대한 조사를 지시했다. 26일 장칭은 사건 보고를 작성해 이 학교를 '파시즘'이라고 비난하고, 학생의 죽음은 수정주의 교육 노선이 조장한 것이라고 주장했다.

1월 30일 중공 베이징 대학 당 위원회와 중공 칭화대학 당 위원회가 연합으로 '비림비공' 좌담회를 열었다. '인민일보'에서는 '좌담회 기록'을 발표했다.

1월 31일 저우언라이는 당 중앙정치국 회의에서 '비림비공' 운동에 관하여, 당정 기관, 군대, 생산 부문과 학교에는 운동을 제외되어야 한다는 저우언라이의 의견에 '사인방'이 강력히 반대했다.

당 중앙 정치국 회의에서 저우언라이, 왕훙원, 장춘차오, 장칭, 야오

---

68) 그는 1943년 7월 최초로 '마오쩌둥 사상'이란 개념을 제시했었다.

원위안, 화귀평과 왕둥성 7인이 구성한 소조는 당 중앙을 대표하여 '비림비공'의 사무를 처리하도록 했다.

2월 **4일** 중국 외교부 대변인은 성명을 발표해 한국과 일본이 1월 30일 체결한 '한일 대륙붕 공동개발 협정'은 중국 주권을 침범한 행위라고 주장했다.

2월 10일 장칭은 제4기계 공업부에서 강연을 통해 중국 컬러 브라운관 생산 시찰단이 미국의 '유리달팽이'를 선물로 받은 것은 제국주의의 압력에 굴복한 것이라며 다시 돌려줄 것을 요구했다.

2월 15일 마오쩌둥은 예젠잉의 회·답신에서 비림비공 운동을 완화시킬 필요가 있다고 언급했다. 20일 당 중앙은 마오쩌둥의 의견에 따라 '부정부패' 문제에 대한 조사를 실시하라고 지시했다. 또한 장칭 등이 '부정부패'를 이유 삼아 노간부와 군대를 정리하려는 의도를 묵실하라고 했다.

중국은 국제 민항기구 활동을 재개했다. 1977년 9월 17일 중국당국은 국제 민항기구 이사회 인원을 선발했다.

2월 16일 저우언라이는 국경 지역과 개항구에서 '비림비공' 운동을 전개할 때, 우방국의 오해를 사지 않기 위해 너무 소란스럽게 하지 말아야 한다고 했다.

2월 21일~3월 2일 잠비아 카옹다 총통이 중국을 방문했다. 22일 마오쩌둥은 카옹다 총통과의 회견 자리에서 제3세계의 전략에 대해서 의견을 나눴다. 그는 1세계는 미국과 소련, 2세계는 유럽, 일본, 캐나다 등 3세계는 중국, 아프리카, 남미, 아시아 국가들이라고 규정하고 3세계 국가들의 단합과 패권주의 타도를 강조했다.

2월 24일~3월 2일 알제리 혁명위원회 의장 겸 정부 총리가 중국을 방문했다.

2월~3월 왕훙원, 장칭, 장춘차오가 군 계통에서 계속적으로 '비림비공' 운동을 진행하고, 보고회 및 군대 문예 단체 책임자 회의에서 영도 기관을 비난하고, 군이 비림비공 운동에 소극적인 태도를 취하고 있다고 비판했다.

3월 15일 기니비사우(GuineaBissau)와 수교.

3월 20일 덩샤오핑이 유엔 제6차 특별회의에 중국 대표단 단장으로 출석했다.

3월 23일 중국 외교부 부부장 위잔사오는 중국 주재 소련 대사를 만나 3월 14일 소련이 무장 헬기를 파견, 신장 자치구에서 정탐 활동을 한 것에 대해 강력 항의했다.

3월 24일~31일 탄자니아 대통령이 중국을 방문했다.

3월 27일 마오쩌둥은 장칭에게 서신으로 유엔 특별회의에 덩샤오핑이 이끄는 대표단 참가를 반대한 것을 비판했다.

전 정무원 법제위원회 주임 왕밍69)이 소련 모스크바에서 사망했다. 1904년생 안후이성 출신, 1956년 1월 소련으로 가서 치료를 받은 후, 장기간 소련에 거주했다.

4월 1일 '홍기' 잡지 제4호에서 베이징 대학 · 칭화대학 비판조는 '공구(孔丘)'를 발표했다. 이 문장은 춘추시대 노나라 재상 공구의 언행을 주로 다루고 있지만 사실상 저우언라이를 공격하는 것이었다. 3일 '인민일보'는 이 글을 옮겨 실었고, 이후 '사인방'의 조정 아래 저우언라이는 계속 모함과 인신공격을 받았다.

4월 6일~19일 국무원 부총리 덩샤오핑이 중국 대표단을 이끌고 유엔 제6차 특별회의에 참가했다. 10일 덩샤오핑은 회의에서 마오쩌둥이 제시한 제3세계 이론과 중국 대외 정책에 대하여 발언했다. 덩샤오핑은 제1세계는 미국과 소련으로 경제적, 군사적 대국이고, 제3세계는 아프리카, 라틴 아메리카와 그 외 기타 지역에서 발전 중인 국가로 중국도 포함한다고 했다. 제2세계는 제1세계와 제3세계 이외의 발전 국가라고 했다.

4월 12일 당 중앙전문회의에서 저우언라이는 "린뱌오의 영향에서 벗어

---

69) 모스크바동방대학 출신으로 1930년대 초 당 중앙의 권력을 장악했던 국제파의 우두머리이다.

나 나라 발전에 노력하자"고 제안했다. 회의는 1962년 중앙전문위원회 설립 이래 저우언라이가 마지막으로 사회를 본 회의였다.

4월 19일 전국정치협상회의 부주석 푸줘이 별세. 1895년생 산시 출신, 23일 추도회가 베이징 바바오산 혁명 공동묘지에서 열렸다.

4월 20일 가봉(Gabon)과 수교.
중국과 일본 간 항공 운송 협정이 베이징에서 체결되었다. 9월 29일 중국 우호 방문단이 일본으로 첫 출항했다.

4월 27일 최초 컴퓨터로 제어하는 선반이 상하이 공장에서 제작 성공됐다.

5월 **2일** 저우언라이의 동의로 국무원 환경보호 영도소조 인원을 선발 공표했다. 조장은 위추리(余秋里, 여추리), 부조장은 구무(谷牧, 곡목)와 구밍(顾明, 고명)이다.

5월 6일~18일 세네갈(Senegal) 상고르 대통령이 중국을 방문했다.

5월 11일~14일 파키스탄 부토 총리가 중국을 방문했다.

5월 15일 신화사 보도 : 북동부 해역 대규모 유전 건설에 성공했다.

5월 18일 당 중앙은 '비림비공' 운동의 몇 가지 정책에 관한 통지'를 했다. 주 내용은 비림비공 운동에 모순이 드러나고 있으며, 마르크스 사상을 잘 정비하여 '비림비공' 운동을 바른 방향으로 진행하라는 것이다.

5월 28일~6월 2일 말레이시아 라자크 총리가 중국을 방문했다. 5월 31일 말레이시아와 수교를 맺었다.

5월 29일 저우언라이의 건강이 극도로 악화되었으나, 말레이시아 총리와의 회담70)을 진행했다.

6월 **1일** 마오쩌둥은 저우언라이 대신에 왕훙원이 당 중앙의 일상 공작을 주재하도록 했다.

6월 3일 국무원 과교조가 통지를 발표해, 톈진외국어학교, 톈진재경학교 등 27개 고등교육 기관을 회복하거나 새로 건립했다. 1974년 회복

---

70) 저우언라이가 마지막으로 만난 외국정상과의 회담.

되거나 새로 건립된 고등 기관은 산둥대학 등이 있다.

6월 18일 왕훙원은 몇 통의 편지로 수정주의 노선을 비판하고 저우언라이를 공격했다.

6월 20일 트리니다드토바고(Trinidad and Tobago) 공화국과 수교.

6월 28일 베네수엘라(Venezuela) 공화국과 수교.

6월~12월 국무원과 당 중앙군사위 비준을 거쳐 군구 소속 생산건설병단을 해체하고 지방 관할로 이전했다. 각지 생산건설병단은 해산 뒤모두 행정관리기구로 편입됐다.

7월 **1일** 당 중앙은 '혁명을 유지하고, 생산을 증진시키자는 통지'71)를발표했다.

7월 2일 제3차 유엔 해양법 회의에서 중국 대표단을 인솔한 외교부 부부장 차이수판(柴樹藩, 시수번)은 중국은 라틴 아메리카, 아프리카, 아시아의 많은 국가들이 제시한 영해와 경제 구의 200해리 해양권주장을 지지한다고 밝혔다.

7월 5일 톈진 신허(新河)조선소는 최초로 대형기중선을 만드는데 성공했다.

7월 13일~8월 11일 중화인민공화국이 일본에서 전람회를 개최했다. 이는 양국 국교 정상화 이후 일본에서 열리는 중국 최초의 대형 종합전람회이다.

7월 17일 마오쩌둥은 당 중앙정치국 회의에서 장칭, 장춘차오, 야오원위안, 왕훙원 등의 활동을 비판했다.

7월 20일 니제르(Niger) 공화국과 수교.

7월 31일 마오쩌둥의 비준을 거쳐 저우언라이가 당 중앙을 대표하여 양청우, 위리진, 뤼정차오(呂正操, 여정조) 등의 명예 회복을 선포 했다.

8월 **1일** 당 중앙군사위는 명령을 발표해 중국이 자체 설계한 핵 동력 잠수함 명칭을 '장정(长征)1호'라 하고, 정식으로 해군 전투에 배치시킨다고 밝혔다. 이 핵 잠수함은 1970년 12월 26일 진수했었다.

---

71) 주요 내용은 간부를 비판하지 말 것, 사람을 잡거나 때려서는 안 됨, 제멋대로 직무를 이탈한 사람은 직무에 복귀해야 함 등이다.

8월　11일 중국과학원 지린(吉林) 응용화학 연구소가 최초로 반도체 제작에 성공.

8월　15일 브라질 연방과 수교.

8월　21~26일 국무원 부총리 리셴녠이 루마니아 해방 30주년 기념행사에 참가했다.

9월　2일~12일 토고 에야데마 대통령이 중국을 방문했다.

9월　8일~15일 나이지리아 국가 원수 겸 총사령관 야쿠부가 중국을 방문했다.

9월　17일~27일 모리타니(Mauritania) 다다허 대통령이 중국을 방문했다.

9월　26일 중국과학원 상하이 생물화학 연구소에서 최초로 인공 뉴클레오티드를 합성하는 데 성공했다.

9월　29일 마오쩌둥의 비준에 따라 당 중앙은 1974년 25호 문건 '허룽의 명예 회복에 관한 통지'를 발표했다. 통지는 적과 내통했다는 죄명은 모함이었고, '2월 쿠데타'는 와전된 사실이라고 밝혔다.
　　　황허 삼각주 지역의 유전 건설에 성공했다.

9월　30일 저우언라이가 병중에 베이징 인민대회당에서 열리는 중화인민공화국 성립 25주년 기념행사에 참석해 축사를 했다. 이는 저우언라이가 마지막으로 참석한 행사였다.

10월 4일 우한에 있던 마오쩌둥이 전화로 정치국에 덩샤오핑을 국무원 제1부총리로 추천했다.

10월 4일~9일 가봉의 봉고 대통령이 중국을 방문했다.

10월 11일 당 중앙은 '제4기 전국인민대표대회 준비에 관한 통지'를 발표했다. 통지는 무산계급 문화대혁명이 이미 8년이 지났으며, 현재는 사회 안정을 위하여, 당과 군대가 단결해야 한다고 했다.

10월 17일 당 중앙정치국은 회의에서 '사인방'이 덩샤오핑과 저우언라이를 공격했고, 덩샤오핑은 장칭 등과 언쟁 중 격분하여 퇴장했다. 이날 밤, 왕훙원이 급히 창사(長沙)로 가서 마오쩌둥에게 저우언라이와 덩샤오핑 그리고 기타 노간부들을 모함하고, 베이징이 현재 1970년 루산회의 분위기라고 밝혔다. 그러나 마오쩌둥은 왕홍원을 비판하고 덩샤오핑 등과 협조할 것을 주문했다.

10월 18일~26일 덴마크 하트린 수상이 중국을 방문했다. 20일 마오쩌둥은 후난 창사에서 덴마크 수상과 회담을 가졌다.

10월 20일 마오쩌둥은 제4기 인민대표대회의 준비와 구체적인 사항을 저우언라이 총리와 왕홍원 주축으로 진행하라는 의견을 제시했다. 또한 덩샤오핑을 국무원 제1부총리 겸 중국 인민 해방군 총참모장으로 임명할 것을 재차 건의했다. 창사에서 마오쩌둥은 동반했던 탕원성과 왕하이룽(王海容, 왕해용)에게는 왕홍원, 장춘차오, 야오원위안, 장칭 등에게 뒤에서 남을 비판하지 말 것을 전하라고 지시했다.

10월 22일 미국 주중 연락처 담당 조지 부시가 베이징에 도착했다.

11월 6일 중국이 설계하고 제조한 만 톤 급 원양 화물선 '펑광(风光)'이 처녀항해를 마치고 돌아왔다. '펑광'은 중국 최초로 중유를 연료로 하는 국산화물선이다. 상하이 장난(江南) 조선소에서 건조했다.

11월 10일~18일 민주 예멘 루바리 대통령이 중국을 방문했다.

11월 12일 마오쩌둥은 제4기 인민대표대회 준비 문제에 대해 서신을 보내 징칭에게 비판 문서나, 비판조 등을 만들지 말라고 경고했다.

11월 25일~29일 미국 국무장관 겸 국가안보회의 의장 헨리 키신저가 중국을 방문했다. 27일 중미 양국은 '양측이 1975년 포드 대통령의 중국 방문에 합의했다'고 성명을 발표했다.

11월 29일 전 국무원 부총리 겸 국방부 부장 펑더화이가 장기간의 정치 박해 끝에 별세. 1898년생, 후난 출신.

11월 당 중앙은 차오관화를 중화인민공화국 외교부 부장으로 임명했다.

12월 14일 잠비아(The Republic of Gambia)공화국과 수교.

12월 16일~23일 자이르 사이크 대통령이 중국을 방문했다.

12월 21일~28일 국무원 과교조, 농림부와 중공 랴오닝성 위원회가 연합으로 차오양(朝阳)농업학교 교육 혁명 학습 현장회를 개최했다. 츠췬(迟群, 지군)과 마오위안신(毛远新, 모원신)[72] 등은 회의에서 교육 혁명의 경험을 대대적으로 선전했고, 회의 후, 각지에 차오양의 경험을 학습하자는 풍조가 유행했다.

12월 24일~27일 마오쩌둥은 장사에서 제4기 인민대표대회 준비 문제에 대해 보고를 받던 중, 덩샤오핑을 당 중앙 부주석 겸 중앙정치국 상임위원으로, 장춘차오를 해방군 총정치부 주임으로, 천시롄을 부총리로 임명하라고 건의했다. 또한 왕훙원에게 '사인방'73)을 만들거나 파벌을 나누지 말라고 재차 경고했다.

12월 27일 다칭(大庆)과 진황다오(秦皇岛)간 송유관이 건설되었다. 이는 중국 최초의 장거리 지하 송유관이다.

12월 31일 당 중앙은 상하이와 허베이성의 산아제한과 만혼 계획에 관한 2개 보고를 각 부문에 전달하고, 각급 당 위원회에게 산아제한, 만혼계획을 철저히 실행하도록 했다.

📖 1975년

1975년 덩샤오핑이 취한 조치들은 국민 경제 회복을 최우선 목표로 삼았다. 특히 장칭 일파의 비림비공운동으로 인하여 중단된 철도 운수의 회복을 시작하여, 그동안 문을 닫았던 쉬저우(徐州), 난징(南京), 정저우(郑州), 타이위안(太原) 등의 철도국을 복구하여 간선철도의 회복을 이루었다. 예를 들어 쉬저우 역을 통과하는 열차가 과거 30여 회 차에서 일주일 만에 바로 70여 회 차로 증가하여 75년 5월에는 두절되었던 주요 간선 철도가 모두 개통되는 성과를 이루었다. 그다음은 철강공업의 정리였다. 5월 철강공업좌담회를 소집하여 6월부터는 하루 생산량이 전 년의 1년 생산량을 초과하는 수준으로 정상화시켰다.

---

72) 마오쩌둥의 조카, 1941년 출생.
73) 이는 마오쩌둥이 최초로 '사인방'을 개념화해 정치국에 정식으로 표현한 것이다.

다음은 군대 내의 정리 정돈이었다. 인민해방군 총참모장의 직에 오른 덩샤오핑은 문혁기간의 군사위원회 판공회의를 취소하고 예젠잉을 중심으로 한 군사위원회 상무위원회를 설치하고 군대 내의 파벌 해소와 좌파 지지, 조직의 산만함 등을 일소하고 군대를 기율 있고 단결된 군대로 거듭나게 하고, 문혁 당시에 탈권 운동에 참여했던 간부들은 완전히 몰아내는 대신에 고문의 직책을 신설하여 자리를 안배함으로써 군대를 조정하였다.

그 외에 농업 부분에 있어서 4개 현대화 실현은 농업 현대화가 가장 기본이라고 하면서 지나치게 집체화된 조직을 농가 중심으로 부분적으로 환원하면서 농가 단위의 부업을 허락하였다. 과학기술 분야도 후야오방을 중국과학원의 책임자로 파견하여 과학 분야의 핵심은 사상보다 생산력이 앞서야 한다고 주장하였다.

4인방은 덩샤오핑의 이러한 정리 작업을 경험주의와 자산계급의 복귀 획책이라고 주장하며 새로 당 요직을 맡은 덩샤오핑을 비롯한 고위층을 다시 주자파로 몰려고 하였다. 사실상 마오쩌둥은 1971년부터 건강이 좋지 않았다. 특히 1975년 이후는 병이 악화되어 말하는 것과 걷는 것조차 어려워 75년 9월부터는 조카인 마오위안신이 마오쩌둥의 연락책을 담당하고 있었다. 이리하여 4인방과 마오위안신에 의해서 마오쩌둥의 뜻이 왜곡되는 일이 많아졌다.

1975년 1월 8~10일 중공 10기2중전회가 개최되었으며 이 회의에서 덩샤오핑을 중공중앙 부주석으로 선출하였다. 이어 13일부터 17일 사이에 제4기 전국인민대표대회가 개최되었다. 이 회의에서 저우언라이는 정부 사업 보고를 통하여 20세기 이내에 농업, 공업, 국방 및 과학기술의 현대화 목표를 달성해야 한다고 천명하였다. 이 회의에서 저우언라이를 총리로, 덩샤오핑을 부총리로 선출하였다. 저우언라이의 병세가 더욱 악화되어 이때부터 덩샤오핑이 당정의 일상 업무를 처리하게 되었고 그는 교통, 농업, 공업, 과학기술 등의 관련 회의와 군사위원회 회의 등을 통하여 문혁 중에 파괴된 기구들을 정돈하기 시작하였다. 그리하여 75년 중국 내의 모든 분야의 사정이 호전되기 시작하였다.

덩샤오핑 등장은 4인방에게 큰 위협이 되었다. 저우언라이의 건의와 또 마땅한 다른 사람이 없어 기용은 하였으나, 마오쩌둥은 덩샤오핑의 문화대혁명에 대한 부정적인 태도를 못마땅하게 생각하고 있었다. 75년 말 4인방은 마오쩌둥의 이러한 심리를 간파하고 '덩샤오핑 비판과 우경 복권 시도반격(批邓, 反击右倾翻案风) 운동'을 일으켰다. 그리하여 75년 말부터 비등운동을 통하여 덩샤오핑을 공격하기 시작하였다.

1월 4일 저우언라이가 마오쩌둥에게 서신을 보내 문화부와 교육부 회복(부활)을 제안했다.

1월 5일 당 중앙이 1호 문서를 발표하고, 덩샤오핑을 당 중앙군사위원회 부주석 겸 인민해방군 총참모장으로, 장춘차오를 중국 인민해방군 총정치부 주임으로 임명했다.

1월 6일 보츠와나 공화국(아프리카 남부의 독립국)과 수교.

1월 7일 ~ 10일 몰타 도미니크 총리가 중국을 방문했다.

1월 8일 ~ 10일 중공 10기 2중전회는 제4기 전국인민대표대회의 준비 과정을 토론했다. 회의는 덩샤오핑을 중앙정치국 위원으로 추대하고, 덩샤오핑을 당 중앙 부주석, 중앙정치국 상무위원으로 선출했다. 한편 리더성의 당 중앙 부주석과 중앙정치국 상무위원의 지위를 해지했다.

1월 9일 중공 제8기 정치국 상무위원, 중앙서기처 서기, 국무원 부총리 리푸춘 별세. 1900년생, 후난 출신.

1월 13일 ~ 17일 제4기 전국인민대표대회 1차 회의가 베이징에서 개최됐다. 대회에서 '중화인민공화국 헌법'이 통과되었고, 덩샤오핑의 '정부 공작 보고'가 비준됐다. 저우언라이는 제3기 전인대 1차 회의 때 제기된 국민 경제 발전 '2단계 설정'과 농업, 공업, 국방, 과학기술의 전면적 현대화74) 실현을 거듭 표명했다.

주더가 전국 인민대표대회 상무위원회 위원장으로, 둥비우, 쑹칭링,

캉성, 류보청, 우더, 웨이궈칭, 싸이푸딩, 궈모러, 쉬샹첸, 녜롱전, 천윈, 탄전린, 리징취안, 장딩청, 차이창, 우란푸, 아페이 아왕진메이(阿沛 阿旺晋美, 아패 아왕진미), 저우젠런, 쉬더항, 후췌원(胡厥文, 호궐문), 리쑤원(李素文, 이소문), 야오롄위(姚连蔚, 요련울) 등 22명이 부위원장으로 선발됐다.

회의는 또한 저우언라이를 국무원 총리로, 덩샤오핑, 장춘차오, 리셴녠, 천시롄, 지덩쿠이(级登奎, 급등규), 화궈펑, 천융구이, 우구이셴, 왕전, 위치리, 구무, 쑨젠(孙健, 손건) 등 12명을 국무원 부총리로 임명했다.

1월 17일 당 중앙은 무기 강탈 금지에 관한 통지를 발표했다. '통지'는 마오쩌둥 주석이 최근 민병대의 무기 소지를 금하며, 각 성 위원회가 책임지고 무기를 관리 · 보관하라고 지시했다고 밝혔다.

1월 20일 제4기 전인대 상무위원회 제1차 회의에서 장화(江华, 강화) 가 최고 인민법원 원장으로, 지펑페이(姬鹏飞, 희붕비)가 제4기 전인대 상무위 비서장으로 임명됐다.

1월 25일 덩샤오핑은 해방군 총참모부 기관단 이상의 간부 회의에서 '군대는 정돈이 필요하다'는 발표를 통해 마오쩌둥의 군대 정비 정돈의 지시를 전달했다.

1월 31일 ~ 2월 6일 트리니다드 토바고 아리리크 총리가 중국을 방문했다.

2월 1일 저우언라이가 당 중앙정치국과 마오쩌둥에게 '국무원 각부 총리 분업 문제에 관한 보고'를 올렸다. '보고'에 의하면, 제1부총리 덩샤오핑은 외교를 담당하고, 저우언라이의 병가 기간 동안 대리 총리로, 회의와 주요 문건을 담당하게 했다. 마오쩌둥은 이 보고를 비준했고, 이후 덩샤오핑은 마오쩌둥과 저우언라이의 지지 아래 국무원 임무를 수행하기 시작했다.

---

74) 4개의 현대화, 약칭 사화(四化)라 한다.

2월 4일 간쑤성(황허 상류)에 최대 규모의 수력 발전소를 건설했다. (발전량은 약 122만 Kw)

랴오닝성 잉커우(營口, 영구)와 하이청(海城, 해성) 지역에 강도 7.3의 강진이 발생했다.

2월 5일 당 중앙은 3호 문건을 발표하고, 당 중앙군사위원회 사무 회의를 폐지하고, 당 중앙군사위 상무위원회를 성립한다고 했다. 군사위원회 일상 업무는 예젠잉, 왕홍원, 덩샤오핑, 장춘차오, 류보청, 천시롄, 왕둥싱, 쉬젠화, 네룽전, 구무 등 11명을 당 중앙군사위 상무위원으로 임명하고, 그들이 처리하기로 했다. 문건은 또한 총참모부 제1부총참모장, 총정치부 제1부주임, 총후근부 당위원회 제1서기와 군사위 판공실 주임이 군사위 상무위원회에 참석하도록 규정했다.

2월 9일 '인민일보'는 '무산계급 독재 이론을 배우자'라는 사설을 발표했다.

2월 17일 국가계획위원회와 국방과학위원회가 당 중앙에 '위성통신 개발 문제에 관한 보고'를 제출하고 위성통신 체계의 필요성을 강조했다. 3월 31일 당 중앙군사위원회는 제8차 상무위원회 회의에서 '보고'가 당 중앙과 마오쩌둥의 비준을 얻었다고 밝혔다. 이때부터 중국 위성통신 개발 계획은 정식으로 국가 계획하에 이루어졌다.

2월 18일 당 중앙은 '마오쩌둥 주석 이론문제의 중요 지침에 관한 통지'를 발표했다. 22일 '인민일보'는 '마르크스, 스탈린, 레닌이 논한 무산계급 독재'의 33개 어록을 실었다. 이후 전국적으로 '무산계급 독재 이론' 운동이 확산됐다.

2월 21일~28일 중국 특사 국무원 부총리 천시롄이 카트만두(Katmandu) 국왕 대관식에 초청되어 참가했다.

2월 22일 인민일보와 홍기는 마오쩌둥이 제시한 무산계급 정권 아래 상품 제도, 8급 임금제, 노동에 따른 분대 등 자산계급 권리 제한에 관한 지시를 발표했다.

2월 25일~3월 8일 당 중앙은 전국 각 성·시·자치구 당 위원회 공업서기 회의를 개최하고 철로 운송문제 해결을 의논했다. 3월 5일 덩샤오핑은 '전당이 국민경제를 발전시키자'라는 주제 발표에서 '혁명만을 고집하고, 경제 발전을 하지 못한 것은 잘못이다.'라고 주장했다. 같은 날, 당 중앙은 9호 문건 '철로 건설 공작 강화에 관한 결정'을 발표하고, 전국 철로를 철도부가 통일 관리하기로 했다.

2월 마오쩌둥의 지시로 당 중앙은 1957년 반우파 운동 중 우파로 몰린 장나이치를 명예 회복 시켜주기로 결정했다.

3월 **2일** 전 당 중앙 화동국 제1서기 화동 군정위원회 주석, 당 중앙 조직부 부장 라오수스가 옥중 병사했다. 1903년 장시 출신.

3월 8일 경극 예술가 저우신팡(周信芳, 주신빵)이 상하이에서 별세. 1895년 장수성 출신. 그는 '해서상소(海瑞上疏)'의 주연을 했다가 옥고를 치르는 등 장칭 등에게 박해를 받았다.

3월 19일 최고 인민법원은 전쟁 범죄자 회의를 소집해 특사 석방 명단과 사면 통지를 선포했다.

3월 29일 국가계획위원회는 국무원이 비준한 '고에너지 가속기 실험 제조와 건설에 관한 보고'에 대해 회의를 했다. 회의에서 고에너지 가속기를 만들어 연구하기로 하고 중국과학원이 관리하기로 했다.

3월 31일 당 중앙군사위원회는 회의를 소집해 육군 보병 부대 편제 문제를 연구했다. 제시한 육군 편제 방안은 보병을 늘리고, 노새와 말보다는 군용차를 늘리기로 결정했다.

3월 베트남이 계속해서 중국 국경 지역을 침투해 분쟁을 일으켰다. 이에 중국은 여러 차례 국경 회담을 제의했으나, 베트남 측이 거부했다.
국방과학위원회 주임 장아이핑(张爱萍, 장애평)이 7개 부서의 정돈을 시작했다. 정돈 이후 과학 연구 분야에서 혁혁한 성과75)를 냈다.

4월 **1일** '인민일보'와 '홍기' 잡지 4호에 장춘차오의 글 '자산계급 독재에 관해 논함'을 발표하여, 사인방을 옹호하였다.

---

75) 1975년 하반기 동안 중국은 계속해서 3개의 인공위성을 발사했다.

4월 2일 당 중앙정치국 상무위원, 전국인민대표대회 상무위부위원장이었던 둥비우 별세. 1885년생 후난 출신, 추도회가 7일 베이징 인민대회당에서 개최됐다.

4월 5일 중국 국민당 총재 타이완 총통 장제스 별세. 1887년생, 저장 출신. 당일 중국국민당은 중앙위 전체 회의를 소집해 장제스의 아들 장징궈를 주석으로 임명했다.

4월 7일~19일 재정부는 베이징에서 전국세무회의를 소집해 정확한 세수업무 강화를 강조했다. 이번 회의는 재정부 세무국이 1975년 회복되어 처음 개최됐으며, 1976년 상반기까지 전국적으로 21개 성·시·자치구에 세무국이 설립됐다.

4월 18일~26일 조선노동당 중앙위원회 총서기, 국가 주석 김일성이 중국을 방문했다.

4월 19일~27일 벨기에 수상이 중국을 방문했다.
당 중앙과 국무원은 '외국 원조의 합리적인 분배 결정에 관한 보고'를 발표하고, 외국원조에 관한 지출을 줄이거나 조정해야 한다고 밝혔다.

4월 27일 당 중앙정치국은 회의를 개최하고 지난 23일 마오쩌둥의 의견에 입각해, 예젠잉과 덩샤오핑 등이 장칭과 장춘차오 등의 경험주의 반대 입장을 비판했다. 또한 장칭이 1973년 12월 당 중앙정치국 확대회의에서 제기한 소위 '제11차 노선투쟁' 등에 대해 문제를 제기했다.

4월 당 중앙은 린뱌오 집단에 관련된 조사 대상 중 소수 인사를 제외하고 현재 조사 대상자의 대부분을 석방하도록 결정했다.
베트남 당국이 중국의 남사군도 6개 섬을 침략했다. 이에 중국은 정식으로 남사군도와 서사군도의 주권을 천명했고, 중국 외교부 아시아국은 5월 베트남 주 중국 대사관에 교섭을 제안했다.

5월 3일 마오쩌둥이 베이징에서 당 중앙정치국 회의를 열어 장칭, 장춘차오, 야오원위안, 왕훙원 등의 활동을 비판하고 앞으로 '4인방'의 활동을 중지할 것을 경고했다. 또한 '4인방'이 비판한 지식인들은 혁명과 국가 건설 사업에 필요한 인재라고 밝혔다.76)

5월 4일~11일 유럽 경제공동체위원회 크리스토퍼 소머스 부주석이 중국을 방문했다. 8일, 쌍방은 중국과 유럽 경제 공동체 간의 공식 관계를 성립하고, 중국 정부는 유럽 공동체 주재 대표를 파견하는데 합의했다.

5월 8일~29일 전국 철강 생산 부족으로, 안산, 우한, 바오터우, 타이위안 등 4대 철강 회사의 사태를 해결하기 위해 당 중앙은 베이징에서 철강 사업 좌담회를 개최했다.

5월 12일~18일 국무원 부총리 덩샤오핑이 프랑스를 방문했다.

5월 12일 덩샤오핑이 국무원 회의에서 당은 '당의 원칙을 준수하고 불의를 두려워하지 않는 투쟁 정신을 가진 지도자들을 지지할 것이다'고 강조했다.

5월 중순 마오쩌둥과 저우언라이는 이후에는 덩샤오핑이 당 중앙 일상 공작을 지휘토록 결정했다. 이로써 왕훙원의 당 중앙 지휘 업무는 중지됐다.

5월 17일 마오쩌둥은 당 중앙군사위원회 직무를 허청(賀誠, 하성)77)에게 맡겼다.

5월 27일과 6월 3일 당 중앙정치국은 3차례의 회의를 개최했다. 덩샤오핑, 예젠잉, 리셴녠 등이 '4인방'의 잘못을 비판했다. 회의에서 왕훙원은 구술 조사를, 장칭은 서면 조사를 받았다.

5월 27일 중국 등산대가 에베레스트산의 주무랑마 봉에 올라갔다. 이는 중국에서 두 번째 성공이며, 등산대는 과학 연구에 필요한 고지대의 자료들을 채집했다.

5월 29일 덩샤오핑은 철강 공업 좌담회에서 '철강 공업 문제 해결을 위한 몇 가지 문제'를 발표했다. 발표에서 덩샤오핑은 처음으로 '3항

---

76) 이 회의는 마오쩌둥이 생전에 마지막으로 주재한 당 중앙정치국 회의다.
77) 허청은 명예 회복된 노간부의 임무 재배치 과정에서 군사위원회 위원으로 임명됐다.

지시78)를 중심으로'를 제시하고 국민 경제 발전을 강조했다. 덩샤오핑의 이번 발표로 향후 당 중앙의 영도 사상과 기본 방침을 명확히 했다.

5월 당 중앙은 해방군 평상시 무기 10년 발전 계획을 비준했다.

교육부 부장 저우룽신(周荣鑫, 주영흠)은 저우언라이와 덩샤오핑의 의도에 따라 교육 정돈 공작에 착수했다. 저우룽신은 교육계 각종 회의에서, 저우언라이와 덩샤오핑의 지시를 관철하고, 당의 지식인 정책을 실현하고, 4인방의 음모를 타도하자고 강조했다.

6월 7일 ~ 11일 필리핀 마르코스 대통령이 중국을 방문했다. 9일 중국과 필리핀은 수교했다.

6월 11일~17일 잠비아 카이라바 자와라 대통령이 중국을 방문했다.

6월 15일 덩샤오핑은 당 중앙에 국무원 정치 연구실을 만들자고 제안했다. 연구실의 책임자는 후차오무, 우렁시(吳冷西, 오랭서), 후성(胡绳, 호승), 리신(李鑫, 이흠), 슝푸(熊复, 웅복), 위광위안(于光远, 우광원), 덩리췬(邓力群, 등력군)이다.

6월 16일 ~ 8월 11일 국무원은 계획 공작 이론 학습 회의를 개최했다. 회의는 현재 경제생활의 주요 문제는 혼란과 산만이며, 집중과 정돈이 필요하다고 강조했다.

6월 18일 당 중앙군사위원회는 무기 발전 영도소조를 설립했다. 천시롄이 조장에 임명, 군부대 무기 장비 체제 발전 방향, 과학 연구, 생산 등을 책임 영도하기로 했다.

6월 20일 중국 정부는 '국제 해상 인명 안전 협정'에 서명하고, 1979년 12월 22일에 비준을 얻었다. 1980년 1월 7일 비준서를 교환했고, 5월 25일 조약이 중국에서 발효됐다.

6월 20일 ~ 27일 캄보디아 공산당 중앙위원회 푸부터 총서기가 중국을 방문했다.

---

78) 3항 지시는 이론 문제에 관한 것, 안정 단결, 국민 경제 발전에 관한 것이다.

6월 21일 마오쩌둥의 지시에 따라 당 중앙군사위원회는 여러 차례의 연구를 거쳐 '군의 전자 시스템 강화에 관한 보고서'를 제출79)하였다.

6월 23일 친황다오~베이징 간 송유관이 건설됐다.

6월 24일 국무원과 중앙군사위원회는 네이멍구 생산 건설 부대 체제 개편을 결정하고, 건설 부대를 해산했으며, 농목업병단을 국영 농목장으로 전환시켰다.

6월 24일~7월 15일 당 중앙군사위원회는 확대 회의를 개최하고 군대 정돈 문제 해결을 집중적으로 토론했다. 7월19일 마오쩌둥의 비준을 거쳐, 당 중앙은 중앙군사위원회에 '군대 정원 감축과 편제 조정, 영도 간부 배치와 초과 정원 간부 배치에 관한 보고'를 전달했다. 이후 전군의 정돈이 시작됐다.

6월 25일 모잠비크와 수교.

6월 27일~29일 가봉 봉고 대통령이 중국을 방문했다.

6월 30일 허베이성 런치우(任丘, 임구) 지역에서 유전이 발견됐다. 이는 중국에서 처음으로 발견된 고생기 지층의 대유전이다.

6월 30일~7월 6일 태국 쿠크릿 프라모 총리가 중국을 방문했다. 7월 1일 태국과 수교.

7월 1일 예젠잉이 마오쩌둥에게 서신을 통해 덩샤오핑의 주재로 중앙정치국 회의를 개최하자고 제안했다. 마오쩌둥은 이를 비준했고, 7월부터 당 중앙의 업무는 덩샤오핑이 처리하게 됐다. 이후 왕훙원은 중앙의 일에서 완전히 제외됐다.

7월 10일 산시(陝西)성 진시황릉 동쪽에서 대규모의 병마용80)이 발견됐다.

7월 12일 상투메 프린시페(Sao Tome and Principe) 공화국과 수교.

7월 14일 마오쩌둥이 장칭, 장춘차오와 담화 중, 문예 정책을 조정해 문예 항목을 확대하라고 제시했다.

덩샤오핑은 당 중앙군사위원회 확대 회의에서 '군대 정돈의 임무'에

---

79) 1976년 2월 20일 총참모부는 제4부대인 전자 레이더 부대를 건립했다.
80) 농부가 농업용 우물을 파다가 우연히 발견하였다.

대해 발표했다. 발표 내용은 군대에서 문제점을 지적하고, 교육과 훈련으로 느슨해진 군대 정신을 되살리라는 것으로, 덩샤오핑의 이 발표 이후 군대 정돈 공작이 본격화됐다.

7월 15일 예젠잉은 당 중앙군사위원회 확대 회의에서 각 군구 부대 지휘관들에게 마오쩌둥의 '4인방'에 관한 비판을 전했다. 회의 후, 예젠잉은 마오쩌둥의 비준을 거쳐 전 군 각 단위의 지휘관들에 대한 인사 조정을 실시했다.[81]

7월 20일 ~ 8월 4일 당 중앙과 국무원은 베이징에서 회의를 소집해 국방공업 중점 기업 회의를 가졌다.

7월 26일 위성 '폭풍 1호'가 성공적으로 발사되었다. 이번에 발사된 위성은 처음으로 중량 1톤이 넘는 위성으로 예정된 궤도로 진입했다.

7월 29일 마오쩌둥의 동의와 덩샤오핑의 결정으로 '4인방'에 의해 상영 정지 당했던 영화 '바다노을(海霞)'이 전국에 상영됐다.

8월 1일 중국 최초의 홍군 장정에 관한 대형 기록영화 '장정(长征路上)' 이 방영됐다.

8월 3일 덩샤오핑은 '국방공업기업의 정돈'[82]을 발표했다.

8월 4일 ~ 27일 허난성에 폭우로 인한 재해가 일어나 7억 위안 상당의 손해를 입었다.

8월 8일 중앙 57 예술대학 음악대학 교사 리춘광이 '4인방' 문화 독재 정권에 관한 대자보를 붙였다. 이 대자보는 국무원 정치 연구실을 통해 덩샤오핑에게, 다시 마오쩌둥에게 전해졌다. 마오쩌둥은 덩샤오핑에게 처리를 넘겼다.

8월 10일 마오쩌둥이 '중국 고전 소설 수호지가 투항에 관한 이야기로 탐관오리를 벌하고 황제에게는 반역하지 않는다.'고 의견을 밝혔다. 14일 야오원위안의 제의와 마오쩌둥의 비준으로 '수호지'에 대한 평

---

81) 이는 4인방의 군대 장악 시도를 사전 봉쇄하기 위함이다.
82) 발표의 요지는 과학기술 인원을 중시한다는 것으로 연구원이 전심으로 연구할 수 있도록 환경을 만들어 줘야 한다는 내용이다.

가가 인쇄물로 당 중앙에 전달됐다. 28일 '홍기' 잡지에 '수호전 평론'이 실리고, 9월 4일 '인민일보'에도 사설 '수호전 평론의 전개'가 실렸다. 이후 '사인방'은 전국적으로 '수호지를 평함'을 발표하고 '투항파 비판' 운동을 전개해 저우언라이, 덩샤오핑 등 노간부를 공격했다.

8월 30일 당 중앙과 마오쩌둥의 비준을 거쳐 중앙군사위원회는 '통지'를 발표해 해방군 각 총부, 각 군병종과 각 군구의 인사 조정을 단행했다. 명단은 다음과 같다.

총정치부는 주임 장춘차오, 부주임 양비예(梁必业, 양필업), 쉬리칭(徐立清, 서립청), 푸중(傅钟, 부종), 황위쿤(黄玉昆, 황옥곤), 톈웨이신(田维新, 전유신)이다.

총후근부는 부장 장쭝쉰(张宗逊, 장종손), 부부장 장전, 허청, 장진빈(张今彬, 장금빈), 장원페이, 리원, 펑융순(封永顺, 봉영순), 장루광(张汝光, 장여광), 쿵훙전(孔洪珍, 공홍진)이다.

공군사령원은 마닝, 정치위원 푸촨쭤(傅传作, 부전작), 제2정치위원 위리진이다.

해군사령원은 샤오징광, 제1정치위원 수전화, 제2정치위원 왕훙쿤(王宏坤, 왕굉곤)이다.

포병사령원은 장다즈, 정치위원 장츠밍(张池明, 장지명)이다.

제2포병 사령원은 샹서우즈(向守志, 향수지), 정치위원 천허차오(陈鹤桥, 진학교)이다.

장갑부대 사령원은 황신팅(黄新廷, 황신정), 정치위원 모원화(莫文骅, 막문화)이다.

공사병 사령원은 탄산허(谈善和, 담선화), 정치위원 왕류성(王六生, 왕륙생)이다.

철도병 사령원은 사령원 우커화(吴克华, 오극화), 정치위원 뤼정차오이다.

국방과학위원회는 주임 장아이핑, 정치위원 타오루자(陶鲁笳, 도노가)

이다.

군사과학원은 원장 쑹스룬, 제1정치위원 구무, 제2정치위원 샤오화이다.

군정대학교는 교장 샤오커(蕭克, 숙극), 정치위원 탕량(唐亮, 당량)이다. 당시 총참모장은 덩샤오핑이고 부참모장은 양청우, 장차이첸, 샹중화, 펑사오후이(彭紹輝, 팽소휘), 리다 등이다

8월 국무원은 철학사회과학부의 업무 활동을 회복하기로 하고, 동시에 공업 선전대와 군사 선전대를 철폐하기로 했다.

9월 7일 저우언라이는 병원에서 루마니아 공산당 대표단을 회견했다. 회견에서 저우언라이는 덩샤오핑이 국무원을 맡을 것이며, 계속해서 중국 공산당과 우호적인 정책을 교류할 것을 희망한다고 밝혔다.

당 중앙군사위원회는 해방군 총참모부의 '군대 정원 축소, 편제 조정체제의 방안'을 비준했다. '방안'에 의하면 현재 전 군 총인원을 26.2% 축소하기로 규정했다. 1975년부터 1976년 말까지 전군 총인원이 1975년에 비해서 13.6% 감소했다.

9월 15일~10월 19일 국무원은 산시(山西)성에서 전국 농업학 대회를 개최했다. 회의에서는 농업 기계화와 인민공사, 생산대대 정돈 등에 대해 토론했다.

9월 21일 국무원이 철강 공업 영도소조를 성립했다. 조장으로 구무, 정치위원으로 지덩쿠이가 임명됐다.

9월 22일 중국 사법 기관은 구류된 95명의 타이완 국민당 무장 특수부대원과 49명 무장 특수부대원 전부를 석방하기로 했다. 이로 1962년 10월부터 1965년 9월까지 체포된 국민당 무장 특수부대와 무장 특수부대원에 관한 문제가 모두 처리됐다.

9월 22일~28일 베트남 노동당 중앙 제1서기 리썬과 당정 대표단이 중국을 방문했다. 덩샤오핑은 대표단과의 회담에서 국경 분쟁에 대해 유감을 표명했다.

9월 26일 덩샤오핑은 중국 과학원 책임자 후야오방의 '과학기술 공작에

관한 몇 가지 문제' 보고를 듣고, 과학 연구는 국민 경제에 꼭 필요한 것으로 과학 연구자를 위한 실질적인 정책을 실행하고 잘 교육하라고 지시했다.

9월 27일과 10월 4일 덩샤오핑은 당 중앙 농촌 공작 좌담회에서 '다방면의 조정'이란 주제로 발표를 했다. 농업, 공업, 문예 등 모든 방면에 재정돈이 필요하고, 정돈을 통해서 농촌 문제도 해결할 수 있다고 했다. 정돈의 핵심은 당의 정돈이다. 그는 또한 마오쩌둥의 사상을 중시하고, 마오쩌둥의 사상을 학습, 선포, 실행하라고 강조했다.

9월 30일 국무원은 '국무원 직속기관 조정' 통지를 발표했다. 조정의 내용은 다음과 같다.

1. 민항총국(공군이 관리), 국가해양국(해군아 관리), 국가측량총국(국가건설위원회가 관리), 중앙기상국(농림부가 관리), 국가지진국, 국가표준계량국(중국과학원이 관리), 국무원 기관사무관리국, 국무원 참사실(국무원 사무실이 관리), 중국문자개혁위원회(교육부가 관리), 국가문물사업 관리국은 유지한다.

2. 국가지질총국, 국가물자총국, 국가노동총국(국가계획위원회가 관리), 국가 건축자재총국(국가건설위원회가 관리), 국가출판사업관리국을 신설한다.

3. 국무원 종교사무국은 폐지한다.

10월 4일 방글라데시 공화국과 수교.

10월 6일 ~ 12일 유고슬라비아 연방 집행위원회 비에디치 의장이 중국을 방문했다.

10월 7일 국무원 정치 연구실은 덩샤오핑과 기타 국무원 영도들의 정신을 종합하여 '전당 전국 공작 총강'의 초고를 완성했다. 초고는 덩샤오핑의 다방면의 재정비에 관한 사상과 당시 역사 상황에 맞게 좌파를 비판한 내용이다.

10월 10일 마오쩌둥의 조카 마오위안신이 마오쩌둥의 병세가 위중해짐에 따라 마오쩌둥과 중앙정치국 간의 연락원이 됐다.

10월 13일 중국 외교부 신문사 대변인이 미국이 티베트 독립 단체의 미국 내 활동을 묵인한다고 발표했다. 또한 미국 사법부가 달라이 라마의 대표 기구 '시장 사무처' 등록을 허가한 것은, 중국에 대한 내정 간섭이며 중미 상하이 공동성명을 위반한 행위라고 주장했다.

10월 18일 중국 홍군 장정 승리 40주년을 기념하기 위해, 베이징 군구 가무단이 '홍군은 원정을 두려워하지 않는다.'를 재공연 했다.

10월 20일~31일 중국 농림과학원이 후난성에서 회의를 소집해 개량벼를 대량 경작하기로 했다. 이 개량 품종은 1964년부터 중국 농업 과학자 위안룽핑(袁隆平, 원융평)이 발명한 것으로 생산량 증대에 많은 효과를 보았다.

10월 29일 공안부, 최고인민법원, 당 중앙통일전선부가 연합으로 '구류 중인 전 국민당 현단 급 이상 당 정군 인원 석방 방안'을 제시했다. 석방의 기본 방안은 연말에 완성됐다.

10월 29일~11월 2일 독일 연방 공화국 슈미트 총리가 중국을 방문했다.

10월 덩샤오핑의 전략적 위치에서 훈련을 하라는 지시에 따라, 해방군 3총부는 부총장 이다를 중심으로 총부훈련소조를 설립하고, 1975년 17차례 훈련이 진행됐다.

11월 2일 마오위안신이 마오쩌둥에게 사실을 왜곡 보고하고, 덩샤오핑을 공격했다. 마오쩌둥은 마오위안신의 견해에 동의했다. 이때부터 마오쩌둥은 서서히 '사인방'의 말을 듣기 시작했다.83)

11월 3일 마오쩌둥은 마오위안신과의 담화 중, 문화대혁명은 기본은 옳았고 부족한 것이 있었다. 3이 잘못이지만 그래도 7의 성과가 있었다고 문혁을 평가했다. 그리고 "문화대혁명에서 범한 잘못은 두 가지이며, 그것은 일체의 타도와 전면적인 내전이었다."라고 했다.

중국 외교부 대변인은 성명을 통해 10월 20일 인도 군대의 중국

---

83) 이후 덩샤오핑의 결정권은 대부분이 정지당하고 4인방에게 밀리게 되었다.

티베트 국경 침범에 항의했다. 당시 인도군은 중국 민정 정찰원에게 발표했고, 중국 민정 정찰원 또한 인도 군사 4명을 공격했다.

11월 5일 피지와 수교.

11월 6일 서사모아와 수교.

11월 11일~15일 미얀마 네윈 대통령 겸 국가평의회 의장이 중국을 방문했다.

11월 13일 코모로 이슬람 연방 공화국과 수교.

11월 14일 방콕에서 열린 아시아농구연맹 8회 대회는 타이완 대표단을 제외하고 중화인민공화국의 회원 지위를 확정했다.

11월 20일 당 중앙 정치국은 '문화대혁명'의 평가 문제에 대해 토론했다. 회의 전, 마오쩌둥은 덩샤오핑에게 회의에서 문화대혁명에 대한 긍정적인 결론을 낼 것을 희망했으나, 완곡히 거절당했다.

11월 24일 마오쩌둥의 지시에 따라 당 중앙 회의가 개최됐다. 회의에서 덩샤오핑은 마오쩌둥이 비준한 '통지문'을 선독했다. '통지문'은 칭화대학에서 출현한 문제 등이 단순한 것이 아니며, 현재 2개 계급, 2개의 노선 투쟁을 반영한 것으로 '우경번안풍(右傾翻案风)'[84]이라고 지적했다.

11월 25일 당 중앙군사위원회는 '인민해방군 기율 수칙'과 '인민해방군 내무 수칙'을 전 군에 배포했다.
중국정부는 '비엔나 외교협정'에 가입했다. 협정은 12월 25일부터 중국에서 발효됐다.

11월 26일 위성 '장정2호'를 탑재한 로켓이 성공적으로 발사됐다. 12월 2일 위성은 정상 운행 6일 후 예정 지역에 무사히 안착[85]했다.

12월 1일~5일 미국 포드 대통령이 중국을 방문했다.

---

84) 우파가 다시 복귀하는 바람이란 뜻으로, 저우언라이와 덩샤오핑의 정돈과 노간부 복귀 활동을 지칭한 것이며, 이미 마오쩌둥이 4인방 쪽으로 기울었음을 나타낸다. 이후 지난 9개월간 지속된 정돈 공작이 중지되고 다시 반우경화 운동이 전국적으로 퍼졌다.
85) 이로서 중국은 미국, 소련에 이어 3번째로 위성 왕복 기술을 갖게 됐다.

12월 13일 중국 기술수출입총공사와 영국 롤스로이스가 베이징에서 군용 항공엔진 특허 도입계약을 체결했다.

12월 15일 ~ 18일 전국 각지 사법기관이 전 국민당 현급 이상 당 정군 인사를 대대적으로 석방했다.

12월 16일 당 중앙 부주석, 전국 인민대표대회 상무위원회 부위원장 캉 성 별세.[86] 1898년 산동 출신.

기술 실험 위성 2호 발사에 성공했다.

12월 28일 중국인민해방군의 유도탄 호위함이 해군에 편입됐다.

12월 31일 당 중앙이 마오쩌둥의 허가를 거친 '통지'를 발표했다. 그 내용 은 루딩이를 반당 분자로 규정하고 그의 당적을 박탈하는 것이었다.

중국의 무기 장비 기본적 국산화 실현. 1975년 무기 국산화 비율은 탱크 71%, 비행기 75%, 전투 함정 89%, 공정 기계 96%, 대포 97% 등이다.

📖 1976년

1976년 1월 8일 저우언라이가 사망하였다. 전국적인 애도 분위기가 물결치는 가운데 4인방이 저우언라이와 덩샤오핑을 비판하는 글을 상해문 예보에 실었다. 4인방의 이러한 태도에 일반 군중들이 자발적으로 비판하 는 운동이 일어나 4월 5일 청명절을 전후하여 천안문 광장에서 저우언라 이를 추도하고 4인방에 항의하는 시위가 일어났다. 이를 천안문 사건 또 는 4.5운동이라고 부르는데, 이는 4인방 세력에 대한 일반 인민들의 분노 가 크다는 것을 나타내 준다. 4인방은 군중들의 이러한 태도를 반혁명 정 치사건으로 매도하고 4.5운동에 참여한 군중들 뒤에는 덩샤오핑이 모든

---

86) 1980년 10월 16일 당 중앙은 중앙기율 조사위원이 올린 캉성에 대한 조사보고를 비준하여 그의 당적을 박탈했다. 1980년 11월 2일 최고인민검찰원 특별 조사실 은 캉성을 린뱌오와 장칭을 위한 반혁명 집단의 주모자였다고 규정했다.

배후조종자라고 하여 덩샤오핑의 모든 직책을 박탈하였다. 그리고 계속하여 덩샤오핑을 비판하는 비등운 동을 계속했다.

마오쩌둥은 1976년 1월 중앙정치국회의를 소집하여 화궈펑을 국무원 대리 총리로 임명하여 중앙의 일상 업무를 관장하게 하였다. 4.5천안문 사태이후 마오쩌둥의 건강은 더욱 악화되어 5월 27일 파키스탄 총리 부토를 접견한 것을 마지막으로 이후 마오쩌둥은 공개석상에 나타나지 않는다고 공식적으로 발표하였다.

1976년 7월 28일은 새벽 탕산(唐山, 당산)에서 대지진이 일어나 사망 24만 명, 중상 16만 명이 발생한 대재앙이 일어났다.

1975 ~ 6년은 중국 역사상 위대한 인물들이 차례로 서거한 해이다. 1975년 4월 5일 대만의 장제스 총통도 사망하였다. 76년 1월 저우언라이가 병사했고, 7월 6일 주더가 병사했으며, 9월 9일 마오쩌둥이 사망하였다. 대륙의 패권을 놓고 평생을 다투던 영웅들은 비슷한 시기에 함께 저 세상으로 갔다. 어쩌면 그곳에서도 맞수로 경쟁할지도 모른다.

9월 9일 마오쩌둥 사망 이후 4인방은 본격적인 권력 쟁탈에 나서 왕훙원은 중남해에 별도의 당직실을 설치하고 당 중앙과 지방에서 올라오는 모든 통신을 장악하기도 하였다. 그러나 마오쩌둥에 의하여 권력을 이어받은 화궈펑이 4인방을 곱게 볼 리가 없었다. 화궈펑과 예젠잉 등 원로파가 협력하여 4인방을 체포하기로 하고 10월 6일 저녁 8시 중남해 화이런탕(怀仁堂, 회인당)에서 '마오쩌둥 선집 제5권' 출판을 준비하기 위한 회의를 소집한다고 그들에게 참석을 통보하여, 그들이 회의 참석을 위하여 들어오는 순간, 문 뒤에 매복한 병사들이 4인방을 체포하였다. 이로써 마오쩌둥이 죽은 지 채 한 달도 되기 전에 4인방은 정치 무대에서 사라지게 되었다. 10월 14일 중공중앙은 4인방 체포를 공개적으로 공포함으로써 4인방의 시대는 끝나게 되었다.

1월　1일 '인민일보', '홍기', '해방군보' 신년 사설에서 마오쩌둥이 덩샤오핑의 '3항 지시'에 대한 비평을 기재했다. 마오쩌둥은 사설에서

'안정과 단결이 계급투쟁을 하지 말라는 것은 아니며 계급투쟁이 주가 돼야 한다'고 주장했다.

수정주의 교육 노선과 구교육 제도를 비판한 컬러 영화 '결렬(決裂)'이 전국 상영됐다. 이는 '사인방'의 지지하에 제작된 영화이다.

1월 8일 당 중앙 부주석, 국무원 총리, 전국정협 주석이었던 저우언라이 별세. 1898년 3월 5일생 장수성 출신. 15일 추도회가 인민대회당에서 거행되고, 왕훙원 사회, 덩샤오핑이 추도사를 낭독했다. 당일 전국에 조기가 계양되고 위락업소의 영업이 중지됐다.

1월 14일 '인민일보'는 야오원위안의 지령하에 '대변론이 대변화를 가져온다.'라는 문장을 1면 기사로 실었다. 문장은 전국 인민은 칭화대학 교육혁명의 대변론에 관심을 가져야 한다고 주장했다. 저우언라이 추모 기간에 발표된 이 문장에 대해 군중들이 강력 항의하는 사태가 발생했다.

1월 19일 '마오쩌둥 주석의 시가(詩歌)'가 인민 문학 출판사에서 출판됐다.

1월 20일 덩샤오핑이 마오쩌둥에게 서신을 통해 중앙의 직위에서 사임하겠다고 했다. 이후 덩샤오핑은 다시 당 중앙 공작을 주재하지 않았다.

1월 28일 '사인방'이 기록영화 '존경하는 저우언라이 총리'의 상영을 금지시켰다. 이외에도 추모를 위한 화환 제공, 향을 피우는 행위를 금지시키고, '인민일보'와 신화사 등에 저우언라이 추모 활동 등의 기사를 금지시켰다.

2월 1일 ~ 6일 장칭과 장춘차오의 계획하에 영화 제작소는 주자파 비판[87]에 관한 영화를 주로 제작했다.

2월 2일 당 중앙이 1호 문건을 발표했다. 문건의 내용은 마오쩌둥이 1월 21일과 28일 제의한 것으로, 당 중앙정치국을 통해 화궈펑을 국

---

87) 1976년 전국에 주자파 관련 영화가 대략 60편 정도 제작되었고, 대표작으로는 '반격'과 '성대한 축제'가 있다.

무원 대리 총리로 임명했다. 또 예젠잉의 병가 기간 동안, 천시롄이 중앙군사위원회의 공무를 처리하도록 했다.

2월 21일 ~ 29일 미국 닉슨 전 대통령이 중국을 방문했다.

2월 25일 당 중앙은 각 성·시·자치구와 각 대군구 책임자를 소집해 회의를 열었다. 회의에서 마오위안신은 마오쩌둥의 1975년 10월부터 1976년 1월 동안 덩샤오핑 비판과 반우경화에 관한 발언을 정리해 발표했다. 화궈펑은 덩샤오핑이 수정주의 노선의 착오를 저질렀다고 비판했다. 이후 전국적으로 덩샤오핑 비판 여론이 확대됐다.

2월 하순 전국 철도 운송 문제 발생, 10여 개 철도 간선이 비정상으로 운행됐다.

2월 중국과 일본 간 해저 케이블선을 부설하기 위해, 중국 제1해저 작업선 우전(邮电)1호가 건설 됐다.

3월 2일 '인민일보'와 '홍기' 제3호에 야오원위안의 '자산계급 민주파에서 주자파까지'라는 글이 실렸다. 이 글은 각급 노간부들을 자산계급민주파, 주자파로 모함했다.

장칭은 12개 성과 자치구의 책임자를 소집, 회의를 열고 덩샤오핑을 공격했다. 10일 마오쩌둥은 친필 지시에서 "장칭의 간섭이 지나치다"며, 그의 행동을 비판했다.

3월 3일 당 중앙은 '마오쩌둥 주석 지시 학습에 관한 통지'를 발표하고, 각 기관에 마오쩌둥의 덩샤오핑 비판과 우경화 반대에 관한 발언을 전달했다. 같은 날, 당 중앙은 화궈펑의 2월 25일 등소평 비판에 관한 방언을 각 기관에 전달함으로써 덩샤오핑 비판 운동은 당내에 공개화됐다.

3월 15일~24일 라오스 당정 대표단이 중국을 방문했다.

3월 19일 베이징 톈안먼 광장에 처음으로 저우언라이를 추도하는 화환이 등장한 이후 군중의 헌화 행위가 증가했다.

3월 24일~31일 난징에서 저우언라이의 추도회와 '사인방' 반대 운동이 벌어졌다. 거리 시위대는 "저우언라이 총리를 모함하는 자들을 타도하자, 음모가 장춘차오를 타도하자" 등의 구호를 외쳤다. 사인방은 이를 '난징 반혁명 정치 사건'이라고 규정했다.

3월 25일 '문회보'의 '자본주의로 가는 자와 우리는 투쟁할 것이다'라는 문장에 저우언라이를 모독하는 내용이 있었고, 이에 각계의 항의가 빈번했다.

4월 **1일** 당 중앙정치국은 야밤에 회의를 열어 각지에서 발생하는 저우 언라이 추도회와 '사인방' 반대 운동에 대해 토론했다. 회의는 전국 에 마오쩌둥의 검열을 마친 '남경 대자보 문제에 대한 당 중앙의 전화 통지'를 전국에 발표하기로 결정했다.

톈안먼 광장에 거대한 화환이 등장했다. 화환에 쓰인 추도 시는 '001호 반혁명 안건'으로 조사를 받았다.

4월 4일 3월 말부터 시작된 톈안먼 광장 저우언라이 추도회와 '사인방 반대' 운동은 청명절에 절정[88]을 이루었다.

당 중앙정치국은 밤에 긴급 회의를 열어 톈안먼 광장 사태를 논의 했다. 회의는 이 운동을 반혁명 운동으로 규정짓고, 톈안먼 광장의 화환과 표어들을 모두 철거하기로 결정했다. 민병과 공안들이 광장 주위를 막아, 군중 집회를 제지했다.

4월 5일 톈안먼 광장에 사건이 발생했다. 새벽 1시, 톈안먼 광장에서 화 환을 보호하던 군중 7명이 체포됐다. 체포 사건 이후, 일부 군중과 민병 경찰 사이에 충돌이 있었다. 18시 25분 톈안먼 광장에 중공 베이징 시 위원회 제1서기 우더의 방송 연설이 있었다. 21시 35분 민병 1만 명, 경찰 3,000명, 5개 부대가 톈안먼 광장을 포위하고 군중을 때리고 38명을 체포했다.

당 중앙정치국은 회의를 열어 톈안먼 광장 사건에 대한 경과 보고 를 청취했다. 회의는 '톈안먼 사태'를 반혁명 폭동으로 규정하고, 전 국에 통보했다. 또한 민병 3,000명과 위수부대를 대기시켜 상황에

---

88) 자발적으로 200만 명이 넘는 인파가 전국 각지에서 천안문 광장에 와서 저우 총 리를 추도하였다.

대처하도록 했다.

4월   7일 마오쩌둥의 의견에 따라 당 중앙정치국은 '화궈펑을 중국공산당 중앙위원회 제1부주석, 중화인민공화국 국무원 총리 임명에 관한 결의'를 통과시켰다. 또한 '덩샤오핑의 당 내외 일체 직무 철폐에 관한 결의'를 통과시켰다.

4월   18일 인민일보는 '톈안먼 사건이 무엇을 설명하나?'라는 논평을 싣고 덩샤오핑이 당내 최대의 주자파라고 모함했다.

4월   25일 케이프 버드 공화국과 수교.

4월   28일~5월 5일 뉴질랜드 로버트 총리가 중국을 방문했다.

4월   29일 중국과학원의 금환일식 관측팀이 카라쿤룬산 정상에서 금환일식 현상 관측에 성공했다.

4월   30일 마오쩌둥은 화궈펑의 국내 상황 보고를 청취한 후 그에게 친필 서신을 보냈다. 서신에는 "천천히 하시게. 과거의 방식대로만 하고, 당신이 한다면 난 안심이네"라는 내용이 있었다.

5월   10일~23일 싱가포르 리광요 총리가 중국을 방문했다. 리광요 총리가 중국을 방문했을 때, 중국과 싱가포르는 수교를 맺지 않은 상태였다.

5월   26일~30일 파키스탄 부토 총리가 중국을 방문했다.

5월   27일 마오쩌둥은 파키스탄 총리를 10분 동안 회견했고, 이는 마오쩌둥 생전 최후의 외국 지도자와의 회견이었다.

5월   28일 수리남 공화국과 수교.

5월   29일 윈난성 룽루루시(龙陆潞西, 용륙로서) 일대 7.3 강도 지진 발생.

6월   11일~15일 마다가스카르 라지라카 총리가 중국을 방문했다.

6월   14일 중국 외교부 대변인은 필리핀 정부의 중국 남사군도 지역 석유 시추 행위는 중국 영토에 대한 명백한 침범이라고 밝히고 항의 성명을 발표했다.

6월   20일~27일 오스트레일리아 프레이저 총리가 중국을 방문했다.

6월   25일 전국체육총회 타이완 체육 연락처가 베이징에 성립됐다.

6월　29일 상하이 황푸(黃浦, 황포)강 대교가 건설, 차량 통행이 시작됐다.

6월　30일 세이셸 공화국과 수교.

6월　당 중앙은 마오쩌둥 주석이 더 이상 외국 인사를 접견하지 않을 것이라고 발표했다.

당 중앙과 국무원의 구체적인 지도 아래, 마오쩌둥 기념관의 건설설계가 시작됐다.

7월　**1일** 전 외교부 상무부 부장 장원톈 별세. 1900년생 장쑤성 출신.

베이징 방송국(CCTV) 뉴스 방송 시범 방송.

7월　6일 당 중앙정치국 상무위원, 전인대 상무위원장 주더 별세. 1886년생 쓰촨성 출신.

11일 주더의 추도회가 인민대회당에서 거행됐다. 왕훙원 사회, 화궈펑 추도사, 당일 조기 게양과 위락 활동 1일 금지 조치가 발표됐다.

7월　7일 지린성 창춘에 중국 처초의 인조 아이스하키 경기장 건설.

7월　12일~28일 국무원 부총리 쑨젠(孙健, 손건)이 중국 원조로 건설된 잠비아~탄자니아 철로 개통식에 참가하기 잠비아와 탄자니아를 방문했다.

7월　15일~20일 베냉(The Republic of Benin) 크레이크 총리가 중국을 방문했다.

7월　25일~8월 4일 농림부는 장수성에서 해상 가옥 사회주의 개조 좌담회를 개최했다. 회의는 1976년 7월까지 전국 60% 이상의 해상 가옥거주 가정을 육지로 이전시켰다고 선포했다.

7월　26일~8월 9일 보츠와나 카마 대통령이 중국을 방문했다.

7월　27일 작곡가, 중국 가극원 원장 마커(马可, 마가) 별세. 1918년생 장수 출신.

7월　28일 새벽 3시 42분 허베이성 탕산 일대에 7.8의 강진이 발생했다. 24만 2천 명이 사망했고, 16만 4천여 명이 중상을 입었다. 경제적 손실은 30억 위안에 달했다. 8월 4일 당 중앙과 국무원은 화궈펑을 단장으로 하는 중앙 위문단을 파견했다. 또한 당 중앙은 8월 8일

'탕산 일대 재해 구조 통보' 문건을 마오쩌둥에게 올렸다. 이것이 마오쩌둥이 생전에 본 최후의 문건이다.

8월 20일 중앙아프리카 공화국과 대사급 외교 관계를 회복했다.

8월 23일 '인민일보'는 덩샤오핑을 비판하는 사설을 발표했다. 사설은 덩샤오핑이 1975년 중앙과 국무원 업무를 지도할 때 제정한 '전당 전국 공작 총강, 공업 발전 가속화의 문제, 과학기술에 대한 몇 가지 문제' 등 3개의 문건이 반마르크스주의적 수정주의 독초라며 비판했다.

8월 30일 기술 실험 위성 3호가 성공적으로 발사됐다.

9월 2일～9일 서사모아 국가 원수가 중국을 방문했다.

9월 6일 중화인민공화국은 인도 주재 중국 대사로 천자오위안(陳肇源, 진조원)을 임명했다. 이로서 중국과 인도는 15년간의 대리 공사급 외교관계를 청산했다.

9월 9일 당 중앙 주석, 당 중앙군사위원회 주석, 전국정협 명예 주석이었던 마오쩌둥이 베이징에서 별세, 1893년 12월 26일생 후난 출신, 9일부터 18일까지 전국 각지와 중국 주재 대사관이 조기를 게양, 애도를 표했다. 11일 인민대회당에서 영결식이 거행됐다. 18일 100만 추모 인파가 톈안먼 광장에서 추모 집회를 열었다.

9월 10일～12일 왕훙원이 당 중앙정치국의 동의를 거치지 않고, 독단적으로 중난하이에 당직사무실을 만들고 당 중앙 판공청의 이름을 이용, 각 성·시·자치구에 중요 문제를 보고하도록 하고, '사인방'의 지령을 통해 전국을 장악하려 했다. 화궈펑은 이 사실을 안 후 예젠잉과 상의, 중앙의 명의로 각 지역에서 발생하는 중대 문제를 화궈펑에게 보고하라고 통지했다.

9월 11일 화궈펑은 리셴녠을 찾아가 '사인방' 문제 해결을 상의했다. 24일 리셴녠은 샹산(香山, 향산: 베이징 서쪽 소재) 식물원을 참관한다는 명목하에 예젠잉과 접견해서 화궈펑의 의견을 전달했다. 그 후 화궈펑, 리셴녠, 왕둥싱·예젠잉이 자주 접촉, 사인방 문제 해결에 대해 구체적인 일을 상의했다. 덩샤오핑, 천윈, 덩잉차오, 왕전 등이 의견을 제시했다.

9월 16일 인민일보, 홍기와 해방군보에 사설 '마오쩌둥 주석은 영원히 우리 마음속에 살아 있다'를 발표했다. 이 사설은 사인방이 마오쩌둥의 유언을 조작했고 당권 쟁취 음모를 꾸몄다고 폭로했다.

9월 19일 장칭이 화궈펑에게 당 중앙정치국 상무위 긴급 회의 소집을 요구했다. 장칭은 마오쩌둥이 남긴 문건과 서적의 보존을 요구했다. 이에 화궈펑은 마오쩌둥의 문건, 자료와 서적 일체를 왕둥싱의 책임 하에 보관하기로 했고, 21일 당 중앙판공청은 마오쩌둥의 문건을 회수했다.

9월 23일 중국산 5만 톤급 원양선 '서호(西湖)'가 다롄에서 출항했다.

9월 23일~26일 신장 사막 지역에서 원자력 무기 폭발 실험이 실시됐다.

9월 29인 당 중앙정치국 회의상에서 장칭, 장춘차오, 왕훙원이 장칭의 업무 배치를 요구하며 당 주석 탈권을 기도했다. 화궈펑 등은 마오위안신을 랴오닝 성으로 좌천시키려 했으나 4인방이 반대했다. 장칭 등은 마오위안신에게 중공 10기 3중전회의 보고 준비 임무를 부여했으나 화궈펑 등이 반대했다.

10월 6일 화궈펑, 예젠잉, 왕둥싱의 지시와 당 중앙판공청 명의로 20시 중난하이에서 '마오쩌둥 선집5권' 출판 문제를 주제로 당 중앙 정치국 상무위원회 회의가 소집됐다. 20시경 별 의심 없이 장춘차오, 왕훙원, 야오원위안이 회의에 참여했다. 회의장[89]에 들어오자마자 미리 문 뒤에 대기하던 군인이 그들을 체포하고, 화궈펑은 그들의 반당 반사회주의 죄상을 나열하고, 당 중앙은 그들을 격리 조사할 것이라고 선포했다. 이와 동시에 장칭, 마오위안신도 격리 조사를 받을 것이라고 선포했다.

당일 22시에서 새벽 4시까지, 당 중앙정치국은 긴급 회의[90]를 열어

---

89) 중난하이 화이런탕(中南海 怀仁堂, 중남해 회인당)
90) 베이징에 있는 11명의 당 중앙정치국 위원과 후보위원이 참가함.

만장일치로 4인방을 반당 집단으로 규정하도록 결정했다. 회의는 예젠잉의 건의에 따라 당 중앙정치국의 명의로 화궈펑을 당 중앙 주석과 당 중앙군사위원회 주석으로 임명할 것을 결의했다.

10월 7일~14일 당 중앙정치국은 중앙 당 정 군기관, 각 성·시·자치구와 각 대군구 책임자 회의를 개최하고 '사인방 사건' 상황과 해결, 국내 안정 방침을 통보했다.

10월 8일 당 중앙, 전인대 상무위, 국무원, 당 중앙군사위원회는 베이징에 마오쩌둥 주석 기념관을 설립하기로 결정했다. 기념관 건설 이후 마오쩌둥 유체를 수정관 내에 보관해 인민 군중이 관람할 수 있도록 했다.91)

당 중앙은 '마오쩌둥 선집' 제5권을 빠른 시일 내에 출판하기로 결정했다.

10월 8일~15일 4인방 상하이 잔당 세력의 반혁명 무장 반란이 진압됐다.

10월 11일~16일 파푸아뉴기니 총리 내외가 중국을 방문했다. 12일 파푸아뉴기니와 수교.

10월 14일 당 중앙은 '4인방 타도' 소식을 공표했다.

10월 17일 수소폭탄 실험에 성공.

10월 18일 당 중앙은 제16호 문건을 발표해 왕훙원, 장춘차오, 장칭, 야오원위안 등 반당 집단 사건을 각급 당 조직에 통보하고, 또한 전 당과 전국 인민에게도 전달했다. 이 문건은 4인방에 대한 죄목과 1974년 2월 이래 마오쩌둥이 사인방에 대해서 비판한 내용으로 이루어져 있다.

10월 20일 당 중앙은 전담조를 설립해 사인방의 죄목을 조사하기로 했다. 전담조는 화궈펑과 베이징에 있는 당 중앙정치국 위원으로 구성됐다.

10월 21일 150만 인파가 4인방 타도 경축 대회를 열고, 이어서 전국적인

---

91) 1983년 12월 당 중앙은 마오쩌둥 기념관 내에 저우언라이와 류사오치, 주더 3인의 기념실을 만들어 마오쩌둥 기념실과 같이 개방하도록 결정했다.

4인방 타도 경축 대회가 연이어 열렸다.

10월 24일 베이징 시 100만 인파가 톈안먼 광장에서 경축 대회를 개최했다. 화궈펑, 예젠잉, 리셴녠 등의 당과 국가 지도자급 인사들이 대회에 참여했다. 중공 베이징시위원회 제1서기 우더는 연설에서 처음으로 마오쩌둥이 화궈펑을 평가한 "자네가 한다면 난 안심이네"[92] 란 말을 인용했다.

10월 27일 당 중앙은 4인방의 상하이 당내의 직위를 모두 해지시키기로 결정했다. 수전화가 중공 상하이 시 위원회 제1서기, 시 혁명위원회 주임을 겸임하기로 했다. 당 중앙은 4인방 잔당 세력을 진압하고, 전국 안정을 도모하도록 조치했다.

10월 28일 당 중앙은 '각 단위 예금 동결에 관한 긴급 통지'를 발표했다. 통지에 의하면, 1976년 1월부터 9월까지 전국 생산이 저하 되면서 국가 재정 수입이 지난해 같은 기간에 비해 6.3% 하락했다. 연 재정 수입 평균을 맞추고, 인플레와 물가 상승을 피하기 위해 당 중앙은 각 기관, 단체, 학교, 기업과 사업체의 예금을 동결하기로 했다.

10월 29일 '해방군보'에 화궈펑을 찬양하는 글 '화궈펑 동지는 우리 당의 손색없는 영도자'가 실리고 나서 11월 8일과 22일 편집부 명의로 화궈펑을 긍정적으로 평가하는 글이 또 실렸다. 이후 전국에 수많은 잡지에서 화궈펑 선전 글이 실렸다.

11월 9일 국가계획위원회, 국가건설위원회, 재정부는 '1977년 경제 관리 체제 개혁에 관한 보고'를 제정했다. '보고'는 1977년부터 통일 계획, 분급 관리, 지방 위주 등의 체제를 실행하고 지방 재정 책임제 실시를 제시했다.

11월 14일~28일 전인대 상무위원회 부위원장 우란푸가 이란과 쿠웨이트를 순방했다.

11월 15일~19일 당 중앙은 베이징에서 전국 선전 공작 좌담회를 개최

---

92) 你辨事, 我放心。

했다. 경뱌오는 중앙의 비준을 거친 '선전 3개 요점'을 강조했다. 1. 화궈펑을 선전한다. 2. 4인방 분쇄 의의를 대대적으로 선전한다. 3. 4인방을 철저하게 비판한다.

11월 15일~22일 중앙아프리카 보카사 대통령이 중국을 방문했다.

11월 18일 국무원은 '중화인민공화국 주재 외교 대표 기관, 외교관 수출입 물품에 관한 규정'을 발표했다. 규정은 1977년 1월 1일부터 효력을 지녔다.

11월 24일 마오쩌둥 기념관 기공식이 베이징 톈안먼 광장에서 거행됐다.

11월 30일~12월 2일 제4기 전인대 상무위 3차 회의가 베이징에서 거행됐다. 회의는 저우언라이의 부인인 덩잉차오를 전인대 상무위 부위원장으로 임명하는 결의를 통과시켰다. 회의는 또한 국무원의 제의로 황화(黃华)를 외교부 부장으로 임명하고, 차오관화의 외교부 부장 직위를 해지시켰다.

12월 5일 당 중앙이 통지를 발표, 과거 사인방에 반대하다 체포된 자들을 석방하기로 결정했다.

12월 7일 유명한 작곡가 정뤼청(郑律成, 정율성)[93] 별세. 작곡한 곡으로는 '중국 인민해방군 군가', '팔로군 군가', '옌안쑹(延安颂)' 등이 있다.

12월 10일 당 중앙은 '4인방 죄목 증거1'을 하달했다. 이후 죄목 증거 자료가 계속해서 하달되었고, 전국에 4인방 비판 운동이 시작됐다.

12월 10일~27일 화궈펑의 의견에 따라 제2차 전국 농업학 회의가 베이징에서 거행됐다.

12월 11일 4인방에 의해 제재를 당했던 '만수천산(万水千山)'이란 연극이 베이징에서 재공연됐다.

12월 13일 당 중앙은 '고급간부 이직 허가 절차에 관한 통지'를 발표했다.

12월 20일~26일 아랍 예멘 집행위원회 하무디 의장이 중국을 방문했다.

---

93) 1918년생 한국 전라남도 광주출생. 1939년 중국공산당 입당. 1950년에 중국 국적 취득. 팔로군 행진곡은 1949년 중국 건국과 함께 '인민해방군가'로 불리어 오다가 1988년 중국공산당 중앙군사위원회에서 정식 군가로 비준을 받았다.

12월 29일 장기간 제재를 받던 음악, 무용, '동방홍' 등 6편의 영화를
1977년 춘절에 재상영하기로 하였다.

제4부

혼란 수습과 개혁 개방 준비 시기

1976. 10~1978. 12

혼란 수습과 개혁 개방 준비 시기
(1976. 10~1978. 12)

　　장칭 4인방 집단의 몰락은 중국이 새로운 발전 시기에 진입하였음을 뜻한다. 그러나 1976년 10월, 4인방을 분쇄한 후 2년 정도의 짧은 기간 동안 문화대혁명 10년이 만들어 낸 정치적 · 사상적 혼란을 완전히 제거하기는 어려웠으며, 당시 당 중앙 주석이던 화궈펑이 일련의 중대 문제에 있어서 좌적 착오를 계속 범함으로 인해, 당의 지도 사상과 관련된 시비(是非) 문제는 확실한 해결을 보지 못하였으며, 반란을 진압하고 질서를 회복하는 데 있어서도 주저하는 상황이었고, 사회주의 건설에는 새로운 실책이 나타났다.

　　마오쩌둥의 사망과 4인방 체포 후 새로운 역사적 시기에서 중국공산당이 직면한 중요 임무는 장칭 4인방 집단에 대한 전국적인 폭로 비판 투쟁을 전개해 나가는 것이었다. 즉 정치 사상 조직 등 사회 전반에서 반란을 진압하고 질서를 회복하는 것이며, 정직한 간부들을 모해한 각종 무수한 죄행을 청산하는 것이었다. 또한 그들의 잔여 세력들을 철저히 조사하고 제거하여, 당의 정확한 노선을 회복함으로써 4개 현대화의 목표가 이루어질 수 있는 조건을 창조해 내는 것이었다.

　　장칭 집단은 혁명이란 명목을 내걸고, 극좌 이론을 제조, 추진함으로써 당과 국가의 대권을 찬탈하려 하였다. 따라서 장칭 집단의 만행에 대한 폭로 투쟁뿐 아니라, 그들의 극좌 노선에 대한 비판 및 청산 투쟁으로, 이는 당과 국가의 운명에 관련된 사활의 투쟁이었다.

1976년 12월부터, 중공중앙은 각급 당 위원회에 '왕홍문, 장춘교, 강청, 요문원 반당 집단의 죄증(王洪文, 张春桥, 江青, 姚文元 反党集团 罪证)'이라는 3건의 자료를 연속 배포하여, 전국적 규모의 장칭 집단에 대한 폭로 비판 투쟁을 전개하였다.

이 투쟁은 대략 3가지 단계를 거쳐 전개되었다. 제1단계에서는 죄증 '자료1'을 통해 그들의 정권 탈취 음모와 죄행을 집중적으로 폭로 · 비판하였다. 제2단계에서는 죄증 '자료2'를 통해 그들의 반혁명적 실상과 죄악의 진상을 집중함으로 폭로 · 비판하였다. 제3단계에서는 1977년 8월 제11차 전국대표대회 이후부터, 죄증 '자료3'을 통해 그들의 반혁명 이론을 심도 깊게 비판하였으며, 정치 방면으로부터 철학, 경제학 등 모든 이론 영역으로 비판을 전개하여 각 영역에서 그들의 영향을 완전히 제거하였다.

모택동 사후 중국 내부에는 화궈펑, 왕둥싱 등과 같이 새로이 등장한 친모파(亲毛派)와 예젠잉. 리셴녠, 덩샤오핑 등의 원로 간부파가 대립하는 형국이었다. 당시 4인방은 제거되었으나 여전히 문화대혁명의 계급투쟁을 중심으로 한 계속혁명론은 당내에 중요한 사상적 위치를 차지하고 있었다. 당시 당 중앙 주석이던 화궈펑은 양개범시(两个凡是) 방침을 추진하였는데 양개범시란 '무릇 마오쩌둥 주석의 결정은 옳은 것이고 무릇 마오쩌둥 주석의 지시는 따라야 한다.'라는 뜻으로 마오쩌둥의 유업을 충실히 계승하려 하였다. 그들은 덩샤오핑에 대한 비판과 반격우경번안풍(反击右倾翻案风)을 옹호하고 4.5천안문 사건을 여전히 반혁명이라고 보았다. 이에 대해 천윈, 덩샤오핑, 예젠잉, 리셴녠 등의 원로 간부파는 양개범시에 대해서 비판적이며, 4.5천안문 사건은 저우언라이 총리에 대한 애도일 뿐, 반혁명도 아니며 특히 덩샤오핑과는 무관하다고 하였다.

1977년 7월 16일부터 21일까지 개최된 중공10기 3중전회에서 화궈펑을 당 중앙위원회 주석 및 당 중앙군사위원회 주석으로 임명하는 것을 추인하고, 덩샤오핑을 중앙정치국 위원과 당 중앙 부주석, 당 중앙군사위원회 부주석 국무원 부총리 인민해방군 총참모장직에 복직시키기로 하였다. 그리고 장칭 등 4인방의 공산당적을 박탈하고 그들의 모든 직책을 취소하기로 결의하였다. 이어서 1977년 8월 12일~18일까지 북경에서 당11차 전국대표대회가 개최되었다. 여기서 201명의 중앙위원이 선출되었는데 그 중 79명이 새로이 교체되었다. 이 대회에서 수정된 당장에서도 여전히 '무산계급 독재하에서 계속혁명을 해야 한다.'는 마오쩌둥의 이론을 수정하지 못하였고, 문화대혁명을 찬양하는 태도가 나타났다. 그러나 원로파의 의견이 반영된 군중 노선, 실사구시, 비판과 자아비판, 민주집중제 등의 전통과 기풍은 회복되어야 한다고 하였다. 이 대회에서 화궈펑은 문화대혁명의 종료를 공식 선언하였다. 8월 19일 중공 11기 1중전회에서 화궈펑을 중앙위원회 주석으로, 예젠잉, 덩샤오핑, 리셴녠, 왕둥싱을 부주석으로 선출히였다.

그리고 1978년 2월 26일부터 3월 5일까지 제5기 전국인민대표대회가 개최되었다. 여기서도 농업 · 공업 · 국방 · 과학기술의 현대화를 달성하여 사회주의 강국을 만들자고 하였다. 화궈펑은 전국인민대표대회에서는 현실과 동떨어진 높은 목표와 계획을 발표하여 새로운 대약진의 분위기를 만들기도 하였다.

1978년 5월부터 중국 이론계에서는 신문, 잡지 등을 통하여 '무엇이 진리인지에 대한 진리 표준 문제'로 대토론이 이어졌다. 이것은 양개범시에 대한 비판 운동으로서 양개범시는 바로 문화대혁명의 지속으로 보았기 때문에 덩샤오핑을 비롯한 당 원로들은 '실천은 진리를 검증하는 유일한 표준이다'라는 실사구시의 관점을 주창하였다. 원로파들의 지원하에 이 토론은 전국적인 사상 해방운동으로 발전하여, 건국 이후부터 그 당시까지 일어난 좌경 문제를 바로잡게 되었다.

1978년 11월 중공중앙공작회의가 북경에서 개최되어 덩샤오핑이 중요보고를 하였는데 양개범시에 대한 비판과 진리 표준 문제에 대한 토론을 총 평가하였다. 그는 중국의 실제 상황에 근거해서 사회주의 4개 현대화를 실현해야 한다고 하였다. 또 폐막 연설에서 '사상 해방, 실사구시, 일치단결하여 앞을 보자(解放思想, 実事求是, 団结一致向前看)'라는 유명한 연설을 하였다. 이 연설은 이후 덩샤오핑 노선의 확립과 개혁 개방으로 일대 전환하는 중요한 기점이 되었다.

　　1978년 12월 18일 11기 3중전회가 북경에서 개최되었다. 이 회의의 주된 목표는 덩샤오핑이 주장하는 새로운 시기에 전체 중국공산당의 사업 중심을 사회주의 현대화로 전환시키는 것이었다. 양개범시에 대해서 비판하고 마오쩌둥 사상을 정확하게 인식하고 진리 표준 문제의 토론을 높이 평가하며 사상 해방, 실사구시, 일치단결하여 앞을 보자는 당의 지도 방침을 확정하였다. 계급투쟁의 강령을 더 이상 사용하지 않고 중국경제의 심각한 부문별 불균형 문제를 해결하고 농촌을 발전시키며 사회주의민주와 법제를 강화하고 역사상 억울한 죄목에 대한 재평가와 지도자들의 공과 시비 문제를 처리하기로 하였다. 한마디로 요약하면, 어지러운 세상을 바로잡아 정상으로 회복한다는 의미의 발난반정(拨乱反正)을 통하여 중국 사회를 혼란에 빠뜨린 좌경착오를 수정하는 것이었다. 중공 제11기 3중전회는 문화대혁명과 그 이전의 좌경적 착오를 전면적으로 바로잡기 시작하였고, 1981년 6월 11기 6중전회 회의에서 통과된 '건국 이래 당의 약간의 역사 문제에 관한 결의'를 통하여 과거 역사 문제를 모두 청산·재평가하게 되었다. 일련의 이러한 과정을 거쳐 1979년부터 시작된 개혁 개방은 30년 만에 중국을 세계 2대 강국으로 변화시키는 놀라운 결과를 가져왔다.

📗 1977년

1월　2일～6일 방글라데시 라허만 군법 관제 수석 집행관이 중국을 방문했다.

1월　10일～25일 전국 석탄공업 다칭 학습회의가 베이징에서 열린 이후 기타 업계와 각 부문에서 다칭과 다자이를 학습하는 쌍학(双学) 회의를 열었다. 이 회의에서도 여전히 현실에서 벗어난 과도한 목표 설정 등 과오가 있었다.

1월 11일 산둥 석유화학 공장이 건설되어 생산에 들어갔다. 이 공장은 석유 정제 화학공업, 화학비료와 고무 등의 상품을 대량 생산하는 종합 석유화학 연합 기업이다.

1월 14일 30만 톤 에틸렌이 베이징에 건설된 석유화학 공장에서 생산 가능해졌다. 이는 신중국 성립 이래 가장 큰 규모의 에틸렌 생산 공정이었다.

2월 2일 ~ 15일 당 중앙의 비준을 거쳐 국무원이 베이징에서 전국 철로공작회의를 개최했다. 회의는 철도 운행 중 발생하는 심각한 정체의 신속한 해결을 중점으로 토론했다. 4월 철도 운행이 정상화됐다.

2월 5일 ~ 11일 전인대 상무위원회 부위원장 덩잉차오[1]가 미얀마를 방문했다.

2월 7일 화궈펑의 비준을 거쳐 '인민일보', '홍기', '해방군보'에 '잘 배워 중심을 잡자'라는 사설이 발표됐다. 이 사설에서 처음으로 '양개 범시(两个凡是)'[2]가 언급됐다.

2월 17일 라이베리아(Liberia) 공화국과 수교

2월 18일 사인방 세력이 없어진 후 제1회 전국 미술 작품 전시가 베이징 중국미술관에서 열렸다. 이후 점점 더 많은 전시회와 영화 상영, 공연 문화가 늘어나기 시작했다.

2월 21일 가족계획 출산 정책이 성과[3]를 거두었다.

2월 24일 당 중앙은 왕멍(王猛, 왕맹)을 국가 체육위원회 위원으로 임명했다. 이때부터 1978년 8월까지 중앙 국가 기관의 23개 부·위원

---

1) 저우언라이 총리의 부인
2) 마오쩌둥 주석의 결정은 옳고, 마오쩌둥 주석의 지시를 계속해서 준수해야 한다는 뜻으로, 이를 주장하는 화궈펑을 중심으로 하는 파벌을 '범시파'라 한다.
3) 예를 들면, 허베이성과 장수성의 자연 인구 증가율이 1965년 25%에서 76년 10%로 하락했으며, 상하이와 베이징은 증가율이 6% 이하로 나타나기 시작하였다.

회 · 국과 14개 성 · 시 · 자치구의 지도부에 대대적인 인사 조정을 진행했다.

3월 1일 당 중앙은 중앙 마오쩌둥 저작 편집출판위원회를 설립하기로 결정했다. 화궈펑이 주임, 예젠잉이 부주임을 맡았다. 10월 31일 당 중앙은 덩샤오핑, 리셴녠, 왕둥싱을 부주임에 추가하기로 결정했다.

3월 3일 당 중앙정치국은 화궈펑이 당 중앙당교 교장을 겸임하게 하고, 왕둥싱을 제1부교장으로 임명했다.

3월 3일~16일 전국계획회의는 경제 성장에 있어 해결해야 할 3가지 문제를 제시했다. 농업과 경공업 발전 부족, 원자재 부족과 건설업 규모가 너무 크다는 것이다. 또한 회의는 '4인방'의 모함으로 철회 되었던 덩샤오핑의 3가지 업무 '전당 전국 공작 총강, 공업 발전에 따라 해결해야 할 문제, 과학기술 공작에 관한 문제'를 다시 도입했다.

3월 7일 당 중앙이 통지를 발표해 1976년 2월 2일 이래 천시롄이 맡았던 중앙군사위원회의 직위를 해지하고, 예젠잉이 중앙군사위원회 일상 공작을 책임지고, 천시롄은 협조하도록 했다.

3월 10일~22일 당 중앙은 공작회의에서, 화궈펑은 양개범시를 거론했다. '마오쩌둥 주석이 한 결정은 우리가 굳건히 옹호해야 하며, 마오쩌둥 주석의 지시는 우리가 변함없이 따라야 한다.' 또한 각 조의 조장과의 접견에서 화궈펑은 "2가지 민감한 문제가 있는데, 그 하나는 덩샤오핑의 복귀문제와 톈안먼 사건의 재평가"라고 밝혔다.

3월 17일 중국영화제가 도쿄에서 열렸다. 이는 1966년 문화대혁명 이래 처음으로 해외에서 열리는 중국영화제였다.

3월 21일 당 중앙은 '당의 제11차 전국대표대회 개막에 관한 결정'을 발표했다.

3월 28일 국무원은 국가계획위원회, 재정부, 상업부, 공급 판매 합작 총사에 '사회 집단 구매력의 엄격한 통제에 관한 지시'를 전달했다. '지시'에 의하면, 모든 단체의 각종 비생산성 상품 구매에는 제한을 두고 구매 증서를 발급해야 하며, 또한 단체가 고급 소비품과 시장에서 부족한 물품을 사는 경우는 특수한 상황을 제외하고 모두 불허한다고 했다.

4월 6일~10일 모리타니아 다다허 국가 원수가 중국을 방문했다.

4월 7일 화궈펑은 왕둥싱과 리신를 파견해 덩샤오핑과 담화를 가졌다. 덩샤오핑이 다시 임무에 복귀하기 전에 '톈안먼 사태는 반혁명적인 사건이었다고 쓰라'고 강요당했으나, 덩샤오핑은 거절하며 자신의 복귀와 상관없이 톈안먼 사태는 혁명적인 행동이었다고 말했다.

4월 10일 직무에 복귀하기 전 덩샤오핑은 공산당원의 신분으로 화궈펑, 예젠잉과 당 중앙에 편지를 썼다. 양개범시는 틀린 방침이라는 의견을 제시하며, 마오쩌둥 사상의 지도하에 전당, 전군, 인민이 당과 사회주의 사업, 국제 공산주의 운동의 승리를 위해 전진해야 한다고 밝혔다.

4월 15일 '마오쩌둥 선집' 제5권이 출판되었다.

상하이- 란저우- 우루무치 간 항로가 정식 개통되었다.

4월 17일~22일 전인대 상무위원회 부위원장 덩잉차오가 스리랑카를 방문했다.

4월 27일~5월 12일 미얀마 우나이윈 대통령 겸 국무위원회 의장이 중국을 방문했다.

5월 12일 덩샤오핑은 중국과학원의 두 책임자를 만난 자리에서 과학 교육의 낙후와 현존 문제점에 대해서 이야기하고, 과학 교육을 강화시켜야 한다고 강조했다. 또한 국가가 과학 연구를 세계 선진국 수준으로 끌어올려야 한다고 했다.

5월 13일 전 정무원 정무위원, 민건 중앙 부주석, 양식부 부장이었던 장나이치 별세. 1897년생, 저장 출신.

5월 20일 중국 정부는 프랑스 정부에 서신을 보내 미터협약4)에 가입한다고 선포했다. 6월 16일 프랑스 정부는 중국의 미터협약 가입을

---

4) 1875년에 프랑스 파리에서 미터법 도량형의 제정 · 보급을 목적으로 체결한 국제 조약

승인했다.

5월 24일 덩샤오핑은 왕전, 덩리췬과의 담화 자리에서 양개범시는 마르크스주의에 부적합하다고 지적했다. 또한 덩샤오핑은 과학기술과 교육문제에 대한 발언에서, 4개의 현대화를 실현하기 위해 가장 중요한 것은 과학기술의 발전이라고 하고 과학 인재를 적극 육성해야 한다고 말했다.

마오쩌둥 주석 기념관이 준공되었다.

6월 6일 ~ 16일 수단 모하메드 대통령 누메이리가 중국을 방문했다.

6월 13일 중국 외교부는 일본 의회가 '한일 공동 대륙붕 개발 협정'을 비준한 사건에 성명을 발표하고, 중국은 일본 정부의 이같은 행위가 중국 주권을 침범하는 행위이며 이에 강력히 항의한다고 했다.

6월 16일~21일 콩고 쿠마 총리가 중국을 방문했다.

6월 18일 ~ 20일 라오스 인민혁명당 총서기, 정부 총리를 대표로 하는 라오스 당정 대표단이 중국을 방문했다.

7월 16일 ~ 21일 중공 10기 3중전회는 화귀펑을 당 중앙 주석, 당 중앙 군사위원회 주석으로, 덩샤오핑을 당 중앙위원 중앙정치국 상무위원, 당 중앙 부주석, 당 중앙군사위원회 부주석, 국무원 부총리, 인민해방군 총참모장으로 직무 복귀를 결정했다.[5] 또한, 사인방의 당직을 영원히 없애고, 당내의 직무를 해지했다. 21일 덩샤오핑은 전체 회의 폐막식에 참가하여 자신의 심정과 앞으로의 마음가짐에 대해 연설했다.

7월 17일 당 중앙정치국은 국가계획위원회가 국무원에 제출한 이후 8년간 신기술과 설비 계획을 원칙상 비준했다. 계획에 의하면, 5.5계획 후반 3년과 6.5계획 기간 동안 1973년 비준한 43억 달러 설비 수입 방안 프로젝트 외에도 장비와 기술 특허를 수입하기로 했다.

7월 20일 국무원은 '중화인민공화국 계량 관리 조례'를 하달했다. 조례

---

5) 이로써 덩샤오핑은 다시 중앙 지도자로 등장하게 된다.

에 의하면, 중국의 기본 계량 제도는 미터법으로 하고 이후 국제 단위제를 조금씩 차용하여 쓰기로 했다.

7월 30일 베이징 국제 축구 경기 폐막식에 덩샤오핑이 참가했다. 1976년 실권 이후 처음으로 군중 앞에 모습을 나타냈다.

7월 31일 난창(南昌) 8.1 봉기 기념관과 8.1 봉기의 유적지가 다시 개방됐다.

8월 3일 국무원은 국가물가총국 설립을 비준했다.

8월 4일~8일 덩샤오핑은 전국 과학과 교육 공작 좌담회에서 '과학과 교육 공작에 대한 몇 가지 의견'이라는 연설을 했다. 연설 내용은 과학 연구와 교육 공작을 우대해야 하며, 1977년부터 대학 입학시험을 부활한다는 내용이었다.

8월 4일~11일 유엔 크르트 발트하임 사무총장이 중국을 방문했다.

8월 8일 중국 문자개혁위원회와 국가 표준계량국은 '부분 계량단위 명칭 통일표'를 제정했다.

8월 10일 국무원은 '직공 임금 조정에 관한 통지'를 발표했다. 통지에 의하면, 1977년 10월 1일부터 일부 직공의 임금이 상향 조정되었다. 이때의 조정으로 60%의 저임금 직공(약 3천여 만 명)이 상향 조정된 임금을 받게 됐다.

8월 12일~18일 중국 공산당 제11차 전국대표대회가 베이징에서 열렸다. 화궈펑이 정치 보고에서 문화대혁명의 종결을 선포하고 동시에 당내에 주자파가 남아 있는 한 문화대혁명과 같은 정치 대혁명은 또 일어날 수 있다고 경고했다. 또한 현 공산당의 주요 임무는 사회주의 현대화 강국의 건설이라고 강조했다. 예젠잉은 '당 규정 수정 보고'를 하고, 덩샤오핑은 폐막사에서 마오쩌둥의 군중 노선 회복·비판과 자아비판의 우수 전통·실사구시·민주집중제의 중요성 등을 연설했고, 대회는 중국공산당 제11회 중앙위원을 선출했다.

8월 13일~9월 25일 제2차 전국 고등교육 신입생 모집 공작 회의는 '1977년 대학 신입생 모집에 관한 의견'과 '석사생 모집에 관한 의견'을 제정했다. '의견'은 1977년부터 입학시험을 부활시키고, 지원자는 통일된 시험을 통과해야 입학할 수 있다고 했다. 또한, 문화대혁명 기간에 실시했던 추천제는 폐지하며, 지원자 요건에 부합되는 노동자, 농민, 하방 지식 청년, 군인 간부와 고등학교 졸업생은 누구나 지원할 수 있도록 했다. 10월 5일 당 중앙정치국의 지속적인 토론을 거쳐, 12월 국무원이 그간 11년 동안 중단되었던 대학 입시 제도를 부활시켰고, 동시에 석사생 입학도 시작했다.

8월 17일 ~ 9월 7일 중국이 처음으로 대표를 파견해 유엔 제3회 지명 표준화 회의에 참가했다. 9월 7일 중국 대표단은 중국어 발음의 중국 지명을 국제 로마자로 표기하는 방안을 제시해 통과시켰다.

8월 19일 중공 11기 1중전회는 화궈펑을 중앙위원회 주석으로 예젠잉, 덩샤오핑, 리셴녠, 왕둥싱을 부주석으로 선출했다. 이외 웨이궈칭, 우란푸, 팡이, 덩샤오핑, 화궈펑, 예젠잉, 류보청, 쉬스유, 지덩쿠이, 수전화, 리셴녠, 리더성, 우더, 위치우리, 왕둥싱, 장팅파, 천잉구이, 천시롄, 녜룽전, 니즈푸, 쉬샹첸, 펑충 등 23명이 중앙정치국 위원으로 선출됐다. 또한 천무화, 자오즈양, 사이푸딩 등 3명이 정치국 후보위원으로, 화궈펑, 예젠잉, 덩샤오핑, 리셴녠, 왕둥싱 등 5명이 정치국 상무위원으로 선출됐다.

8월 23일 덩샤오핑은 당 중앙군사위원회 좌담회 자리에서 '군대를 잘 교육시키고 훈련시켜 전략적 지위를 높여야 한다.'는 제목의 연설을 했다.

8월 25일 당 중앙은 통지를 발표해, 중국 공산당 제11기 중앙군사위원회 63명의 명단을 공표했다. 화궈펑은 중앙 군사위원회 주석으로, 예젠잉, 덩샤오핑, 리우보청, 쉬샹첸, 녜룽전 등은 중앙 군사위원회 부주석으로, 리셴녠, 왕둥싱, 천시롄, 웨이궈칭, 수전화, 장팅파, 수위 등을 상무위원으로, 양융, 양비예, 장전 등을 상무위 참관위원으로, 뤄루이칭을 군사위 비서장(겸임)으로 임명했다.

8월 26일 신화사 보도 : 자체 설계 연구 제작한 농업용 비행기가 최근 국가 평가 비준을 거쳐 생산에 들어갔다.

8월 29일 마오쩌둥 주석 기념관이 완공되었고, 마오쩌둥 시신이 든 수정관이 관내로 옮겨졌다.

당 중앙은 웨이궈칭을 인민해방군 총정치부 주임으로 임명했다.

8월 30일~9월 8일 유고슬라비아 티토 대통령이 중국을 방문했다. 양국은 정상외교 관계를 회복했다.

9월 7일 교육부는 중소학교 교재에 사인방과 그 잔당의 문장 삭제를 지시했다.

9월 9일 당 중앙, 전인대 상무위원회, 국무원과 당 중앙군사위원회는 베이징에서 마오쩌둥 1주년 기념식과 마오쩌둥 주석 기념관 준공식을 거행했다.

9월 18일 당 중앙은 '전국 과학대회 개최에 관한 통지'를 발표했다. 통지에 의하면, 현대화의 관건은 과학 기술의 현대화이며, 과학인재의 배출의 기초는 교육에 있다고 했다.

당 중앙은 '국가과학기술위원회 성립 결정'을 발표했다. 팡이(方毅, 방이)가 주임으로 임명되었다.

9월 18일~23일 니제르 최고 군사위원회 주석 겸 국가 원수 콩체가 중국을 방문했다.

9월 19일 덩샤오핑은 교육부부장 류시야오(刘西尧, 유서요)와의 담화에서, 교육 전선을 바로잡아야 한다고 강조했다. 과학연구 기구는 당위원회 지도 아래 각 소장 책임제를 실행하고, 연구원 등의 명칭을 다시 사용하라고 제의했다. 대학과 전문대학은 교수, 강사, 조교 등의 명칭을 다시 사용하라고 했다.

당 중앙의 비준을 거쳐, 당 중앙 군사위원회는 교육훈련위원회를 설립하고, 쑹스룬이 주임을 맡았다.

9월 20일~27일 적도기니 국가 원수가 중국을 방문했다.

9월 23일 당 중앙은 '사인방 반혁명 집단 죄행 자료집 3'을 하달했다.

9월 24일 당 중앙은 중앙과 지방 각급 국가기관과 인민 단체의 영도소조 혹은 당의 핵심소조의 명칭을 당조(党组)라고 고쳤다. 당 중앙 각 부위원회와 그에 상응하는 일급 단위는 당 위원회를 건립했다.

9월 25일 당 중앙은 대외 경제부 당조에 '진일보한 대외 원조 공작에 관한 보고'를 전달했다. 보고에 의하면, 1950년부터 1976년까지 중국이 이미 협정한 대외 원조비 총액은 모두 618억 위안이고, 그중 445억 위안을 지출했다. 제3세계에 중국 원조를 희망하는 국가가 점점 많아지고, 원조 요구 또한 점점 높아지고 있다. 이에 반해 중국 재력과 물력은 한계가 있다. 이후 특수한 상황이 아닌 이상 대외 원조 금액은 재정 총 지출액의 4%를 넘지 못하도록 조정한다고 했다.

9월 27일~10월 31일 전국 자연과학 학과 계획 회의는 수학, 물리학, 화학, 천문학, 지리학, 생물학 등 전국 6대 기초과학과 신흥 학과의 발전을 계획했고, '전국 기초과학 계획 요강'을 만들었다.

9월 28일~10월 4일 캄보디아 공산당 중앙위원회 서기를 대표로 하는 당정 대표단이 중국을 방문했다.
전 전인대 상무위원회 부위원장, 전 당 중앙 고급당교 교장 린펑 별세. 1906년생, 헤이룽장성 출신.

10월 2일 덩샤오핑은 홍콩 동포 국경절 경축 대표단과 홍콩 저명인사와의 회견 자리에서 해외 교류는 좋은 것이고 현재 중국은 해외 교류가 매우 적다고 지적했다.

10월 4일~10일 카메룬 하지 국가 원수가 중국을 방문했다.

10월 5일 당 중앙은 '우수 각급 당 간부학교에 대한 결정'을 발표했다. 결정에 의하면, 각 성·시·자치구의 일급 당 간부학교는 모두 회복된다. 10월 9일 개학식을 갖고, 정식으로 학교 운영을 시작한다. 이후 전국 각급 당 간부학교가 연이어 재개되었다.

10월 8일 당 중앙의 비준을 거쳐 당 중앙군사위원회는 전략위원회를 설립했고, 쉬샹첸을 주임으로, 양용을 제2주임으로 임명했다.

10월 15일 당 중앙은 중앙통일전선부 '애국민주당파 문제에 관한 지시'를 비준했다. '지시'에 의하면, 현재 전국에 모두 9개6)의 애국민주당파가 있고, 모두 7만 명의 회원이 있다고 했다.

10월 19일 중국과학원이 중국과학기술대학에 위탁해 창립한 연구생원7)이 베이징에 설립됐다. 1978년 10월 14일 연구생원이 개학했고, 원장은 옌지츠(严济慈, 엄제자)였다.

10월 23일～24일 제4기 전국인민대표대회 상무위원회 제4차 회의가 베이징에서 열렸다. 회의는 당 중앙의 건의로 1978년 봄에 제5기 전인대 제1차 회의를 개최하기로 결정했다.

10월 29일 언어학자 푸단대학 교장이었던 천왕다오8) 별세. 1891년생, 저장 출신.

10월 31일 당 중앙은 중앙선전부를 부활시켜, 장핑화(张平化, 장평화)를 부장으로 임명했다.

11월 3일～7일 몰타 도미니크 총리가 중국을 방문했다.

11월 6일 당 중앙은 교육부당조의 '노동자 선전대 문제에 과한 지시'에서 각 학교는 노동자 선전대를 해산시키고, 각지 대·중·소학교에 정상적인 질서를 회복시키라고 지시했다.

11월 8일 중국에서 연구 제조한 디지털 위성통신 지상국이 개국했다.

11월 14일 국무원과 당 중앙군사위원회는 당 중앙 군사위 과학기술 장비 위원회를 설립하기로 결정했다. 위원회는 국방과학기술과 국방 공업 생산 공작을 같이 담당하기로 하고, 장아이핑이 주임을, 홍쉐즈(洪学智, 홍학지)와 리야오원(李耀文, 이요문)이 부주임에 임명됐다.

11월 15일 중국과학원과 각 대학은 1977년 대학원생을 모집하기로 결정

---

6) 중국국민당혁명위원회, 중국민주동맹, 중국민주건국회, 중국민주촉진회, 중국농공민주당, 중국치공당(中国致公堂), 구삼학사(九三学社)와 대만민주자치동맹(台湾民主自治同盟). 중국에서는 현재까지도 이들과 공산당만 인정되고, 이외의 정당 창당은 금지되고 있다. 중국은 현재 일당 독재 국가라는 외국의 비난에 대해 다당합작제를 채택하고 있다고 하고, 그 근거로 이들 정당과 함께 정치 협상 회의를 구성하고 있다고 주장한다.

7) 대학원을 말하며, 학생을 연구생이라고 한다.

8) 처음으로 '공산당 선언'을 중국어로 번역했다.

했다. 이는 중국이 10년 만에 처음으로 모집한 대학원생이다

11월 18일 덩샤오핑의 9월 19일 담화를 근거로 '인민일보'가 '교육 전선의 대논쟁'이란 글을 발표했다. 글은 문화대혁명 이전의 교육 노선은 바른 사상이 지도했으며 절대 반동 노선이 아니었다고 지적하고 지식인은 혁명의 대상이 아니라 혁명 주체라고 주장했다.

11월 20일~25일 베트남 공산당 중앙 총서기를 대표로 하는 당정대표단이 중국을 방문했다.

11월 26일~12월 2일 전국인민대표대회 상무위원회 부위원장 덩잉차오가 이란을 방문했다.

11월 28일 국무원은 '현금 관리 실행에 관한 결정'을 공표하고, 국영기업, 사기업, 기관, 단체, 부대, 학교, 집단 경제 단체는 현금 관리를 실행하도록 결정했다. 또한 중국인민은행은 현금 관리의 집행 기관으로 지정하고 감독 업무까지 실행토록 했다.

12월 5일 국무원은 '전국 상업의 다칭, 다자이 학습 회의 개최에 관한 통지'를 발표했다. 통지에는 사인방이 상품 생산을 자본주의와 동일시 한 것은 잘못된 것이라고 지적하고 사회주의 상품 생산 및 유통과 자본주의 상품 생산 및 유통은 본질적으로 차이가 있다고 했다.

12월 10일 당 중앙은 궈위펑(郭玉峰, 곽옥봉)의 중앙 조직부 부장 직위를 해지하고, 후야오방을 중앙조직부 부장으로 임명했다.

12월 15일 문화부 요청으로 국무원은 중앙 57예술대학을 폐지하고, 중앙음악대학, 중앙희극대학, 중앙미술대학, 베이징영화대학, 베이징무용학교, 중앙희곡대학의 학교 이름을 복구하며, 문화부의 지도를 받도록 결정했다.

12월 19일 국무원의 비준을 거쳐 중국 문자개혁위원회는 '제2차 한자 간편화 방안'을 발표했다.

12월 23일 당 중앙 군사위원회는 왕핑을 중국 인민해방군 총후근부 정치위원으로 임명했다.

12월 27일~29일 제4기 전국정치협상회의 상무위원회 제7차 회의는

1978년 봄 전에 전국 정협 5기 1차 회의를 개최하도록 결정했다. 12월 28일 덩샤오핑은 당 중앙 군사위 전체 회의의 연설에서 군대 교육의 중요성을 강조했다.

📖 1978년

2월 말 5기 전국인민대표대회 제1차 회의에서 지적된 것처럼 당시 중국은 직면한 많은 중대한 문제들을 정확하고 완전하게 해결하지는 못하였다. 여전히 극좌적인 지도 사상의 영향으로 정부 공작 보고는 불균형 상태에 처한 국민 경제에 대하여 잘못 평가하였고, 결과에만 급급하여 10대 철강 기지, 9대 비철 금속기지 등의 높은 목표를 포함하는 120개의 대형 선설 항목을 제출하었다. 이러한 방침은 후에 국가 재정에 어려움을 가져왔고 국민 경제는 더욱 불균형 상태에 처해지는 등의 심각한 결과를 초래하였다.

사회주의 4개 현대화의 위대한 사업을 전개하기 위해 극좌적 사상을 바로잡아야 했다. 여기서 '실천이 진리를 검증하는 유일한 표준이다'라는 논의가 재기되고, 건국 이래 긍정 및 부정적인 양 방면의 경험과 교훈을 진지하게 총결하여 어느 것이 옳고 그른 것인지를 판단하여 틀린 것을 고쳐 나가야 했다.

1978년 5월 10일, 당 간부학교의 내부 간행물에 '실천은 진리를 검증하는 유일한 표준이다'라는 글이 발표되면서, 전국에 진리 표준 문제에 관한 토론을 불러일으켰다. 그 뒤에 대다수의 성·시·자치구의 신문들도 모두 이 글을 게재했다. 그 내용은 아래와 같다.

(1)진리를 검증하는 표준은 오로지 사회 실천뿐이다. 하나의 이론이 객관적 실제를 정확히 반영하는가, 아닌가, 진리인가 아닌가는 오로지 사회 실천에 의거하여 검증할 수 있을 뿐이다. 이것은 마르크스주의 인식론

의 기본 원리의 하나인 것이다. (2)이론과 실천의 통일은 마르크스주의의 가장 기본적 원칙의 하나이다. 실천은 진리를 검증하는 유일한 표준이라는 사실을 견지하는 것은 결코 이론적 의의를 약화시키는 것이 아니다. 무릇 과학적 이론은 실천의 검증을 두려워하지 않는다. [실천은 진리를 검증하는 유일한 표준이라고 제기하였을 뿐만 아니라, 실천을 존중하는 과학적 자세를 견지하였으며, 자신이 제기한 이론과 노선을 포함한 일체의 이론을 혁명 실천으로 끊임없이 검증하여, 진리를 견지하고 잘못을 시정해 나갈 것을 엄격히 요구하였다. 그들은, 실천은 진리를 검증하는 유일한 표준이라는 변증법적 유물론의 입장을 견지하고 있었기 때문에, 마르크스주의는 끊임없이 발전할 수 있었고 그 젊음을 영원히 간직할 수 있었던 것이다.] (3)어떠한 이론도 끊임없는 실천적 검증을 받아야만 한다. 우리는, 실천은 진리를 검증하는 유일한 표준이라는 것을 인정할 뿐만 아니라 발전적 관점에서 시련의 표준을 취급해야 한다.

4인방 집단에 의하여 뒤집혀진 진리의 표준을 다시 똑바로 뒤집어, 진리 표준에 관한 마르크스주의의 기본 원리를 회복시켰고, 전국에 강렬한 반향을 불러일으켰으며, 수많은 당원, 간부와 대중의 보편적 찬동과 옹호를 얻었다. 동시에 "양개범시"의 급소를 공격하여, 이 잘못된 방침을 견지하는 화국봉 등의 반대를 받았다. 그들은 막 시작된 이러한 토론을 억누르려 하였다.

6월 2일, 중공중앙 부주석 중앙군사위원회 부주석 덩샤오핑은 정치공작회의에서 중요한 연설을 하였다. 연설은 중국공산당의 풍부한 역사적 경험을 총결하였고, 당의 실사구시적인 사상을 상세히 논술하였으며, 마르크스, 레닌, 마오쩌둥의 원래의 말을 다만 베끼고 옮겨 놓은 그러한 관점, 즉 "양개범시"의 잘못된 관점을 비판하였고, 진리 표준에 관한 문제를 근본적으로 규명하였다. 그는 실사구시, 실제에서부터 출발, 이론과 실천의 상호결합이 마오쩌둥 사상의 출발점이고 근본점이라고 지적하였다. 그 내용은 다음과 같다. 마르크스, 레닌, 마오쩌둥 사상의 기본 원칙은, 우리가 어떤 시기에서도 위배할 수 없는 것으로, 이는 추호의 의문도 없는 것이다. 그러나 반드시 실제와 서로 결합해야만 하며, 실제 상황을 연구 분석하여 실제 문제를 해결해야만 한다. 우리는 이렇게 해야만 비로소 문제를 정확히 혹은 비교적 정확히 해결할 수 있으며, 이렇게 문제를 해결하는 것이 마침내 정확한가, 혹은 완전히 정확한가는 역시 앞으로의 실천에 의한 검증을 필요로 하는 것이다. 만약 우리가 이렇게 문제를 해결하지 않는다면, 우리는 어떠한 문제도 해결이 불가능하며 혹은 정확하게 해결하는 것이 불가능하다.

덩샤오핑은 새로운 역사 조건하에서 출현한 새로운 상황과 새로운 문제를 연구하고 해결할 것을 호소하였다. 설사 입으로 마오쩌둥 사상의 옹호를 외쳐댄다고 하더라도, 실제로는 마오쩌둥 사상을 위반할 뿐이다. 그는 반드시 린뱌오 "4인방"의 유독을 제거해야만 하며, 혼란을 바로잡고 정신을 속박하던 족쇄를 깨뜨리기 위해 사상에 대 해방을 가져와야 한다고 말하였다.

덩샤오핑의 연설은, 혼란을 잡는 것에 대하여 "양개범시"가 끼친 장애를 격파하였으며, 실사구시의 사상 노선을 새로이 확립하는 데 사상 이론의 준비를 다졌으며, 진리 표준 문제에 대한 당의 정확한 지도와 확고한 지지를 구체적으로 나타내었다. 그러나 화궈펑 등은 이러한 토론에 대하여 여전히 억압적 태도를 취하였다.

1978년 3월, 전국과학대회가 베이징에서 개최되었다. 덩샤오핑은 중공중앙과 국무원을 대표하여 중요한 연설을 하였다. 이 연설에서 4인방 집단이 살포한 잘못된 이론과 오랫동안 "좌"경적 이론이 조성한 혼란을 청산하였고, 4개 현대화의 관건은 과학기술의 현대화임을 명확히 하였으며, 과학연구 사업과 교육 사업을 발전시킬 것을 강조하였다. 그 내용은 이러했다. (1)과학기술이 생산력이라는 원래의 관점을 다시금 언급하였다. 또한, 과학기술에 종사하는 사람도 노동자임을 강조, 지적하였다. 그들의 육체노동자와의 구별은 사회 분업의 차이일 뿐이다. 린뱌오, 장칭 두 집단은, 중국 사회의 두뇌노동과 육체노동의 분업을 계급대립이라고 왜곡시켰다. 이는, 지식 분자를 박해하고, 사회 생산력을 파괴하고, 사회주의 건설을 파괴하였다. (2)紅적이며 專적인 광대한 과학기술 대오를 건설해야 한다. 紅적이며 專적인 것에 대해서는 정확한 이해와 합리적 요구가 필요하다. (3)과학기술 공작에 대한 당의 영도를 개선하고, 과학연구 기구에 기술 책임제를 도입하여, 당의 영도하에 분업의 장점을 살리는 책임제를 실시해야 한다.

1978년 12월 28일, 국무원은, 전국에 169개의 보통고등학교를 재건 혹은 증설하고 고등교육을 더 한층 발전시켜 4개 현대화의 수요에 대항해 나가기로 결정하였다. 이 결정은 교육 사업이 다시금 정상적인 발전의 길로 들어서게 되었음을 뜻하는 것이다.

과거에 우파 분자라고 지목되어 비판받은 사람에 대하여, 실사구시적으로 수정 공작을 진행할 것을 제기하였다. 중공중앙의 지시에 따라, 1978년 11월 전국 각지에서는 우파 분자라는 모자를 벗어던져 버리는 작업이 완결되었다. 1981년 6월 전국적으로, 우파 분자라고 지목받았던 55만 명이 기본적으로 모두 복권이 되었고 새로이 배치되었다.

1978년, 중국 내 정치에 있어서 일대 성과는 4.5천안문 사건의 복권이 이루어졌다는 것이다. 이는 저우언라이 총리에 대한 무한한 애정과 깊은 애도의 심정에서 나온 것이며, 나라와 인민을 해치는 "4인방"의 범죄 행위에 대한 깊은 통한에서 나온 것이었다. 이는 전국 10억 인민의 바람을 반영한 것이다. 광대한 인민 대중이 주총리에게 깊은 애도심을 표하고 "4인방"을 성토한 것은 완전히 혁명적 행동이었다.

결론적으로 말해서, 장칭 반혁명 집단을 분쇄한 이후, 2년 동안 중국은 각 전선상에서 많은 성과를 이룩하였으며, 특히 경제 전선의 공·농업 생산은 급속한 상승 추세를 나타내었다. 그러나 중국 국민 경제는 장기간 "좌"적 착오의 피해와 린뱌오, 장칭 두 반혁명 집단의 심각한 파괴로 말미암아, 경제 전선상에서 이룩한 성과는 기본적으로 회복 중이었고, 국민 경제의 각 부문의 중대한 불균형 상태는 여전히 개선하지 못하였으며, 생산·건설·유통·분배 중의 일련의 혼란 현상도 여전히 제거하지 못하였고, 도시와 농촌 인민의 생활 속에 수년간 누적된 문제 역시 여전히 해결하지 못하였다. 경제건설 공작 중에서 "좌"적 경향들이 아직 제거되지 않았고, 경험과 교훈은 아직 정확한 총결을 얻지 못하였다. 경제 발전 속도와 경제 규모에 있어서, 너무 높고 실제와 맞지 않는 구호와 목표를 제기하였다.

1월 1일 우전부(邮电部)는 상하이시, 장수성, 랴오닝성에서 우편번호제를 실시하기로 결정했다.

1월 2일 중국과학원 쯔진산(紫金山) 천문대에서 최초로 중국과학원이 연구 제작한 도자기형 반사경으로 달, 토성, 목성의 선명한 사진을 촬영했다.

1월 5일 당 중앙군사위원회의 비준을 거쳐 인민해방군 군사대학, 정치대학, 병참부대학이 복구됐다. 당 중앙군사위원회는 샤오커를 군사대학원장 겸 정치위원으로 임명했고, 돤쑤췬(段苏权, 단소권)과 류싱위안(刘兴元, 유흥원)을 정치위원으로 임명했다. 3월 1일 이 3개 대학이 정식으로 개학식을 가졌다.

당 중앙과 국무원의 비준을 거쳐 철도부가 상하이 철도국 동풍3형 0058호를 '저우언라이호'로 명칭하기로 결정했다.

1월 7일 국무원 교육부의 '중소학교 교사 관리 공작 강화에 관한 의견'을 각 부서에 전달했다. '의견'은 중소학교 교사 정돈을 진행하고, 타 업무에 차출당한 교사를 소환해 현(县) 이상 각급 교육행정 부문의 직접 영도에 따라 복직하거나, 성·향 중소학교의 체제에 따라 관리하라고 지시했다.

베이징도서관이 문화대혁명 시기에 금했던 서적 중 자연과학, 사회과학, 외국 문학서 등을 개방했다.

1월 10일 국무원의 비준을 거쳐 교육부가 '대학교 1978년 대학원생 모집 업무에 관한 계획'을 발표했다. '계획'은 1977년과 1978년 석사생 모집 업무를 동시 시험, 동시 입학 절차를 거쳐 이를 1978년 석사생으로 통칭한다고 했다.9)

1월 11일 국무원의 비준을 거쳐 교육부는 '일련의 중점 중소학교 증설 시행 방안에 관한 통지'를 발표했다. '통지'는 대·중 도시와 각 지역 현 등에 중점 학교를 건설하도록 지시했다.[10)]

1월 18일 교육부는 '10년제 중소학교 교육 계획 실행'을 발표했다. '안'에 따르면 학제를 10년으로 하며, 초등학교 5년과 중고등학교 5년[11)]으로 하기로 했다.

1월 18일~21일 전인대 상무위원회 부위원장 덩잉차오가 캄보디아를 방문했다.

1월 19일~24일 프랑스 레이몽 총리가 중국을 방문했다.

1월 22일 ~ 30일 전국체육공작회의가 베이징에서 열렸다. 이번 회의는 건국 이래 최대 규모인 체육공작회의였다. 회의는 이후 3년, 8년, 23년 후의 체육 발전 계획을 제정했다.

1월 26일~31일 덩샤오핑이 미얀마를 방문했다.

1월 31일 당 중앙은 중앙 타이완 공작영도소조에 타이완 공작 진행에 관한 건의를 전달했다. 당 중앙은 평화적인 방법으로 타이완 문제를 해결하도록 노력할 것이고, 타이완 공작은 당면한 최대의 통일 전선 공작이라고 밝혔다.

2월 3일 ~ 6일 국무원 부총리 덩샤오핑이 네팔을 방문했다.

2월 6일 당 중앙은 교육부의 중앙방송공작국의 '방송대학 계획 실시에 관한 보고'를 비준했다. '보고'는 전국에 중앙방송대학 설립을 제안했다.

2월 17일 국무원은 교육부의 '전국 중점 대학교의 회복과 증설에 관한 보고'를 전달했다. '보고'는 전국 중점 대학교[12)]에 대한 통일 영도

---

9) 이때 약 6만여 명이 응시하여, 1만 명 정도가 입학하였다. 이는 문화대혁명 발발 이후 최초의 대학원생이고, 현재 중국 각 대학의 교수 중 50대 후반 이상은 대체로 이들이 차지하고 있다.

10) 처음에는 중점 학교가 모두 20개에 불과했으나, 1979년 말까지 전국에는 중점 중학교가 5,200개, 중점 소학교는 7,000개로 늘어났다.

11) 중학교 3년, 고등학교 2년

12) 당시 중점 대학교는 88개로, 그중 60개가 회복되었고, 새로 28개 학교가 증설 됐다. 1979년 말까지, 전국 중점 대학교는 모두 97개로 증가했다.

와 분할 관리를 실시하기로 했다.

2월 21일 국무원의 비준을 거쳐 국가노동총국이 '기업직공 야근수당 지불 문제에 관한 통지'를 발표했다. '통지'는 법정 휴일에 일을 하거나 야근을 하는 노동자와 야근을 수행하는 기타 직공(과장 이상의 영도급 간부는 불포함)에게는 본인 표준 임금의 200% 야근수당을 지급하도록 했다.

2월 22일 당 중앙군사위원회는 장전을 중국 인민해방군 총후근부 부장으로 임명했다.

2월 23일 중국농업은행이 영업을 재개했다.

2월 24일~3월 8일 전국정치협상회의 5기 1차 회의가 베이징에서 열렸다. 회의는 '중국인민정치협상회의 규정'을 통과시켰고, 덩샤오핑을 제5기 전국정치협상회의 주석으로 선출했다. 우란푸, 웨이궈칭, 펑춘, 자오쯔양, 궈모뤄, 쑹런충 등 22명은 부주석에 임명됐고, 지옌밍은 전국정치협상회의 비서장으로 임명됐다.

2월 26일~3월 5일 5기 전인대 1차 회의가 베이징에서 열렸다. 회의는 국무원이 제출한 '1976년부터 1985년 국민 경제 발전 10년 계획요강(초안)'과 화궈펑이 작성한 '정부 공작 보고'에 동의했다. 또한 '중화인민공화국 헌법'과 '중화인민공화국 국가(새로운 가사)'를 통과시켰다. 회의에서 예젠잉은 전인대 상무위원회 위원장으로, 쑹칭링, 네룽전, 류보청, 우란푸, 우더, 웨이궈칭, 천윈, 궈모뤄, 탄전린, 리징취안, 덩잉차오, 싸이푸딩 등 20명은 부위원장으로 선출됐다. 회의는 화궈펑을 국무원 총리로 임명하고, 덩샤오핑, 리셴녠, 쉬샹첸, 지덩쿠이, 위치우리, 천시롄, 겅뱌오, 천융구이, 팡이, 왕전, 구무, 캉스언(康世恩, 강세은), 천무화(陈慕华, 진모화) 등 13명을 부총리로 선출했다. 장화는 최고인민법원 원장으로 임명하고, 황훠칭(黃火青, 황화청)은 최고 인민검찰원 검찰장으로 임명했다. 궈모뤄는 중국과학원 원장, 후차오무는 중국사회과학원 원장으로 임명했다.

3월 **4일** 교육부가 통지를 발표해 1978년 언어 유학생, 외국 연수 교사,

연수 통역원들 모두 300여 명을 선발 파견하기로 했다.

3월 6일 ~ 8일 국무원은 베이징에서 제3차 전국도시공작회의를 개최했다. 회의에서는 대도시 규모를 통제하고, 중·소 도시를 더 만들기로 했다. 또한, 제대로 된 도시계획 공작으로 주택과 공용 설비의 건축을 가속화하기로 했다.

3월 7일 제5기 전인대 상무위원회 제1차 회의는 국무원이 제시한 '병역제도 문제에 관한 결정'을 비준해 현재 실행되는 의무병제와 지원병제를 종합한 제도를 실행하기로 결정했다. '결정'은 현재 시행되는 의무병의 복역 기간을 연장하고 기간 초과 의무병은 지원병으로 전환할 수 있게 해 부대 역량을 강화시키도록 조치했다.

3월 11일 국무원은 상하이 시와 야금부의 '상하이 철강 공장 신건설 문제에 관한 보고'를 비준했다. '보고'는 일본의 설비를 도입해 상하이 바오산에 철강 공장을 건설한다고 했다. 상하이 바오산 철강 총공장의 건설 규모는 연간 철 650만 톤, 강 670만 톤의 생산 규모로 했다.

3월 12일~16일 국무원 부총리 리셴녠이 필리핀을 방문했다.

3월 15일 중국과기(科技)대학에서 처음으로 소년반을 개설해 11세부터 16세의 성적 우수학생 20명을 입학시켰다.13)

3월 18일 ~ 31일 전국과학대회가 베이징에서 열렸다. 덩샤오핑은 개막 연설에서 과학기술이 생산력이라고 제시하고, 틀에 박힌 규정을 타파하고 인재를 선발하여, 세계 일류 수준의 과학기술 전문가를 배양해 국가 과학과 교육 전선에서 중요한 역할을 하게 해야 한다고 강조했다. 대회는 '1978년 ~ 1985년 전국과학기술발전계획 개요(초안)'를 제정했다. 초안에는 108개의 과학 연구 항목이 확정됐다.

3월 18일~21일 국무원 부총리 리셴녠이 방글라데시를 방문했다.

3월 20일 국무원은 교육부의 '721 대학에 관한 몇 가지 의견'을 비준했

---

13) 이는 중국 영재 교육의 시작으로, 이후 중점 대학에서 소년 대학생을 교육했다.

다. '문화대혁명' 이후 설립된 각 지역의 721 노동자대학은 조정에 들어가 '직원대학'으로 명칭을 바꾸었다.

신화사 보도 : 교육부는 통지를 발표해 석사생 시험 연령을 제한했다. '통지'에 따르면 1938년 3월 1일 이전 출생자는 시험에 응시할 수 없다

3월 21일 국무원은 국가계획위원회 통계국을 철폐하기로 하고, 국가통계국을 국무원 직속기관으로 개편했다.

3월 21일~4월 24일 당 중앙 조직 부문은 중앙 국가기관과 부분 성, 시, 자치구의 좌담회를 개최했다. 후야오방은 회의에서 '4가지 간부 정책 실행 표준'[14]을 제시했다.

3월 28일 덩샤오핑은 국무원 정치연구실 책임자 후차오무, 덩리췬과의 담화에서 반드시 '노동에 따라 분배하는 사회주의 원칙'을 따라야 하며, 이 원칙에 따라 직공의 노동량, 기술의 높고 낮음, 공헌의 정도에 따라 임금의 차별을 두어야 한다고 말했다. 또한 덩샤오핑은 모두를 격려하고 능률을 올리기 위해 보상금 제도를 부활시키고 도시에 더 많은 노동력을 수용할 수 있는 방법을 연구하라고 지시했다.

3월 29일~4월 4일 태국 크리앙사크 총리가 중국을 방문했다.

3월 30일 덩샤오핑은 태국 총리 접견 자리에서 4인방 세력 분쇄 이후 중국은 화교 정책을 새로이 했다고 밝혔다. 정책의 중점은 다음과 같다. 1.화교들이 원하는 국가의 국적을 선택하도록 한다. 2.중국은 강제적으로 화교들에게 중국 국적을 유지하거나 국내에 거주하라고 요구하지 않는다. 3.이중 국적은 찬성하지 않는다. 이는 중화인민공화국 성립 이래 일관된 정책이라고 말했다.

---

14) 4가지 방법은 1.결론이 안 난 것은 빠른 시간 내에 결론을 내고, 결론이 부정확한 것은 사실을 토대로 바로잡는다. 2.분배되지 않는 작업은 적당히 분배하고, 노약자를 우대해서 안배한다. 3.사망자는 사실을 토대로 조사해 결론을 내고, 사후처리를 잘 해 준다. 4.연좌제를 받고 있는 자녀는 해방해 준다. 모든 것은 사실조사에 기초하고 방법은 군중 노선을 따른다.

3월 5기 전인대 1차 회의는 민정부를 건립하기로 결정하고, 청쯔화(程子華, 정자화)를 민정부 부장으로 임명했다.

4월 **1일** 국무원은 교육부의 '보통고등교육 기관(대학교, 전문대 등) 회복과 증설에 관한 보고'를 비준했다. 이로 인해 전국 55개 대학교가 회복되거나 증설되었다. 1971년 전후 폐교되거나 통폐합되었던 13개 학교가 회복되었고, 42개 학교가 증설되었다. 12월 28일 국무원은 다시 169개 학교를 회복하거나 증설하기로 결정했다.

4월 1일~7일 프랑스 해군 함대가 상하이를 방문했다. 이는 서방 군함이 처음으로 중국을 방문한 것이다.

4월 3일 난징에서 최근 500년간의 가뭄과 장마 관련 자료를 모아 '가뭄, 장마 등급 분포도'를 정리 완성했다. 이는 당시 세계에서 가장 범위가 넓고, 가장 역사 자료가 많은 기후 지도였다.

4월 5일 당 중앙은 중앙통전부와 공안부의 '우파 분자 누명 회복에 관한 지시 보고'를 비준했다. 1957년 반우파 투쟁에 의해 우파 분자로 누명을 쓴 자는 전국적으로 55만여 명이었다. 1959년부터 1964년 전후로 해서 30여 만 명이 우파 분자라는 누명을 벗었으나, 1978년까지 전국적으로 아직도 10여만 명이 우파 분자의 누명을 벗어나지 못한 상황이었다. '보고'는 우파 분자 명예를 전부 회복시켜 줘야 한다고 했다.

4월 7일 당 중앙은 중앙애국위생운동위원회 재성립을 비준했다. 리셴넨이 주임 위원으로 천무화, 구무 등이 부주임 위원으로 선임됐다.

4월 8일 당 중앙과 국무원의 비준을 거쳐 국무원은 새로운 계획출산 영도소조를 설립했다. 천무화가 조장에 임명됐다.

4월 12일 당 중앙의 비준을 거쳐 문화부는 예술 단체의 원래 명칭을 회복하기로 결정했다. 중국 경극 단체는 중국경극원으로, 중국가무단은 중앙가무단, 중앙민족악단, 동방가무단 등으로 명칭을 바꿨다.
전국 26개 대학교가 최근 홍콩, 마카오 지역 학생을 모집하기로 결정했다. 모집 학교는 베이징대학, 칭화대학, 베이징사범대학, 푸단대학, 중산대학, 중산의학교, 우한대학과 난카이대학 등이다.

4월 14일~18일 소말리아 대통령 겸 사회주의 혁명당 총서기 모하메드 바레이가 중국을 방문했다.

4월 17일 국무원은 지난(暨南)대학과 화교대학의 회복을 비준했다. 이 두 대학은 1957년과 1960년에 건립되었다가 1970년에 폐교당했었다.

4월 20일 당 중앙은 '공업발전에 관한 결정(초안)(공업30조)'을 시행하도록 했다. '공업30조'는 공업기업의 임무, 기본 제도와 공작 방법 등을 규정하고 있다. 이는 당시 혼란했던 공업과 교통 운수업을 정상 회복시킨 중요 문건이었다.

4월 22일 ~ 5월 16일 전국교육공작회의가 베이징에서 열렸다. 4월 22일 덩샤오핑은 회의에서 교육 수준을 높여야 하며, 과학 문화의 교육 수준을 높여야 한다고 했다. 또한 인민 교사의 정치 지위와 사회적 지위를 높여야 하며, 모든 사회는 교사를 존중하고, 적당한 시설을 갖추어 교육 공작에 힘써야 한다고 강조했다.

4월 30일 국가 과학기술위원회는 통지를 발표해 전국과학기술협회 활동을 회복한다고 했다.

5월 1일 당 중앙의 비준을 거쳐, 베이징텔레비전방송국이 중앙텔레비전 방송국으로, 베이징방송국이 중화인민공화국 국제방송국으로 이름을 바꾸었다.

5월 2일~6월 11일 국무원 부총리 구무가 중국 정부 경제 사찰단을 이끌고 프랑스, 스위스, 벨기에, 덴마크, 연방 독일 등 유럽 5개국을 순방했다.

5월 5일~10일 당 중앙 주석, 국무원 총리 화궈펑이 북한을 방문했다.

5월 7일 국무원이 '장려금과 노동량에 따른 봉급제 실행에 관한 통지'를 발표했다.

5월 10일 당 중앙당교의 내부 간행물 '이론 동태' 제60호에, 난징대학 철학과 강사 후푸밍(胡福明, 호복명)의 글 '실천은 진리를 검증하는 유일한 표준이다'가 실렸다. 11일 '광명일보'는 특별 해설 형식으로

이 글을 공개 발표하고, 신화사 역시 전문을 게재했다. 12일 '인민일보'와 '해방군보'는 동시에 이 글을 실었고, 전국 대다수 성·시·자치구의 신문과 잡지도 이 글을 실었다. 글은 장기간 좌파의 잘못된 사상을 타파하고, 각 분야의 정상화를 추진하자고 주장했다. 또한 이 글은 중공 11기 3중전회와 중국 특색의 사회주의 건설의 역사적 전환에 사상적 기초를 제공했다.

5월   12일 중공 칭화대학 위원회는 "날조된 '주자파, 자산계급 반동 학술 권위'의 명예를 회복시키는 결정"을 선포했다. 피해를 받은 간부와 지식인들의 모든 죄명은 바로잡아야 한다고 했다.

교육부는 이미 54종 전국 중소학교의 신교재를 편집했고, 1978년 가을 학기 때 각 10년제 중소학교에서 시범 사용하도록 했다.

5월   15일 ~ 20일 루마니아 공산당 총서기 겸 국가 원수 차우셰스쿠가 중국을 방문했다.

5월   17일 당 중앙의 비준을 거쳐 국무원은 신기술 영도소조를 신설했다. 위치우리가 조장에 구밍이 부조장에 임명됐다.

5월   22일 '인민일보'는 국무원 재무소조 이론조가 작성한 "사회주의 상품 생산을 비방한 '4인방'을 논박하는 논리"라는 문장을 발표했다. 문장은 당과 정부의 상품 생산 문제의 결론을 반영했다.

5월   23일 중국 기술수입총공사와 신일본제철회사가 '상하이 바오산 철강 공장 건설에 관한 협의서'에 서명을 하고, 기술 협력에 동의했다.

5월   23일 ~ 24일 제5기 전인대 상무위원회 제2차 회의가 베이징에서 열렸다. 회의는 '국무원의 노약자 간부 배치에 관한 시행 방법'과 '국무원의 노동자 퇴직에 관한 시행방법'을 동의했다. 이 두 가지 방법은 노약자 간부 퇴직 후 휴양 조건을 확대시키고, 고문의 직무를 확대하기로 했다. 또한 노동자는 퇴직 후 원칙상 모집 직종의 조건에 부합되는 자신의 자녀를 취업시킬 수 있게 했다.

5월   24일 당 중앙은 통지를 발표해 헌법 규정에 근거, 각급 인민검찰원 재설치를 요구했다.

5월　25일~31일 모잠비크 국가 원수 마셀이 중국을 방문했다.

5월　26일 베트남 당국이 화교에 대해 계속 박해를 하는 가운데, 중국 정부가 선박을 베트남으로 파견해 화교를 귀국하게 조치했다.

시바이포(西柏坡) 혁명기념관이 허베이 성 시바이포에서 개관했다.

5월　27일~6월 5일 중국 문화예술계연합회 3기 3차 회의가 베이징에서 열렸다. 이는 '4인방' 분쇄 이후 문예계에서 최초로 열린 전국적인 회의였다. 회의는 4인방이 만든 '문예반동 노선 독재론'을 비판했고, 중국문예예술계연합회, 중국작가협회, 중국희극가협회, 중국음악가협회, 중국영화공작자협회, 중국무용공작자협회의 회복, '문예보'의 즉시 복간을 선포했다. 중국미술가협회, 중국곡예공작자협회, 중국민간 문예연구회, 중국촬영학회 또한 잇따라 회복을 했다. 회의는 또한 1979년 중국문학예술회 공작자들의 제4차 전국대표대회를 열기로 결정했다.

6월　2일 덩샤오핑은 전군정치공작회의에서, 실사구시는 마오쩌둥 사상의 출발점이자 근본적 문제라고 강조했다. 또한 양개범시의 잘못된 점을 비판하고, 현재 점차 확대되는 진리 표준(真理标准) 문제 토론을 지지했다. 덩샤오핑의 이번 연설은 1978년 38호 문건의 주요 내용으로 채택되고 6월 29일에 발표됐다.

6월　3일 애국 작가, 인민예술가였던 라오서의 안장 의식이 베이징 바바 오산에서 거행됐다.

6월　6일 국무원은 교육부의 '1978년 대학과 중등 전문학교 신입생 모집에 관한 의견'을 전달했다. '의견'은 1978년부터 대학 주요 모집생을 20세 전후로 하고, 본기 고등학교 졸업생 합격 비례 제한을 두지 않기로 했다. 모집생은 전국적으로 같은 시험을 보기로 했다.15)

6월　9일 외교부는 '베트남의 화교 추방에 관한 성명'을 발표했다. '성명'은 베트남이 1978년 4월 이래 대규모 화교 배척 행위를 한 것에

---

15) 1978년 대학교 신입생 수는 40만 2천 명이었다.

강한 항의를 표시했다.16) 또한 베트남이 소련을 뒤이어 화교 배척 행위를 진행하는 것은, 중국과 베트남의 관계를 훼손시키게 될 것이라고 지적했다.

6월 12일 전인대 상무위원회 부위원장, 전국정협 부주석, 중국과학원 원장, 중국문련 주석이었던 궈모뤄 별세. 1892년생 쓰촨성 출신.

6월 16일 베트남이 호치민시 주재 중국 총영사관 폐쇄를 요구하자, 중국 정부는 광저우, 쿤밍, 난닝의 3개 베트남 총영사관을 폐쇄하고, 단기간 내에 총영사관의 인원을 철수시키라고 통지했다.

6월 16일~21일 스페인 국왕 후안 카를로스 1세가 중국을 방문했다.

6월 19일~29일 라이베리아 리처드 투보터 국가 원수가 중국을 방문했다.

6월 22일 국가체육위는 문화대혁명 시기에 누명을 썼던 룽궈퇀(容国团, 용국단) 등의 유골 안장식을 거행했다. 그들의 죄명을 벗기고, 명예를 회복시켰다.

6월 23일 덩샤오핑은 칭화대학 시찰 시, 해외 파견 유학생의 수를 크게 늘리라고 했다. 또 유학생이 학교나 외국 친구 집에서도 거주할 수 있게 했다. 또한 방학 때는 귀국하게 하여 국내 상황도 이해하게 하라고 지시했다.

6월 24일 당 중앙군사위원회 비서장 뤄루이칭의 평론 '마르크스주의의 가장 기본 원칙 중 하나'라는 글이 '인민일보'와 '해방군보'에 동시에 발표됐다. 이 글은 '실천은 진리의 유일한 표준' 원칙을 이론적으로 뒷받침했다.

6월 26일 외교부는 일본 정부와 대한민국 당국이 '한일 공동 대륙붕 개발 협정'의 비준서를 교환한 것에 대해 항의 성명을 발표했다.

6월 26일~28일 국무원은 새로 구성한 계획출산 영도소조 제1차 전체 회의를 개최했다. 회의는 3년 내에 중국 인구 성장률을 10% 이하

---

16) 1978년 5월 말까지 베트남에서 강제 추방으로 귀국한 화교가 10만 명이 넘었다.

로 줄이는 방안을 토론했고, 1가구 1자녀 원칙에 최대 2자녀 계획
을 세웠다.

6월 28일 교육부는 '국제회의 참가 신청과 외국 과학자, 기술 전문가
중국 초청 학술 강연에 관한 통지'를 발표했다.

6월 중국 중앙텔레비전 방송국이 처음으로 위성을 통해 제9회 월드컵
결승 실황을 방송했다. 8월부터 9월 중앙텔레비전방송국은 처음으로
위성 방송팀을 파견하여 화궈펑의 해외 방문 상황을 보도했다.

당 중앙은 국가출판국, 중국과학원, 중국사회과학원의 '중국대백과
전서에 관한 현황 보고'를 비준했다. 또한 후차오무를 중국 대백과
전서 총 편집위원회 주임으로 임명했다.

7월 3일 중국 정부는 베트남 정부에게, 베트남 측의 계속되는 화교 배척
사건이 중국 기술자들의 베트남 원조 작업에 악영향을 주고 있다고
밝히고, 중국 정부는 베트남에 관한 경제 기술 원조[7]를 중지하고,
당시 베트남에서 작업 중인 중국 인력을 귀국시키기로 했다.

7월 6일~9월 9일 국무원은 베이징에서 이론 회의를 개최했다. 회의의
주요 내용은 중국 4개 현대화 건설에 관한 문제였다. 회의는 주로
경제관리 체제 개혁 문제에 대해 토론했으며, 외국 자본과 선진 기
술을 이용하자는 안이 제시되었다.

7월 7일 외교부는 알바니아 주 중국 대사관에 각서를 보내, 중국은 알
바니아에 대한 경제 군사 원조를 중지한다고 선포했다. 또한 알바니
아에서 일하고 있는 중국 경제 군사 전문가, 유학생들을 13일과 20
일에 나누어 귀국 조치한다고 했다.

당 중앙과 국무원의 비준으로 8년 동안 정지되었던 중국 런민대학
이 베이징에서 정식으로 문을 열었다.

7월 20일~8월 6일 해방군 총참모부, 총정치부, 총후근부는 전국 민병
공작 회의를 합동으로 개최했다. 회의는 '민병 공작 조례' 등의 문

---

17) 1978년 중국의 베트남에 관한 원조 총액은 200억 달러가 넘었었다.

건을 통과시켰다.

7월 22일 국가의약관리총국이 설립, 위생부 부부장 양서우산(杨寿山, 양수산)이 국장을 겸임했다.

8월 3일 당 중앙군사위원회 상무위원 겸 비서장, 전 국무원 부총리였던 뤄루이칭 별세. 1906년생, 쓰촨성 출신.

8월 4일 '인민일보'에 중공 헤이룽장성 위원회 확대 회의에서 진리 표준 문제가 토론되었다는 소식이 보도됐다. 이후 전국 각 성·시·자치구의 주요 영도자, 해방군 11개 대군구, 5개 병종, 3개 군사 위원 직속 대단위의 주요 책임자들이 모두 진리 표준의 입장과 태도를 지지한다고 표명했다.

당 중앙의 지시로 교육부가 통지를 발표했다. 1978년 출국 유학생을 3,000명 이상으로 하고 주요 학과는 공과(농업과 의학을 포함) 위주로 한다고 했다. 이외 1978년에는 대학 입시생과 대학교 1학년 학생 중에서 출국 유학생을 선발하기로 결정했다. 또한 1978년부터 석사생 중에서 출국 석사생을 선발했고, 대학교 교수, 과학연구 기구의 과학기술원, 과학기술 관리 간부, 기업의 과학기술 인원 중에서 출국 연수생을 선발했다.[18]

8월 6일 덩샤오핑은 오스트리아 중국연구회 대표단과의 접견에서 중국 인구 문제에 대해서 언급했다. 그는 "중국은 건국 이래 인구 증가 문제를 안고 있었다. 인구증가는 경제 발전과는 반대로 경제의 낙후를 야기한다."고 말했다.

8월 9일 리비아와 수교

8월 10일 12년간 정지되었던 중앙단교(中央团校)의 복교식이 열렸다.

8월 11일 상하이 '문회보'에 단편소설 '상흔(伤痕)'이 발표됐다. 이 소설은 사회적으로 반향을 불러일으켰고, 이후 문화대혁명 기간 박해로 인한 생활상을 내용으로 다룬 문학 작품[19]이 다수 출현했다.

---

18) 1978년 말까지 교육부와 중국과학원은 모두 28개 국가로 480여 명의 유학생을 파견했고, 처음으로 미국에 유학생을 파견했다.

8월　12일 '중일평화우호조약'이 베이징에서 체결됐다. '조약'은 10월 23일부터 효력을 갖고, 유효 기간은 10년이다. 중심 내용은 패권주의 반대이다. 조약의 제2조에는 "쌍방 어떤 국가도 아시아와 태평양 지역 혹은 기타 어느 지역에서 패권을 추구해서는 안 되며 타국가 혹은 국가 집단의 패권주의를 반대한다."라고 명시됐다.

8월　13일 당 중앙은 '홍콩공작회의 준비회의 현황에 관한 보고'를 전달했다. '보고'는 중앙홍콩소조 설립을 결정하고, 중앙의 홍콩 공작에 협조하도록 했다.

8월　16일~9월 1일 당 중앙 주석, 국무원 총리 화궈펑이 루마니아, 유고슬라비아, 이란을 순방했다.

8월　19일 당 중앙은 공산주의 청년단 10대 준비위원회에 '홍위병 문제에 관한 지시 보고'를 전달했다. '보고'는 현재 학교 공산주의청년단조직, 소년선봉대, 학생회 등은 이미 회복했고, '문화대혁명' 중 조직된 홍위병은 존재할 필요가 없다고 했다. 문건 하달 이후 학교 내 홍위병은 전부 해산했다.

9월　5일~10월 22일 전국계획회의는 처음으로 3대 필수 전환20)을 확정했다.

9월　8일 쓰촨성 석유 채굴공의 깊이를 최초로 7175미터에 도달했다.

9월　8일~13일 당 중앙부 주석, 국무원 부총리 덩샤오핑이 이끄는 중국 당정 대표단이 북한 성립 30주년 기념행사에 참가했다.

9월　8일~17일 중국 부녀연합회 제4차 전국대표대회는 '전국 부녀 규정'을 통과시키고, 쑹칭링, 차이창, 덩잉차오 등을 명예주석으로 추대하고 캉커칭(康克清, 강극청)이 주석으로, 스량 등 13명이 부주석으로 임명됐다.

---

19) 이를 통칭하여 '상흔문학'이라고 했다.
20) 즉 생산과 기술 혁명에 주력, 관료주의적 관리에서 효율을 중시하는 과학 관리 제도로의 전환, 자본주의 국가의 선진 기술을 도입하고 외국 자본을 이용하는 방향으로의 전환.

9월 13일 베이징시 공안국은 린뱌오와 4인방의 박해를 받은 허룽의 아들 허펑페이(贺鹏飞, 하붕비) 등 노간부 자녀에 관한 오판을 정정하고, 명예 회복시켰다.

9월 14일 ~ 19일 루마니아 마네이스쿠 총리가 중국을 방문했다.

9월 15일 덩샤오핑은 하얼빈에서 중공 헤이룽장성위원회 상무위원회 보고를 듣고 "중국 국가 체제, 기구 체제 등은 소련에서 수입한 것으로 모두 낙후되고 중복과 비효율, 관료주의 등이 많다."고 지적하고 기구 체제 문제에 대한 검토를 제기했다.

9월 16일 덩샤오핑은 장춘에서 중공 지린성위원회 상무위원회의 보고를 듣고 '마오쩌둥 사상의 기치를 높이 들고 실사구시의 원칙을 지속한다.'라는 연설을 했다.[21]

9월 17일 덩샤오핑은 선양에서 중공 랴오닝 성 위원회 상무위원회 보고를 청취하고 금지영역을 만들지 말라고 했다. 금지 영역과 금기는 사람들의 사상을 악화시키는 결과만 낳았다. '모든 사람은 독립적으로 사고해야 하고, 불합리한 것은 과감히 개혁해야 한다'고 하면서, '사실상 지금은 인민들에게 너무 미안하다. 현재는 생산력을 높이고 민생생활 개선에 노력해야 한다'고 했다.

당 중앙은 8월 25일 '우파 분자 명예 회복에 관한 결정 방안'을 비준했다. '방안'은 과오를 개정하여 일하게 해야 한다고 했다. 또한 10월 17일 중앙조직부는 '우파' 조사 판공실을 설립하고, 전국의 우파공작을 영도하기로 했다. 1978년 11월까지 전국 각지에 우파 분자에 대한 명예 회복은 전부 완성됐다.

9월 20일 덩샤오핑은 중공 톈진시위원회 상무위원회 보고에서 '사상적 개방, 기계의 개방, 실제에서의 출발'이 필요하다고 역설했다.

---

21) 연설에서 덩샤오핑은 양개범시는 마오쩌둥 사상의 기치를 드는 것이 아니라고 비판하고 마오쩌둥 사상의 핵심은 실사구시라고 주장했다. 또한 생산력 발전의 속도가 자본주의보다 늦는 것은 우월성이 없어서이다. 그러므로 이것의 발전이 최대의 정치이고, 사회주의와 자본주의 중 누가 승리하느냐의 문제라고 했다.

9월 25일 당 중앙의 비준에 따라 국무원은 공상행정관리총국 설립을 결
정했다.

당 중앙군사위원회는 '단(團)이상 각급 당 위원회에 기율 검사 위원
회 설립에 관한 통지'를 발표했다.

9월 27일 루닝(魯宁) 송유관이 정식으로 송유를 시작했다. 허베이에서
산동, 안후이를 지나 장수에 이르며 전장이 1000km에 달했다. 중
국 남북을 잇는 첫 번째 송유관이었다.

9월 27일~10월 4일 네팔 비스타 수상이 중국을 방문했다.

10월 1일 인민해방군 국방과학기술대학이 창사에 정식 설립됐다. 창엔이
교장으로, 리둥예(李东野, 이동야)가 정치위원으로 임명됐다.

10월 2일 허베이 중부 평원에 대유전 - 런치우(任丘)유전을 건설됐다.

10월 6일 '인민일보'가 후차오무의 '경제 규율 방법에 따라 4대 현대화를
실현한다.'라는 글을 발표했다. 이 글은 경제 발전을 위해 중앙, 지
방, 기업, 개인이 적극성을 발휘해야 한다고 주장했다.

중화 전국총공회 기관지 '공인일보'가 베이징에서 복간됐다.

10월 11일 중국사회과학원 연구생원(대학원)이 베이징에 설립됐다. 이는
중국 최초의 사회과학 연구 전문 인력 교육 기관이다.

상하이 조선소에서 중국, 폴란드 합작으로 원양 화물선이 건조됐다.
이는 중국 최초의 만 톤급 화물선이다.

10월 16일~26일 중국공산주의청년단 제10기 전국대표대회는 '중국 공산
주의청년단 규정'을 수정하고, 공산주의청년단 제10기 중앙위원회를
선출했다. 27일 공산주의청년단 10기 1중전회가 열렸고, 한잉(韩英,
한영)을 중앙서기처 제1서기로 선발됐다. 후치리(胡启立, 호계립), 왕
민성(王民生, 왕민생), 후더화(胡德华, 호덕화) 등 7명은 서기로 임명됐
다. 또 회의는 '중국소년선봉대 명칭 회복에 관한 결의'를 통과시켰
고, '중 소년선봉대 규정', '중국소년선봉대 노래'의 수정본을 통과
시켰다.

10월 20일 중국 인민해방군 군사법원이 정식으로 부활됐다.

10월 22일~29일 국무원 부총리 덩샤오핑이 일본을 방문했다. 23일 덩샤오핑은 '중일 평화 우호조약'22) 양국 비준서 교환식에 참가했다. 이 조약 관련 협상은 1974년 11월 시작부터 덩샤오핑의 지도 아래 진행됐다.

10월 24일~30일 멕시코 로페스 대통령이 중국을 방문했다.

10월 31일~12월 10일 전국 지식청년 하방(上山下乡)공작회의는 문화대혁명기간 중 청년을 인민공사 생산대에 파견하던 정책을 수정하고, 청년들의 도시 복귀를 허가하기로 했다. 이후 각 성·시에서 지식청년들의 도시 이동이 늘어나 1978년 말에는 최고조를 이뤘다.

11월 1일 당 중앙은 중공위생부 당 조직의 '당의 중의(中医) 정책을 관철하고, 중의 인력 부족 문제 해결에 관한 보고'를 비준했다.

11월 4일 당 중앙의 비준을 거쳐, 시장(티베트) 자치구 공안 기관은 티베트 반동 집단 지도부 24명 전원을 석방했다.

11월 5일~14일 국무원 부총리 덩샤오핑이 태국, 말레이시아, 싱가포르를 순방했다.

11월 5일~9일 당 중앙 부주석 왕둥싱을 단장으로 하는 중국 당정 대표단이 민주 캄보디아를 방문했다.

11월 7일 외교부는 베트남 주 중국 대사관에, 베트남 당국이 11월 1일 국경 지역에서 유혈 사태23)를 일으킨 것에 대해 강력 항의했다.

11월 10일~12월 15일 당 중앙공작회의가 베이징에서 열렸다. 화궈펑은 개막식상에서 당 중앙정치국이 1979년 1월부터 전당 공작의 중심을 사회주의 현대화 건설로 한다고 선포했다.

회의는, 중대한 역사 문제, 진리 표준 토론에 관한 문제, 중앙 인사에 관한 문제를 주로 토론했다. 11월 25일 화궈펑이 당 중앙정치국

---

22) 이 조약 이후 일본이 79년 3,300억 엔을 중국에 차관으로 제공한 이래 90년까지 총 1조 6,000억 엔 상당을 중국에 제공하고, 87년까지 중국에 투자한 일본 기업 수가 420여 개가 되었다.

23) 1일 베트남 측 무장경비대가 중국 광시 국경 지역을 침입해 중국 민병 12명에게 총상을 입히고, 8명을 납치했으며, 6명을 사살한 사건이 발생했다.

의 결정사항24)을 선포했다.

회의는 왕둥싱, 지덩쿠이, 천시롄, 우더 등의 착오에 대해 비판하고, 12월 13일 폐막식에서는 화궈펑이 양개범시에 대해 자아비판을 했다. 덩샤오핑은 '사상 해방, 실사구시, 단결 일치해 앞을 보자'라는 연설을 통해 지난 2년간의 양개범시에 대한 비판과 진리 표준에 관한 문제를 정리하고 4개 현대화를 달성하자고 역설25)했다.

11월 14일 당 중앙은 1976년 청명절에 군중이 톈안먼 광장에서 저우언라이 총리를 추도한 것은, 4인방 규탄을 위한 혁명 행동이었다고 밝혔다. 추도 행위로 인해 박해를 받은 사람은 모두 명예를 회복한다고 선포했다. 18일 베이징시 공안국과 관련 부문은 톈안먼 사건으로 무고하게 붙잡힌 388명의 명예를 모두 회복시켰다.

중국 정부는 캐나다 몬트리올에서 국제 민항 조직의 '항공기 내 범죄와 기타 행위에 관한 조약(도쿄조약)에 가입26)했다.

11월 19일 국무원은 서북, 화북, 동북 지역의 황사를 방지하기 위해 8,000만 평의 수림을 조성하기로 결정했다.

12월 2일 국무원은 재정부의 '농촌 세금 부담 감면 문제에 관한 보고'를 전달했다. '보고'는, 농업 생산의 발전을 위해서 농촌에 기업을 신설하고 처음 2~3년간 공장세를 면제, 1979년부터 국경 지역과 민족 자치구의 기업은 5년 동안 소득세를 면제해 주기로 하고, 저생산으로 인해 식량이 부족한 지역은 농업세를 면제하기로 결정했다.

---

24) 그중 중요한 몇 가지는 1.톈안먼 사건을 혁명적 군중 운동으로 인정하고, 진상을 공개해 잘못된 것을 바로잡는다. 2.반우경화 투쟁의 잘못을 인정하고, 관련 문서를 전부 폐기한다. 3.억울하게 누명을 쓴 사람은 모두 명예 회복시키고, 관련 문서자료는 모두 폐기한다. 4.펑더화이의 외국과의 내통 행위 주장은 근거가 없으며, 펑더화이의 유골을 베이징 바바오산 혁명 공동묘지에 안장한다. 5.양상쿤의 당 활동을 회복하고 임무를 부여한다. 등
25) 이 연설은 곧 이어질 중공 11기 3중전회의 지도 사상이고 지침서가 되었으며, 새로운 시대 즉 중국 특색의 사회주의를 열어 갈 신이론의 선언서와 같았다. 이로부터 개혁 개방의 새로운 중국이 시작되었다.
26) 이 도쿄조약은 1979년 2월 12일부터 중국에서 효력을 갖는다.

12월 4일~6일 가봉 봉고 대통령이 중국을 방문했다.

12월 15일 국무원은 문건을 발표해 이름과 지명을 병음 표기법으로 통일 사용하도록 규정했다. 1979년 1월 1일부터 중국 정부의 외교문서 역시 이름과 지명에 대한 중국어 병음 표기법을 적용하도록 통지했다.

12월 16일 중국과 미국은 동시에 정식 수교를 공표했다. 양국은 1979년 1월 1일부터 수교관계를 갖고, 1979년 3월 1일 양국에 대사관을 건립해 대사를 파견하기로 했다. 동일한 시기에 미국 정부는 타이완과의 수교 관계를 단절한다고 선포했다. 이로서 미국과 타이완 간의 공동방위조약은 그 효력을 상실했다. 미국은 4개월 내에 타이완에 주둔했던 미군을 철수시킨다고 발표했다.27)

12월 18일~22일 중국공산당 제11기 중앙위원회 제3차 전체회의(11기 3중전회)가 베이징에서 개최됐다. 회의에 출석한 중앙위원은 169명이고, 후보 중앙위원은 112명이다. 중앙 지방 관련 부문의 책임자들이 회의에 출석했다. 당 중앙 주석 화궈펑, 부주석 예젠잉, 덩샤오핑, 리셴녠, 천윈, 왕둥싱이 회의에 출석했다. 회의는 다음과 같은 사항을 결정했다.

1. 중앙 2중전회 이래 공작 상황이 순조로웠고, 전국 범위의 린뱌오, 4인방 비판 군중 운동이 기본적으로 완성됐기 때문에, 이제는 전당과 전국 인민의 역량을 사회주의 현대화 건설로 이동해야 한다고 했다.

2. 양개범시의 잘못된 방침을 비판하고, 진리 표준 문제의 토론을 긍정적으로 평가했다.

3. 국내외의 정확한 상황 분석을 기초로, 계급투쟁과 무산계급 독재하의 계속혁명 노선을 부정하고 관련 구호의 사용을 중지하기로 결정했다.

4. 경제 건설 문제를 토론하고 1979년, 1980년 2년간의 국민 경제

---

27) 중미 수교 관련 회담은 1978년 7월 초부터 덩샤오핑의 지도 아래 진행됐다.

계획에 원칙적으로 동의했다.

5. 농업 발전을 위해 정책을 제정하고 실시하기로 했다. '당 중앙 농업 발전 문제에 관한 결정(초안)'과 '농촌 인민공사 공작조례(시행 초안)'에 동의하고 각 부에 토론을 지시했다.

7. 문화대혁명 중 발생한 중대한 정치 사건과 잔존한 역사적 문제를 토론하고 반우경화 투쟁, 톈안먼 사태에 관련한 문건을 철폐하기로 했다.

8. 펑더화이, 타오주, 보이보, 양산쿤 등에 관한 잘못된 평가는 조사를 통해 바로잡도록 했다.

9. 당규를 정비해, 개인숭배를 반대하고 집단영도를 강화하며 사회주의 민주와 법제를 강화하도록 했다.

10. 천윈을 중앙정치국 위원, 정치국 상무위원, 중앙위원회 부주석으로 임명하고, 덩잉차오, 후야오방, 왕전을 중앙정치국위원으로 임명했다. 황커청, 쑹런충, 후차오무, 시중쉰, 왕런중, 황훠칭, 천자이다오, 한광, 저우후이의 중앙위원 임명은 제12차 전국대표 대회 때 추후 인정하기로 했다.

11. 중앙기율조사위원회 구성원을 선출했다.

12월 18일 중국 '실천호(实践号)'와 '향양 09호(向阳号)'가 대기 측정을 위하여 출항했다. (이는 세계기상기구가 실시한 최대 규모의 기상 관측 협동 연구 활동이다.)

12월 22일 이날 폐막한 중공 11기 3중전회는 중앙기율검사위원회를 설립하기로 결정하고 100여 명의 구성원을 선출28)했다. 중앙기율검사위의 주요 임무는 당의 규정에 따라 당 위원회의 기풍을 정돈하고, 당의 노선 방침정책과 결의 실행 상황을 감독한다. 당원에 관한 규율 교육을 진행하고 당 조직과 당원의 위법 행위를 조사하고 처리하는 등이다.

---

28) 천윈을 중앙기율검사위 제1서기로, 덩잉차오를 제2서기로, 후야오방을 제3서기로, 황커청을 상무서기로 선출했다.

12월 22일~28일 제 2 차 전국 귀국화교대표대회가 베이징에서 열렸다.

12월 24일 펑더화이, 타오주의 애도식이 베이징에서 거행됐다. 화궈펑, 예젠잉, 덩샤오핑, 리셴녠, 천윈, 왕둥싱 등이 대회에 참여했다. 펑더화이와 타오주는 각각 1974년 11월 29일, 1969년 11월 30일에 박해 중 사망했다.

12월 25일 당 중앙 정치국 회의는 인사 문제를 결정했다. 천윈은 중앙기율검사위, 공안, 검찰, 법원, 민정과 중앙정법부문을 관리하도록, 덩잉차오는 공회, 청년단, 부녀연합 등 군중 단체를 관리하도록, 후야오방은 중앙 일상 업무와 선전공작을 관리하도록, 왕전은 계속해서 제3, 4, 5, 6 기계공작부 등 국방공작부문을 관리하도록 결정했다. 후야오방은 당 중앙 비서장으로, 후차오무, 야오이린을 부비서장으로 임명하고, 왕둥싱의 중앙판공실 주임 및 마오쩌둥 저작편집출판위원회 판공실 주임 등의 직위를 해지했다.

12월 26일 5기 전인대 상무위원회가 제5차 회의를 개최했다. 회의는 외교부 부장 황화의 중미관계 정상화 회담에 관한 경과 보고를 청취하고, '중화인민공화국 전국인민대표대회 상무위원회의 타이완 동포에게 고하는 서'를 토론 통과시켰다. 또한 왕런중을 국무원 부총리로 임명했다.

12월 28일 '중화인민공화국 발명 장려 조례'를 국무원이 실시했다. 국가과학위원회는 발명평론가위원회를 설립했고, 발명 항목 선정 평가 등의 임무를 맡았다.

12월 29일 당 중앙은 중공최고인민법원 당조의 '착오 사건 수정과 당의 정책 실시에 관한 지시 보고'를 비준했다.

12월 착오 사건 개정 작업이 전면적으로 시작됐다. 1982년 말까지 당 중앙의 비준을 거쳐 누명을 벗은 대규모 사건은 30여 개이고, 약 300만 명의 간부에 대한 명예 회복이 이루어졌다. 47만 명의 당원은 당적을 회복하고, 구금되었던 간부와 군중이 석방됐다.

'현대한어사전' 수정판 제1판이 출판됐다.

참고문헌

崔常发 外 主编, 记念新中国成立60年学习纲要, 国家行政学院出版社, 2009

中国国家博物馆 编, 图设新中国60年, 四川人民出版社, 2009

周利生 主编, 中国近现代史纲要, 安徽大学出版社, 2006

赵和平 主编, 中国近现代史纲要, 北京理工大学出版社, 2006

王桧林 主编, 中国现代史, 高等教育出版社, 2006

中共中央文献研究室 编, 毛泽东传(1949~1976), 中央文物出版社, 2004

党史研究室, 中国共产党简史, 中共党史出版社, 2001

中共中央党史研究室, 中国共产党的70年, 中央党史出版社, 2005

盖军 主编, 中国共产党80年历史 简编, 中共中央党校出版社, 2001

金春明 著, 中华人民共和国简史(1949-2004), 中共党史出版社, 2004

党史研究室, 中国共产党新时期历史大事记, 中共党史出版社, 2009

徐达深 主编, 共和国 史记 第1卷~4卷, 吉林人民出版社, 1996

新华日报社 编, 中华人民共和国大事记, 人民出版社, 2004

柳建辉 编, 中国共产党史18讲, 中共中央党校出版社, 2007

吴本祥 主编, 中华人民共和国史, 高等教育出版社, 1999

历史室 编著, 中国近代现代史, 人民教育出版社, 2000

中共中央党史研究室 著, 中国共产党史, 中共党史出版社, 2002

徐元冬 主编, 中国共产党历史讲话, 中国青年出版社, 1988

王健英 著, 中共中央机关历史演变考实, 中共党史出版社, 2005

编辑部 编, 共和国重大决策和事件述实, 人民出版社, 2005

民政部 编, 中华人民共和国 行政区划简册, 中国地图出版社, 2004

本书编写组, 记念中国共产党成立58周年 党史党建知识竞赛600题, 中共党史出版社, 2006

陈述 著, 中华人民共和国历史简编, 中共中央党校出版社, 2004

陈守林 主编, 中国共产党历史 党员干部读本, 红旗出版社, 2004

少华 游胡 著, 林彪一生, 湖北人民出版社, 2003

胡华 主编, 中国社会主义革命和建设史讲义, 中国人民大学出版社, 1985

武月星 主编, 中国现代史地图集, 中国地图出版社, 2004

于秋华 编著, 中国近现代经济史, 东北财经大学出版社, 2004

本书编写组, 新编 党史党建 知识读本, 中共党史出版社, 2006

何明 编, 伟人 毛泽东(上中下), 中央文献出版社, 2003

中共中央文献研究室 编, 邓小平画传(1904~1997), 四川人民出版社, 2004

邓小平文选 1~3卷, 人民出版社, 1994

가림출판사 · 가림M&B · 가림Let's에서 나온 책들

교 육

취미실용

김진국과 같이 배우는 **와인의 세계**
김진국 지음
국배판 변형 양장본(올컬러) / 208쪽 / 30,000원

배스낚시 테크닉
이종건 지음 / 4×6배판 / 440쪽 / 20,000원

나도 디지털 전문가 될 수 있다!!!
이승훈 지음 / 4×6배판 / 320쪽 / 19,200원

건강하고 아름다운 동양란 기르기
난마을 지음 / 4×6배판 변형 / 184쪽 / 12,000원

애완견114
황양원 엮음 / 4×6배판 변형 / 228쪽 / 13,000원

경제경영

CEO가 될 수 있는 성공법칙 101가지
김승룡 편역 / 신국판 / 320쪽 / 9,500원

정보소프트
김승룡 지음 / 신국판 / 324쪽 / 6,000원

기획대사전
다카하시 겐코 지음 / 홍영의 옮김
신국판 / 552쪽 / 19,500원

맨손창업 · 맞춤창업 BEST 74
양혜숙 지음 / 신국판 / 416쪽 / 12,000원

무자본, 무점포 창업! FAX 한 대면 성공한다
다카시로 고시 지음 / 홍영의 옮김
신국판 / 226쪽 / 7,500원

성공하는 기업의 인간경영
중소기업 노무 연구회 편저 / 홍영의 옮김
신국판 / 368쪽 / 11,000원

21세기 IT기 세계를 지배한다
김광희 지음 / 신국판 / 380쪽 / 12,000원

경제기사로 부자아빠 만들기
김기태 · 신현태 · 박근수 공저
신국판 / 388쪽 / 12,000원

포스트 PC의 주역 정보가전과 무선인터넷
김광희 지음 / 신국판 / 356쪽 / 12,000원

성공하는 사람들의 마케팅 바이블
채수명 지음 / 신국판 / 328쪽 / 12,000원

느린 비즈니스로 돌아가라
사카모토 케이이치 지음 / 정성호 옮김
신국판 / 276쪽 / 9,000원

적은 돈으로 큰돈 벌 수 있는 부동산 재테크
이원재 지음 / 신국판 / 340쪽 / 12,000원

바이오혁명
이주영 지음 / 신국판 / 328쪽 / 12,000원

성공하는 사람들의 자기혁신 경영기술
채수명 지음 / 신국판 / 344쪽 / 12,000원

CFO
교텐 토요오 · 타하라 오키시 지음
민병수 옮김 / 신국판 / 312쪽 / 12,000원

네트워크시대 네트워크마케팅
임동학 지음 / 신국판 / 376쪽 / 12,000원

성공리더의 7가지 조건
다이엔 트레이시 · 윌리엄 모건 지음
지창영 옮김 / 신국판 / 360쪽 / 13,000원

김종결의 성공창업
김종결 지음 / 신국판 / 340쪽 / 12,000원

최적의 타이밍에 내 집 마련하는 기술
이원재 지음 / 신국판 / 248쪽 / 10,500원

컨설팅 세일즈 Consulting sales
임동학 지음 / 대국전판 / 336쪽 / 13,000원

연봉 10억 만들기
김농주 지음 / 국판 / 216쪽 / 10,000원

주5일제 근무에 따른 한국형 주말창업
최효진 지음 / 신국판 변형 양장본 / 216쪽 / 10,000원

돈 되는 땅 돈 안되는 땅
김영준 지음 / 신국판 / 320쪽 / 13,000원

논 머는 외사로 만들 수 있는 109가지
다카하시 도시노리 지음 / 민병수 옮김
신국판 / 344쪽 / 13,000원

프로는 디테일에 강하다
김미현 지음 / 신국판 / 248쪽 / 9,000원

머니투데이 송복규 기자의 **부동산으로 주머니돈 100배 만들기**
송복규 지음 / 신국판 / 328쪽 / 13,000원

성공하는 슈퍼마켓&편의점 창업
나명환 지음 / 4×6배판 변형 / 500쪽 / 28,000원

대한민국 성공 재테크 **부동산 펀드와 리츠로 승부하라**
김영준 지음 / 신국판 / 256쪽 / 12,000원

마일리지 200% 활용하기
박성희 지음 / 국판 변형 / 200쪽 / 8,000원

1%의 가능성에 도전, 성공 신화를 이룬 여성 **CEO**
김미현 지음 / 신국판 / 248쪽 / 9,500원

3천만 원으로 부동산 재벌 되기
최수길 · 이숙 · 조연희 지음
신국판 / 290쪽 / 12,000원

10년을 앞설 수 있는 재테크
노동규 지음 / 신국판 / 260쪽 / 10,000원

세계 최강을 추구하는 도요타 방식
나카야마 키요타카 지음 / 민병수 옮김
신국판 / 296쪽 / 12,000원

최고의 설득을 이끌어내는 프레젠테이션
조두환 지음 / 신국판 / 296쪽 / 11,000원

최고의 만족을 이끌어내는 창의적 협상
조강희 · 조원희 지음 / 신국판 / 248쪽 / 10,000원

New 세일즈 기법 **물건을 팔지 말고 가치를 팔아라**
조기선 지음 / 신국판 / 264쪽 / 9,500원

작은 회사는 전략이 달라야 산다
황문진 지음 / 신국판 / 312쪽 / 11,000원

돈되는 슈퍼마켓&편의점 창업전략(입지편)
나명환 지음 / 신국판 / 352쪽 / 13,000원

25 · 35 꼼꼼 여성 재테크
정원훈 지음 / 신국판 / 224쪽 / 11,000원

대한민국 2030 독특하게 창업하라
이상헌 · 이호 지음 / 신국판 / 288쪽 / 12,000원

왕초보 주택 경매로 돈 벌기
천관성 지음 / 신국판 / 268쪽 / 12,000원

New 마케팅 기법 〈실천편〉 **물건을 팔지 말고 가치를 팔아라 2**
조기선 지음 / 신국판 / 240쪽 / 10,000원

퇴출 두려워 마라 홀로서기에 도전하라
신정수 지음 / 신국판 / 256쪽 / 11,500원

슈퍼마켓&편의점 창업 바이블
나명환 지음 / 신국판 / 280쪽 / 12,000원

위기의 한국 기업 재창조하라
신정수 지음 / 신국판 양장본 / 304쪽 / 15,000원

취업 닥터
신정수 지음 / 신국판 / 272쪽 / 13,000원

합법적으로 확실하게 **세금 줄이는 방법**
최성호, 김기근 지음 / 대국전판 / 372쪽 / 16,000원

선거수첩
김용한 엮음 / 4×6배판 / 184쪽 / 9,000원

주 식

개미군단 대박맞이 주식투자
홍성걸(한양증권 투자분석팀 팀장) 지음
신국판 / 310쪽 / 9,500원

알고 하자! 돈 되는 주식투자
이길영 외 2명 공저 / 신국판 / 388쪽 / 12,500원

항상 당하기만 하는 개미들의 매도 · 매수타이밍
999% 적중 노하우
강경무 지음 / 신국판 / 336쪽 / 12,000원

부자 만들기 주식성공클리닉
이창희 지음 / 신국판 / 372쪽 / 11,500원

선물 · 옵션 이론과 실전매매
이창희 지음 / 신국판 / 372쪽 / 12,000원

너무나 쉬워 재미있는 주가차트
홍성무 지음 / 4×6배판 / 216쪽 / 15,000원

주식투자 직접 투자로 높은 수익을 올릴 수 있는 비결
김학균 지음 / 신국판 / 230쪽 / 11,000원

억대 연봉 증권맨이 말하는 슈퍼 개미의 수익 나는 원리
임정규 지음 / 신국판 / 248쪽 / 12,500원

 역 학

역리종합 만세력
정도명 편저 / 신국판 / 532쪽 / 10,500원

작명대전
정보국 지음 / 신국판 / 460쪽 / 12,000원

하락이수 해설
이천교 편저 / 신국판 / 620쪽 / 27,000원

현대인의 창조적 관상과 수상
백운산 지음 / 신국판 / 344쪽 / 9,000원

대운용신영부적
정재원 지음 / 신국판 양장본 / 750쪽 / 39,000원

사주비결활용법
이세진 지음 / 신국판 / 392쪽 / 12,000원

컴퓨터세대를 위한 新 성명학대전
박용찬 지음 / 신국판 / 388쪽 / 11,000원

길흉화복 꿈풀이 비법
백운산 지음 / 신국판 / 410쪽 / 12,000원

새천년 작명컨설팅
정재원 지음 / 신국판 / 492쪽 / 13,900원

백운산의 신세대 궁합
백운산 지음 / 신국판 / 304쪽 / 9,500원

동자삼 작명학
남시모 지음 / 신국판 / 496쪽 / 15,000원

구성학의 기초
문길여 지음 / 신국판 / 412쪽 / 12,000원

소울음소리
이건우 지음 / 신국판 / 314쪽 / 10,000원

 법률 일반

여성을 위한 성범죄 법률상식
조명원(변호사) 지음/신국판/248쪽 / 8,000원

아파트 난방비 75% 절감방법
고영근 지음 / 신국판 / 238쪽 / 8,000원

일반인이 꼭 알아야 할 절세전략 173선
최성호(공인회계사) 지음 / 신국판 / 392쪽 / 12,000원

변호사와 함께하는 부동산 경매
최환주(변호사) 지음 / 신국판 / 404쪽 / 13,000원

혼자서 쉽고 빠르게 할 수 있는 소액재판
김재용 · 김종철 공저 / 신국판 / 312쪽 / 9,500원

"술 한 잔 사겠다"는 말에서 찾아보는 채권 · 채무
변환철(변호사) 지음 / 신국판 / 408쪽 / 13,000원

알기쉬운 부동산 세무 길라잡이
이건우(세무서 재산계장) 지음
신국판 / 400쪽 / 13,000원

알기쉬운 어음, 수표 길라잡이
변환철(변호사) 지음 / 신국판 / 328쪽 / 11,000원

제조물책임법
강동근(변호사) · 윤종성(검사) 공저
신국판 / 368쪽 / 13,000원

알기 쉬운 주5일근무에 따른 임금 · 연봉제 실무
문강분(공인노무사) 지음
4×6배판 변형 / 544쪽 / 35,000원

변호사 없이 당당히 이길 수 있는 형사소송
김대환 지음 / 신국판 / 304쪽 / 13,000원

변호사 없이 당당히 이길 수 있는 민사소송
김대환 지음 / 신국판 / 412쪽 / 14,500원

혼자서 해결할 수 있는 교통사고 Q&A
조명원(변호사) 지음 / 신국판 / 336쪽 / 12,000원

알기 쉬운 개인회생 · 파산 신청법
최재구(법무사) 지음 / 신국판 / 352쪽 / 13,000원

 생활 법률

부동산 생활법률의 기본지식
대한법률연구회 지음 / 김원중(변호사) 감수
신국판 / 472쪽 / 13,000원

고소장 · 내용증명 생활법률의 기본지식
하태웅(변호사) 지음 / 신국판 / 440쪽 / 12,000원

노동 관련 생활법률의 기본지식
남동희(공인노무사) 지음 / 신국판 / 528쪽 / 14,000원

외국인 근로자 생활법률의 기본지식
남동희(공인노무사) 지음 / 신국판 / 400쪽 / 12,000원

계약작성 생활법률의 기본지식
이상도(변호사) 지음 / 신국판 / 560쪽 / 14,500원

지적재산 생활법률의 기본지식
이상도(변호사) · 조의제(변리사) 공저
신국판 / 496쪽 / 14,000원

부당노동행위와 부당해고 생활법률의 기본지식
박영수(공인노무사) 지음 / 신국판 / 432쪽 / 14,000원

주택 · 상가임대차 생활법률의 기본지식
김운용(변호사) 지음 / 신국판 / 480쪽 / 14,000원

하도급거래 생활법률의 기본지식
김진흥(변호사) 지음 / 신국판 / 440쪽 / 14,000원

이혼소송과 재산분할 생활법률의 기본지식
박동섭(변호사) 지음 / 신국판 / 460쪽 / 14,000원

부동산등기 생활법률의 기본지식
정상태(법무사) 지음 / 신국판 / 456쪽 / 14,000원

기업경영 생활법률의 기본지식
안동섭(단국대 교수) 지음 / 신국판 / 466쪽 / 14,000원

교통사고 생활법률의 기본지식
박정무(변호사) · 전병찬 공저
신국판 / 480쪽 / 14,000원

소송서식 생활법률의 기본지식
김대환 지음 / 신국판 / 480쪽 / 14,000원

호적 · 가사소송 생활법률의 기본지식
정주수(법무사) 지음 / 신국판 / 516쪽 / 14,000원

상속과 세금 생활법률의 기본지식
박동섭(변호사) 지음 / 신국판 / 480쪽 / 14,000원

담보 · 보증 생활법률의 기본지식
류창호(법학박사) 지음 / 신국판 / 436쪽 / 14,000원

소비자보호 생활법률의 기본지식
김성천(법학박사) 지음 / 신국판 / 504쪽 / 15,000원

판결 · 공정증서 생활법률의 기본지식
정상태(법무사) 지음 / 신국판 / 312쪽 / 13,000원

산업재해보상보험 생활법률의 기본지식
정유석(공인노무사) 지음 / 신국판 / 384쪽 / 14,000원

通으로 보는
중국현대 30년사

2010년 1월 15일 제1판 1쇄 발행

지은이/정재일
펴낸이/강선희
펴낸곳/가림출판사

등록/1992. 10. 6. 제4-191호
주소/서울시 광진구 구의동 57-71 부원빌딩 4층
대표전화/458-6451   팩스/458-6450
홈페이지 http://www.galim.co.kr
전자우편 galim@galim.co.kr

값 20,000원

ISBN 978-89-7895-330-6 13910

가림출판사 · 가림M&B · 가림Let's의 홈페이지(http://www.galim.co.kr)에 들
어오시면 가림출판사 · 가림M&B · 가림Let's의 신간도서 및 출간 예정 도서를
포함한 모든 책들을 만나실 수 있습니다.
온라인 서점을 통하여 직접 도서 구입도 하실 수 있으며 가림 홈페이지 내에서
전국 대형 서점들의 사이트에 링크하시어 종합 신간 안내 및 각종 도서 정보,
책과 관련된 문화 정보를 받아보실 수 있습니다.
또한 홈페이지 방문시 회원으로 가입하시면 신간 안내 자료를 보내드립니다.